# 危机铸就领袖

## 动荡年代磨炼领导的勇敢之心

[美] 南希·科恩（Nancy Koehn） 著
张玉亮 李蕾 译

# FORGED IN CRISIS

## THE POWER OF COURAGEOUS LEADERSHIP IN TURBULENT TIMES

人民东方出版传媒
People's Oriental Publishing & Media
東方出版社
The Oriental Press

# 赞誉

这是一本非常有见地的书，写作风格独具吸引力，自始至终对读者有巨大的启发。该书提醒我们，领导者不是天生的，他们所经历的磨难，首先是对其性格的考验。科恩给我们举了一个又一个令人震撼的例子，这些人在跌跌撞撞地忍受着巨大的孤独的同时，却把赌注压在难以预测的结果上。我们在读的过程中同书中的主人公同呼吸共命运，在看到一系列痛苦的失败之后，他们最终成功了——或者光荣地失败了，也能感到释然。在这些激动人心的故事背后，我们不禁惊叹于这些人身上的道德指南，它们总是指向正确的方向。这本书是一个奇迹——正是我们这个充满挑战的时代所需要的领导路线图。

——L Brands 集团董事长兼首席执行官

莱斯·维克纳（Les Wexner）

南希·科恩生动地展示了历史上最伟大的五位领导人身上所共有的品质，以及我们如何能够利用这些品质来克服挑战并应对我们生活中的危机。《危机铸就领袖》是一个鼓舞人心、见解深刻且不可或缺的人生指南，教会我们如何成为坚忍不拔、充满智慧和百折不挠的人。

——《赫芬顿邮报》创始人，

“繁荣全球”创始人兼首席执行官

阿里安娜·赫芬顿（Arianna Huffington）

情感上如此扣人心弦，以至于人们很容易忘记自己读的并不是一本小说。书中的描述具有一部伟大小说的吸引力，不断诱使着我们翻页读下去。也许正是这种推动力说明了我们对本书的见解有多么深刻的领悟。《危机铸就领袖》完成后很长一段时间，我们都在回想这本书在教我们如何处理危机。不管是什么样的恶魔都永远不会被一颗子弹杀死。相反，我们需要的是一个反反复复的过程：不断地尝试不同的攻击角度。这便是伟大领袖的意愿，他们顶住别人受不住的折磨不断尝试，而这往往会带来成功。

——哈佛大学肯尼迪学院前院长

及《巧实力》（*The Powers to Lead*）作者

约瑟夫·奈（Joseph Nye）

这是对领导者身上有着与常人不同的基因这一观点的有力驳斥。科恩对传奇人物的描述恰恰说明这些人事实上都不是天生的领导者，他们的能力是由他们所面临的挑战锻炼出来的。在面对困难的时候，他们会坚定不移地解决问题，把别人的需要放在第一位。他们的榜样力量应该激励每一个有抱负的领导者奋勇向前。

——雅诗兰黛执行总裁

威廉·P. 兰黛（William P. Lauder）

在《危机铸就领袖》一书中，作者对领导力进行了适时的强有力的论述，这五位引人注目的人物在面临巨大挑战时，对世界产生了深远的影响。南希·科恩是一位非常有才华的历史学家，她在以史为镜指引现时代方面极具天赋。她鲜明而生动的细节描述贯穿书的始终。

——美国前助理国防部长，

《决策精神》(*Essence of Decision*)

和《战争命运》(*Destined for War*) 作者

格雷厄姆·艾利森 (Graham Allison)

科恩精湛的写作手法和深入的研究为我们指明了通往更美好国家的道路。她明智地选择刻画不同种族、性别和时代的人，赋予领导力一个崭新的且更加明确的定义。这是对现代领导力一种非常敏锐的观察，它挖掘出过去的领导力品质。这本书在许多方面都和约翰·肯尼迪在《当仁不让》(*Profiles in Courage*) 一书中所描述的相似。

——《法律与混乱》(*Law and Disorder*)，

《詹姆斯和多利·麦迪逊》(*James and Dolley Madison*) 以及

《将军和华盛顿夫人》(*The General and Mrs. Washington*) 作者

布鲁斯·查德威克 (Bruce Chadwick)

**生动地再现了五名先驱者在逆境中所感受到的痛苦和紧迫感。南希·科恩的作品充满活力，主要探讨了人生中关于考验和凯旋的重要时刻。她赋予历史以生命力，展现非凡领导力需要付出的代价。在充满挑战的时代，这本书是必不可少的读物。**

——马克尔基金会首席执行官兼总裁

佐伊·贝尔德 (Zoë Baird)

致凯利·克洛塞（Kelly Close），

她坚信坚忍不拔、无畏的领导和坚定的信念

可以使一切不可能成为可能。

# 目　录

第三部分

## 永远结束奴隶制

### 弗雷德里克·道格拉斯的挑战

## 第四部分

# 抵制纳粹之罪恶

### 迪特里希·潘霍华的挑战



## 第五部分

# 保护地球及其滋养的生物

### 雷切尔·卡森的挑战

# 前 言
# 历史的呼唤

在脑海中想象一下过去的三个历史场景。第一个场景来自1915年年末。英国探险家欧内斯特·沙克尔顿和他的27名船员被困在南极海岸的冰山上。他们的船——“坚忍号”已沉到冰面以下，他和他的船员被困在距离人类文明1000英里的地方。船上有三艘救生艇和一些罐头食品，所有人无法与外界取得联系。沙克尔顿的任务是无论用何种方式不惜一切代价让他的整个团队安全返回。但他并不知道该何去何从。到了晚上，当他无法入睡时就溜出帐篷，在冰面上踱步，思考着下一步该做什么。有时，他甚至怀疑自己是否有能力来完成这项必须完成的任务。

第二个场景来自1862年夏天。美国总统亚伯拉罕·林肯也处于相似的境地：不知道如何在南北战争中力挽狂澜，挽救联邦政府。他也同样夜不能寐，常常在午夜后的几个小时里在白宫二楼的大厅里走来走去。政府军出师不利，局势不断恶化，而战争远比任何人想象的还要惨烈。最高统帅知道奴隶制是这场斗争的核心，但这近400万受奴役的美国黑人该何去何从，他也拿不定主意。4个月前，他的儿子威利去世，他一直生活在极度的悲痛之中。很多时候，林肯在他承受的重压下蹒跚而行，神情恍惚。

第三个场景来自 1961 年冬天。深夜，科学家兼畅销书作家雷切尔·卡森独自一人在书房里挑灯夜战，试图完成一部题为《寂静的春天》(*Silent Spring*) 的手稿，内容是关于广泛使用杀虫剂的危害。她的选题是备受争议的，她知道大型化工企业、美国农业部和其他实力强大的机构准备在该书出版后立即对她和这本书发起抨击。尽管威胁重重，卡森深信自己的作品内容真实，见解更深刻；人类有义务保护地球，而这项义务包含了对公民意识和行动的广泛呼吁。她尽可能地小心仔细地写，她的写作如此迫在眉睫不仅因为主题的重要性，而且因为她的病情。一年多来，她一直在与侵袭性、转移性癌症做斗争。卡森意识到她可能没有多少时间了，很多时候，她怀疑自己能否完成她的作品并表达出必须表达的内容。当她极度焦虑时，她就在房间里走来走去，凝视着窗外的黑暗。

三个场景，向我们展示的都是一位领军人物，随时准备向前迈出重要的一步。沙克尔顿、林肯和卡森，每个人都被推到了风口浪尖，任何一个决定便能产生重大影响，但在挑战面前他们都挺身而出。就像这里其他两位领导者弗雷德里克·道格拉斯和迪特里希·潘霍华一样，他们的故事就像是我们记忆犹新、百听不厌的著名神话、冒险小说和电影一样，精彩绝艳。不同之处在于，这五个故事是真实的、真真切切发生过的事。这些故事变成了历史上不可磨灭的一部分，它们不仅在各自的时代意义重大，也为我们这一代和我们的子孙后代提供了一面镜子。

本书中的五位领导人对如今的我们至关重要，因为我们生活在一个对国家风云人物的信仰愈发减弱的时代——无论是政府、企业还是宗教领袖都毫不例外。当我们想到最近的选举情况或金融丑闻，评价那些我们称为领头羊的人物时，会越来越担心那些能够切中时弊并兑现时代承诺的人并不跟他们是一丘之貉。

此时，历史给我们提供了巨大的帮助。它让我们看到其他人在其他时候如何应对巨大的挑战和机遇。它使我们从一个敏锐的视角观察到普通人也在做着了不起的事情。这也暴露了我们当前对领导力理解存在着的一些谬误。例如，这五个故事清楚地告诉人们——领导者可以来自不同的背景、性别和种族，拥有不同性格。像雷切尔·卡森这样害羞、矜持的人竟然也可以如美国总统般威严果断。个人魅力和进取心虽然是伟大领导人常具备的品质但并非形成重大影响力的必要条件。真正的领导力并不来自少数特殊人物与生俱来的特定天赋。结果表明，事实完全不同。

正如历史所示，无畏的领导力实际上是个人努力的结果，他们从更强大的自我中发现一个伟大的目标，并激励周围的人加入他们的事业。在这个过程中，每一位领导人和那些被他们所激励的人都变得更有韧性而且更有胆识，在某些情况下甚至能发出更加耀眼的光芒。此时，他们的影响力就会扩大，进而激发世间的正义与善良。

这本书讲述了五位举世瞩目的领导者铸就成功之路，他们生长于不同的环境、奋发图强、和不同的命运抗争，最终实现了各自的人生目标。除了一个特例，其余人的道路都各不相同。五人中有四人知道他们在有生之年完成了各自的使命。但他们中没有一个人会料到自己对后人的影响竟如此深远。

世人能看到的是，他或她身处深深的个人危机旋涡之中。而这并非他们自己造成的。他们所有人都从未经历过这等人生的动荡起伏。但是，当他们身处危机之时，他们告诉自己绝不能动摇，绝不能放弃。他们每个人都凭着坚强的毅力战胜了这场人生的风暴，他们的命运就此发生了转折。

欧内斯特·沙克尔顿、亚伯拉罕·林肯、弗雷德里克·道格拉斯、迪特里希·潘霍华和雷切尔·卡森——这些伟大领导者的伟业无一不是在危机中铸就的。当我们所有人受形形色色人性观念影响无所适从的时候，在我们最脆弱的时候，这些领导者挺身而出，有时候是毫不畏惧地站出来，使自己成为高效的变革推动者。

他们从内心出发，对远大目标做出承诺，在巨大的挫折面前鼓起勇气坚持这一目标，并利用情感意识从动荡中脱颖而出。然后他们利用领导过程中自己积累的深刻见解，尝试着以积极的方式大刀阔斧地改变这个世界。

这本书是以一个个故事向读者呈现的。开篇讲述了探险家欧内斯特·沙克尔顿在 1914 年前往南极探险的故事，并以慢镜头重现了一场冰封沉船的灾难，这位领导者只能尽力让他手下 27 人安全返回英国。除了三艘救生艇和一些罐头食品外，他没有多少可以依靠的外在资源。最重要的资源就是他自己的坚忍不拔，以及他激励船员活下去，带他们安全返乡的承诺。

第二个故事开篇讲述了亚伯拉罕·林肯在 1862 年（内战的第二年）任职总统的经历。对美国联邦政府来说，这是一段异常艰难的时期，联邦军队为维护美国统一而战斗，而这位多思善想、深谋远虑和忧心忡忡的总统便是他们的最高统帅。联邦的将军们不愿主动攻击南部联邦的军队。政府已经没有足够的人力、物力和政治资本来持续这场战争。林肯没有多少牌可打。

我们遇到的第三位领导人，逃亡的奴隶和废奴主义者弗雷德里克·道格拉斯，与林肯生活和工作在同一时期（事实上，两人见过几次面，并逐渐敬重彼此）。道格拉斯的故事开始于 1847 年，当时他到英国避难，躲避死亡威胁和重新被抓回去做奴隶的命运，但他最终毅然回到了美国。回国后，他开辟了一条大胆自主的道路，成为一个为黑人自由事业而呐喊的演说家、作家和政治家。他有能力走这条路很大程度上要归功于他在马里兰州当奴隶时学到的东西——一个在1838年从奴役中逃脱出来的奴隶成长为轰轰烈烈的废奴运动时期的伟大演说家。

第四部分讲述了迪特里希·潘霍华的故事。1933年，德国民族社会主义工人党（纳粹党）上台执政，潘霍华还是柏林一位年轻的牧师。他几乎在一瞬间意识到希特勒和他的政权对犹太人、公民和宗教自由以及世界和平构成的严重威胁。早在他的同胞们了解纳粹野心之前，潘霍华就下定决心反抗第三帝国。这则故事描绘了一种不懈的承诺及其发展，还有当纳粹罪恶的绞索收紧时那个一而再再而三坚持这一承诺的人。潘霍华以教会发言人的身份开始了他的领导之旅，为和平主义和非暴力抵抗希特勒而操劳。1943年，当盖世太保逮捕并监禁他时，他已经加入了一个政府官员组织的试图暗杀希特勒并推翻德国第三帝国的地下组织。

书中最后一位领导者是雷切尔·卡森，她在20世纪三四十年代长大成人。在一个几乎没有女性从事科学工作的年代，她却是一位经验丰富的海洋生物学家。到20世纪50年代中期，她也是一位畅销书作家。1962年，这位沉默寡言的女性出版了《寂静的春天》一书，这本书迫使政府、企业和美国公民直面诸如DDT等合成农药的危害，以及人类与地球如何长期共存这一更大的问题。故事中着重讲述了卡森与时间赛跑的故事，她一边与癌症做斗争，一边努力完成自己的创作。

在最广泛的层面上——或许是最显而易见的层面上——这些故事与主人公自身发现的力量、勇气和做正确决断的深切责任感联系在一起。这几个故事也被这些领导者在面对巨大挫折时所吸取的教训串联到一起。这五个人偶然发现、培养和磨炼出来的洞察力并不是全新的，或需要过人的胆识；但这些洞察力也不会想当然就让现代的高层管理人员轻易学会。这种洞察力也未必就成为领导者们的制胜法宝。

不，这四位男性和一位女性领导者学到的洞察力往往很微妙。例如，林肯担任总统的早期就发现他能够在特定的情况下控制自己的情绪，发现凡事要经过深思熟虑而不是立即采取行动，或者在某些情况下，什么都不做。当我们头脑发热的时候，当我们在瞬时反应上耗费大量时间和注意力时，什么都不做似乎就是我们能做到最有利的应对办法，这似乎是不可思议的。但是林肯很好地明白这一点，他和他的国家也因此获益匪浅。

同样微妙的一点是，1937 年，当卡森担任了某个机构（鱼类及野生动物管理局的前身）的编辑一职时，她很快意识到自己在工作中所承担的官僚式的繁文缛节以及她的家庭责任，会使她无法从事她内心期望的自由写作职业。失望之余，她开始意识到自己在“积累期”中所做工作的重要性，当更大的机会到来时为自己未来打算做的事做好准备。有时，当看不到更好的成绩时，人们可以做的最好的事情就是为自己投资，这是我们今天很难掌握的另一个概念。我们现在非常渴望实现目标，期待能从我们的任务清单中划掉这个或那个目标然后继续前进，但我们很难意识到，我们的能力、外在资源和经验等积累阶段，与我们前进道路上的进步式的向前飞跃一样重要。实际上，正如本书中的故事所证明的那样，没有积累期做前提，质的飞跃很少会发生。

将这些故事联系起来的最重要的线索之一是，所有这些领导人都是后天铸就的而不是天生的。他们所取得的成就，以及他们如何激励他人去面对严峻的挑战，并不是因为他们的基因跟凡人不同或者是上天赋予的力量。这四位男性和一位女性领导者都是靠自己的努力成为功勋卓越的领导者：他们有意提升自己，甚至在危机中也没有退缩，他们也从来没有忘记前方便是展现自己的充满活力的大舞台。即使在早年，他们每一个人都把自己的挫折看成人生中重要的一课，从中提高自己的技能并汲取情感力量，尽量克服自己某些特定的弱点。积累了经验之后，他们学会了从他们眼下的环境中退后一步，超然审视自己身处的大背景和自己在其中的位置，并从这一视角对自己内心和外部的目标展开攻势。

他们对自己的磨炼并不是对某种成长教育模式的生搬硬套。不，这些主角的自我发展通常都是看不到，也无法预料到的，通常是在克服障碍或实现新的目标过程中会顺便完成的。但是他们一旦学会了，不管是特定的技能，还是情绪控制，或者是强大的洞察力，这些品质就成为这几位领导者的开山巨斧，并在前进的征途中越用越锋利。正如这五位领导人所意识到的，他们越是努力磨炼自己，就越能快速地成为领导者。

根据我作为学者和高管培训师的经验，领导者是后天锻炼的而不是天生具备的，这个概念往往很难理解。在我们生活的时代，人们认为具有远见卓识和影响力的人是拜罕见而宝贵的天赋所赐：天性使然，和后天培养没多少关系。无论这些天赋是吸引力、战略规划、公众演讲能力，还是其他方面，我们都普遍认为这是天意使然。(或许这一假设能解释在过去 30 年高管薪酬的急剧上升。) 因此，我们满怀热情地探寻这些带有光环的男女领袖，结果却徒劳地发现，原来这么多来自不同行业的领导者也曾无能、贪婪或更糟糕，我们只能感到无比愤怒和失望。

这本书避开了这种视角，而是精选了五位成功领导者通过自我激励建立功勋的故事。**有效领导力**是如今广为流传的一个词。但这个词却经常是用得很空泛的，有时甚至是用在谋私利的语境。我遇到的对该词最好的定义，是美国作家大卫·福斯特·华莱士给出的。华莱士以他的小说而闻名，包括《无尽的笑话》(*Infinite Jest*)，但他也写了一些很有见地的散文。2000 年，他在《滚石》(*Rolling Stone*) 杂志上发表了一篇关于约翰·麦凯恩首次竞选总统的文章。在这篇文章中，华莱士对真正的领导力这一更广泛的话题进行了反复讨论，包括“领袖”这个词是如何变成陈词滥调的，以至于当我们读到这个词的时候都提不起兴致。这很奇怪，他继续说道，因为“当你遇到一个真正的领导者时，那个人根本就不无聊；事实上，真正的领导者绝不无聊”。

华莱士接着对“真正”一词定义，我在这里称之为“无畏”或“高效”的领导者，“他们可以帮助我们克服我们自身懒惰、自私、软弱和恐惧的局限性，引导我们去做比我们自己能做的更好、更困难的事情”。这个定义涵盖了大批无畏的领导者——我们可以从他们身上学到并获得真实的灵感——包括他们有能力看到在历史巨大的推动力之下如何发挥领导者的能动性，然后从这个角度出发，鼓励他人采取正确的行动。以林肯的第二次就职演说为例，这是内战意义的精华所在。在演说中他用了 701 个字阐明第 16 届总统将奴隶制的历史和野蛮与战争的流血事件联系在一起，并将这两者与美国因战争而经历的变革联系在一起。在演讲结束时，他呼吁同胞们要有一颗宽容的心，彼此之间建立新的关系。

华莱士对卓有成效的领导者的定义也解释了为什么他们能在一对一的人际关系中，以及在群体和机构中产生影响力，甚至是巨大的冲击力：

一个领导者真正的权威是你自愿赋予他的权力，你不是以一种顺从或怨恨的方式给予他这种权力，而是以一种快乐的方式。这让人感觉良好。实际上，你几乎总是喜欢一个真正的领导者所带给你的感觉；如果没有这个你尊敬、信任和想要取悦的人的话，你会发现自己无法更加努力，无法督促自己突破自我并沿有益的思路前进。

本书中的五位主角都成为华莱士所描述的那种无畏的领导者。这些人的权威部分源于那些承认他们领导能力的人，部分来自他们各自积累的经验，还有一部分来自他们为各自的使命，在艰难时刻被认为是至关重要的使命中所做的承诺和投入的情商。这五个角色都为他们的追随者提高了标准，促使这些人去做比他们自己能完成的更好、更困难的事情。本书中的两个人——弗雷德里克·道格拉斯和迪特里希·潘霍华，在他们早年就找到了各自的目标，并且多年来一直专注地坚定地追求着各自的目标。另外三个人——沙克尔顿、林肯和卡森，是从其他行业并在其中的成败中，偶然发现了他们这一生的重要任务。一旦这两位男性和一位女性领导者看到了他们必须做的事情，他们就会用所有的力量和意志去完成手头的工作。

许多年前，我为哈佛商学院制作了一部短片，讲述了亚伯拉罕·林肯的一生给现代领导者带来的宝贵经验。我采访了很多首席执行官，询问他们从第 16 届总统那里学到了什么。他们的反应广泛而深刻，许多人的回答继续影响着我对有效领导力的研究工作。当时，宝洁公司的首席执行官 A. G. 雷富礼关于领导者是如何养成的见地让我尤为震惊。他指出了三种主要因素：第一是个人的优点和缺点，以及一个人在他或她成长的道路上所获得的累积经验。第二是意识到需要他或她的领导力的时刻已经到来。第三是个人必须有意识地决定“接受挑战，进入这场博弈”。

正如我们即将读到，也像雷富礼所描述的那样，将自己变成一个无畏的领导者是危险的、要求极高且令人筋疲力尽的工作，但也是一个人能做的最令人满意的工作。就像沙克尔顿和他的手下在冰上度过的那几个月，就像林肯发现内战期间自己深陷混乱可怕的旋涡的那四年，或者卡森为《寂静的春天》对几十年来大规模使用的未经测试的化学品的调查，我们自己的时代——21世纪初——也迫切需要体面的高效的领导者。需要有目标和有奉献精神的人，需要想做出积极改变并且出人头地的人——首先要在内心认可自己改进自己，然后到更大的平台，勇攀高峰。

你准备好倾听每个故事中所包含的行动呼声了吗？在我们努力创造有目标、有尊严和有影响的生活的过程中，欧内斯特·沙克尔顿、亚伯拉罕·林肯、弗雷德里克·道格拉斯、迪特里希·潘霍华和雷切尔·卡森马上为我们送上各自最宝贵的一些知识和经验。读一读这些故事然后开始行动吧。这个世界从来没有比现在更需要你和其他真正的领导者来力挽狂澜了。

第一部分

# 把队员们活着带回家

## 欧内斯特·沙克尔顿的挑战

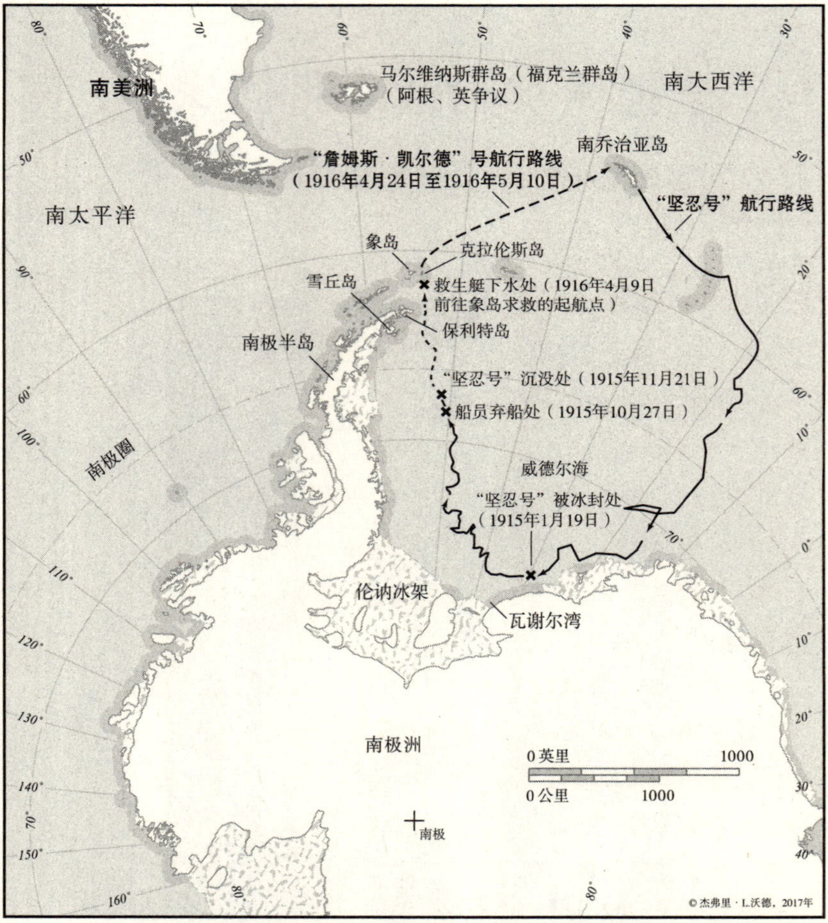

马尔维纳斯群岛（福克兰群岛）
（阿根、英争议）
南大西洋
南美洲
南乔治亚岛
“詹姆斯·凯尔德”号航行路线
（1916年4月24日至1916年5月10日）
“坚忍号”航行路线
南太平洋
象岛
克拉伦斯岛
雪丘岛
救生艇下水处（1916年4月9日
前往象岛求救的起航点）
保利特岛
南极半岛
“坚忍号”沉没处（1915年11月21日）
船员弃船处（1915年10月27日）
南极圈
威德尔海
“坚忍号”被冰封处
（1915年1月19日）
伦讷冰架
瓦谢尔湾
南极洲
0 英里
1000
0 公里
1000
南极
© 杰弗里 · L.沃德，2017年

## 第一章

# 毫无援救希望

1915 年 10 月底，欧内斯特·沙克尔顿（英国著名南极探险队的领队）审视着眼前的危机。沙克尔顿原本打算乘“坚忍号”穿越威德尔海前往南美大陆那侧的南极洲，登岸后组织一个五人小队，带上狗和雪橇抵达南极，然后继续朝着罗斯海的方向前进，到达离澳大利亚最近的位置。完成这次任务后，这位探险家将成为历史上横穿南极洲的第一人。鉴于其他南极探险活动的失利，如果沙克尔顿成功了，他不但会让自己永垂青史，还能为英国带来无上的荣耀。

但 1915 年 1 月底，大块的浮冰把“坚忍号”封在海面上，离陆地还有 80 英里的距离，船员束手无策；到了 10 月份，在洋流作用下，船向西北方向移动了将近 700 英里。而大块大块的浮冰（有的能达到几吨重）在巨浪的冲击下崩裂分解，然后又凝结起来再度袭来。在这片移动的马赛克一般的冰面上，这艘木船在重压之下发出咯吱咯吱的呻吟声。“坚忍号”撑不下去进而沉到海底的厄运，似乎只是时间问题。

10 月底，冰面突然升起来又下沉，因此船的右舷出现了 30 度的倾斜。冰面稍稍融化的时候，船的位置恢复了些许。但随后的日子，浮冰继续对船体施压，船两侧的厚木板都出现了裂缝。船员们24小时开动抽水机试图阻止水的进入。而船长弗兰克·沃斯利仍希望“坚忍号”能从浮冰中挣扎出来进入开阔水域。但是沙克尔顿对此并不抱有太大希望，他制订计划把船员和物料搬到冰面上。“当时发生了一件怪事，有8只帝企鹅过来了。”沃斯利在10月26日的日记中写道。在发出几声普通的啼叫之后，这些企鹅就“开始歌唱，好像为这艘船唱挽歌似的”。

第二天浮冰更加发威了，像老虎钳似的挤压着船体。探险队的船医亚历山大·麦克林在日记中描述道，整艘船“奄奄一息”，“这是很让人心痛的一幕。对我们所有人来说，这船是有生命力的——航海的时候我们常咒骂她，骂她笨拙古怪；我们现在都意识到要学着去爱她，看到她备受折磨我们心里很难受”。那天午后的下半晌，沙克尔顿下令船员们弃船，在漂移的浮冰上架起帐篷御寒。当夜，气温降至零下26摄氏度。

当船员们试着在船体破裂发出的吱吱嘎嘎的声音中入睡的时候，沙克尔顿在冰上踱来踱去。他想着奄奄一息的船。他清查了下船员们，思考着有什么方法能把他们活着带回家。同危难下其他的领袖一样，沙克尔顿知道，能否完成任务在极大程度上都取决于他的自我管理——取决于他的精神、情感和身体状况。他意识到前路漫漫，艰难凶险，正如他后来回忆时所说：“如果我们要活着渡过难关，保持清晰的头脑和明确的计划是必需的。”

第二天一早，沙克尔顿、副指挥官弗兰克·怀尔德和探险队摄影师弗兰克·赫尔利用奶粉冲了杯热牛奶当早餐。当船员们从帐篷里钻出来，沙克尔顿把他们召集过来宣布了新目标：“船和物资都快没了——现在咱们回家。”他这么说的时候，“没有流露出任何感情，没有煽情或显得激动”。麦克林回忆道，尽管这对于领导人来讲“肯定是非常让人失望的时刻”，他已经“失去了船以及穿越南极大陆的任何机会”。但正如他的作风，麦克林补充道：‘事已至此无法挽回；都是过去的事了，他着眼于未来。”一天后，当沙克尔顿单独一人记日记的时候，他对前面的挑战更坦率。他知道眼下这环境已经把他的探险使命变成了求生任务。“当之前的希望破灭时，我们必须马上调整状态面对新的目标，”他写道，“我向上帝祈祷，我会带着全队人从这不毛之地重返文明世界。”

从他的南极经历中，沙克尔顿知道，要想达成使命，其中最重要的一点就是他必须在这里和大家同甘共苦。他每天以何种姿态站在大家面前——他的精神状态、他的决心，甚至他的仪态——都会对全队人有着巨大的影响。他运用今天我们所说的“情商”来保持自己的决心和勇气；当这些信念开始减退的时候，他也决不让船员们看到。

对于我们这个时代，这也是很重要的宝贵经验。领导者经常忘记所有人的眼睛都在盯着他们——当他们做演讲，在会议中就座，从走廊中走过，或者就餐时偷偷扫一眼智能手机，都会有人在看。在局势的不确定性加剧的时候，情况尤其如此。在这些时刻，人们会不自觉地去看一眼领导者，留意一下他们说过的话、做出的反应以及他们的肢体语言，寻求指导。这意味着处在权威地位的个人必须学会这一点：不仅仅在言行上要充分体现他们的任务使命，在着装仪态上也要如此。当领导者满怀自信、头脑冷静地出现在公众面前，人们响应他的号召的可能性更大。

正如这位 41 岁的指挥官沙克尔顿一样，他所流露出的自信确保了让手下的船员齐心协力地完成前方的任务。考虑已经失去了什么或者还可能丢失什么毫无用处；新目标是带大家平安回家。弃船后的第二天早晨，沙克尔顿宣布全队人马要穿过浮冰，向西北方向的雪丘岛进军，那里有先前探险队员留下的一个基地，离他们大约300英里。他预计船员们每天可以走五到七英里。他相信当他们抵达的时候，会找到先前探险队留下的紧急备用品。指挥官会从雪丘岛带领一小队人继续西行130英里到奇幻岛，那儿有捕鲸船的船坞。

对于一群拖着三艘救生艇、食物和其他备用品的船员来说，徒步穿过碎冰肯定是一场艰苦跋涉。但是沙克尔顿却催促全队人行动起来，一方面也是为了提高他们的士气。“尽管进展缓慢，但让大部分人看到希望会好得多，”他私下里写道，“他们要着手登岸了，这总比干坐在那里等着西北向漂移的浮冰慢慢把我们从这严酷的不毛之地带出去要好得多。”沙克尔顿采取行动的另一个原因是避免救生艇也受到破坏：如果船员们没等到开阔的水域最终却只能在充满冰山的湍急海面上航行，救生艇受损也是很可能发生的。

船员们把“坚忍号”上的物资搬了下来，三天后，即1915年10月30日他们向雪丘岛出发了。有些船员拖着救生艇，其他人赶着雪橇犬队拉着剩下的物资。这个长长的、沉重缓慢的旅行队离开了这艘船，大家还给这里命名“储料营”。全队的移动速度十分缓慢，负重大是其中一个原因，另一个原因是冰面不平——放眼望去，这里到处是锯齿状的冰凌和巨大的冰块。两小时后，不堪重负的船员们只向前推进了一英里。他们已经精疲力竭了。后面的两天更糟糕，到了第三天，也就是11月1日，沙克尔顿叫停了这个计划。

28名船员三天向目的地只前进了不到四英里。指挥官知道按这样的速度，他们的物资在到达雪丘岛之前早就耗尽了。他命令船员们把设备都搬到离弃船不远的一块结实的浮冰上。沙克尔顿计划让船员们在那里露营，他也好好想想下一步该怎么办。

1915年11月21日，指挥官看到“坚忍号”的剩余船体下沉到冰面。“她沉下去了，孩子们!”他喊道，船员们马上从帐篷里爬出来看。“在一英里半开外，我们可怜的船垂死挣扎着，”一名船员在日记中记录道，“船头先沉了下去，船尾在空中高高地翘了起来。然后船很快就扎向水底，上面的冰也永远地封闭了起来。”整个露营地陷入了一片前所未有的沉默中。船没了之后，除了四周无尽的冰雪之外，船员们什么都看不见，既看不到地平线的尽头，也没有任何外界的标志。没了“坚忍号”之后，一个船员写道:“我们物资缺乏的情势越来越严峻，孤寂的感觉越来越强烈。”沙克尔顿还在沉船事件中惊魂未定。他在日记中只简短地记录了一下这个事情，补充说:“我不忍用文字写出来。”

沙克尔顿很清楚救援的希望是不可能存在了。一方面，原本计划建立基地的地方在他们的西北方向还有70英里远的距离；另一方面，他也告诉过家人和同事，1916年年初之前别指望他能联系到他们。这位领导者意识到，虽然非常艰难，但是他得独自一人带领全员走向安全区域。

沙克尔顿之前去过南极洲两次。第一次是1901年到1904年作为英国国家南极探险队的队员参与的，结果差一点死在那里。他分析原因有二：一是探险队的指挥官太软弱，二是南极洲的条件太恶劣。第二次是1907年到1909年，他带领自己的探险队出征。他的船员并没有实现抵达南极的原定目标，但他从中对自己及自己的权威有了更多的体会。他知道对于探险队的生存来说，凝聚力，包括船员们对自己和领导的信心，不亚于充足的营养。沙克尔顿也认识到作为探险队的领队，他对激发这些要素负有责任。而在1915年的今天，面对着这一切艰难险阻，他必须不负使命让船员们相信在他的带领下大家能够实现目标。

而这位探险家究竟要如何达成目标呢？他如何先为自己赋予足够的勇气和信心，带动大家的士气呢？在 1915 年 11 月“坚忍号”沉没并冰封在海面下的那天，这些问题实在难以给出答案。沙克尔顿只知道他要坚定不移地把所有船员活着带回家乡，他愿意不惜一切代价来完成这个任务。在这场灾难中，他有意识地选择了带领大家逃出生天。他孤注一掷，不给自己留任何退路。当灾难袭来时，他的故事为我们提供了在领导力方面的极其宝贵的经验。

## 第二章

# 沙克尔顿的早年生活

沙克尔顿于1874年2月15日降生在爱尔兰基尔代尔郡，是亨利和亨里埃塔·利蒂希亚·索菲娅·加万·沙克尔顿的第二个孩子，也是他们的长子。欧内斯特·沙克尔顿在一个殷实的中产阶级家庭长大。还是孩子的时候他就喜欢如饥似渴地读冒险杂志，对人类征服自然的想法很着迷。他也喜欢诗歌，尤其钟爱罗伯特·布朗宁具有英雄气概的韵文。(当还是一名水手的时候，沙克尔顿常常在他的船舱里读诗歌来消磨时间。“沙克尔顿老伙计总是忙着读书。”船员们这样评论他。)

16岁的时候，沙克尔顿说服他的父母让他出海，他爸爸便给他在一艘商船上谋了一个职位。作为地位最低的船员，这名少年的时光大都花在了擦洗甲板和抛光黄铜栏杆上了。航行过后，这艘船的船长写道：这个年轻的水手是“我遇到过的最执拗、最倔强的男孩”。不过，沙克尔顿也是一个很专注、富有洞察力的人，很快便在商船上得到提拔重用。到了24岁，他已经升任到船长级别，具备指挥一艘商船的资格。他的表现不像在校时总是中下水平，在海上，上司们称赞他的智慧和技艺，还说“他兄弟般的长官们都认为他是一个非常好的伙伴”。

与海员相处，由于沙克尔顿从不以高位自居，也赢得了很好的个人声誉。一名同事说，他是一个“偏离年轻长官一贯作风的领导”，“他喜欢独处，同时他从来都不冷漠待人，他很乐意沟通——像水手们那样去交流。”沙克尔顿通常都是用缓慢温和的语调交谈，言谈举止都让人感到亲切。但是一旦让他有了专注的话题，这个同事回忆说：“他的个性特点就凸显出来了，他的眼睛闪闪发亮，整个人看起来好像越来越有活力。”这名海员总结道：且不说他精力旺不旺盛，沙克尔顿这人“非常人性化，非常敏锐”。

当他登上船的阶梯时，这个年轻人开始变得焦躁不安。他抱怨说他需要“一个机会，一个可以让他摆脱枯燥的方法和惯例的机会，这种活法可能终会扼杀他的个性”。1900 年 3 月，26 岁的沙克尔顿在一项南极探险计划中看到了曙光。沙克尔顿认识这个计划主要捐助者的儿子，通过联络和随后的面谈，他被任命为“国家南极探险队”的成员，该探险队于 1901 年乘“发现者号”启航。

这个雄心壮志的水手还有另一个想要加入航行的理由。1897 年，他邂逅了埃米莉·多尔曼，立刻就被那个高挑、迷人、温柔的女孩迷住了，她是一位事业有成的伦敦律师的女儿。沙克尔顿下定决心要赢得她的芳心，为此他寻求着一条通往名誉、财富和社会地位的途径。南极国家探险队似乎就是一个这样的机会，他用双手抓住了这个机遇。

在世纪之交，众多国家纷纷参与到探索南极的激烈竞争中，英国便是其中之一。1895 年，第六届国际地理大会宣布：对南极进行更深入的了解是这个时代最紧迫的科学问题，随后许多国家对最南端大陆的探险由此展开。例如，1899 年，挪威探险家卡斯坦·博克格雷温克成为第一个在南极洲的冬季过冬的人。1900 年返回欧洲后，他暗示该地区可能是一个天赐的经济馈赠，有着巨大的渔业资源和矿藏。其他探险家很快以科学、商业和民族主义的名义追随他的脚步。对这些人来说，在国际竞争、科学发现、爱国主义和高风险投机的共同驱使下，同时还有可能获得荣耀和国家荣誉的机会，这就像难以抵制的诱惑一样吸引着他们去冒险。

但是随着这种全球竞争的加剧，英国遭遇了一些不利因素。南极国家探险队的成员，包括其指挥官——皇家海军的罗伯特·法尔孔·斯科特少校，都不曾有任何极地探险的经历。还有一点很重要，以前的挪威探险队曾经使用过狗和滑雪板在冰面上进行高效的移动，但很少有英国探险家使用过这两种交通工具，哪怕一种也很少。结果，英国的许多南极探险队最终都靠人力拉雪橇，船员们在冰面上跋涉，步履维艰地牵引着满载物资的雪橇。缺乏营养也是一个严重的问题；在过去的探险中，英国领队对食物的供给通常是定额分配，不够充足；探险家们主要依靠罐头食品生存。没有新鲜的肉类或农产品，许多探险家患上了坏血病，导致牙龈出血、关节肿胀、皮肤损伤等。现在我们知道了这是缺乏维生素 C 引起的。

尽管挑战重重，南极国家探险队还是在 1902 年年初抵达了南极洲海岸。即使在气候最温和的时候，南极洲也是个令人生畏的地方。南极的夏季平均气温在零下 20 华氏度（零下 28.8 摄氏度）左右，冬季平均气温在零下 76 华氏度（零下 60 摄氏度）左右。地球上记录的最低气温零下 128.6 华氏度，即零下 89.2 摄氏度，就是在南极洲测得的。刺骨的寒风和变化莫测的天气大大增加了南极之行的危险，几乎一点犯错误的余地都没有。这一点，斯科特和他的队员们在离开英国之前就明白；他们在大本营过冬后，势必对这一点会有更清楚的理解。

11 月 2 日，在南半球的春季过了大约 6 周后，斯科特、沙克尔顿和同事爱德华·威尔逊从大本营出发奔赴南极。一开始，他们的旅程就受到后勤保障和其他困难的影响。在零摄氏度以下的不平坦地面上，重达500磅的雪橇由人力拖拽着，每天行进长达10个小时，削弱了探险家们的力量和信念。服装、装备和食品的库存不足也极大地阻碍了进展。斯科特和沙克尔顿之间经常在路线、物资和行进速度方面发生冲突，这进一步加剧了探险者的麻烦。到12月底，这三名队员由于营养不良，开始萎靡不振。12月30日，当队伍到达南极以北约500英里的82°17′时，斯科特命令原地返回。由于饥饿、身体虚弱以及人际关系的紧张，这三名队员险些死在回返途中。沙克尔顿呼吸困难，咳嗽剧烈，胸口疼痛；有时他甚至无法行走，只得用雪橇拉着。全靠坚强的意志力支撑着他前行。1903年2月3日，极地探险队回到了大本营。他们的行走距离比他们的预期短得多，而且未能到达极点，但是与之前的任何一次探险相比，他们已经走得更远。

1905年，斯科特发表了一部名为《发现号之旅》(*The Voyage of the Discovery*)的旅记。这本书把沙克尔顿描绘成了一个没用的人，说他需要对这次探险未能到达极点负责。沙克尔顿对于斯科特关于自己充满欺骗性的描述感到暴怒，下定决心要证明这个海军少校是错误的，并恢复自己的声誉，于是他开始计划自己的南极航行。

这项计划的完成，需要科学支持和贵族的赞助。因为这次探险至少要花费3万英镑（相当于今天的400万美元），很可能要比这花费高得多。为了获得专家的认可，沙克尔顿联系了皇家地理学会(RGS)，该组织成立于1830年，旨在推动地理科学的发展。为了从伦敦的富豪那里募集到资金，他开始利用家族关系、写信和打私人电话募款。到1907年，他筹集到了必要的资金，买了一艘名为“尼姆罗德”的船，挑选了船员。那年夏天，探险队从英国起航。

这次航行耗时两年，也使沙克尔顿如愿以偿成为民族英雄。虽然沙克尔顿和他的三个同伴——弗兰克·怀尔德、詹姆士·亚当斯和埃里克·马歇尔一行人并没有到达南极点，但四人成功跋涉到了南极 100 英里的范围内，并在 1909 年 1 月初到达南纬 88°23′。这是人类能够到达的最南边，前无古人。

然而那时，他们一行人一直被饥饿、冻伤和坏血病所折磨。沙克尔顿意识到，如果他们坚持走到极点，很可能无法活着回去。他知道另一位探险家可能会在他返回南极洲之前到达极点并获得殊荣，尽管如此，沙克尔顿还是做出了原地返回这一艰难的抉择。“放弃比坚持更需要勇气。”他后来在信中这样给妻子写道。

不过，他还是感到十分沮丧。当领队和疲惫不堪的同伴们向北跋涉时，沙克尔顿试图安慰自己。“不管我们感到多么遗憾，都做到了极致，”他在日记中写道，“我们以 366 英里的优势打破了斯科特在 1902 年创造的南极探险纪录，以 77 英里的优势打破了罗伯特·皮尔里在 1906 年试图到达北极的纪录。阿门。”

当四名队员拖着自己返回 650 英里以北的大本营时，他们知道正在为自己的生命而战。沙克尔顿经常气喘吁吁，头晕目眩，有时几乎无法继续前进。但他仍专注于团队的生存，对每个同伴的健康状况都保持警惕。回程跋涉几周之后，他注意到弗兰克·怀尔德由于饥饿而变得十分虚弱。指挥官怀尔德在日记中记录了他的经历：

沙克尔顿特意强行多给了我一份他的早餐饼干。如果我允许，他今晚还会给我。我不指望世人都能从这个行为中体会出多少慷慨和同情；但我对上帝起誓，永远不会忘记这事儿。多少英镑都买不来那一块饼干。

到 1909 年 2 月 27 日，该团队已经跋涉到距目的地不足 33 英里的地方。但是亚当斯和马歇尔已经虚弱得走不动了；沙克尔顿和怀尔德开始寻求帮助。两人走了 36 个小时，在 3 月 1 日，他们遇到了一个大探险队，其中许多人已经因为对死亡的恐惧放弃了极地探险。沙克尔顿几乎有 50 个小时没合眼了，他迅速安排好一切，然后带着一队人从冰面上救出了亚当斯和马歇尔。两天内，所有人都毫发无伤地返回了大本营。1909 年 3 月 4 日，指挥官和他的船员们启航回家。

历史上的记录没有说明沙克尔顿如何应对未能实现自己的雄心壮志这一问题。事后看来，显而易见的是，身处南极危及生命的环境中，探险家靠的不仅是勇气和钢铁般的意志，还依赖于珍视他人生命的一贯责任感。沙克尔顿明白，在极度混乱、风险极高时，某个特定行动的命运会在紧要关头暂时落在个别领导者的能力和行动上。

这对当今的领导者来说是一个重要的经验教训，他们必须在危机中拥有团队的领导权，然后采取行动。我们都目睹过这样的领导者在紧急情况中发挥作用的例子：消防队员冲进正在燃烧的建筑营救被困人员；一名业余水手遭遇突如其来的风暴；或是孩子罹患严重疾病的父母。每种情况中的人都知道他们必须果断行动，因为很多问题都悬而未决。这种时刻，他们毫不犹豫，从未想过回头。他们明白自己必须向前进，迈进湍流中。他们那样做时，常常用前所未有、不为人知的坚强和韧性一步步地向前走着。

1909 年，沙克尔顿回到英国；作为最接近极点的人，他被授予爵士头衔，受人爱戴。受到这一壮举的启发，挪威探险家罗阿尔德·阿蒙森决定带领自己的探险队探索南极。两年后，即 1911 年 12 月 14 日，他和四个同伴成功抵达了南极极点。阿蒙森精心策划的旅程依靠训练有素的雪橇犬和专业滑雪者，一路非常顺利，他和他的团队还提前回到了大本营，没有任何人患有严重伤病。当沙克尔顿得知极点被征服时，他深受感动。对阿蒙森而言，他把这个壮举归功于“尼姆罗德”探险队的领导者，说沙克尔顿证明了“一个人的意志和精神能实现多么惊人的壮举”。

1911年至1912年，阿蒙森并不是唯一一个试图探索南极的探险家。以沙克尔顿的死对头罗伯特·法尔孔·斯科特为首的英国探险队也试图成为抵达南极点的第一人。斯科特和他的极地探险队沿着一条不同于阿蒙森的路线向南极点进发，并且再一次依靠人工拖拽行进。1912年1月，当斯科特和他的四个同伴到达南极点并看到插在那里的挪威国旗时，他们意识到自己失败了。带着透顶的失望，英国探险队转而向北长途行进返回大本营。此时他们营养不良，身体虚弱；恶劣的天气也减缓了他们的进度。到3月中旬，五名成员中已有两人死亡。斯科特和他剩下的两个同伴疲惫不堪、饥肠辘辘地继续前进；到3月20日，他们距离北边的食品仓库仅11英里时，一场严重的暴风雪将他们困在了帐篷里。三人在那里去世了，他们的尸体在8个月后才被发现。

1913年年初，斯科特和他的队友在从极点返回的途中死亡的消息传到了英国。一年的时间里，这位探险家失去的成员人数是过去15年里所有南极探险人员死亡人数的总和。尽管如此，英国媒体和公众还是将他视为烈士；几乎一夜之间，死去的船长就成为民族英雄。对于沙克尔顿来说，他亲身体验过斯科特是个优柔寡断且没有责任心的领导，而他自己没有在南极洲失去任何一个队员，他的前竞争对手的名声也让他难以忍受。沙克尔顿也十分清楚阿蒙森对极点的征服以及公众给予斯科特的英雄荣誉，已经使自己的成就黯然失色，自己不朽的名誉也化为泡影。

也许是这次伤害重燃了沙克尔顿再次前往南极的兴趣。也许是他渴望做出大胆、爱国的姿态，还可能是探险家不在冰上时冒出的天生的躁动因子。不管动机如何，沙克尔顿开始思考下一次旅行——穿越南极大陆。“南极点的发现不会是南极探险的结束，”他在伦敦《每日邮报》上写道，“接下来的工作是启自大海终至大海的横贯大陆之旅。”此时，在 1913 年年末，沙克尔顿抚慰着他受伤的自尊心，并计划开启一次新的探险。这是一个大胆的计划。就像沙克尔顿在 1914 年年初向皇家地理学会解释的那样，“今晚这个房间里没有一个人，在帝国的任何地方没有一个长在英国国旗下的人，不希望英国国旗成为有史以来第一个穿越冷冻的南极荒地的国旗。”他的南行之旅也有着个人原因。“我觉得自己老了很多，也有点疲惫，”这个 39 岁的中年人向前赞助人的妻子埃尔斯佩思·比德莫尔解释说，“但也许南极会使我重返青春。”

# 第三章
# 准备穿越南极洲

1914年伊始，沙克尔顿将此次探险行动提上日程。按照他的计划，总共需要两艘船，其中一艘将作为此次行动的海岸后勤船，航行到威德尔海并在那儿建立大本营，为接下来的探险做准备。从这里出发，沙克尔顿将带领一个六人小组，从这儿向南极点进发；之后他们会从比尔德莫尔冰川爬下，然后北行至罗斯海的麦克默多湾。

第二艘船将直接驶向罗斯海，并建立自己的大本营，然后会派出一队人在探险队的后半程沿途放下食物和其他物资。之后，这艘船会等待横跨南极洲的勇士们抵达罗斯海沿岸。

从各方面讲，沙克尔顿的探险都是一项艰巨的任务。首先是后勤保障的挑战，要为两艘极地船组织船员和装备着实不易。另一方面，则在于威德尔海本身，巨大而又神出鬼没的浮冰、汹涌的暗流都使得这片海域臭名昭著。因此通常来说，大多到南极的探险是一路南行然后绕到南极洲另一侧，即靠近澳大利亚的那一侧。至于这个总路程达1800英里的横贯大陆的探险，很多人觉得这是天方夜谭。沙克尔顿的计划是他和五名同伴每天走15英里——只比阿蒙森那令人惊叹的最快的速度纪录慢1英里。但那位挪威探险家当年主要靠的是滑雪板和雪橇，而这位英国探险家对这两者一窍不通。

按照探险计划，他本来带了雪橇犬和雪橇到南极，但他对学习如何使用完全不感兴趣，更别说去熟练驾驭这些工具了。

回想起来，沙克尔顿对于滑雪板和狗拉雪橇的忽视是一个错误。假若他和队员们能精通其中一种，那么1915年年末的那场危机的形势都不会变得那么严峻。灾难发生时，这位探险家似乎意识到了自己的疏忽。正如我们所见，伟大的领导者也会犯错，而关键则在于，有着真正无畏精神的领袖，会承认自己所犯的错误，承担相应的责任，并在这个过程中改正错误，有所收获。

1913年去极地探险的筹款活动进行得十分艰难。考虑到计划中配置两艘船的复杂性，按照沙克尔顿的预估，至少需要50000英镑（现约合660万美元），并且可能会高达80000英镑（现约合1060万美元）。由于当时英国等欧洲各国都在备战，投资者对于各类风险活动都很小心，哪怕是对于曾经赞助过的项目亦是如此。皇家地理协会仍对极地探险活动抱有兴趣，但其官员对沙克尔顿的计划不满，仅象征性地批给他1000英镑（现约合13.2万美元）。其他潜在的资助者认为他的计划风险太大，因而拒绝出借资金或帮他做担保。

但沙克尔顿却如同一名意志坚定的创业者一般，充满激情且富有创造力地开始着手筹资。考虑到可以出售此次探险活动的照片和影像资料，他雇佣了一名摄影师。在出发前的几个月，沙克尔顿还专门成立了一个组织来出售电影拍摄版权，并且将探险活动的官方记录卖给了总部在伦敦的报纸《每日纪事》。同时，沙克尔顿还与当时促成他此次探险的报纸记者们成为朋友。在他的不懈努力下，资金终于到位了，其中多数来自富有的支持者们。例如，一家烟草企业的继承人，女爵士珍妮特·斯坦康布·威尔斯向沙克尔顿捐赠了不菲的资金，并与他成为一生挚友。来自伯明翰的实业家达德利·多克尔为其中一艘船捐赠了10000英镑。还有一份贵重的馈赠来自苏格兰大资本家詹姆斯·基·凯尔德爵士，他被沙克尔顿的决心和信心所打动，承诺向他捐赠24000英镑（现约合320万美元），这也是沙克尔顿收到的最大单笔赞助。（为表达感谢，沙克尔顿将主船上的三艘救生艇分别以三位捐助者的名字命名。）截至1914年夏天，这名探险家已经通过募捐和借贷的形式将所需的大部分资金凑齐了。

沙克尔顿一边募集资金，另一边还留意航海所需的器材和物资。建造极地船所需的材料比较独特。在那个年代，大部分船取材于钢铁，而要想在南极航行则需要具有高强度和高韧性的强化木材来做船体。这样才能抵御来自浮冰持续不断的压力，而船体不至于破裂。另外，沙克尔顿还有些更个性化的要求。他需要为摄影师准备暗室并且在甲板上给雪橇犬准备铺位。

在一家挪威造船厂，他找到了自己所需要的船，一艘300吨位的木船且带有多余的船舱和暗室。沙克尔顿以11600英镑的低价贷款买下了它，又根据自己家族的格言“要成功须得坚忍”为这艘船重命名为“坚忍号”。他打算让这艘船载着探险小队和其他船员穿越威德尔海抵达南极洲大陆，并在那儿建立大本营。至于罗斯海的航程，沙克尔顿则交给了购置的另一艘极地船——饱经风雨的“极光号”。

沙克尔顿还得筹集补给物资，包括衣服和露营装备。他购进最先进的极地装备，如巴宝莉的防风外套，耶格的长款羊毛内衣、厚围巾、毛绒帽、鹿皮靴，还购进了顶级的帐篷和睡袋。

接下来需要解决的是船队的食物问题。在19世纪末20世纪初，如何合理地搭配营养是探险队面临的一大挑战。一旦吃不饱，队员们会有生命危险；而营养搭配不合理，就会得严重的疾病。但到底吃什么、吃多少才能提供最充足的营养呢？在那个营养学仍处于启蒙时期的年代，大家对此莫衷一是。

包括 1911—1912 年罗伯特·法尔孔·斯科特的最后一次探险在内，许多探险活动都很可能遭受到坏血病的侵扰。而沙克尔顿从第一次南下航行起就坚信，新鲜的肉类能对坏血病起到预防作用；于是这次他打算给队员们提供大量新鲜的海豹和企鹅肉。他还将青柠汁制成胶囊剂。(后来科学家们的研究也证实了沙克尔顿的想法，鲜肉和青柠中的维生素 C 的确有助于预防坏血病。）探险家还向一名化学家请教，并合作发明了“合成蛋糕”，就像现在的能量棒。这种“合成蛋糕”是由燕麦片、糖、牛肉粉、人造奶油和酪蛋白（牛奶蛋白）制成的。每份这样的蛋糕能提供近 3000 卡路里的能量，根据沙克尔顿的估计，大约相当于每人每天所需能量的四分之三。此外，他每天还给船员们分配定量的糖、奶粉、坚果、茶和盐，以及马麦酱（一种从酵母中提取的褐色膏状物）。如同其他高效的领导者一样，沙克尔顿游刃有余地在制定大的任务方针的同时，策划着完成这些小的细节的必要措施。

相传，为了吸引有潜力的船员，沙克尔顿曾在报纸上刊登过如下广告：“现有冒险活动，招募船员，薪资微薄，天寒地冻，不见天日，危险不断，生死难料，一旦事成，荣誉加身，功成名就！”即使在我们这个年代，这则广告的诱惑力都是难以抗拒的，可以想象当时沙克尔顿刊登这则广告时的情形。他当时寻找的是观点明确、目标清晰的人，而这则广告恰恰对这些人极具吸引力。可是关于这则广告，并没有任何记录留存，极地历史学家罗兰·亨特福德指出，沙克尔顿根本不需要花钱登广告。他上次的探险赢得了新闻界的肯定，所以 1913 年年末，在他公开宣布此次探险活动之后，申请加入的人便成群结队地向他位于伦敦的办公室涌来。据他的朋友休·罗帕特·米尔所说，成百上千的人申请加入此次冒险活动；

另有消息称申请的人数达到了5000人。

沙克尔顿的另一个熟人布里吉斯·亚当斯经营着一家演出公司，据他回忆，这位探险家在与他的一次谈话中表达了自己对招募的观点。他回忆道："当谈起剧团人员的招募，我说到性格与表演才能同等重要时，他非常感兴趣。他说，正如他招募船员一样，相比于科学知识的多少和航海技术的高低，他们的内在品质更为重要。"在阅读申请信时，他将申请人分为三类："疯子"、"不可救药"和"潜在人选"。对于第三类他认为合适的申请者们，他选择了当面面试，来寻求他所需要的特质：快乐、幽默或是其他与乐观积极相辅相成的性格品质。沙克尔顿认为，要想完成如此高度危险的任务，这些特质必不可少。一个申请者回忆说，沙克尔顿对他的面试没超过10分钟，面试时，

他先是问我牙口好不好，是否有静脉曲张。又问我脾气如何，还问我会不会唱歌。被问到这个问题的时候，我可能显得有点惊讶，因为我还记得他解释道："哦，我不是指像恩里科·卡鲁索（歌剧演唱家）那样，我是说跟大家一块儿时能来上一两嗓子。"接着，他又问我血液循环怎么样。我说还好，除了一根手指头天冷的时候会冻僵。他问我是否很介意失去这个手指，我答道，我可以承受这个风险……问完这个问题，他便伸出手说道："很好，就是你了。"

在面试那些去过南极的申请者时，沙克尔顿更看重坚韧和毅力这样的品质。比如他雇用了肌肉发达的爱尔兰壮汉汤姆·克林，正是看中他曾在极地探险中不吃不眠前行30英里救下两个同伴的壮举。在挑选船员时，沙克尔顿则倾向于那些曾在北海的拖网捕鱼者，他认为，这些人已经习惯了长期待在寒风刺骨的冰冷甲板上，

能更好地忍受南极海岸的严酷环境。

然而，参加这次探险活动的最重要的人，压根就没经过这样的面试，弗兰克·怀尔德，他是沙克尔顿在“尼姆罗德”探险队时的同伴，在听说沙克尔顿横穿南极的计划后，他第一时间表明了自己的意愿。因 1908 年二人共同在距南极点 100 英里内艰苦跋涉的经历，他们对彼此抱有不可动摇的信心。沙克尔顿任命怀尔德为此次探险的副指挥。

这是现代领导者必须具备的另一个重要眼光——招聘时优先看态度，技能可以培训。沙克尔顿深谙，环境越是恶劣、突发情况越多，越是需要那种善于应付意外事件的人，他们能在危机之中披荆斩棘，在未知挑战面前做出迅速的反应。决策者们发现，能否做到这些，与其专业水准、技术能力或是特定的工作经历有关，更取决于其个人的性格和观念。如沙克尔顿一样，当代领导者们要求团队队员和其他利益相关者能够认识到危机并从中抓住机会，以自信和实效来应对一切挑战。

1914 年 7 月，“坚忍号”满载着物资与 69 条雪橇犬在伦敦停靠，全体船员都在为南下的旅行做准备。就在各项工作有序进行时，关于战争的传言却甚嚣尘上。7 月 28 日，奥匈帝国的皇位继承人弗朗兹·斐迪南大公被一名南斯拉夫种族分子刺杀，紧接着，奥匈帝国向塞尔维亚宣战。英国宣布加入反对奥匈帝国及其盟友德国的战争。第一次世界大战爆发了。

沙克尔顿立即向政府发电报，主动要求将探险队编入国家军队，但遭到了拒绝。英国海军大臣温斯顿·丘吉尔回信解释道，这次探险行动受到各方支持才得以实现，政府并不想干涉阻碍。1914 年 8 月 4 日，英国对德国宣战，当天“坚忍号”出航，并且沙克尔顿得到了国王乔治五世的皇家许可。当月中旬，船朝着布宜诺斯艾利斯进发，按照计划，探险队要在南下前从当地得到另外的船员和食物补给。

“坚忍号”出发6个月后，沙克尔顿独自乘船前往南美洲，在到达布宜诺斯艾利斯后，却发现他的探险队还未做好出发的准备工作。一方面，在向南美洲航行的过程中，“坚忍号”的船长弗兰克·沃斯利无力维持船上的纪律。沙克尔顿发觉后，对探险队的指挥工作做出了调整，削减了船长的自由决策权。另一方面，驯犬师在临登船前因合同纠纷退出。没有别的选择，指挥官只好决定在没有驯犬师的情况下向南极进发，尽管他和他的队员们几乎都不懂驯犬之道。

从阿根廷出发，船向南乔治亚岛航行，这座岛是英国领地也是挪威人的一个捕鲸站，位于英国本土东南约2000英里处。沙克尔顿计划在那儿邮寄信件，并补充最后的物资。11月，当船到达岛屿时，沙克尔顿却遭遇到了未曾预料的新困难。捕鲸者说，在他们记忆中，威德尔海北部的浮冰从未延伸到这么远的距离。于是他们建议沙克尔顿在岛上等待夏天到来。起初，沙克尔顿采纳了这个建议，等待着浮冰消退。但一个月过去了，情况却没有任何好转，他决定向“世界之底”进发，那一天是1914年12月5日。

几天之后，“坚忍号”便遇到了令人惧怕的浮冰，数量之多、厚度之大令队长和他的船员们感到惊讶。这些浮冰还导致周围的环境不断发生变化。正如罗兰·亨特福德所记述的，那些浮冰有时看起来“异常危险，它们把航线完全封死，导致无法前行”；有时又会变得缓和，显露出“狡猾和虚伪的善意”。沙克尔顿便站在驾驶台上观察着海面的这些变化。

随着船在浮冰组成的拼图迷宫中穿行，指挥官与船员们彼此间采取措施相互配合。随队的物理学家雷金纳德·詹姆斯回忆道，

“与陆上的沙克尔顿相比，海上的沙克尔顿更受人喜欢”。大部分船员都只是通过短暂的面试初步了解了这位著名的探险家，而直到船航行了好一阵子，他们才了解到他对这艘船严格的管理方式。他希望看到高效率、高质量的工作。他要求队员们对他的命令绝对服从，迅速响应。无论在岗与否，船员们都能感受到他那谨慎而又关切的目光。

但沙克尔顿并不单单依赖于他的权威来主持工作。他坚信自己需要赢得手下的信任和忠诚，为此他会与探险队的每位队员私下交流。据随船医生麦克林回忆，每当沙克尔顿与人擦肩而过，

他会与你展开交谈，亲切地问你一些小问题——你过得怎么样啊，你喜欢这工作吗，你最喜欢工作的哪个方面啊……而有时当你感到他有一点冷酷，命令过于严苛时，这种亲密的对话便变成某种诀窍，消除你的那些不好的感受，让你重新认可他的正直和正确性。

沙克尔顿经常聊起历史、运动和其他能引起共鸣的话题，对于船员们来说，与队长单独相处的那些时刻总有些出人意料，弥足珍贵，常常会受益匪浅。“比如，有人发现与这位船长聊萨克雷会让他很高兴，或者他会反过来问你是否读过勃朗宁的著作。”麦克林说。作为人类心理学的高才生，沙克尔顿清楚地知道他必须与团队的每个人保持密切的联系，不论其地位和官职。在之前去南极的探险中，他见识过队伍不和导致的严重后果。所以，在“坚忍号”上，他尽力赢得每位船员的信任与尊敬，尽他所能地提高全队的凝聚力。队员们也给予了他积极正面的回应，并给他起了一个不错的外号：老板。

尽管沙克尔顿亲切友善，他却决不容忍队员们与他争论或讨价

还价。而他的副指挥怀尔德便成了麦克林口中的“领队”。这位船医回忆道：“当我们有什么问题时，我们都会找怀尔德而不是沙克尔顿。”这个指挥官的得力助手总会很耐心地倾听，并对他们的问题和抱怨一一答复。他会注意寻找恰当的机会化解这种挫败感，最终什么紧张关系都可以消除。怀尔德的角色就像一个参谋长，有他作为中间人，沙克尔顿得以与船员之间保持一定距离，从而维持了他的权威。

随着“坚忍号”南下，冰层越来越厚，船的速度减慢。1914年的圣诞夜前夕，浮冰将船团团包围，彻底封住了去路。没有办法，大家只好等待冰自己化开。而为了保持团队的乐观精神，“老板”下令举行节日庆典。他们装饰餐厅并享用了美味的汤、肉馅饼、圣诞布丁以及鲱鱼和兔肉罐头。过了一段时日，积冰化开了，船又得以前行。但到新年前夕，“坚忍号”又被两块浮冰夹住，船体倾倒了6度，面临着沉没的危险。船员们用冰锚和铁链将船体拖了出来并继续航行。此时，按照沙克尔顿的既定计划，探险队已经走了超过一半的行程。

在浮冰里绕来撞去几周之后，探险队终于在1915年的1月初，靠近了南极大陆。接下来的五天里，“坚忍号”一直沿着海岸线向西南行驶，其间看到了一处适合登陆的海湾。但指挥官不想在那儿停泊，他想到瓦谢尔湾去直接建立大本营。如此一来，横穿大陆的小分队便能以高效的路线抵达极点，并完成南极剩余部分的旅程。直到1月15日，沙克尔顿仍坚信他能到达目的地。

然而他却没能做到，三天后，移动的浮冰将船困住。为了节约燃料，弗兰克·沃斯利船长决定不再冲撞积冰，而是等待积冰自行化开。结果第二天浮冰就将船牢牢冻住，“坚忍号”陷入了困境。那天是1915年1月19日。

# 第四章
# 新使命

沙克尔顿和他的船员等待着冰层开裂的迹象，但什么都没发生。他指示员工继续烧锅炉，这样如果冰层松动，那么“坚忍号”就可能会快速地脱险。但是在1月27日，即船被浮冰困住之后的第八天，船长命令让发动机熄火。此时，这艘船被困在冰层中，与水流一起漂移。全体船员已经做好了在船上度过整个夏天的准备，他们只能等到冰层融化之后才能驶入开阔的水域中。

对于船员来说，情况变化得也太突然了，这打破了他们的常规习惯；在被困的随波逐流的船上，他们能做的事情不多，这让全队人很有挫败感。船员试图解决出现的新情况时，偶尔会出现紧张的局势。正常情况下那些无关紧要的小事现在成了烦躁和潜在对抗情绪的根源。例如，船上的仓库管理员托马斯·奥德-利斯开始批评木匠“浪货”亨利·麦克尼什的餐桌礼仪。奥德-利斯在日记中写道：“用刀舀豌豆，他简直就是一个演杂耍的。”麦克尼什本人不赞成某些探险队员讲粗话，甚至这艘船的伙食都受到诟病。水手沃尔特·豪发牢骚说吃新鲜的海豹肉“是……一种完成探险的便宜口粮”。

沙克尔顿领导的27名船员有不同的分工：指挥官指导探险，

科学家进行试验，水手们保持船只正常运行。

他们有不同的社会和经济背景。面对这些不同的身分，沙克尔顿努力将他们之间的差异降到最低。根据他自己在南极洲的经历，摩擦和不信任可能会扼杀这次行动。在目前他们面临的危机中，这个团队最需要团结和信心，只有依靠集体的力量才能渡过难关。

为了促进团结和提升队员的信心，沙克尔顿已经采取了几种策略。例如，在这段非常时期，他将每日的手工作业平均分配给军官、科学家和水手们。奥德-利斯曾在英国军队中任陆军少校，他很难“放下架子”，还声称：“让那些出身高贵的人去擦地板是不公平的。”尽管他在抱怨，但是他仍承认，一起劳动可以最大限度地减少船员之间的嫉妒心。“作为一种纪律措施，”他在日记中写道，“这样做能让人谦卑，并且可以彻底扫除一个人心里的最后一丝虚荣心。”

为了培养船员之间的友情，沙克尔顿坚持在每天晚饭后召集所有人聚集在船上的军官集会室中。有时候，会召集大家一起观看随船摄影师弗兰克·赫尔利收集的幻灯片（传统的35毫米幻灯片和现代的数码照片）。他们会玩室内游戏、谈论政治和书籍。沙克尔顿总是待在那里，负责歌诵会，偶尔讲个笑话，或展示他所掌握的有关动物、蔬菜和矿物质的知识。沙克尔顿的参与不在于体现飞扬跋扈或控制欲，他的目的是让人们可以持续地互动。他将社会化看作防止疑虑、绝望和道德沦丧的重要保障措施。

很快，沙克尔顿就发现还需要应对其他心理问题：懒惰、烦躁和倦怠几乎与大部分人没活干一样危险。为了减少这些对集体士气有害的威胁，沙克尔顿坚持尽可能地让团队中的每一个人都能履行其正常的职责，包括擦洗甲板、整理物资、照顾雪橇犬以及观察在冰层中能通航的裂缝等。他要求科学家们从冰上取样，并进行气象观测。当鲜肉的库存量变少时，沙克尔顿就会派出小队去猎取海豹和企鹅，并坚持严格按照时间表就餐和进行娱乐活动。

尽管如此，船员们仍然有空闲时间。为了填补时间空白，保证船员和雪橇犬的健康，沙克尔顿制订了一项驯狗计划。他将雪橇犬分为六组，每组都指派一名船员作为组长。太阳落山时，船员通常会在日落时分带着狗在冰上训练，训练结束后，伴着月光回到船上。沙克尔顿甚至批准各组进行比赛。例如，在6月，船员们举行了“南极德比”大赛。船员们以香烟、巧克力和钱下赌注；“老板”也为弗兰克·怀尔德的狗队押上了5磅，赌赢后也非常兴奋。人们喜欢和狗一起工作。正如亨特福德指出的那样，所有这些努力都证明了跨越南极洲的壮举依旧指日可待。

沙克尔顿希望人们可以尽可能保持乐观的心态。他认识到他在人们面前的表现将对他们的看法产生很大的影响。所以，他时刻准备好参与到自发性娱乐活动中来，充当活动的主要角色。例如，有一天他与沃斯利一起在浮冰上跳华尔兹，这让大家非常惊讶。奥德-利斯指出，这样的表现很具有代表性：

> 那就是典型的欧内斯特·沙克尔顿爵士……他总是把自己的麻烦掩藏起来，向我们展现出勇敢的一面。对于像我们这样一群失望的探险家来说，他那永不磨灭的开朗意味深远。尽管他自己很失望，并且我们也都很了解面临的灾难，但是他一直表现出最幽默的一面，充满了无限希望。他是现存的最伟大的乐观主义者之一。

我们从沙克尔顿的日记以及怀尔德和沃斯利后来的陈述中了解到，这种乐观主义绝非故事的全部。就像许多动荡时代的领导人一样，指挥官对当前恶劣的大环境感到焦虑。例如，“坚忍号”被冰封后，他很担心威德尔海暗涌的洋流可能会将船舶带到一个偏远地方，让整个横穿南极大陆的计划彻底化为泡影。

但是，沙克尔顿从未让船员们看到他的忧虑——或者说是更大的恐惧。他很了解，他的举止行为很可能会影响他的船员。如果他表现出犹豫或恐惧，那么这将削弱整个团队对他的信心，动摇他们能在这艘冰封的船上生存下去的信心。无论他是在驾驶台上环视、发号施令，还是与单个船员交谈，他都得表现得很投入，充满信心。他一遍又一遍地以其仪态和精力传达着自己的决心和信心。

1915年2月中旬，前方的冰层出现了一条200码的裂缝，船可以开进去。船员们带着铁镐和铁锹从甲板上跳下来，希望可以扩大这个裂口。但是经过一天的艰苦劳动后，他们几乎没有取得任何进展，沙克尔顿下令叫停。为了尽量减少挫败感带来的负面情绪，沙克尔顿将整体情况描述为延迟，而不是灾难。他向人们解释说，由于冬天即将来临，船可能会继续困在浮冰中，他计划在下一个夏天登陆。

一眨眼几周、几个月过去了，船仍然被困在冰层中。4月份已经过去，白昼时间减少；到5月初，船员们发现他们已经完全生活在南极黑暗的冬季中了。在日光完全消失之前，全体船员一直积极地猎取海豹，储存了5000磅的肉和海豹脂肪。现在，随着白昼的消失，外面的温度骤降至平均零下17华氏度（零下27摄氏度）。船员们将船的主货舱改造成了公共生活区，用煤炉取暖，通过悬挂在天花板上的煤油灯采光。

在黑暗中，室外工作时间很少，所以人们只能通过写日记、读书、使用手摇式留声机听音乐、打牌和下棋来打发时间。晚餐后，他们还是会继续聚集在一起聊天，偶尔也组织业余的杂耍表演。尽管如此，沙克尔顿还是时常担心团队的士气，5月下旬，他命令所有人互相理发。正式理发时，沙克尔顿是第一个剪头发的人。沃斯利描述了这一场景：

业余理发师抓住了一名不幸的船员，好像要干一番大事似的。他高高挥舞着剪刀，剪刀落下，那可怜的人则发出一声抗议的呼喊……当他环顾四周看到旁边的人时，大家都发出了阵阵笑声。现在，所有人看起来似乎都是毫无例外的古怪、滑稽，或者说像个囚徒似的；摄影师被叫了进来，为这个夜晚留下纪念，同时也在必要时，给那些自我感觉良好的美男子们好好调教调教。

6月初，洋流变得更加汹涌。虽然天空看起来似乎比较平静，但是巨大的浮冰撞击并挤压着船体。7月，沙克尔顿和船员们能感觉到船在冰块之间抖动；船舶的木材发出吱嘎声，整个船体开始移位了。沙克尔顿怀疑“坚忍号”可能无法再承受这种挤压了。7月中旬，他私下告诉怀尔德和探险队的船长弗兰克·沃斯利，这艘船已经快支撑不住了。沃斯利回忆道：“‘你最好下定决心，这只是时间问题。’他说，‘可能是几个月，也可能是几个星期，甚至是几天……让冰冻住了，就没得跑了。’”

在接下来的4个月中，“坚忍号”继续漂移。船从沙克尔顿原定的瓦谢尔湾登陆地点漂移了近700英里，先是向西，再向北。这艘船进入的水域冰少了些，但潜在的危险更大，浮冰很可能将船体挤压成碎片，然后船体四分五裂散落在开阔的水域中。

10月23日，浮冰发动了对船的最后一次攻击。由于压力加剧，船体的铁板都弯曲了；横梁膨胀起来了，船体开始进水；大量的水开始灌入；蒸汽泵都无法跟上排水的节奏了。虽然船上的木匠“浪货”麦克尼什在船舱内建造了一个坝，但是沙克尔顿仍命令其船员用手动泵排水。“每一次轮班抽水都很痛苦。”麦克林回忆说。船员们的努力让这艘船完好地维持了4天。

但是在1915年10月27日，人们称之为“海的新娘”的“顽强的小船”最终撑不住了。甲板变形裂开了；船尾柱也断了。船结构框架的关键部件龙骨也掉了下来。涌入的海水越来越多。站在抖动的甲板上，沙克尔顿透过天窗俯视着。“我看到船桅的支索和座板坍塌，发动机从侧面滑落，”他回忆道，“当我向下环视时，我无法描述当时这无情的覆灭场景给我带来的冲击。移动的浮冰带来的数百万吨挤压力，最终毁掉了这艘船。”

“老板”命令船员放弃“坚忍号”。在几周前制订的计划中，船员们抢救出了狗、三艘救生艇、储存的物品以及必要的装备，把它们转移到了浮冰上。沙克尔顿坚持抢救出气象学家伦纳德·赫西的班卓琴，并把它称为“重要的精神药物”。船员和狗在附近的厚厚的冰块上过夜，但是没有人能睡好。在“坚忍号”的甲板上，发出时断时续的光线。“你能听到船体被压碎了的声音，”大副莱昂内尔·格林斯特里特回忆道，“冰开始碾磨船体，你几乎感觉自己的肋骨被压碎了，那时，突然［船甲板上的］一道光闪过，然后就消失了。似乎一切都结束了。”

当船员试图睡觉时，沙克尔顿整个晚上都在冰面上徘徊。赫尔利看到了沙克尔顿，他描述道：

欧内斯特·沙克尔顿爵士一直在看守着。那天晚上，当我从刺骨的寒风中躲到其中一个帐篷中时，我看到了一个昏暗的背影在黑暗中缓慢移动。当他正在考虑接下来该怎么做时，我确实非常钦佩他用平静的姿态掩饰焦虑的情绪。最好的办法是什么呢？28个人的生命危在旦夕，如何在下一轮与死神的斗争中制定战术呢？［然后］

我意识到了领导者的孤独与代价。

第二天一大早，沙克尔顿召集所有船员，然后平静地解释道，他会送他们回家的。格林斯特里特说，“他首先考虑到的是他手底下的船员。即使他自己一丝不挂，他也不在乎，只要他的船员有足够的衣服穿。他是一个非常伟大的人；你会感觉到在他眼中团队比任何其他事情都重要。”

为了使他的团队保持积极的劲头和高昂的士气，“老板”命令他们穿过冰层向西北方向前进 300 英里到达雪丘岛，他相信他们会在那里找到紧急物资。团队按计划出发了，但是行进速度非常缓慢，仅仅两天后，沙克尔顿就取消了这个计划。

# 第五章
# 冰上生活

沙克尔顿命令停止前进后，整个团队开始为在冰上度过南极的夏天而做准备，他们将临时的家命名为“海洋营地”。为了使团队保持士气高昂、纪律严明，沙克尔顿将所有人分配在五个帐篷里，并为每个帐篷选出了一名坚强、乐观的领导者。他将三名较难相处的探险队员分配在自己的帐篷里：物理学家雷金纳德·詹姆斯行动笨拙，一身学究气，因此成为了被戏弄的焦点；二副休伯特·赫德森敏感易怒，又好争辩；再就是摄影师赫尔利，他精力充沛、机敏伶俐，所以他有时候会显得傲慢。沙克尔顿早就听说过一句谚语：“要亲近你的朋友，更要盯紧你的敌人。”现在，为了消除分歧并保持团队士气，这句话派上了用场。

如往常一样，沙克尔顿的主要任务是别让船员们闲着。每天大家要早起，早餐是海豹肉排、粥或罐装食品；早餐后，大家都按分配好的任务各司其职。厨师查尔斯·格林则开始准备下一顿饭，其他人将冰融化成饮用水、修理设备或照料狗。大多数人都会花很多时间去捕猎海豹，海豹肉成了团队的主食，同时，海豹的脂肪又可以为赫尔利装配的特制炉子提供燃料。

午餐包括薄饼，面团中掺入扁豆和任何格林可以搜罗到的食物，然后炸制成薄饼，还包括茶和果酱。

下午5：30，船员们开始吃晚饭，通常包括更多的薄饼、浓汤（一种由肉干、脂肪和谷类食品混合而成的炖汤，一般会加入新鲜的海豹或企鹅肉）以及不是很浓稠的热可可。晚上，船员们会打牌、读书或聊天，直至晚上8：30熄灯睡觉（在11月份，南极圈每天的白昼时间约为16个小时，所以船员们通常在天黑之前就爬进睡袋睡觉）。聊天主题包括天气、冰上运动，以及他们什么时候可能会上救生艇起航。到了晚上10：00，营地里静悄悄的，唯一的动静就是指派的守夜人巡视时发出的。

在建设完“海洋营地”之后的几周，船员们和狗队在“坚忍号”残骸与新家之间来回奔波，打捞物资。船员们总共打捞回3吨多的物资，包括面粉、糖、大米、核桃、大麦、扁豆、罐装蔬菜和果酱等。他们还将船上的木板和钉子撬下来，然后将其运回交给木匠，木匠会用其来加固救生艇。

在将大部分食物运回“海洋营地”之后，赫尔利试图从失事船舶中抢救出他的底片和录像带。沙克尔顿不知道赫尔利和其中一名水手居然劈开了木板。摄影师回忆道：“我已经下定决心潜入水中抢救出底片和录像带。半明半暗中在船舱中的碎冰里搜索目标，是极其寒冷、艰难的工作，最终，我还是找到了那三个先前保存了照片的罐子，但是我却昏倒了。那时候，水手沃尔特·豪使劲为我按摩，恢复血液循环，船也开始摇晃并发出了吓人的嘎吱声。凭着强烈的生存意念，我们跃身跳到了冰面上。”沙克尔顿同意让赫尔利保留其中一些录像带和底片。摄影师从400张照片中选出了120张保留，并将剩下的照片撕碎后撒在了冰面上，唯恐他会改变主意。

在船员们放弃“坚忍号”近四周之后，船沉入冰下消失了。损失巨大，但是没有人比沙克尔顿更失望。他很清楚，船的沉没代表着探险的结束，他不仅为这次探险投入了巨大的精力和资源，而且还倾入了他的雄心壮志。正如作家卡罗琳·亚历山大指出：“祖国正处在战争的水深火热之中，（沙克尔顿）不大可能短期内再回南极；这是他最后的机会。”当他勘察这无限延伸、广阔冰冷的四周时，他看到了穿越南极洲并获得不朽名誉的梦想的破灭。

尽管如此，他还是集中精力完成新使命：将他的船员安全地带出这不毛之地。从历史角度我们可以看到，一旦发生不可挽回的意外情况，沙克尔顿放弃了穿越大陆的目标，并着手实现另一个目标，即挽救全体船员的生命。这是非常重要的一课，在大动荡中所有领导者必须学会——如何放弃原来的目标，然后接受新目标，就算情势所迫新目标与原来的目标截然不同也要如此。

沙克尔顿不知道他该如何将船员们带回家。他无法控制的情况太多了，曾经有许多次他都无法取得明显的进展——他和他的船员们能做的只有等待。这让他感到无比沮丧。这个时候，他在一篇日记中这样写道：“把勇气的脚步放入耐心的马镫。”在另一页上，沙克尔顿潦草地写道：“等待、等待、等待。”在第三页上写道：“耐心、耐心、耐心。”

他竭尽全力不让船员看出自己的焦虑和愤怒情绪。这让他付出了沉重的代价。例如，12 月初，他可能患上了间歇性发作的“坐骨神经痛”，一种脊神经压迫导致的疼痛。有时候，他非常痛苦，都无法从睡袋中爬起来。但即使躺在那里，他也在考虑该如何让船员们保持干劲。詹姆斯与“老板”住在同一个帐篷里，他回忆道，尽管沙克尔顿在这几周身体状况欠佳、行动不便，但是他“一直关注船员的士气是否低沉，船员是否有不满情绪，好及时处理”。

大家都对他们现在的地理位置很感兴趣。沃斯利使用从“坚忍号”上抢救回来的设备来测量船员所处的位置，并预测浮冰的移动路径。船员们希望风和洋流可以将他们带到西北方向上的雪丘岛上。但是，在12月中旬，计算结果显示，浮冰先是往西北方向漂流，然后又漂向东方，离陆地更远。感觉到偏航和闲散开始让整个团队士气低下，作为应对措施，沙克尔顿决定再出征一次。他预计西面150英里处没有浮冰了，因此，可以在那里放救生艇下水，驶向开阔水域。

当“老板”宣布他的决定时，人们的反应不一。听到继续行进，一些人很兴奋，如麦克林；而另一些人则担心，气温略微回升后冰可能会融化，前进时很危险。沙克尔顿决定让队员们在夜间温度较低时行进，那样做的话，脚下的冰会更坚固一些。1915年12月22日，他下令早点举行圣诞节庆祝活动，让人们尽情地享用美食（格林斯特里特说，用餐过后大家都感觉“肚皮快要撑破了”）。第二天一大早，他们带上两艘救生艇和能携带的所有物资从“海洋营地”出发了。

这次出征还是让人筋疲力尽，沮丧不堪。他们将两艘救生艇放到雪橇上，在参差不齐的冰面上拖行了几个小时。雪橇犬队在“海洋营地”与不时变换的前方营地之间搬运物资。但是，与第一次陆上行进一样，他们的速度极其缓慢。到第四天，他们才行进了约6英里。考虑到地面潮湿，崎岖不平，继续长途跋涉几乎是不可能的。

但是沙克尔顿这一次没有撤销命令。第五天，他和怀尔德提前出发寻找可以穿越冰面的路线。当他们回来时，麦克尼什宣布他不会再继续行进了。这位木匠很生气、疲惫不堪、身体疼痛，他公开向“老板”指定的负责人沃斯利挑战。现在，木匠又向沙克尔顿叫板，声称在“坚忍号”沉没后他就不再有义务遵守指挥官的命令了。沙克尔顿一句话都没说，他默默地走开，拿来了《船舶章程》

的一份副本。之后，他召集所有人并大声地宣读了这些条款，做出了一项重要的变更：他宣布（貌似很有道理）其中一项条款规定，船舶失事后，章程并没有因此而终止。

这就意味着，“坚忍号”沉没后，将不会停止向船员发放工资。这还意味着，船员必须忠诚于他们的指挥官。“老板”承诺在他们抵达港口之前，依然会向船员发放工资。

临时修改了海商法起到了两个至关重要的作用。首先，这将不服从命令的麦克尼什孤立了起来，如果不对他加以约束，很可能会导致更多人不服从命令。其次，正如亨特福德所写的那样，“这消除了船只失事以后（人们）怕无法得到报酬的担忧”，“它也消除了不满的理由”。

尽管如此，麦克尼什的挑战表达出了团队中每一个成员的想法：在当前条件下，继续前进毫无意义。事实上，两天后，沙克尔顿宣布停止长途跋涉，一是因为行进缓慢，二是因为物资短缺。随后，正如他日记中写的那样，他决定“再次在浮冰上扎营，让大家尽量耐心点，等待有利于逃生的时机”。“老板”将其新的扎营地点命名为“耐心营地”。

随着1916年新年的到来，沙克尔顿唯一敢奢望的就是洋流可以将浮冰带到位于雪丘岛北面的保利特岛；不管是哪里，他都相信人们可以寻找到隐藏的物资。与此同时，沙克尔顿也很担心食物供应，尤其是当船员们发现能猎取到的海豹和企鹅为数不多之后。1月中旬，他命令把大部分雪橇犬都杀掉；这些狗每天需要消耗掉一只海豹，而同样分量的海豹肉可以维持三个人的口粮。狗肉也可以作为团队的食物。船员们早就知道这些狗无法与他们一起在任何类型的敞篷船上航行，因此，他们早就预见到这些狗的命运了。但从感情上来说，人们舍不得这些狗，并为它们的死亡深感忧伤。赫尔利为他最爱的雪橇犬写下了祭文:“向老领队犬莎士比亚(这只狗的名字)致敬,我会永远记得你——无所畏惧的,忠诚、勤劳的你。”

2月初,沙克尔顿授权怀尔德带领18名船员回到“海洋营地”取回他们留在那里的第三艘救生艇。沙克尔顿在距离“耐心营地”1英里处为带回救生艇的船员接风。詹姆斯回忆道:“他拉着雪橇,雪橇上放着装满茶的汤锅,那是我喝过的最好喝的茶了。”沃斯利船长看到他们取回了第三艘救生艇特别高兴。因为当发现开阔水域时,他们28个人至少需要三艘救生艇才能下水去寻求帮助。

取回救生艇之后,就没有什么可干了。有海豹和企鹅出没时船员们就捕猎,要么就在浮冰周围走动着锻炼身体,再就是阅读从船上打捞上来的几本书打发时间。有时候,恶劣的天气会将他们困在帐篷里一天没事可做。但是,在磨损的单薄的帐篷下很难休息好。白天,他们的睡袋经常湿漉漉的,到了晚上就会结冰。

“老板”命令人们穿着衣服睡觉,如果浮冰破裂的话,他们就可以随时跑到船上。领导者做出这样的计划是希望所有人随时都能准备逃生。但是,冰层并没有松动,船员们开始变得沮丧;有些人情绪很低落。3月初,沃斯利在日记中写道,他渴望继续前进,“然而,所有人的精神、力气和能力都在消耗,我们很难逃离这片白色的、无边无际的冰雪监狱,我们都像生锈一般浪费着自己的生命,而此时整个世界处于战乱之中,我们却对此一无所知”。

在巨大的压力下,沙克尔顿和怀尔德努力维持团队的士气。副指挥官低调,也很有耐心;指挥官更积极活跃,他向团队解释他的决定,并想办法在物资不足的情况下改善大家的伙食。晚餐后,他还会去每个帐篷看看大家,跟船员们一起背诵诗歌或打打牌,尽可能地让大家保持常态。例如,有一天,为了纪念闰年1916年,他下令为每个人都准备三顿丰盛的饭和热饮料。沃斯利写道："我们今晚吃得都很饱，非常开心。"这一举动不仅鼓舞了人们的精神，还表达了沙克尔顿对他们的福利的关注。

"老板"一次又一次地使用定量的食物配给和热饮料作为领导手段。几千年来，女性知道食物不仅仅用来维持生计。她们用食物来支配家庭成员，协调生活的方方面面，比如安抚哭闹的婴儿，安慰脾气暴躁的伴侣，将人们团聚在一起，或表达对爱人的爱慕。沙克尔顿清楚，要使人们感到幸福的一个重要方法是满足他们的胃，他将这一认识奉行到底。从历史学的角度来看，这些行为几乎属于母性行为，因此对于极地探险这个充满强烈男性气概的世界，略带讽刺意味。但是，船员们对他们领导者所做的一切毫不感觉到奇怪或可疑。食物和热饮为船员们提供营养，有时候，也让他们感到安慰。食物可以将所有人凝聚起来，在混乱无处不在的情况下可以重建稳定的根基。给船员们提供简单的食物和水是沙克尔顿所做的最有效的事情之一。

## 第六章

# 向陆地进发

1916 年 3 月，浮冰开始发生变化。船员们感觉到浮冰下面的海水在膨胀；“老板”在冰上不安地踱步，寻找通往开阔水域的路。有一次，浮冰裂开了，但是很快又合上了。这让人焦虑不安。食物供应越来越少。秋天快到了。人们的脾气也变得暴躁起来。无论季节性洋流和周围冰山的运动有多危险，船员们热切希望登上救生艇驶向陆地。

由于浮冰不停地起伏和开裂，沙克尔顿要认真考虑他的下一步行动。他渴望像他的船员那样行事——也许更想随性而为。然而，就像亨特福德写的那样：“他理性地把情感和判断分开。”沙克尔顿意识到，如果他们找不到通往开阔水域的可靠的路，那么救生艇很可能会被浮冰击碎。3 月 23 日，船员们在西面约 40 英里的地方发现了保利特岛。尽管如此，沙克尔顿还是在等待。没有开阔水域放救生艇下水，他无法下达启航的命令。

之后，在 4 月 7 日黎明时分，“老板”和几名船员在“耐心营地”西北约 60 英里处发现了克拉伦斯岛。沙克尔顿观察着冰和洋流运动，确信他们已经接近开阔水域了。他知道，他们期盼的乘船之旅即将开始，他描述了这一刻：

我坚信我们到达浮冰的边缘了。我认为，平静之后必然会起大风，然后大风会将浮冰吹散，那么我们就可以乘船启航了。我一直在反复考虑我们的前景。在长时间的漂流之后克拉伦斯岛出现了，不管怎样，这似乎是对我们最后的考验了。这个岛是南部最后一个前哨，也是我们登陆的最后机会。它身后就是广阔的大西洋。我们的小船随时可能会在无边无际的海洋上乘风起航，而远隔数千英里之外的北部和东部就是陆地。对我们来说最重要的似乎就是在克拉伦斯岛或其附近的象岛登陆。

4月9日，沙克尔顿下令放救生艇下水，驶向陆地。他负责“詹姆斯·凯尔德号”。他任命沃斯利负责“达德利·多克尔号”，军官休伯特·赫德森驾驶最小的那艘救生艇——“斯坦康布·威尔斯号”。水手威廉·贝克韦尔回忆道，下水的第一天“是探险中最冷和最危险的一天。浮冰无情地撞击着我们。船很难在冰间航道中驾驶……当大块浮冰聚集在一起撞击我们的时候，我们很多次简直就是死里逃生”。

第一晚就遇到了很多湍流。全队人就在一大块浮冰上扎营，半夜，冰下面的涌浪撞裂了浮冰、惊醒了人们，海浪把还在睡袋里睡觉的海员欧内斯特·奥尔内斯卷到了冰冷的水里。沙克尔顿立即将手伸到海水里抓起了睡袋，然后将睡袋拖到了冰上。沙克尔顿回忆道：“几秒后，冰刃再次聚拢，力量惊人。”这位不幸的水手全身湿透了、非常冷，但幸好没有受伤。但是，那天晚上人们就无法休息了。沙克尔顿下令给所有人烹制热牛奶和一小份食物；船员们在燃烧着鲸脂的炉子旁边抱成一团，度过了那天晚上剩余的时间，一边听着虎鲸的声音，一边警惕着冰块再次开裂的可能性。

在救生艇上接下来的日子同样不好过。巨浪、暴风雪、移动的冰山都有可能使小船倾覆。第二天晚上，移动的浮冰袭来并困住救生艇。从那时起，沙克尔顿决定他们不再扎营了。因为夜间温度降到了零下 7 华氏度（零下 22 摄氏度），在敞篷小船上睡觉几乎是不可能的。

几天后，天气晴朗，沃斯利尝试用六分仪（一种测量太阳或另一个天体与地平线之间的角度的仪器）确定他们的位置。在他获得了这些测量值并进行计算之后，船长就可以测量救生艇的坐标，然后就可以确定他们的位置了。沙克尔顿估计，他们已经朝着他们的目标行进了 30 多英里，但是六分仪的读数却令他们很失望，沃斯利私下感叹“失望极了”：他们压根没有向西北部的克拉伦斯岛靠近，实际上，三艘救生艇向东漂移了 30 英里，距离他们的出发地点以南 11 英里。他们距离目的地比离开“耐心营地”时更远了。

那天剩下的时光里，船只在波涛汹涌的海面上颠簸，上面布满了大块的冰块。直到晚上，大风仍在肆虐。沙克尔顿下达命令把三条船船尾对船尾捆绑起来。雪下个不停，负责看守的人睁大眼睛尽最大努力留意海中的冰山，必要时划船控制方向，以防船只与大块的浮冰相撞。其他人则在起伏颠簸、拥挤的船里尽力入睡；船员们互相簇拥着抱团取暖。“我们尽量保持不动，”沙克尔顿回忆道，“每个人向各自的同伴低声说出我们的希望和想法。”

黎明来临时，船员们可以看到每艘船上都结了厚厚的一层冰。船员们把船并排拉着，想尽可能地将冰块砍掉。与此同时，沙克尔顿对队员们检查了一遍。“大多数人现在看上去都很憔悴、很紧张。”他说道，“他们的嘴唇开裂了，眼睛和眼睑在布满盐渍的脸上显得通红。”有些人晕船；由于吃了冻僵的狗肉饼（肉和脂肪的混合物），许多人患了腹泻。所有人都干渴难忍；之前为了防止困在浮冰堆里，船只极快地驶入开阔水域，但船员们忘了多带点淡水。沙克尔顿非常担心大家的状况，决定尽快登陆。他预测象岛比克拉伦斯岛更近，于是决定向位于南美最南端的合恩角以南约 550 英里处的象岛进发。

船只一路向象岛驶去，沙克尔顿看到大家脸上都有绝望的神色。由于担心船员们对船能够到达陆地失去信心，沙克尔顿站在“詹姆斯·凯尔德号”的船尾为大家鼓气。他日日夜夜都坚守在那里，奥德-利斯称他“不间断守护”着他的船员。当“老板”注意到弗兰克·赫尔利弄丢了他的连指手套，沙克尔顿

尽管站在最无遮挡的位置，也立刻摘下自己的想送给他。他坚持让赫尔利接受自己的手套，但下属抗议不要，沙克尔顿气得差点把手套扔到海里，自己也坚决不戴，结果他的一根手指严重冻伤。

1916 年 4 月 15 日，在度过了两个更艰苦的昼夜之后，船只终于停靠在象岛上。当脚掌踏在坚实的地面上，船员们感到无比兴奋和宽慰。雷金纳德·詹姆斯在他的日记中写道：“直到解脱后我们才知道，过去几天是多么紧张。我们望着黑色的岩石，捡起几块石头，高兴得像孩子似的。因为从 1914 年 12 月 5 日起，我们就再也没有踏上过陆地。船员们搭起帐篷，吃着刚屠宰的海豹，然后进入了梦乡。”赫尔利写道：“在睡梦中醒来，听着企鹅的歌唱，伴随着大海的韵律，这是多么美妙的事情啊！我又睡着了，醒来后，发现这一切都是真实的。我们在陆地上啦！”

沙克尔顿让团队所有的人都活着来到这块土地上，然而这种释然也是暂时的。他知道他们不会在象岛上获救。没有任何正式的航

线从这片无人居住的小陆地经过。还有重要的一点是，他们的新家没有躲避巨浪、强风和寒冬的条件。“被寒风冻僵的手指在海滩上摸索着每一个缝隙，”沙克尔顿回忆道，“寒风无情地穿过我们破旧的衣服和破烂的帐篷。”

沙克尔顿很清楚，他们不能在象岛上待太久，于是他开始计划下一步的行动。在同怀尔德和沃斯利商讨之后，他决定去寻求帮助。沙克尔顿想起过去，对他选择的目的地做出了解释：

在540英里以外的马尔维纳斯群岛上，斯坦利港无疑是可以得到援助的最近港口，但我们几乎不可能指望乘坐一艘残破的小船来对抗盛行的西北风。南乔治亚岛远在800英里之外的东北向，但处在西风盛行地区（这意味着我们可以借助西风的风势航行到那里）。这就是我们的目标。

“老板”宣布他要去南乔治亚岛的决定后，就挑选了同行的人。船长沃斯利是首要人选，因为驾驶这艘小船穿越多风暴的南大西洋，同时还要设法找到这个长达100英里的岛屿，他是最有资格的。沙克尔顿也选择了汤姆·克林，因为他很强壮。还有木匠麦克尼什，两个很优秀的水手蒂莫西·麦卡西和约翰·文森特。选择麦克尼什和文森特的另一个重要顾虑是，这两个人都很执拗，沙克尔顿不希望他们在象岛上同其他人发生什么争执。

大家开始准备这次远行，麦克尼什和其他人开始准备22英尺长的“詹姆斯·凯尔德号”救生艇。木匠麦克尼什用货箱和雪橇上的木材为船的甲板搭了个架子，并用帆布覆盖好。他用“斯坦康布·威尔斯号”上的桅杆加固了船的龙骨，用灯芯、油漆和海豹血堵住了船缝。其他船员在船底装上一袋袋鹅卵石和石块，以便在汹涌的波涛中给船舱装些压舱物。船员们为这6名勇士准备了一个月的食物：极地探险口粮、饼干、奶粉、坚果、肉块、250磅冰块和两桶他们从冰川中得到的融化的淡水。他们还带了火柴、睡袋、普里默斯炉、蜡烛、六分仪、望远镜、沃斯利的航海图、指南针和海锚。

部分船员在“詹姆斯·凯尔德号”上做着精心准备的同时，其他人则在岛上建立了一个更持久的营地。剩下的22个人需要在暴风雪和温度骤降的环境中尽可能得到保护。另外两艘救生艇倒着放，用来当作一个简陋的避难所的屋顶，两面4英尺高的墙是由海滩上的石头堆砌而成的。这个又黑又拥挤的原始小屋建成时，大约也就19英尺长、10英尺宽。当所有的人都躺在里面时，赫尔利写道，小屋“像摆满木乃伊一样的墓穴。而这些像木乃伊的东西，就是躺在麋鹿睡袋里的我们，外面暴风雪的呜咽声和鼾声交织在一起”。

在出发前，沙克尔顿让怀尔德负责管理留在象岛的船员，还给他留下一些书面指示。沙克尔顿解释道：

> 如果我没能在南乔治亚岛的航行中幸存下来，你要尽你最大的努力来拯救这群人。从船离开这个岛开始，你就全面负责指挥，所有的人都得听从你的命令。你回到英国后，要与［皇家］地理学会委员会取得联系。我希望你、［奥德-］利斯和赫尔利写一本我们探险的书。我的后事你多费心……我对你一直充满了信心。愿上帝保佑你的工作和生活。希望你能向我的人民传达我的爱，并告诉他们我已经尽了最大的努力。

1916年4月24日，沙克尔顿和他的5名船员乘坐着“詹姆斯·凯尔德号”从象岛出发了。这次旅行的第一天天气晴朗，他们走了45英里。然而，到了第二天下午，水手们迎来了强风和巨浪；这种天气状况日复一日地持续着。“我们与海浪和狂风作战，每天都在努力让自己生存下去。”这位领导者回忆道。

有时我们处于极度危险之中。一般来说，我们坚信正朝着我们想要到达的地方前进，但是我们也有成天成夜逆风滞航的时候（舵和风帆在固定位置，船只不用非得主动驾驭），只能在风暴茫茫的海面上漂流着，我们充满兴趣地望着海面，而没有畏惧汹涌澎湃的海水，大家就在大自然傲慢的力量下随波逐流。当我们位于汹涌的大浪之间，好似处在深邃的山谷之中。当我们短暂停留在巨大的浪峰上，又好似处在高耸的群山之巅（长长的翻腾的大浪）。大风几乎一直刮个不停。我们的船是那么小，大海又是那么广袤，我们的帆常常在两股波浪的波峰间悠闲地拍打着。然后，我们会迎接下一个浪峰，在大风的怒吼中，水被撕扯得像羊毛一样洁白，在我们周围奔腾着。

在早期，沙克尔顿将船员分成两组，他们轮流站岗和休息，每一轮是4个小时。沃斯利回忆道：“他们的日常工作是，三个人蜷缩在睡袋里尽力合会儿眼，三个人‘在甲板上’——一个人掌舵1个小时，而另外两个人则要抽水、压船或操作船帆。掌舵的人工作最困难，他要顶住扑面而来的巨大的、冰冷的海浪。由于这艘船需要抽水，另外两人的情况也好不到哪里去。寒冷的空气使铜泵也冰冷刺骨，5分钟之内足以使人（戴着手套的）手麻木；这也意味着那些没有驾驶的人必须频繁地更换位置。”

甚至对于那些正在休息的人来说，每一小时都痛苦难熬。睡袋放置在船头狭窄的5英尺宽7英尺长的空间里，只能靠双手、膝盖和腹部在船上压舱的岩石上滑行，条件非常艰难。“我们睡一个小时左右就会醒，都要喘不过气了，”沃斯利回忆道，“有好几次，当我突然醒来时，我都迷迷糊糊的，也不知道自己身在何处，而且有一种极度可怕的恐惧感：我被活埋了。”

到第三天，“詹姆斯·凯尔德号”已经走了128英里。但沃斯利不确定他们的路线是否正确，而不偏离航线是至关重要的。

如果这艘船偏离了一小段航线而错过了南乔治亚岛，它将被带到3000英里外的公海上。船长用六分仪计算了他们的位置；这台仪器测量了太阳和地平线之间的夹角，但由于一直阴云密布，很少能见到太阳。船员们也有一个原始的指南针来协助引航。不过，到了晚上，沃斯利只能检查一两次，因为没有足够的蜡烛和火柴。他和他的同伴们通过风向和观察桅顶上三角旗的角度在黑暗之中确定航向。

4月29日，也就是第五天，船员们已经航行了238英里——差不多是到南乔治亚岛的三分之一的距离，他们感受到长时间经受风吹雨打对自己的影响。他们的皮肤被湿衣服擦伤；身上开始长疮；他们的手也被冻伤；当他们往外舀水时，有些人的腿因为浸泡在盐水里而肿胀起来。为了帮大家御寒，缓解疲劳，沙克尔顿每天给他的团队在“甲板下”小空间的普里默斯炉上做两顿热饭。有些食物最初是为跨越南极大陆而准备的——“合成蛋糕”，是由牛肉蛋白、脂肪、燕麦、糖和盐制成的，加水加热后成了一种炖肉。除了每人半磅的这种混合食物之外，他还加了一块雪橇饼干、四块方糖和甜坚果牛轧糖。在两餐之间，还供应热牛奶。

沙克尔顿仔细地检查着每个人的状况。沃斯利回忆说：“至少有两个人危在旦夕。的确，可以说（沙克尔顿）给大家都把把脉。

每当他注意到一个人似乎特别冷、浑身颤抖时，他就会立即下令再煮一杯热牛奶，准备好给大家喝。他从不让那个人知道牛奶是为了某个船员自己而加的，以免他觉得自己的生命快走到尽头。既然我们都有牛奶喝，自然是最冷的那个人最受益。”

第七天一大早，船员们发现“詹姆斯·凯尔德号”吃水量很低；船被冰覆盖着，有倾覆的危险。大家在甲板光滑的表面上艰难地保持着平衡，开始捣碎这些近一英尺厚的冰块。沃斯利记得，“我看到文森特滑过冰冷的帆布护套，惊恐万分，我本能地扑上去帮助他，却发现力不能及。幸运的是，就在快要掉下去的时候，他设法抓住了桅杆”。

但这次航行中最令人痛苦的时刻还未到来。5月5日午夜，沙克尔顿正在掌舵。他抬起头，

突然注意到南部和西南部之间有一道晴朗的天空。我对其他人说，天快放晴了。过了一会儿，我意识到我所看到的不是云中的裂缝，而是巨浪白色的波峰。26年的航海生涯中，我从未遇到过如此巨大的海浪。这是海洋的强烈动荡引起的，与这些天以来一直与我们不知疲倦对抗的苍茫的大海差别很大。我喊道：“看在上帝的分上，坚持住！巨浪要扑过来了。”接着，有片刻的时间，似乎像几个小时一样漫长。白色的浪花在我们周围澎湃着，感觉我们的船在惊涛骇浪中像软木塞一样任由摆布。我们在一团沸腾的混乱中挣扎着；但不知为何，船里面只灌了半舱水，吃水位下沉，然后就不再翻腾了，只在海浪中颤抖着。绝望之下我们拼尽全力压住船身，用任何可以使用的容器把水舀到船外，经过十几分钟的生死挣扎之后，我们感觉船只在我们身下重生了。

离开象岛两周后，船员们已经航行了700海里，据沃斯利估计，他们离南乔治亚岛不到90英里了。（在整个航程中，他只用六分仪对位置进行了三次测量。）沙克尔顿意识到必须尽快着陆。他们的饮用水已经没了。大家口干舌燥，吞咽时咽喉已经无比疼痛，无法进食。船员们的最终目的地是南乔治亚岛东海岸的捕鲸站，但考虑到波涛汹涌的海面和船员们日益衰弱的状况，沙克尔顿怀疑他们是否能够绕过岛屿到达捕鲸站。他下令"詹姆斯·凯尔德号"在无人居住的西海岸登陆。

然而，在他们能够登陆西海岸之前，他们还必须在一场随后的飓风中挺过去，这场飓风从四面八方向"詹姆斯·凯尔德号"发起冲击。操控船只几乎是不可能的，但在其他五个人的协助下，沃斯利一直坚持着。1916年5月10日，经过五次尝试后，他们驶入了一个狭窄的海湾。当他们跌跌撞撞地上岸时，沙克尔顿回忆道，"我们听到一种潺潺的声音在我们耳边响起，旋律很优美，我们四处张望，竟然在脚下发现一股淡水。随后，我们跪在地上喝起了纯净的、冰凉的水，渴了这么久，这给我们注入了新的活力。这真是一个美好的时刻"。

# 第七章
# 挽救部下

他们航行了800海里，穿过世界上最湍急的海域。（他们横穿而过的飓风击沉了附近一艘500吨级的轮船。）但是，就像卡罗琳·亚历山大写的那样，他们登陆的那一刻，这个探险队想不到或者说不在乎的是：在当局后来谨慎的权衡之下，“詹姆斯·凯尔德号”的这次航行将被列为有史以来最伟大的航程之一。

1916年5月初，当他们上岸的时候，沙克尔顿和他的五名船员所关心的是：是否到了这个层峦叠嶂的未知岛屿对面就能获得救助。然而他们的救生艇损坏十分严重，水流又大，无法乘船去捕鲸站。这就意味着一些队员只能通过陆路徒步走到岛的另一侧。沙克尔顿急于出发，但他知道他的队员们又累又饿，身体虚弱，必须休息。整整四天，这六个人吃的都是刚猎取的信天翁，取暖靠的是浮木堆生火，睡在悬崖下面的草地上。

沙克尔顿决定带着沃斯利和克林一起徒步去捕鲸站，麦克尼什、文森特和麦卡西殿后，一旦他得到帮助就马上回去救他们。冬天已经到了；沙克尔顿知道，他从这个岛内部安全穿过的唯一希望就是等待合适的天气，然后赶在暴风雨来临前脚步不停地赶往目的地。这三个人装了两个指南针、双筒望远镜、一个小火炉、一大卷绳子和一把冰斧。为了增大队员登山时的摩擦力，麦克尼什给他们的靴子配上了用船上的螺丝做成的临时冰爪。

5月19日清晨，沙克尔顿、沃斯利和克林出发了。不到一个小时，他们就在松软的、齐踝深的雪中步履蹒跚地向山上跋涉。浓雾笼罩时，他们就用绳子把自己拴到一起。路途艰难，为了抵抗疲劳，他们用了这样一个办法：每15分钟休息一次，每4小时小吃一顿热饭。

过了13个小时，几次穿越山脉的尝试都没有成功，沙克尔顿、沃斯利和克林疲惫不堪。然而，这位领导者知道只要他继续前进，他的部下就会坚持下去。之后，当队伍登上山顶寻找能穿过群山的通路时，又一场大雾滚滚而来。下方几乎什么也看不见，沙克尔顿意识到他们遇到了麻烦。在这个海拔高度如果没有庇护所，他们就会被冻死。他们得赶紧下来。三人开始在冰上砍出脚窝，但进展甚微。眼看没有可以从夜幕和严寒天气逃出的其他方法，沙克尔顿宣布："这是个异常危险的尝试，但我们必须这么做。我们一会儿滑行下去。"他们把盘绕的绳子当作简易雪橇，三人紧靠排成一排，在几分钟内滑了1500英尺。他们在一个雪堆里慢慢减速停了下来，站起身，郑重地握了握手。

他们又吃了一顿快餐，然后继续赶路。午夜过后，他们觉得自己离捕鲸站不远了，但很快发现，由于疲劳，他们走错了方向，偏离了路线。迫不得已，他们又一次沿着原路折回，重新规划正确的方向。在又累又脱水的情况下，他们继续走着。

破晓之前，除了短暂的用餐之外他们已经长途跋涉了24个小时，沙克尔顿觉得是时候暂时停下休息一会儿了。他们在一块大石头下休息，克林和沃斯利几乎立刻就进入了深度睡眠。然而，沙克尔顿根本不敢闭上眼睛。"我意识到，"他写道，"如果我们都睡着了，那将是灾难性的，因为在这样的条件下睡觉就是在和死神肩并肩。”他盯着同伴们看了5分钟，然后叫醒他们说他们已经睡了半个小时了，是时候重新上路了。日出时分，这些人走过一个斜坡，看到了史托尼斯湾的轮廓，那就是捕鲸站的所在地。他们估计自己大约离目的地还有12英里。

9个小时后，也就是1916年5月20日下午4点，沙克尔顿、沃斯利和克林抵达了哨所。他们在没有睡眠和庇护的情况下走了32个小时，好在总算到达了文明世界。这三个人浑身散发着异味，衣衫褴褛、胡子拉碴、脸上也脏兮兮的，让很多水手们吃了一惊。一些人知道“坚忍号”18个月前就离开了南乔治亚岛。但是捕鲸站再没有关于这次探险的任何消息，而且大多数人都放弃了这些失踪的船员。沙克尔顿之前结识的那位挪威电台经理都没有认出这位探险家。但他一说出自己的身份，经理立即把这三个人领了进去，慷慨地请他们吃饭。吃饱后，队长和他的伙伴们洗了个澡，擦洗掉这几个月来身上的油脂污垢。沃斯利回忆说：“我从来没有像洗热水澡那样喜欢过任何事情。”当天晚些时候，一艘船被派往岛的另一侧去接回了麦克尼什、文森特和麦卡西；这些船员很快就踏上了返回英国的旅途。

沙克尔顿到捕鲸站时，问经理的第一个问题是关于差不多两年前“坚忍号”离开英国时开始的那场战争：

“告诉我，战争什么时候结束？”

“战争还没有结束，”经理回答说，“已经死了数百万人，欧洲疯了，整个世界也疯了。”

沙克尔顿马上就要去营救象岛上剩下的22名船员。在史托尼斯湾待了三天后，他借了一艘名为“南极星空号”的捕鲸船离开了南乔治亚岛，船上有沙克尔顿、沃斯利、克林和船员们。在距离南乔治亚岛约70英里的地方，浮冰问题十分严重，“南极星空号”不得不原路返回，沙克尔顿意识到：下一次的航程，他需要一艘更坚固的船。

失望之下，沙克尔顿把船驶向西北方马尔维纳斯群岛的斯坦利港，距此约500英里。在那里，他给伦敦的家人和众官员发了电报，告诉他们他还活着，且急需一艘救援船。探险家幸存的消息引起了极大的轰动，人们纷纷发来贺电。就连国王乔治五世也发了一封电报说为沙克尔顿的平安无事而备感欣慰。但此时第一次世界大战还在继续，英国海军部没有一艘船可调用。政府提供了斯科特和沙克尔顿在1901—1904年南极探险期间曾使用过的“探索号”；这艘船将在9月底修缮完毕，但预计10月之前到不了南半球。

沙克尔顿等不及了。身为队长的他很清楚，在象岛贫瘠、荒凉的土地上，船员们不可能无限期地生活下去；延期几个月的救援工作将威胁到他们的生命。他请求南美的几个政府给他们提供一艘足以穿越浮冰的船只。6月16日，沙克尔顿、沃斯利、克林以及船员们一行人乘坐由乌拉圭租借的船只，从斯坦利港出发了。这一次，这艘船开到离目的地还有不到20英里的地方时，却被厚厚的浮冰堵住了。当他命令船返回马尔维纳斯群岛时，这位探险家的心几乎都要碎了。沃斯利还记得这次返程：

真是太可怕了，我们的船友就被困在眼前的孤岛上，好像触手可及却又无法跨过去。有一次，我们正对着营地，要不是因为有一层与海面相平的白色的薄雾，他们就能看见我们了。海岛和我们之间的距离每多出一英里（当船驶回马尔维纳斯群岛时），我们的情绪就会低落一分。突然袭来的大风把我们的注意力从等待我们的人身上移开后，我们的遗憾才减轻了些许。

沙克尔顿越来越焦虑了，随后他到了智利的蓬塔-阿雷纳斯，向一群英国侨民讲述了他的营救行动。几天内，沙克尔顿就筹集到了 1500 英镑（相当于今天的 15.3 万美元左右），用这笔钱他租了一艘名为“艾玛号”的船。7 月中旬，沙克尔顿、沃斯利、克林和其他船员们又一次出发了。但当这艘船驶近象岛 100 英里以内的海域时，包括浮冰在内的恶劣的冬季海上环境，使他们无法继续航行，船员们又被迫折回原处。沙克尔顿变得狂躁不安。他担心随着漫长冬季的逼近，他的船员们会挨饿。“这个时期的损耗十分可怕。”沃斯利回忆道，“对沙克尔顿来说，这简直是令人发狂。他脸上的皱纹在一天天地加深；他那乌黑浓密成波浪形的头发也正变白。当我们第一次开始救我们的船员时，他还没有一根白头发。现在，在第三次回程中，他的头发都变灰白了。”船长还注意到沙克尔顿已经开始喝酒了，他以前从未见“老板”做过这样的事。

沙克尔顿随后与智利政府官员接触，请求援助。他们答应了，给了他一艘名叫“耶尔乔号”的小汽船。没有人知道这艘船的坚固程度是否能够撑得住往返于象岛，沙克尔顿就更不用说了。8 月 25 日，这位探险队指挥官带着克林、沃斯利和一队海军志愿人员离开蓬塔-阿雷纳斯，第四次尝试拯救“坚忍号”的船员。

1916 年 8 月 30 日，距离“詹姆斯·凯尔德号”起航前往南乔治亚岛已经过去了 4 个月零 6 天，“耶尔乔号”逼近象岛上沙克尔顿的船员们。在等待的几个月里，开始 22 名船员靠剩下的少量口粮和海豹肉生存，后来岛上都没有动物了。到 8 月中旬，饥饿的幽灵逼近，再加上营养不良、大风和冬天的恶劣天气，给船员们的身体和精神造成了极大的损害。有几个人的伤口严重感染，其他人冻伤。岛上的人们不再抱有沙克尔顿会来救他们的希望；他们决定在天气允许的时候，乘“达德利·多克尔号”去拦截一艘偶尔路过南极半岛最远端的捕鲸船。

8月30日中午，象岛上的大多数船员都住在临时搭建的小屋里，吃着用海豹骨头做的炖汤。弗兰克·赫尔利和探险队的“艺术家”乔治·马斯顿一直在外面寻帽贝（一种贝类）吃；然后，正如摄影师所记得的那样：“我叫马斯顿看地平线上有一块奇特的冰，很像是一艘船。当我们聚精会神看的时候，果然来了一艘船！我们立即喊‘船啊’，紧接着，便是其他被困船员们一阵近乎歇斯底里的欢呼和庆祝……”

当“耶尔乔号”靠近小岛时，沙克尔顿站在甲板上，通过望远镜数着岸上的人。当他数到22的时候，沃斯利回忆说：“他把望远镜放回他们的箱子里，然后转向我，我从没见过他像现在这么激动。克林也凑了过来，我们都久久说不出话来。然后，沙克尔顿好像一下子活了过来。这听起来很老套，但当他站在我们面前的时候，岁月的痕迹似乎从他身上消失了。”“老板”和一些智利水手一起登上了“耶尔乔号”的救生艇，向岸边驶去。沙克尔顿后来这样描述救援的时刻：“我喊道，‘你们都好吗？’然后怀尔德回答说：‘老板，我们都好。’然后我听到了三声欢呼。当我靠近小岛时，把几包香烟扔到了岸上；他们像饿狼一般向它们扑去，因为我知道他们想吸烟已经好几个月了，也念叨了几个月了。”

沙克尔顿赶紧把他的船员叫到“耶尔乔号”，从移动的浮冰上逃出来。不到一个小时，这艘船就载满了人，驶向文明世界。4天后，也就是1916年9月3日，沙克尔顿和他的船员们抵达了智利的蓬塔-阿雷纳斯港。他匆匆地给他的妻子艾米丽写了一封信：“我做到了。该死的海军部……经历过地狱之旅后，我们全部都还活着。”

# 第八章
# 踏上回家的路

沙克尔顿作为探险队队长的最后一项任务，是组织去营救罗斯海的探险队员。1914 年年末，这支探险队驾驶着一艘名为“极光号”的船计划前往南极靠近澳大利亚的一侧。其中有一些人负责沿着沙克尔顿和其他五名“坚忍号”船员计划穿越南极大陆的后半段路线，预先投放食品。

1915 年年初，在罗斯海的麦克默多湾，“极光号”上的大部分船员都下船之后，“极光号”被一场大风刮离停泊处，并冲到海里。一到海里，它就被浮冰裹挟着向北漂流，其余的罗斯海探险队员就这么被留在了南极海岸的大本营。(最终，这艘船脱离了冰面，驶向新西兰，并于 1916 年 4 月靠了岸。) 在接下来的两个夏天里，营地里的人南下为预计在 1916 年年初到达的沙克尔顿和横穿大陆探险队的其他成员投放食物。但他们不知道的是，他们的“坚忍号”从未到过大陆另一边的陆地。1916 年，他们第二次南下时，3 名罗斯海探险队的成员丧生。1916 年 8 月，这 7 名幸存的队员回到大本营，既不能和外界通信也不能逃出生天。

1916 年秋天回归文明世界之后，沙克尔顿收到消息说，“极光号”只带了几个人来到了新西兰，他立即计划前往南极洲营救其余的探险队成员。12 月，他和船员们从新西兰南下，驶向麦克默多湾。一到那里，沙克尔顿便得知罗斯海探险队已经有 3 个人死了。1917 年春，他和他的同事把剩下的 7 个人带回了英国。

沙克尔顿和他的探险队回到了一个与两年前截然不同的世界。（沙克尔顿信守诺言，在他的船员们回到英国前，一直付给他们薪水。）战争席卷了整个欧洲，已经死了数百万人了。昔日的英雄不再是探险家，而是在战场上倒下的人。奥德-利斯被这种世事变迁所震惊：“人们对被杀毫不在意，如今它被视为一种荣耀。人们对各种问题的观点都变了。他们称它为‘光荣榜’，而不是伤亡名单……也许我们中的一两个人应该庆幸自己还来得及做点什么。”“坚忍号”上包括沙克尔顿在内的 28 人中至少有 15 人参军服役。1916 年 9 月，也就是回到英国仅仅三周后，蒂莫西·麦卡西就死在了枪口下；之后不久，一枚德国鱼雷又炸死了三副——阿尔弗雷德·奇塔姆。

尽管他 42 岁，法律上已经被免除服役了，但沙克尔顿回到英国后还是想在英国军队中寻求一个职位。经过多次争论，他终于在俄罗斯北部找到了一个与北极交通有关的职位。（有些作家曾暗示沙克尔顿参军，是因为他知道他未来的声誉将依赖于在战争中为国家服役的记录。）

1918 年，战争结束时，沙克尔顿把他的全部注意力转向偿还他乘“坚忍号”探险时所欠下的贷款。1917 年，他在美国做了一次简短的巡回演讲，并筹集了一些资金。1919 年，这位探险家出版了一本颇受欢迎的回忆录。（然而，他从未看到这本书的销售给他带来的任何利润；一位赞助人的继承人要求赔偿他的家庭对这次失败的旅程的投资，他只好转让了图书版权来偿还债务。）同年，赫尔利发行了《在极地冰群的围困下》这一关于南极和“坚忍号”的电影，并受到好评，一些收益也用于偿还沙克尔顿的债务。

沙克尔顿继续发表关于“坚忍号”的演讲，但是公众对这个故事的兴趣很快就减退了。

到了1920年，“老板”渴望再进行一次冒险。世界已不再对极地探险着迷，但沙克尔顿对冰雪世界的热情从未消失过。在没有明确计划的情况下，他说服一位老朋友资助他再进行一次南极之旅；这次乘坐的是一艘名为“探险号”的船只。听到他们的前任指挥官将要筹备一支新的探险队的消息，8名“坚忍号”队员——沃斯利、怀尔德、格林、麦基尔罗伊、赫西、麦克林、麦克劳德和克尔，纷纷从世界各地赶回英国，急切地想与他们的“老板”踏上另一段旅程。1921年9月，沙克尔顿和他的队员们乘“探险号”从伦敦出发了。

当船只停在里约热内卢接受补给时，指挥官的心脏病突然发作了。他恢复过来后，无视任何要求他就医的建议，下令船只继续航行。1922年1月4日，他们来到南乔治亚岛的捕鲸站。第二天清晨，在停靠在岸的“探险号”的船舱里，沙克尔顿的心脏病又发作了，这次是致命的。沙克尔顿时年47岁。应他的妻子艾米丽的要求，船员们将他安葬在了南乔治亚岛。回想起这位领袖，沃斯利后来写道：

他不仅是一位伟大的探险家，还是一位伟人。他一生中有22年的时间都奉献给了极地工作，这使他声名鹊起，也为他赢得了爵士头衔。他硬扛着走到了离南极97英里的地方，并把他带出去的人都如数带了回来。他发现了比尔德莫尔冰川，并在地图上增加了200英里的南极海岸线。他攻克了让所有探险家闻风丧胆的坏血病，也从来没有失去过一个他庇护下的手下。他也是使磁南极得以定位的关键人物。

作为一个男人，夫复何求？我回想起在失去“坚忍号”后他是如何带领队伍穿过浮冰的；他的领导才能使我们大家都保持健康；他那纯粹的人格力量使我们精神振奋；而且，他崇高的榜样力量，能使我们在最不利的情况下战胜大自然，赢得胜利……

他是一个骄傲而无畏的人，一个让英国人备感自豪的人。像沙克尔顿这样的人，肯定不会就这么被人忘记：他的精神一定会在我们身上延续存活；他的某些伟大之处一定是他留给广大同胞的遗产……“他有一种令人十分信服的忠诚，”一位和他一起航行的人写道，“只要他一下命令，我们去任何地方都赴汤蹈火在所不辞。”

# 第九章
# 欧内斯特·沙克尔顿之后的世界

1917 年 5 月，沙克尔顿回到国内时，国家正处于战争状态。由于第一次世界大战的大屠杀，有 2800 余万人死的死伤的伤，以爱国和发现为特点的南极探险黄金时代也戛然而止。在如此不利的情况下，他因挽救了 27 人的生命而被短暂地誉为英雄。但在全球冲突的余波中，沙克尔顿的成就因集体对个人英雄主义和民族征服主义的冷嘲热讽而黯然失色。

一直到 20 世纪 20 年代末，英国公众再一次研究罗伯特·法尔孔·斯科特和 1912 年他试图从南极回程却失败的事迹。人们称赞他的勇气、牺牲和爱国服务精神，使得斯科特在英国家喻户晓。为了纪念他，人们立起了纪念碑；还为他著书立说；小学生们也知道了他最后一次探险的故事；斯科特的日记被视为国宝，收藏在大英图书馆。相比之下，沙克尔顿和“坚忍号”的探险之旅显得默默无闻，远远不如人们对斯科特的关注程度高。

但在 20 世纪 60 年代的英国和美国，沙克尔顿开始吸引到了更多的关注。在接下来的 20 年里，出版了一系列关于“坚忍号”探险的书籍。与此同时，历史学家们，尤其是罗兰·亨特福德，用一种更具批判性的眼光重新评价了斯科特的领导才能。到 20 世纪 90

年代末，公众的兴趣和赞誉已经完全转变了方向：斯科特的名气逐渐消退，而沙克尔顿的名气飙升。

21 世纪伊始，大量的书籍、电影、电视节目和展览会都反映并激起了人们对“坚忍号”的指挥官的崇拜浪潮。企业和教育机构纷纷随风而至，将沙克尔顿的故事作为危机中的领导力、移情方面的专家和困境中个人能动性的案例进行研究。(事实上，我对沙克尔顿的兴趣始于 2003 年，当时的我决定为哈佛商学院写一篇关于沙克尔顿的案例。)

我们为何如此迷恋沙克尔顿呢，而这种迷恋又是如何与沙克尔顿的深远影响联系在一起的呢？毫无疑问，“坚忍号”征服无情大自然的故事扣人心弦。同样引人注目的是，当沙克尔顿尽力让他的队员们活下来的时候表现出的灵活性——为了让他的船员安全回家，他愿意通过任何途径，使上任何窍门，利用一切手段。然而，借助历史的后见之明的优势，我们也知道有时他会怀疑自己能否真正完成使命。这就是沙克尔顿的故事的有趣之处，因为探险家的恐惧从没有让他的手下感受到。“坚忍号”探险后的一个世纪，我们可以从沙克尔顿一贯的情绪控制以及这对拯救队员们的重要性之中，得到些重要感悟。

这位探险家吸引我们注意的是他的领导和管理的其他方面。其中一个就是沙克尔顿的船被冰困住时，他为他的船员所承担的责任。他很可能意识到：面对捕鲸者关于浮冰的警告，他急于离开南乔治亚岛对探险队的命运有巨大影响。而他没有留下有关这种想法的任何记录，但危机出现时，无论是否承认自己的过错，他都准备对此项计划的后果负全责。

沙克尔顿权威的第二个方面体现在他能始终向前看。他一次又一次地拒绝为已经发生的事情进行事后算账：那些没有奏效的、错过的事情，或是把最近经历的挫折或失望归咎于谁。就像其他有效的领导者一样，沙克尔顿的前进方向不是草率执行、装聋作哑或自我否定的借口。他是一个很会吸取教训的学生，能从错误中快速学习，并通过接受新信息不断调整自己的做法。如果探险家知道光去想导致“坚忍号”沉没的无数因素，那么只会降低探险队的士气和凝聚力，从而对他团队的生存意愿造成威胁。领导者需要大量情感意识和纪律约束，以及从过去经验教训中汲取的知识，来权衡前方的路该怎么走。沙克尔顿在努力把他的船员们安全地带回家的过程中，在这两方面让我们受益匪浅。

他的领导才能的另一个重要特点是他管理船员精力的方式。他明白这是决定这次探险的最终命运的关键因素。他还意识到：他可以通过一系列微妙而有效的方式来影响这一切——从孤立不信任他的人，到利用食物配给来增强体力和增进感情，再到晚饭后社交时间的制度化。在船身被浮冰所困的15个月里，沙克尔顿一直仔细留意着他的船员们，努力了解每个人当前的健康状况，然后做出相应的反应。没有人意识到他的这种行为。这是一项意义非凡的实践，是移情作用最有效的应用：让他的人都活着回到了家。

沙克尔顿领导才能的最后一个方面，需要今天的我们注意的是他行使权力时的人性化。在他给船员们分发食物和饮料的过程中，我们看到了：他走进帐篷探望船员，递给他们热牛奶，在临时搭建的火炉边给一名手下背诗，还安排了狗拉雪橇比赛。这一方面，我们也可以从1916年他的焦虑中看到，他想方设法地找到一艘能够穿过浮冰的船去营救他的船员们，从乘坐救生艇到达南乔治亚岛到乘坐“耶尔乔号”返回的4个月里，沙克尔顿头发都白了。或许表现这位领袖人性化的最有说服力的例子是在1914年，他匆匆南下所犯的错误，以及在金融问题和为扬名立万而三次前往南极所犯的错，其实处理这些不足和其他问题，也正证明了他是有能力的，而且有能力干一番大事业。

第二部分

# 改革，挽大厦之将倾

## 亚伯拉罕·林肯的挑战

# 第十章
# 他的底牌

1862 年仲夏，亚伯拉罕·林肯的背靠在墙上。内战开始的第二年，以联邦在田纳西州的夏伊洛、新奥尔良和西部的胜利拉开了帷幕。但是北方军的势头很快就陷入了萎靡，联邦在接下来的几个月里和敌军出现了一系列的僵持或撤退。6 月下旬，在弗吉尼亚州里士满附近，由罗伯特·E. 李将军指挥的南部联军猛烈攻击乔治·麦克莱伦将军领导的政府军。在一周内发生了六次残酷的冲突，也就是后来闻名的“七天之战”，政府军伤亡惨重：阵亡、受伤或被俘的联邦士兵多达 1.6 万名。而联军的伤亡更重：有 2 万人死亡、受伤或被俘。抛开这些数字，人们普遍认为这场战争是以联邦的胜利而结束的。

7 月初，当麦克莱伦撤退的消息传到北方时，民众的士气一落千丈。报纸和政客纷纷指责总统的无能。华尔街的投资者们也做出了反应：抛售股票和新版的美元，二者的价值都大幅下跌。与此同时，自战争开始以来就一直在敦促林肯果断反对奴隶制的废奴主义者们，比如前奴隶弗雷德里克·道格拉斯，也对政府越来越不满。一位政府官员说 7 月 4 日是“这个共和国诞生以来最黑暗的一天”。这个国家从来没有像现在这样，在牺牲了鲜血、时间和金钱之后变得如此卑贱。

所有的这些都压在了林肯一人身上。他愁绪如麻，还因为太过焦虑而茶饭不思变得形销骨立。自从战争开始，他就一直失眠，现在更严重了。睡不着的时候，他常常在白宫（当时叫“行政大厦”）二楼的办公室里工作。如果战斗十分激烈，他会去附近作战部的电报室获取最新消息。有时，在午夜过后的几个小时里，他会缓慢地在走廊里踱来踱去，走廊连接着他的办公室和他的家庭起居室，以及分配给他的秘书约翰·海伊和约翰·尼古拉的房间。如果这俩年轻人醒着，林肯就会和他们一起讲故事或谈些工作上的事。总统偶尔也会唱一支低俗的曲调。这些都是为了能暂时减轻他的负担和压力。

几个月过去了，林肯显得更加忧心忡忡，他的妻子玛丽和朋友们都为他的健康而担心。当奥维尔·布朗宁（伊利诺伊州林肯的前同事兼美国参议员）对战争给总统带来的不利情况表示担忧时，林肯握住了老朋友的手，“按了一下，用非常温柔和感伤的语气说：‘布朗宁，我肯定要搭上这条老命。’”

作为最高统帅，林肯不停忙碌，长时间地工作着。在公众场合，他努力保持着淡定从容，发布军事指示、与内阁磋商、会见每个工作日都在白宫排队等着见他的源源不断的市民。在他每天的工作和外界施加的不定期的压力之间，林肯试图弄明白这场让这个国家一分为二的震惊世人的冲突。

林肯一直是个自学成才的人。从孩提时代起，他就自学了彼时他需要用到的知识：测量、政治、法律、公共演讲、欧几里得几何和莎士比亚著作等。现在，林肯领导着一支日渐式微的联邦军正处于一场巨大的困难风暴中心，他开始从国会图书馆借书自学军事策略。人们经常可以看到：他在办公室里挑着煤气灯夜战。在白宫一片寂静的冗长黑夜里，他如何看待日益恶化的冲突？他如何才能弄清楚自己面对的这场血腥斗争？

1862年夏，有一件事是明确的：战争还是没有遵从林肯的期望。南部联盟的军官比他和许多北方人预计的不同，他们要的是更厉害的军事家。在战事方面，叛乱的士兵和南部平民比总统最初认为的更坚定，也更机智；在北方，公众舆论比林肯预想的更具有煽动性，这就意味着，几乎领导人的任何举动都可能会引起民众激烈的反应。

面对激烈的人身攻击，他耗尽了精力，也让他情绪低落。那一年，当一群议员访问白宫抱怨林肯发动战争时，一名代表说，许多共和党领导人想让总统知道他们“听到早上白宫门口发现总统的尸体挂在灯柱上，会很高兴的”。总统感到很沮丧、压抑，他回答说：“这种事要是某个早上发生了，也不是什么值得惊讶的事。对这种事儿的野蛮威胁，我是不会感到惊讶的。”

随着战争和指挥战争的挑战带来未知的、棘手的挑战，林肯也理解了这些针对他个人的攻击。一方面，尽管乔治·麦克莱伦一再敦促，波托马克河军队的指挥官却拒绝猛攻南部联盟军。当林肯要换其他军事官员时，他发现许多人都没有了继续发动复杂战争的意愿。另一方面，联邦政府已经没有资金了——关税和消费税带来的收入离满足战争不断飙升的成本有很大差距。在战争的最初几个月，政府从多家银行借款，但是这些资源现在已经捉襟见肘了。林肯和财政部长萨尔蒙·蔡斯并没有付重息从欧洲银行贷款，而是决定请求国会发行纸币（绿背美钞）。总统对这一举动是否符合宪法提出了质疑。但他想不出其他切实可行的方法来支付战争的经费了。

英国和法国将参战并站在南部联盟那边，这一威胁加重了林肯的负担。两国都希望对各自纺织业至关重要的棉花供应能保持稳定，并表示准备向叛乱州伸出援助之手。这种可能性威胁到了联邦的长治久安。

然后就是战斗本身了。1861 年 4 月战争爆发时，站在不同立场的美国人都预言会速战速决；几乎都估计的是“在圣诞节前搞定”。但一年多过去了，又有大约 8 万人伤亡，人们越来越清醒地认识到，内战将比任何人想象的都要漫长和残酷。例如，1862 年 4 月的夏伊洛战役中，有 2.3 万多人伤亡。战斗结束后，联邦将军尤利塞斯・S. 格兰特视察了战场，尸横遍野，他说：“如果脚不沾地，只允许踩着尸体穿过战场的话，哪个方向都能走过去。”

战斗越可怕，战争承担的风险就越大。其中最关键的是奴隶制。林肯一直反对这种制度的扩张，因为它违背了《独立宣言》中规定的人人都有生存、自由和追求幸福的权利。但从他在 1861 年 3 月就职以来，他一直致力于维护联邦，包括维护有些地方合法存在的奴隶制。然而，战争爆发后，林肯公开坚持反对奴隶制的立场，并为此解释说拯救国家比正面攻击奴隶制更重要。

他的思想受几个因素支配。他担心自己没有合法权利对受宪法保护的制度采取大胆行动。战略上，他担心可能疏远边境各州，如特拉华州、肯塔基州、密苏里州和马里兰州的奴隶制支持者，还担心这些州可能会脱离联邦政府加入南部联盟。林肯也不知道如何处理逃亡到联邦军队的成千上万的奴隶，他们把这当作通往自由的途径。这些作为私有财产的奴隶必须归还给他们的合法拥有者吗？或者，正如一些北方军官所称的，逃亡的奴隶是战时禁运品，因此要被政府军队理所当然地没收？如果是这样的话，这些逃亡的奴隶有权获得自由吗？

在战争开始的头一年里，但凡和奴隶制有关的问题，林肯都会谨慎地处理。作为 19 世纪 50 年代的一名政派候选人，他还有意培养了自己的抗外界干扰能力，这样他才能集中精力处理某个特定的问题，对其进行全方面、多角度的思考。到目前，涉及奴隶制的军事、政治和道德问题日益增多而且十分棘手，因此他在处理这些问题时越来越依赖自己的抗干扰能力。林肯已经被奴隶制这个问题搞得焦头烂额，同时还遭受来自其他政派的批判，当下还处于战争的紧张局面，他热切希望能看到战争胜利的曙光。

当麦克莱伦和他的大军在“七日之战”中惨遭失败时，这些希望都破灭了。对林肯来说，这次失败带来的军事损失几乎是不堪忍受的。在此之后，他这样评价自己：即使能继续活下来，我也是伤心欲绝。就个人而言，5 个月前他 11 岁的儿子威利的去世，对总统和他的妻子造成的沉痛打击还未散去。

尽管林肯有些意志消沉，但他并没有屈服于内心最黑暗的恐惧。他坚韧不拔的意志和维护联邦的承诺帮助他顶住了压力。对当今的领导者来说，如何具备遇挫不败而且不被质疑击垮的能力是重要的一课。即使面对着巨大的障碍，个人也必须能够保持镇静然后一往无前。无论是试图带领公司走出困境的首席执行官，还是创业之初经历大起大落的企业家，或是照料卧病的孩子的母亲，也都该如此。如果一个领导者一蹶不振，无法重整旗鼓，那么他或她的使命注定失败。正如林肯向一位指责他在“七日之战’战败后还讲笑话的参议员做出的解释：

这位参议员，你认为此时的情势对你造成的影响比对我的更严重吗？如果上天不眷顾我们这一边，那不仅整个国家都完了，还会使我也永远蒙受耻辱。但是，如果我今天出现在华盛顿的大街上，脸上挂着你这副表情，事态将会是怎样呢？这一消息将会迅速传遍全国，说总统脸上的表情是承认了战败是不可避免了。

现在，重重困难缠身的林肯，决定采取更大、更果敢的行动来反对奴隶制。他早先对保护奴隶制的合法性，维系边境各州的忠诚，以及在权衡北方政治情绪时的谨慎，都要对紧急情势让步。“情势每况愈下，”总统后来回忆道，“直到我觉得我们一直在执行的行动计划已经到了穷途末路；我们已经打出了最后一张牌，必须改变我们的战术，否则必输无疑！”就像沙克尔顿一样，林肯明白他必须在不放弃最终目标的前提下转变战略来适应不断变化的环境；然后他会继续向前迈进，面对这些选择的后果。

1862 年 7 月初，总统开始起草《解放黑人奴隶宣言》。起初，他秘密起草着，几乎不告诉任何人他在做什么。但是到了该月的第三个星期，他已经准备好向内阁提交草案了。7 月 22 日，他对满座的与会者说，“他已经决定了要走这一步，并没有把他们召集到一起征求他们的意见”，而是“把一个主题内容摆在他们面前”。他已经决定，到 1863 年 1 月 1 日，在美国反政府的州里，所有被视为奴隶的人将被宣布永远获得自由。正如历史学家埃里克·福纳所写的那样，这一行动“远远超出了国会或林肯此前敢预想的一切”。福纳继续说，“总统大胆地提议将战时的解放扩展到制度存在的大多数地方的所有奴隶。废除黑奴制度宣布后立即生效，而且没有任何补偿。不管他的主人是忠于联邦还是叛逆者，一视同仁”。

内阁对提议的行动意见不一。一些成员支持。但有人担心这份公告会让政府在秋季的中期选举中损失惨重；还有人不喜欢要通过总统令解放黑奴。还有三分之一的人反对以任何方式释放奴隶。总统仔细聆听着同僚的讲话。但他在宣言中花了很多心思，不太可能被三言两语劝阻。林肯回忆说，在会议期间，没有人发言，“我当时还没有完全预料到，心里还真不适应，直到国务卿威廉·西沃德开口说话”。这位内阁成员建议总统在公开发布这一法令之前，先等联邦军队取得胜利，以免这一行动看起来是“一个精疲力竭的政府的最后一根稻草，看上去像寻求帮助的呼声”。领袖对西沃德的建议很受触动。“这是该法案的一个重要细节，”林肯回忆道，“在我对这个问题的所有思考中，完全忽略了这一点。”他决定把宣言暂时搁置一边，到北方赢得一场大战再说。

他等了两个月。1862 年 9 月 22 日，经过马里兰州安提坦河的一场血战，联邦军队获胜，超过 2 万名联邦和联盟军士兵在此战中死伤，总统借此向美国人民宣布了《解放黑人奴隶宣言》。

实际上，身处南部邦联的 350 多万名奴隶一个也无法获得解放，因为在这些地方《解放黑人奴隶宣言》是无法执行的。宣言也没有要求不反抗政府的边境各州还奴隶们自由，甚至南部邦联被联邦军队占领的地方的奴隶也没说获得自由。尽管如此，正如林肯所理解的，这个宣言是一个激进的法案。由于战事需要宣布大多数奴隶获得自由，改变了内战的目的和性质。为了拯救 1787 年制宪会议以来就存在的美国联邦而开始的冲突现在变成了一场革新美国的战争—— 一个奴隶制被永久废除的美国开始出现。

这项法令在北部和南部必然都会引起争议。林肯知道这一点，但他从没动摇过。1862 年 7 月中旬，他确信这么做是正确的，总的来说，北方舆论是支持他的行动的，这种支持对战争的推进至关重要。随着伤亡人数的增加，他也明白了他需要更多的人力，而《解放黑人奴隶宣言》也为非洲裔美国人在战争中扮演更重要的角色提供了可能性。同样重要的是，该法令有望降低英国或法国援助南部邦联的可能性，因为在这两个国家，大众对废除黑人奴隶制的关注足以压倒对棉花生产的政治关切。最后，林肯认为奴隶制是错误的，应该终结。现在，一场已经进行了 15 个月的可怕战争、社会大环境，包括情势的迫切要求，共同促进了这一解放运动。尽管颁布法令涉及的风险很多，但林肯认为他所做的是最好的选择。

放眼未来，林肯意识到自己必须从《解放黑人奴隶宣言》所开辟的道路上走出来。无论如何都要试一试。这意味着他将按照自己废除奴隶制的承诺来指导战争、治理国家。随着战争的持续及其惨重代价的进一步加剧，林肯一次又一次地坚守着他对宣言的承诺。1861 年他成为总统的时候，并没有打算根除奴隶制，但在这场严重危机中，他的使命发生了改变。而他对这一新的、更广泛的目标的执着，将会对实现这一目标起到至关重要的作用。

# 第十一章
# 成长历程

1809年2月12日，亚伯拉罕·林肯在肯塔基州中部的离霍金维尔县不远的地方出生了。他是托马斯和南希·汉克斯·林肯的第二个孩子，他们的大女儿萨拉大林肯两岁。托马斯·林肯是一个农民，家有300英亩土地。丈夫耕地时，南希就在一个16英尺乘18英尺的小木屋里持家。林肯成长到少年时代时，就为家里拾柴担水，跑跑腿，帮妈妈在菜园除除草，在森林里玩耍。托马斯·林肯不识字，他的妻子可能识字，但是不会写字。不过，萨拉和林肯都在约两英里外的只有一间屋的学校念书。在那里，孩子们学习了阅读、写作和算术的基础知识。

1816年年末，当林肯7岁时，他全家搬到了俄亥俄河以西，印第安纳州西南部一个叫鸽溪的地方。当林肯一家搬过去的时候，他发现这个地方很偏僻，树木繁茂却渺无人烟。在这样艰苦的条件下，这一家人用他们的双手开荒种地维持生计。托马斯建造了一个只有一间房的小木屋，他和儿子一起清理出一小块地，用来种植玉米和燕麦等农作物。他们还养了几头牲畜，也打猎。猎物也能打到很多，托马斯猎获到什么，家里人就吃什么。林肯学会了狩猎，就在他8岁生日前，他击落了一只野火鸡。然而，那只鸟死在自己手里让他很是懊恼，他发誓不再这样做了。在几十年后的一本第三人称自传中，他记述了这一件事，他写道："从此以后，再大的猎物他都没再扣下过扳机。"

林肯一家人到达印第安纳州后不久，南希的阿姨和叔叔——伊丽莎白和托马斯·斯帕罗，从肯塔基州搬过来和他们一起住。斯帕罗一家人还带来南希 18 岁的表弟丹尼斯·汉克斯。萨拉和林肯以前就认识丹尼斯，能和他们开朗的朋友同住他们感到很高兴。

但在 1818 年秋天，悲剧发生了。伊丽莎白和斯帕罗患上了乳毒病——一种由于喝了吃过有毒的蛇根草的牛所产的奶而引起的可怕的疾病。(今天，这种病被称为布鲁氏菌病，是一种细菌感染。)其症状包括发烧、恶心、呼吸不规则和关节疼痛，一般发病突然，通常以死亡告终。

南希照料着这对夫妇，但是在几天后他俩双双命归黄泉。托马斯·林肯为他们打棺材的时候，南希也病了。在接下来的几天里，她变得越来越虚弱。在她陷入昏迷之前，她把孩子们叫到床边，告诉他们"不只对父亲要善良友好，对彼此、对这个世界亦要如此"。她于 1818 年 10 月 5 日去世。托马斯又做了一副棺材，将木板固定在一起的木钉这次是林肯削的。他们把南希的尸体埋在家附近的小山上长眠。

至于 9 岁的林肯是如何从母亲突然逝世的阴影里走出来的，历史记录里几乎没有。在后来的几年里，林肯几乎没有谈到过他的母亲，但毫无疑问，她的去世使这个男孩的身心备受摧残。在南北战争期间，林肯给一位在战斗中遇难的伊利诺伊州的同事的女儿写过一封慰问信；在对这个年轻女孩的悲伤表示哀痛之后，总统透露了他自己早年间失去亲人的事情：

在我们这个充满悲伤的世界里，所有人都无法幸免；对于年轻人来说，悲伤带来的痛苦尤其强烈，因为它猝不及防就发生了。而年长者已经有所准备……现在你无法相信能挺过来。是这样吗？然而这是不对的。你肯定又会开心起来的。这当然是真的，明白了这一点会让你不那么难受。因为我说的这些，我都亲身体验过。

在他的成年生活中，林肯经常遭受抑郁症或忧郁症的侵扰，这在当时也是众所周知的。朋友和同事经常说起他有陷入沮丧的阴霾中的倾向，他的长期法律合伙人威廉·赫恩登曾经说林肯的“忧郁在他走路时都会明显表现出来”。因为父母的早逝往往与一个人后半生的抑郁症有关，因此林肯的抑郁症可能与母亲去世后他所感受到的深深的失落感有关。

南希去世后，托马斯·林肯在边境只身带着两个年幼的小孩不容易，因此决定再找一个妻子。1819年年末，他回到肯塔基州去寻找新伴侣，让萨拉、林肯和丹尼斯·汉克斯自己照顾自己。当托马斯回到印第安纳州时，他带回了新婚妻子萨拉·约翰斯顿，之前有三个年幼孩子的寡妇。

很快，她的到来就产生了巨大的积极影响。她温柔、有条理又能干，开始着手改善林肯一家原来的家。萨拉让她的丈夫在小屋里铺了一层地板，开了一扇窗户，建了一扇真正的门；为林肯、丹尼斯·汉克斯和她的儿子约翰建造了一个睡觉用的阁楼。她还换下了林肯和他姐姐穿的破衣烂衫，让他们穿上她从肯塔基州带来的衣服；为她新的家人们做饭：玉米面包、猪肉、鸡肉、松鼠肉、野生火鸡、稠粥，而且在特殊的日子里还有姜饼。她的勤劳善良为母亲去世后悲惨地过了一年的孩子们，带来了有规律的生活和慰藉。

继母对这个家的实际贡献很是重要，她情感上的慰藉更是如此。历史学家大卫·唐纳德写道，她有能力“使这两个家庭和谐共处，谁也不妒忌谁”。萨拉特别喜欢林肯。多年后，她回想起她的继子“从来没有对我恶语相向或有不好的脸色，甚至对我要求他做的任何事情，从没有在表情上流露出拒绝的意思”。林肯汲取着并对她的爱报以同样的爱，称她为妈妈。长大成人的他高度评价了继母一直给予他的鼓励。像其他许多有影响力的领导者一样，年轻的林肯从一位充满爱心的成年人的情感支持中受益匪浅。萨拉对林肯的爱和关注帮助他培养了一种以自我价值感和锲而不舍为核心的意识，后来林肯反复地运用了这种意识。

托马斯的新婚妻子是文盲，但她认为孩子们应该接受教育。在接下来的几年里，林肯去了附近的三所学校，在每个学校都待了几个月。他是个好学生并且学习很努力。正如他继母所记得的那样：

林肯阅读了他能弄得到的所有书——当他遇到喜欢的文章时，如果没有纸或石板，他会抄在木板上，当木板上变得太黑时，他会用绘图刮刀把字刮掉，然后继续在上面写字。

在同学之中，林肯有着不同寻常的形象。他比同龄人都高——青少年时期他站起来就有 6 英尺多高——而且他戴着一顶浣熊皮无边帽，穿着一条短得不适合他大长腿的皮马裤。但是他的同龄人们认为他是一个故事讲得一流的人，总是在他编故事或讲笑话的时候扎堆在他身旁。从很小的时候起，林肯就锻炼了他公共演讲的能力：在校园里讲故事，向所有愿意倾听的人朗诵教堂的布道词，或者，独自一人的话，他就向周围的树林和农田复述着记忆中书本里的文章。

到 15 岁时，林肯正规的学校教育结束了。多年以后，他算了算自己在学校度过的时间加起来不超过一年。要是考虑到林肯当律师、政治家和总统所取得的成就，这似乎是非常了不起的。他所做的一切所需要的知识，是怎么获知的呢？答案是，林肯自学的。他以直接、专注的方式做到了这一点——今天我们可以称之为外科手术式的突袭——先获得学习某一特定领域所需的资源，吸收他发现的知识，然后参悟其中的新发现，首先是自我习得，然后应用于实际中。无论是学习语法来提高他的口语和写作，通过做土地测量来谋生，还是为伊利诺伊州的律所研习判案，林肯既是老师又是学生。

十几岁时，他和父亲产生隔阂。虽然托马斯·林肯鼓励儿子上学，但托马斯本人对知识世界并不感兴趣。他专注于养活一个八口之家，需要儿子帮他耕种土地，照料牲畜，并为邻居们打工，这样能给老林肯多赚一点钱。

林肯厌恶他父亲过的艰苦耕作的日子，也厌恶托马斯让他做的体力活儿。儿子在智力上获得的信心越多，对父亲的生活方式的兴趣就越小。“我并不打算一直去刨地、翻掘、给玉米剥皮、赶放牲口等。”林肯对一位朋友说。他说，他想要一份职业，一份可以比同龄人表现得更出色的职业。

他的姐姐萨拉结了婚并与丈夫住在附近，两年后1828年的秋天，她在分娩时过世。林肯悲恸欲绝。一位邻居回忆说，林肯在听到她去世的消息后，“坐了下来，把脸埋在手掌里。泪水从他大大的手中淌了出来，抽泣得身体都跟着颤抖。从那以后，他便孤身一人了”。随着姐姐的离世，林肯越来越渴望摆脱父亲和他世界中的一切生活。

1830年年初，托马斯·林肯举家迁往西部，搬到了邻近伊利诺伊州中部的迪凯特。林肯帮助家人安顿下来，和他们一起生活了大约一年的时间。这是林肯最后一次为父亲投入精力。在后来的几年里，他对这个老人几乎没有什么好说的，并且不止一次地批评他缺乏教育和志向。1851年年初，当林肯得知托马斯即将离世时，因为从伊利诺伊州的斯普林菲尔德到他父亲和继母的住所（该州的东部）光旅程需要耗费三天时间，林肯并没有去。

当时，林肯要做的事情有很多，他的妻子刚生下另一个孩子。毫无疑问，这些因素影响了他的决定。不过还有其他事情。继兄曾恳求他来见他父亲一面，林肯写给他继兄的信中说："跟他说，如果我俩现在能见面，说不定他会更难受，未必能开心。"托马斯·林肯不久后就去世了。他的儿子没有来参加葬礼。

# 第十二章
# 独闯天下

到1831年年中，林肯已经22岁了，在法律上他不再受家人监护，于是他离开了家。他在一家小百货店找到一份工作，然后他搬到了伊利诺伊的新塞勒姆，一个离斯普林菲尔德西北大约20英里远位于桑格门河边的村庄。林肯到那儿的时候，那里大概有25家住户。他们中的大多数人都有几英亩地种，也有许多人养了牲口。但是新塞勒姆主要以商业为主，那里有一家铁匠铺，两家诊所，几个小商店，一家酒馆，还有一家制革厂。

新塞勒姆拓宽了林肯的视野。当时那是他住过的最大、最繁华的地方。住在那里的男男女女来自天南海北，镇上的许多律师和商人的活动都直接推动了伊利诺伊中部的经济增长——那是一个由运河、铁路和商业发展驱动的经济体系。尽管他们有着形形色色的背景，新塞勒姆的居民总能团结一致，互相扶持，始终维系着一种非正式但很明显的社会团结，在这种社会关系下，阶层区分无足轻重。对于一个几乎没有钱和人脉的年轻人来说，这是一个开始新生活的理想之地。

1831年9月，林肯开始在登顿·奥富特的百货商店工作，每月工资15美元。林肯负责销售咖啡、烟草、火药、棉布和一些其他商品，很是尽职尽责。例如，当他卖给一名女士的衣服价格高了时，他会立马退还差价。还有一次，他发现不小心将顾客要的一磅茶错称成了半磅，于是他马上又带了半磅茶找到那位女士家里补给她。这些方方面面的行为很快为他赢得了“诚实的亚伯”的绰号。

给周围的人留下深刻印象的不仅是他作为新员工活儿干得出色，人们还喜欢他的故事和机智，他讲故事时会穿插着讲一些细节，还配上娴熟的模仿和强调的手势。当林肯讲一个故事或下流的笑话时，一位邻居回忆道：“他的脸上会变得很开朗……眼睛闪烁着光芒，最后都以一串无拘无束的笑声告终，在场的每一个人不管愿不愿意都融入了进来。”

然而，尽管他平时幽默和善，他有时也会表现出愤怒和急躁。比如，有一次奥富特商店的一名顾客无视林肯的警告，继续在女性面前讲脏话，林肯就一把抓住了他，把他赶出商店丢在街上。林肯说：“我真该给你好好上一课，让你长长记性。”接着他把一把草直接塞进了那人的嘴里。

林肯身体十分健壮。他身高 6 英尺 4 英寸，体重约 215 磅，从事多年的体力劳动使他变得四肢发达。也就是说，我们现在认为他是一个优雅而身体匀称的运动健将，但实际上他并不是那样的。他的胸部瘦弱，肩膀较窄；四肢很长但动作笨拙。尽管如此，他的步伐却很矫健，动作协调而精力充沛。据了解他的人说，他可以轻轻松松举起 400 磅重的东西。他还可以两手分别抓住斧子手柄的末端，手肘不用弯曲，就能把它直接举过头顶。

在林肯的一生中，他的体力是一笔宝贵的资本。在新塞勒姆，这为他赢得了人们的尊敬。多年以后，作为一名律师，他强健的体魄同样给陪审团留下了深刻的印象。作为总统，也是这股力量帮助他从内战时期的重压之下挺了过来。

林肯在新塞勒姆百货公司开始工作不久之后，他的老板就和另一位商店老板打赌，在摔跤比赛上没有人能赢得了林肯。于是一群来自克拉里-格罗夫村附近的年轻人与他打赌，并推举出他们中最强壮的人——杰克·阿姆斯特朗来应战。林肯并不愿意去打，但他知道，如果他不接受挑战，他就会被人贴上“懦夫”的标签，这对拓荒地带的任何一个人来说都是巨大的侮辱。

比赛是在一大群人面前进行的。阿姆斯特朗摔跤很有经验，但林肯身高和臂长有优势，比赛很胶着。人们对比赛的描述各不相同，但大多数人指出，阿姆斯特朗在和林肯的比赛中犯了规。现场有吵得一发不可收拾的态势。然而，当林肯说他会跟克拉里-格罗夫村的所有看客逐个摔跤进行较量时，紧张的气氛瞬间平静了下来，事态也平息了。

这场比赛没有决出胜者，但是林肯却因此取得了他重要的胜利。邻居们无人不钦佩这位新人的力量和勇气。让人们印象深刻的是，他对于对手违反规则并没有表现出明显的愤怒——也许没有人会比阿姆斯特朗和他的朋友们对此更钦佩了。从那天起，这些人就成为林肯最忠实的崇拜者，他们邀请他做赛马比赛的裁判，并且在他开始自己的公务职业生涯时大力支持他。

我们不知道林肯从这一刻中得到了多大的收获。当然，他明白自己已经赢得广大民众的尊敬。毫无疑问，他也认识到，控制好自己的情绪，给对手一定的宽容和余地改变自己的行为，是一个有效的策略。不太明显的一点是，他意识到可以通过日常的经历来不断提升自己。虽然一些传记作家和历史学家长期以来都认识到了林肯在担任总统期间的成长能力，但很少有人注意到他在20多岁时为自己所做的努力。在新塞勒姆，林肯开始明白生活本身就是最好的课堂，一次次的失败、障碍和失望都是磨炼情感意识和行为的重要机会。

林肯在村庄里还发现了其他可用于自我提升的资源。例如，校长给了他一本关于英语语法的书，于是他开始自学英语语法。他一有机会就努力学习，他会带着一本书在村庄里四处走动时边走边看，也会在奥富特的商店里生意清淡的时候学习。

为了提高他的逻辑推理能力，林肯加入了新塞勒姆的文学和辩论协会。这个组织定期开会讨论时下的政治和经济问题，包括关于禁酒、铁路政策和自由奴隶的未来等。协会成员对林肯印象深刻。“他喜欢追问，”一个会员回忆道，“他的理由和论据总是那么凝练有力，让所有人都眼前一亮。”

年轻的林肯在新塞勒姆发现了更多值得学习的人。杰克·凯尔索了解许多莎士比亚和罗伯特·彭斯的诗歌，并与林肯分享了他对这两位作家的热衷。在林肯第一次接触莎士比亚的作品后，他把那些特别精彩的戏剧读了一遍又一遍，他学习《麦克白》、《理查三世》和《哈姆雷特》中的片段，并大声地背诵出来。他同时还学习了彭斯、拜伦、威廉·诺克司和奥利弗·温戴尔·荷马的诗篇；在他的一生中，他会不断追忆这些片段。这四位诗人，连同博德和英王钦定版《圣经》，成了他文学造诣的基石。

林肯在新塞勒姆的第一年，就和鲍林·格林成为朋友，格林是治安法官，他鼓励林肯学习法律。不久之后，村民就让林肯帮忙起草契约和合同，林肯都是无偿帮忙。他对成为一名律师十分感兴趣，但他担心自己缺乏足够的正规教育，因此这个想法就暂时搁置了。

1832 年年初，格林和其他人都敦促林肯参加伊利诺伊州议员的竞选，他接受了这个挑战。同年 3 月，他宣布以辉格党党员的身份参加竞选，那时辉格党仍处于成立初期。辉格党成立的目的就是反对以安德鲁·杰克逊为首的民主党，拥护积极政府、经济发展和保护性关税。林肯在一封给他立法选区桑格门县的选民的公开信中，表明了支持诸如铁路和运河等方面的内部整改，并且他强调了教育的重要性。在信的结尾，他以自己的卑微身份和宏远目标向选民们发出了呼吁：

据说每个人都有自己的雄心壮志。不管这是真还是假，我可以这样说：可以获得大家的支持和尊敬是我最引以为豪的东西，我也用行动证明支持我是值得的。我能在多大程度上实现这一雄心壮志，还有待进一步发展。我很年轻，你们中很多人都不认识我……我找不到富豪或上流人士来推荐我。我能否当选完全是由本地的独立选民决定的，如果我有幸当选，那对我来说是最大的恩惠，我也将为此而不遗余力地回报大家。

对于一个一无所有，9 个月前刚到新塞勒姆的年轻人来说，竞选公职的决定是十分大胆的。林肯的雄心壮志已经被激起——他找到了自己的“极度自信”，正如大卫·唐纳德所写的，“他的信念就是：他所遇到的每个人如果不是比他更优越，那至少也是平等的”。

1832 年夏天，林肯花了几周的时间在桑格门县周围拉票竞选。但是，当 8 月份计票结果公示时，他落选了，他在 13 名候选人中排到了第八，排名前四的候选人才能当选。林肯对此很失望；尽管如此，他还是决定在两年后再次竞选州议员。

在此期间，他不得不想办法谋生。登顿·奥富特的商店在春天就破产了，林肯也因此失业。同年 4 月，他应征入伍参加了黑鹰战争。这场冲突是 19 世纪前期美国边界原住民和白人移民之间的众多冲突之一，双方在土地权利问题上爆发了冲突。1832 年，伊利诺伊民兵自卫队的任务是把黑鹰部落赶出该地，把他们赶到密西西比河以西。虽然林肯没有经历过战斗，他还是被选为他们连队的队长。能以战友们的领导者这样的身份服役让他极为满足。他在黑鹰战争中的服役在经济上也为他提供了很大的支持。在他没有其他收入的时候，伊利诺伊州为他发放了 100 多美元的服役补贴。

1832 年夏林肯服役结束，他回到新塞勒姆，开始重新找工作。不久，他和当时民兵连队的同事威廉·柏利决定买下村里仅有的一家杂货店，还是贷款买下的。从一开始，生意就比较清淡，1833 年年初，商店破产了。

他们两个当初是借了大笔贷款才买下了这家商店的。1835 年，柏利去世了，这样一来，留给林肯的债务总额约为 1100 美元。对于年收入不到 100 美元的林肯来说，这简直是天价。但他还是决心偿还他所谓的“公债”。他的一些同事估计，他也许要花十几年的时间才能做到，但他最终做到了。

在接下来的几年里，林肯又尝试做了一些工作。他十分乐意去做这些工作，但是却没有一项能满足他对自我提升和公众认同的渴望。就像其他许多领导人一样，林肯在年轻的时候并没有在更大的舞台上大放异彩。甚至到 19 世纪 40 年代，他开始建立起自己的律政生涯时，他经历的失败和成功是相当的。有胆识的领导人的成长很少会是一帆风顺的。的确，正如这个故事所说的那样，这些人所经历的时代沧桑，无法满足他们的雄心壮志，这些只是他们培养智慧、韧性和同情心的必需的部分，而后他们遇事才能得心应手。

1833 年 5 月，林肯被任命为新塞勒姆的邮政局长。他还学着如何做一名测量员，他走遍了桑格门县，测量房屋、城镇、道路和学校的土地。在很多地方，他的善良流传甚广。例如，在冬天里的一天，林肯遇到了一个光着脚的男孩在砍柴，他问男孩报酬是多少，他要用这笔钱做什么。男孩回答说他想挣一美元，想买一双鞋。林肯让男孩进屋里取暖，他帮男孩干完了活。还有一次，查尔斯·钱德勒想要买下伊利诺伊中部的一块土地做固定资产，他要抢在同样对这块地感兴趣的一位移民者之前到斯普林菲尔德土地管理局买下来。钱德勒骑马出发，途中遇到了林肯。当钱德勒解释了他为何如此匆忙时，林肯主动提出用他的刚牵来的骏马换他那匹已经疲惫不堪的马。钱德勒拒绝了，他说他会骑着自己的马及时赶到斯普林菲尔德的。但他牢牢记住了林肯对他提出的帮助。“从那时我就成了一个林肯的追随者。”他回忆道。

1834 年春天，林肯的名声对他来说尤为重要，因为当时他要再次参加州议员竞选。在竞选期间，他走遍了各个村庄和农场，挨个向当地居民介绍自己。例如，当他遇到一群人在田里收割粮食时，其中有些人说他们不能支持一个什么农活也不干的人。林肯当时毫不犹豫地拿起一把镰刀和他们一起劳作，说道：“孩子们，如果这就是你们的要求的话，我相信你们肯定会把票投给我。”附近的一位住户回忆道，林肯获得了这群农民的全部支持票。

这位候选人还喜欢登门拜访。他和人们谈论庄稼、牲畜以及一个家庭的希望，就像他谈政治似的如数家珍，这使许多人深有感触，新塞勒姆的居民回忆道：“他们像是见到了朋友，就和亲兄弟一样亲近。”林肯在竞选活动中也为孩子们留出了时间。他给他们带了糖果和坚果吃，给他们讲故事，陪他们做游戏，或者谈论一下他们养的小动物。正如传记作家迈克尔·伯林盖姆所写的，林肯“平易近人，和蔼可亲，他让人们觉得他就是他们中的一员——当然他比他们都优秀，但无论如何他是自己人”。事实上，所有成功的领导者都是在他想影响的人们周围工作，并且那儿的人都熟悉和尊重他。就像沙克尔顿和林肯一样，他们不会袖手旁观。

在1834年8月的选举中，林肯在12位候选人中获选票数位居第二，成为当选为州议会议员的四个人之一。三年前，他曾把自己来到新塞勒姆比作“一根漂流的浮木”，浮木沿着河流顺流而下，一不小心卡在了村里。现在，他25岁了，即将在公共事务领域中担任起自己的职务。对林肯来说，他怀有雄心壮志，这正是他向前迈出的一大步。

但他知道还有更多的事情等着他去做。他需要一份事业，既能满足他日益增长的对政治的兴趣，又能帮助他改善目前的处境，于是他又燃起了学习法律的想法。约翰·托德·斯图尔特是林肯在黑鹰战争中认识的，他是桑格门县一位卓有成就的律师和州议会议员。现在，斯图尔特也鼓励年轻的林肯做一名律师。

林肯认为做律师这条路是正确的，他开始借斯图尔特的法律书籍来读。他靠自学，最开始读的是18世纪普通法方面的论著——布莱克·斯通《英国法释义》。林肯后来写道：“我读得越多，就越感兴趣。在我的一生中，我从未如此全身心地投入过，我一口气读完并吃透了那本书。”当林肯读完了布莱克·斯通的作品后，又开始钻研其他书籍。他开始专注于钻研法律。一位邻居回忆说，林肯学法律的时候“会日复一日地连续几周，坐在山上的一棵橡树下……阅读”。邻居继续说：“当太阳晒到他时，林肯就绕着树转着坐，好一直坐在树荫下……他太过沉迷了，人们都说他疯了。有时候，当他走在路上遇到人时，都没有注意到他们。”多年后，林肯给一个正在考虑从事法律职业的年轻人建议：

如果你下定决心要成为一名律师，你就成功一大半了。你是否和其他人一起读书是不重要的。我没有和任何人一起读过书。拿到书后，你就反复阅读钻研，直到理解了它们的要点；这点才是最重要的。读书的时候，是否在一座大城市里是无关紧要的。我在新塞勒姆读书时，那里住的人加起来从没超过300人。这些书以及你对它们的理解能力，在任何一个地方都是一样的……你要牢记，坚定不移成功的决心比其他的任何事情都重要。

我们并不知道林肯是如何保持住成功的决心的，只知道他在很小的时候，就在认为重要的事情上严格自律。其中有些约束是为了实际目的：为成为一名律师而准备，或为了提高自身的知识储备；有些是为了增强对情绪的自控能力。随着前途越来越光明，他也努力表现出更强的尊严和宽容。

1834年11月，林肯前往位于斯普林菲尔德东南75英里的万达利亚的州政府，开始了州议会议员的工作。在之后的10周的任期里，林肯边看边学。随着对立法工作越来越得心应手，他帮助同事们起草法案，还有两次在会议上进行了简短的发言。

1835年2月中旬，立法议会工作结束后，林肯又回到了新塞勒姆。

1836年，他再次成功当选。在他的第二个任期内，他成为辉格党的领袖，他带领他的议员们组织扶持了两个重要的项目：一是将州政府从万达利亚迁到斯普林菲尔德，二是启动了一个大规模的工程，将铁路、运河和公路修通到伊利诺伊州的各个地区。这两项提案都通过了，但第二项的结果喜忧参半。（要建成这些基础设施的巨额资金，将使伊利诺伊州的纳税人负担多年。）1837年年初，在这一期激情澎湃的议会工作结束时，林肯已经了解了多数州政府政治的实际工作。正如伯林盖姆所写的，这位27岁的年轻人已经成为“党派的老手，以党内互助和打击反对派而闻名”。

当伊利诺伊州议会休会期间，林肯就在新塞勒姆送信、学习法律、从事测量和一些其他工作，并参加社交活动。他大部分的社交对象都是男性、已婚女性和儿童。林肯喜欢和女性打交道并尊重她们，但通常在和他年龄相仿的女性交流时，会有些害羞。这一点可能是由于他缺乏社交技巧，或是他觉得自己相貌平平，他也偶尔会拿这个开玩笑。(例如，1858 年，林肯在竞选美国伊利诺伊州参议员时，对手斯蒂芬·道格拉斯就指责他是个两面派。据传闻，林肯当时回击道："如果我还有另一张脸，你觉得我还会戴现在这张吗？")

林肯面对单身女性沉默寡言的一个更大的原因是他害怕这种亲密关系。他母亲和姐姐的死一直反复折磨着他，这似乎给他的生活留下了不小的阴影，导致他在人际关系中频繁感到抑郁并对感情总是小心翼翼。考虑到这一点，或许是他害怕将自己真实的一面展现给他人，尤其是他的弱点。无论是什么根本原因导致林肯对亲密关系犹豫不决，他总是在与他般配的女人面前害羞。他几个朋友的妻子都想为他找到另一半，但总是白费力气。

然而，在 1835 年，林肯好像爱上了新塞勒姆酒馆老板的女儿——安·拉特利奇。当年 22 岁的安比林肯小了 4 岁，她聪明善良，美丽大方，身高约 5 英尺 3 英寸，体重约 120 磅。她在新塞勒姆有好几个爱慕者，其中就包括林肯。1835 年的春天和夏天，他开始和安约会，他们一起在新塞勒姆的大街上漫步；安那时想努力提高语法水平，他们就一起研究语法书。他们那时就可能已经意识到他们最终会结婚，但目前还没有书面记载表明他们当时有过恋爱关系。林肯从来没有在他的信件中提到过安，也没有人找到过安写给他的信。历史学家掌握的能够证明林肯和安的关系的证据就是新塞勒姆居民在他死后对他的追忆。

1835 年 8 月，安得了伤寒。在接下来的几周里，她的病情不断恶化。但她一心想见林肯，他就主动去找她。安的妹妹记得他走出安的房间时，两人都哭成了泪人。几天后，在 1835 年 8 月 25 日，她去世了。林肯悲恸欲绝，陷入了深深的抑郁。他悲伤过度，朋友们担心他会情绪失控。有人还记得，他们迫不得已“监视并守护着林肯”，因为他“由于突如其来的打击产生了暂时的精神紊乱”。还有一位新塞勒姆的居民约翰·希尔回忆说，林肯当时伤心极了，他可能考虑过自杀。如果林肯真的有过自杀的想法，那可能不是第一次了，也不会是最后一次。

在安死后的几周里，林肯向他的朋友鲍林·格林和他的妻子南希寻求慰藉，和他们待在一起试图平定自己的情绪。到了 1835 年秋天，他已经完全康复，可以继续参与测量并开展其他工作了。年底时，在 1835—1836 年冬季会议上，他再次成功参选进入州议会。

要内心平静地恢复任职并不是件容易的事。安的死让林肯坠入绝望的深渊，这需要付出大量的精力和体力才能爬上来然后离开这个伤心之地。但是林肯有了面对这种痛苦的意志，然后忍住痛苦，继续向前。他不仅在 1835 年找到了自己的这种能力，正如作家约书亚·沃尔夫·申克所指出的，在其他遭遇强烈悲伤和质疑的时刻，包括他担任总统期间的几次，他都用上了这种能力。

林肯从他的抑郁经历中学到了什么？这是否对他的领导力产生了影响？第 16 任总统没有留下任何关于他内心世界的证据：没有日记、没有随笔，只有几封私人信件。这意味着学者们和传记作家们在试图了解林肯的内心世界时，并没多少真凭实据，主要是靠猜测。通过对林肯多年的研究，我确信，应对慢性抑郁——包括直面抑郁并咬牙挺过去——都有助于增强他耐力的核心力量。他经历的每一段抑郁期都十分艰难；每段经历都有其独一无二的方面，但其他方面都大同小异；他在这些经历中不断积累经验，也就有能力坚持到下一次。他在很多时候同自己内心的情感恶魔斗争，并克服障碍化茧成蝶，这些经历造就了一种微妙的、根深蒂固的自信，正是这种自信帮助他坚定信仰、完成总统的使命。

林肯应对抑郁的能力同时也增强了他在其他方面的领导才能。这使他对自己的生活和人生目标进行了深刻的反思。在那些消沉的想法中，他曾经绝望到亲口告诉一个朋友“从来不敢把刀随身装在口袋里”，他不得不找这样那样的理由继续活下去。对于林肯来说，这意味着他要完成一些能赢得同胞们的尊敬的事情，正如申克所说的，这样人们才能将他的名字和那一代的伟绩联系起来。林肯在1832年写给选民的信中明确表达了这一目标，并宣布了他的第一次政治竞选，他将在接下来的20年里矢志不渝。

1837年4月，林肯永远地离开了新塞勒姆。他获得了执业律师执照，他的导师约翰·斯图尔特邀请他到自己在斯普林菲尔德的律师事务所当合伙人。关于林肯在新塞勒姆这段时间的意义，他没有留下任何记录。但在事后看来，我们能看到他在过去的6年里取得了多大的进步。他尝试过各行各业，并最终选择了其中一种。他被选为该州的公职人员，在发现了政治带来的兴奋后，他开始在公共事务的舞台上大放异彩。他赢得了广大人民的尊重和信任，很多人已经把他当作朋友。他遇到了一个令他深深迷恋的女人，也许还尝到了爱情的滋味。更重要的是，他努力地提高自己，并且得到了努力的成果。与刚到新塞勒姆时相比，他成了一位更优秀的思想家、作家和演说家，他也具有了更大的潜力。他成年之后的生活和他作为托马斯·林肯的儿子的生活已然有了天壤之别。

# 第十三章
# 落地生根

1837年4月，当林肯抵达斯普林菲尔德时，这个有着1500名居民的新首府迅速成为伊利诺伊州除了芝加哥和圣路易斯之外的政治中心。斯普林菲尔德是辉格党的喉舌——《桑格门日报》的总部所在地，不久之后，这儿又成为民主党的期刊——《伊利诺伊州民主报》的本部。

林肯决心充分利用他迁到首府的机会。就像在新塞勒姆一样，邻居、同事和朋友都帮了他不少忙。州议会的一个同事家住斯普林菲尔德，他主动给这位新入职的同事提供免费的食物，这种情况持续了5年。另一个居民也帮他解决了住处。到达斯普林菲尔德后，林肯走到一家百货商店想买一张床垫铺在床架上。他问这个床垫多少钱，店主约书亚·斯皮德回答说17美元。这位律师说他没有钱，也不确定他的法律工作是否能赚够钱偿还债务。店主便问他是否找到了住处，当林肯说没有的时候，斯皮德建议说两人可以共享商店上方的大房间。一个店员回忆说："林肯一句话也没说，提起他的马鞍袋就上了楼，把它们放在地板上，又下了楼，脸上洋溢着喜悦和微笑喊道：'啊，斯皮德，我太感动了！'"

共享睡眠空间对住在边远地区的人是很常见的；共住的还有两

个人，林肯未来的合伙律师威廉·赫恩登就在其中，他当时是店里的一名店员，也和斯皮德住在那个房间里。虽然缺乏隐私，但大家经常一起幽默地聊天。多少个夜晚，一群单身男人聚集在斯皮德的店里，谈论着诗歌、政治、法律问题和时事。

在接下来的几年里，斯皮德和林肯成了亲密的朋友。斯皮德比林肯小 5 岁，出身于肯塔基州一个拥有奴隶的富裕的家庭；他受过良好的教育，穿着很讲究。这些年轻人的背景不同，但他们发现彼此有很多共同之处。两个都是雄心勃勃的人：斯皮德想要财富，林肯想要政治权力和名望。当他们逐渐了解彼此的时候，他们会就不同的话题和人分享自己的想法，其中包括那些与他们都有密切关系的女性。斯皮德是林肯唯一的密友。

林肯第一个法律上的合伙人——约翰·斯图尔特，在政界里也和斯皮德一样和林肯联系紧密。斯图尔特业务很忙，所以林肯有很多工作要做。斯图尔特和林肯的律所处理诽谤、非法侵入、身体侵犯、盗窃、离婚等案件。其中的大部分都是小案件，解决得很快。例如，林肯的案子中包括收回买猪的 3 美元的债务，帮业主收回口头承诺的土地所有权，收回炉子的损害赔偿金，以及帮斯皮德商店收回债务等。

做律师的最初那几年，林肯在摸索中前进。1838 年和 1840 年，斯图尔特两度被选入美国众议院，因此经常缺席工作。这使得他的新合伙人林肯只得自己准备案情摘要、研究判例法、接洽客户、督促法官和其他律师的工作。他逐一自学了受理案件所需的知识，经常在法庭开庭前的一两天内才能把准备工作做完。当他试着掌握一个法律问题时，他使用的是他开始学习法律时所依赖的高度专注的方法。一位同事回忆说，在这些时刻，林肯能“不吃不睡地学上 24 小时……他走路时经常不知不觉地头侧向一边，一边思考一边自言自语”。林肯喜欢这样专注的研究。“当我手头有一件特别的案子时，”他对另一个律师说，“我……爱把问题从根源上挖掘出来，把它举到智慧之火前，直到烤干为止。”

除了把大部分案件都移交给林肯外，斯图尔特还让他负责公司的财务。在这一方面，年轻的林肯可没那么专注和擅长。这两个合伙人都不是细心的管账人，所以文件、账单和其他的材料都被存放在抽屉里、案头上和林肯的大礼帽里。有时，他们会找不到契约和其他资料。(后来，当林肯在他自己的律所里做律师时，他和他的合伙人甚至管理得更乱。林肯办公室里有一堆文件，上面有张林肯亲笔书写的纸条，上面写道：“当你在哪儿都找不到的时候，来这儿翻翻。”)

斯图尔特和林肯对大多数案件收 5 美元或 10 美元的费用；联邦案件的资费更高。合伙人五五分账，收益越来越多。在林肯与斯图尔特共事的 4 年里，这位年轻律师的年收入平均在 1000 美元左右。后来，当他与另一位资深合伙人斯蒂芬·洛根共事时，林肯只拿公司收益三分之一的报酬，但这仍相当于每年 1500 美元的收入。到 19 世纪 50 年代末，他每年能从自己的事务所赚 4000—5000 美元。

正如历史学家迈克尔·伯林盖姆所指出的，与斯普林菲尔德的同级别的律师相比，林肯从来都不是一个特别富有的律师。(根据 1860 年调查数据，在镇上的 17 位律师中，他的资产排在第 12 位。)当然，林肯本可以赚得更多。但他大部分的法律工作收取的费用偏低，而且常常收费很低。有时，客户会惊讶地发现，在代表他们打赢一场大官司后，林肯才要 15 美元或 25 美元。有一次，他为一个客户索回了 2000 美元的未偿债务，只收了客户 2 美元。

林肯的法律事业，是他一生中被研究得最少的一个方面，我们不知道他的收费为什么这么低。对待钱他一点也不幼稚；他明白钱及其影响力。他也知道同事们的要价。在他自己的客户面前，他小心翼翼地收取欠他的钱，当所有的办法都行不通时，他会起诉那些没有付钱的人。

但林肯的主要动机从来都不是钱。与他父亲的生活相比较，他过得很好。林肯一贯对自己的名声很是在意。他可能是想避免一切不合理的高价服务费——比如对那些负担不起的贫困客户，或是那些可能对他心怀感激的富裕客户收取高佣金。林肯可能也想让人们记住他—— 一个言出必行和高回报的律师。这一策略有助于建立他的律师口碑。对于一个对选举政治感兴趣的人来说，这也很有用。例如，在 1860 年的总统选举中，林肯的小额服务费就成了他高尚人格的证明。

不管斯普林菲尔德的律师们索价多少，林肯和他的同代人都不能仅靠在城里的工作为生。桑格门县的巡回法院和伊利诺伊州最高法院都设在那里。但两家法院每年会进行简短的会面。其他时候，法律制裁以巡回法庭的形式出现在人们面前。在他大部分法律职业生涯中，林肯在伊利诺伊州中部的第八巡回审判区奔波。在 19 世纪 40 年代早期，他的巡回审判区横跨 15 个县，面积超过 1000 平方英里。法官和律师们骑马或乘马车从一个县城赶到另一个县城，处理当地居民的诉讼案件。

巡回诉讼服务的生活往往十分艰苦。春天，满地的污泥经常使道路无法通行；有时，溪流奔腾不息，流动审判队不得不游着过去。住宿条件通常很简陋，大多数晚上，律师们都是在酒馆或农舍地板上过夜。食物也好不到哪儿去。法官大卫·戴维斯是这么形容那恶心的晚餐的："马都咽不下去。"到了温暖的月份，这些人饱受臭虫和蚊子的折磨，无论在哪里都避不开，比如城镇的法院或其他地方的酒馆或旅馆等概不例外。

虽然困难重重，但巡回式办案还是有它的好处的。这是许多律师的重要收入来源，林肯也不例外。大多数律师都觉得巡回诉讼服务比在办公室里的生活更有趣。和林肯一起参加第八区巡回审判的亨利·惠特尼回忆道，每个星期都会有"各种各样的新的陪审团来招呼、蒙骗或来当说客；在新的各种不同的混乱状况中匡扶正义"。律师们和审判长也成了朋友。当他们不工作的时候，就在一起吃饭、打牌、讲故事。林肯经常是中心人物，他的趣闻逸事和笑话总能逗乐周围的人。但还有的时候，他会一言不发或者干脆走得远远的。例如，在丹维尔的一个晚上，他晚饭后就不声不响地消失了。几个小时后，他回来了，告诉其他的人说他去看了附近的给小学生看的一个表演，节目里有一个神奇的灯笼、电动机器和其他新奇小玩意。

对林肯来说，参加巡回诉讼让他多接触到了几十个人，后来更是结识了伊利诺伊州中部的几百人。他会见他们，倾听他们的忧虑，学会与他们合作，看到了不断变化的地区经济给他们带来的机遇。同样重要的是，这些人开始了解林肯。一些人把他看成帮助他们解决特殊问题的律师；还有一些是他在酒馆的壁炉旁讲故事时结识的。再有一些人帮他填饱肚子，或者卖给他一个睡觉的地方。就像在新塞勒姆一样，大多数林肯所结识的人都记得他。而他凭借敏锐的记忆力，也能记得他们。所有这些对于林肯的政治抱负来说都很重要。

与此同时，他也凭借自己在陪审团面前展现的娴熟业务赢得了好名声。这倒不是因为他掌握了证据法或能有更好的案例可以参考；都不是。相反，这一名声建立在他能够将陪审团的注意力集中在案件的几个要点上的同时将不那么重要的问题推给对手的能力上。有这些关键的要点让陪审团关注，林肯赢得案子的机会就大得多。这一策略的另一个好处是解除对方的戒心。正如他的同事伦纳德·斯韦特解释的那样：

诉讼时的林肯像蛇一样狡猾，他的辩护太吓人我都不敢去证明这家伙跟鸽子一样无害。当整个事情都了结的时候，对手会猛然意识到林肯会轻易让步的地方，不过是因为他觉得这一点经不起推敲，辩护中占不到上风而已。整个案子他会让六步，专门在第七步上下功夫，而整个案子的判罚主要是依据这一步，他会把那些对他帮助最小的地方都舍弃掉。任何把林肯当傻子的人，很快就会发现自己被带到了沟里。

林肯在陪审团面前表现出的能力对提高我们的洞察力很有借鉴意义。要想完成有价值的任务，领导者必须培养看清某一特定时刻所面临的一个或两三个关键问题的能力。从来不可能有五个或十个那么多。真正重要的总是那一个或两三个问题。敲定了核心问题之后，领导人必须抛开剩下的问题，要么将自己的注意力从那些与自己目标无关的问题上移开，要么把次要问题转交他人，甚至是对手。做事分轻重缓急的领导者得愿意承认如下两点：首先，他或她不能一人担下所有的事；其次，一个会拒绝在次要问题上费心思的人实际上会对焦点问题苦下功夫。

除了 19 世纪 40 年代后期被选为美国国会议员时耽误了两年之外，林肯从 1837 年年初开始从事法律工作，一直干到 1861 年成为总统。在此期间，他曾与三个不同的合伙人合作。从 1837 年到 1841 年，他是约翰·斯图尔特的初级合伙人。从 1841 年到 1844 年，他一直是斯普林菲尔德的斯蒂芬·洛根律师的初级合伙人。洛根比林肯大 9 岁，他使林肯明白了诉讼程序、判例法以及司密的书面诉状的重要性。法庭上，洛根庄重的行为举止，有效缓和了他的初级合伙人猛烈抨击对手的倾向。

林肯最后的也是最重要的法律伙伴关系是 1844 年起步的，当时他成立了自己的公司，并邀请了威廉·比利·赫恩登为他的初级合伙人。赫恩登比林肯小 9 岁，在辉格党的政治圈子里人脉很广。他也很忠诚，当林肯去巡回审判时，他一直在斯普林菲尔德操持业务。从一开始，两人就平分法律费用的收入。

在他的律师职业生涯中，林肯承办的案件，已知的就有近 4000 起。正如历史学家布赖恩·迪尔克指出的那样，林肯从这段经历中收获的是对法律的充分尊重，这在他任总统时做出的许多决定中起到了重要作用。他还感知到了民意变化的快慢。他也学会了如何解决社区成员之间的冲突并维持秩序。尽管林肯在陪审团面前很有一套，但他总是尽力在不出庭的情况下解决矛盾。他在为一场法律讲座撰写的笔记中建议道："尽量不要打官司，尽可能说服你的邻居让步。让他们明白名义上的赢家往往是真正的输家——因为有诉讼费、律师费，并且还浪费时间。作为一名调解人，林肯不但有特别多的机会做好人，而且也不缺生意。"

30 多岁的时候，林肯为了律师和政治家的目标而苦下功夫。1838 年和 1840 年，他又在州议会中连任两届议员。当林肯不参加巡回审判或处理州内事务时，他和约书亚·斯皮德经常去参加尼尼安·爱德华兹和伊丽莎白·爱德华兹举办的聚会。尼尼安·爱德华兹是伊利诺伊州前任州长的儿子，是一位雄心勃勃的政治家。他的妻子伊丽莎白·托德·爱德华兹出生在肯塔基州莱克星顿的一个显赫家族，是一位极富魅力、受过良好教育的女性。这对夫妇在斯普林菲尔德的上层社会巩固着自己的地位。

周日，他们经常对伊利诺伊州中部人脉很广的人士敞开家门，这些人来这里进行社交活动、处理政治事务，并与经常参加聚会的单身女性打成一片。所有这些女性都很有魅力，但几乎没人比得上爱德华兹夫人的妹妹玛丽·托德。

1839 年夏，玛丽来和她姐姐住了一段时间。她正值双十年华，身高 5 英尺 2 英寸，有着光彩照人的皮肤，栗色的头发，明亮的蓝眼睛。她聪明、活泼，而且会跟随自己的意愿做事。她的家人都知道她口齿伶俐，而且有时候脾气也急。

玛丽和伊丽莎白的父亲罗伯特·托德，是莱克星顿一个成功的商人，他拥有奴隶，招待过公众人物，如美国参议员亨利·克莱，并鼓励他的儿女们接受教育。到 18 岁时，玛丽已经接受了 10 年的正规教育（以当时的标准来看，这对一个女人来说时间很长了）。玛丽到达斯普林菲尔德时，她流利的法语，以及文学、历史和天文学方面的知识令人印象深刻。她对政治也非常感兴趣。玛丽·托德懂得权力：权力的用途、它的兴衰流变，以及那些得势后又失势的人。

难怪她会在斯普林菲尔德的集会上崭露头角。威廉·赫恩登非常不喜欢她，他记得她“很快就成了靓女一个，领着镇上的年轻男士尽情跳舞”。斯普林菲尔德的律师詹姆斯·康克林说：“玛丽是一个开心果。”尼尼安·爱德华兹更直接：“玛丽可以让主教忘记祷告。”伊利诺伊州民主党领袖斯蒂芬·道格拉斯也注意到了她。道格拉斯是一个精明能干、卓有成就的政治家，1839 年的他正在向国家的仕途舞台进军。道格拉斯身高 5 英尺 4 英寸，因为个子小而被戏谑为“小巨人”——但他的影响力在不断扩大，也喜欢和这位来自肯塔基州的风趣女子打情骂俏。

林肯也注意到了玛丽·托德。两人可能是在 1839 年年底相识的，从一开始，人们就喜欢比较他俩。林肯比她高出一英尺多。他相貌平平，已经30岁了，也没有受过多少社交礼仪的教育；她比他小10岁，漂亮优雅。林肯性子慢，常常忧郁，沉默寡言。玛丽才思敏捷，说干就干。林肯在很大程度上是自学成才的，虽然他对自己的智力很有信心，但他也意识到自己缺乏正规的学校教育。玛丽受过良好的教育，善于展现自己的学识。

尽管有这些不同之处，林肯还是被玛丽所吸引，并喜欢到爱德华兹家中拜访她。这两个人坐在客厅的沙发上。她姐姐回忆说："基本是玛丽引导他聊，林肯会倾听并且注视着她，仿佛被某种超能力所吸引。"他"对她的敏捷睿智，她的意志，她的天性和她的学识着迷"。这不仅仅是迷恋；林肯结识了一个可以与自己分享重要事情的女人。首先，玛丽对才智问题感兴趣，爱讨论书籍和思想。她喜欢诗歌，尤其是罗伯特·彭斯的诗，这二人经常大声朗读。另一方面，玛丽对政治有着浓厚兴趣，也很了解，两人的许多谈话都是围绕着斯普林菲尔德的政治问题。对林肯来说，他志在当选行政职务，这层关系势必会是一个强大的纽带。

林肯和玛丽都是辉格党成员，都来自肯塔基州。两人在年轻时都不幸地失去了母亲：林肯是在9岁的时候；玛丽是在6岁的时候，她的母亲死于分娩并发症。林肯患有抑郁症；看上去玛丽也一样。当然确切地说，她一生都在忍受着悲伤和偏头痛。也许最重要的是，玛丽欣赏林肯崛起的愿望。回到家里，她曾开玩笑说她打算嫁给一个会当总统的男人。她觉得林肯是一个非常聪明、诚实、体贴的追求者，而且，她的亲戚们还记得，他没有"她的社交圈里那些男人的谄媚和老套的殷勤"。1839年到1840年，且不说林肯说没说过，他心里有没有当总统的志向都没有证据。但毫无疑问，他能感觉到玛丽对他的信任。

我们几乎没有关于他俩热恋时林肯对她的感情的历史证据。他是个非常内向的人，很少流露出内心深处的情感。但是玛丽对林肯的钦佩，包括她对林肯前途的信心，很可能是吸引她的一个重要原因。就像无数的男人身后的女人一样，玛丽·托德在让他保持信心这件事上，可能给予了他强大的支撑力，并帮他登上成功的阶梯。林肯太有自知之明了，也非常机敏，不可能意识不到这一点。

1840 年年末，这俩人就达成了非正式的结婚协议。没有任何公告或戒指。然而，朋友和家人知道他们的意思，有些人也很支持；还有些人担心林肯和玛丽有太多不同点，他俩的婚姻不会成功。这些观点在随后的事件中起到了什么作用（如果有的话）尚不清楚。但在 1840 年年末或 1841 年年初，他俩的订婚关系解除了。

林肯去世后，传记作者和学者们对他早期与玛丽·托德的交往给予了极大的关注。但研究来研究去，我们还是不清楚为什么他们的订婚关系解除了。也许是因为玛丽觉得林肯不够全力以赴或者是因为她担心他俩合不来。也有可能是林肯变心了，或者，正如大卫·唐纳德所推测的那样，他只是退缩了。也许他担心自己的能力不足以养活这样的家庭。他是一个比较缺乏经验的律师，1840 年他在州议会中的政绩也并不像以前那样。

不管是因为什么分的手，林肯都崩溃了。到 1841 年 1 月，他深陷内疚、羞愧和悲伤之中不能自拔。他变得非常沮丧，在床上躺了一个星期，还错过了州议会点名，除了斯皮德和安森·亨利医生，他拒绝与任何人联系。多年后，这位老朋友还记得，他把剃刀从林肯的房间里拿了出来，怕他想不开。这个月的晚些时候，当林肯回到政府办公时，变得又憔悴又虚弱。在他写给约翰·斯图尔特的信中说：“我现在是世上最悲惨的人了，如果把我的感受均分给世上所有的家庭，地球上一个快乐的面孔都不会有了。我不知道我是否会好起来；但我有强烈的预感自己振作不起来了。像现在这样颓废下去肯定不行；在我看来，要么死去，要么就得振奋起来。”

1841 年春天，林肯渐渐地从抑郁中走了出来。亨利很可能是用水蛭、芥末酱和冷水浴来给他治疗的，这些都是 19 世纪医治抑郁症的标准疗法。当林肯再次找到自己的正常情绪状态后，他一心扑在自己的法律工作上，避开了爱德华兹一家的社交圈，包括玛丽·托德和他的许多朋友。

夏天，林肯去了肯塔基州拜访斯皮德，当时斯皮德已经搬回了他家那幢雅致的房子。在这次治愈旅行中，林肯得到了斯皮德的哥哥、同父异母的姊妹和他母亲的关注，并住进了奢华的豪宅，在那里林肯有自己的奴仆。他还和他的朋友一起散步，他们会走很长一段路，边走边谈论着玛丽·托德还有近期和斯皮德订婚的范妮·亨宁。

在接下来的一年里，林肯和斯皮德在一系列私信中分享了他们对婚姻的希望和恐惧。斯皮德 1842 年年初结的婚。当他的朋友写到他比他想象的要快乐得多时，林肯非常兴奋。林肯很快回信道："说实话，我读你最后一封信所花的时间很短，但这封信带给我的快乐比该死的 1841 年 1 月 1 日以来我所享受到的一切还要多。”

1842 年晚些时候，林肯和玛丽·托德又开始见面了。他们秘密地约在了一个朋友的家里，重新开始了像一年多以前那样的谈话。他们开始探讨文学，当然还有政治。林肯仍然对终生承诺感到紧张，他咨询了斯皮德。林肯写道："你现在是一个可爱女人的丈夫，快 8 个月了，你现在的感觉和当初的判断一样好吗？依然为你的婚姻感到幸福吗？”斯皮德很快就给了他肯定的答复，并建议他不要怀疑他和玛丽·托德会找到幸福。

这次交流后不久，林肯就向玛丽求婚，她欣然接受。1842 年

11月4日，这对情侣对爱德华兹夫妇说他们打算当天就结婚。多年后，玛丽谈到他们直到最后一刻都保持沉默的原因时说："人都是善变的、狡猾的……这种秘密的恋爱过程最好谁都不知道。"一个秘密的仪式在爱德华兹家匆匆忙忙布置完毕。那天晚上，在玛丽的家人和几个朋友的见证下，他们请了一位圣公会的牧师主持了婚礼。婚礼过了一周后，林肯向他的一位律师同事提到了他的婚礼，他写道："生活因我结婚了而变得不一样，这对我来说是件非常奇妙的事情。"

不久，玛丽怀孕了，1843年8月1日，他们的第一个儿子出生了。这对自豪的父母按照玛丽父亲的名字给他取名罗伯特·托德·林肯，并开始寻找更大的住所。那年秋天，林肯夫妇在斯普林菲尔德租了一间小房子，但他们没在那儿待多久。1844年5月，在玛丽父亲的经济支持下，这对夫妇在第八大街和杰克逊大街的街角买了一栋五居室的房子，距离法院广场和林肯的律师事务所很近。(18世纪50年代中期，他们对房子进行了大改造，在屋顶上又建了一层。)他们一家在这儿住了17年，直到1861年前往华盛顿。

婚姻生活对林肯和玛丽来说是一个很大的转变。林肯习惯了单身汉的生活，之前他可以来去自由。然而，作为丈夫，他要对家庭负责，承担经济、社会和情感方面的义务。就玛丽而言，她发现自己的生活变得拮据起来。在肯塔基州，她是在奢侈的环境里长大的，有家奴伺候。在斯普林菲尔德的三年，她住在爱德华兹的豪宅里，有用人们照顾起居。

但是，当丈夫还在为事业奔波时，作为他的妻子，玛丽不得不学会精打细算。她非常担心钱的问题，在日用、食品和衣服上尽力节俭。例如，林肯的西装是斯普林菲尔德的裁缝做的，而玛丽的衣服是她自己缝的。有时，她会雇一个女孩在家中帮忙；其他时候，她只能一个人整理家务。做饭、打扫房子、从水泵里抽水，有时还要招待她丈夫的同事，即使玛丽再长一双手也不够用。

林肯夫妇在性格上有着巨大的差异。玛丽是个善于交际的人，渴望引人注目，以举止优雅而闻名。而林肯一点也不注意这种社交礼节。例如，有一次，他对一个过来找妻子的访客说："她鞴好马后马上就会策马赶过来。"劳累了一天以后，他喜欢躺在客厅的地毯上看书，常常不理会玛丽要他聊聊天或让他去添柴火的要求。他习惯了有大把独处的时间，习惯了在别人谈话时悄悄离开。这些习惯经常伤害或惹恼他的妻子。

在许多记述第 16 任总统林肯的书中，婚姻不和一直是一个共同的主题。这些作者中有许多人指责玛丽就是矛盾的制造者，还把她描写成自私、神经质、反复无常的人——因此，林肯娶她是一个糟糕的选择。但另一些历史学家，比如撰写过玛丽·林肯传记的大卫·唐纳德和珍·哈维·贝克则认为，在他们的整个婚姻中，丈夫和妻子是忠于彼此的。毫无疑问，就像所有的已婚夫妻一样，在一些特定时刻林肯和玛丽会有分歧，会让他们之间关系紧张。但在长达 23 年的婚姻中，两人历经大风大浪和极度的悲伤，但对彼此的尊重和深情始终如一。两人都始终相信对方，同时努力理解对方所承受的重担。

不管怎样，比他们的分歧更重要的是他们的共同之处。玛丽利用她的政治知识继续积极参与她丈夫的事业。她深信林肯会在全国的政治舞台上有所成就，并在该职位上有突出的表现。她对他的信心从未动摇过，她以各种方式支持他：评价他的演讲；建议他如何与同事相处；当他对自己的信心减弱时，就鼓励他。

在 19 世纪的社会背景下，身为人妻的玛丽能参与到丈夫的事业中是非比寻常的。人们希望已婚女性能远离政治、权力和金钱这个大环境，把精力放在母亲这一角色和家务上。玛丽无视这些不成文的规矩（事实上，林肯的一些同事在其死后对她的批评可能是因为她对他的过多的影响）。她不厌其烦地用她敏锐的才思、充沛的精力和对丈夫永恒的爱来推动丈夫和他的事业向前发展。

1843 年至 1853 年，玛丽生下了 4 个儿子：1843 年出生的罗伯特·托德、1846 年出生的爱德华·贝克、1850 年出生的威廉·华莱士和 1853 年出生的托马斯（即泰德）。在他们的头两个儿子还没完全长大的时候，这对父母采取了一种当时标准下宽松的育儿方式。他们继续用这种方式养育威廉和塔德，让他们在行为上享有很大的自由，也不会经常惩戒他们。结果，这俩小子经常不守规矩。林肯的法律伙伴威廉·赫恩登还记得威廉和塔德对合伙人办公室里造成的大破坏：掀翻墨水瓶，把书从书架上拽下来，还把湿纸团扔得到处都是。在白宫，这俩小子经常打扮成士兵，内阁会议召开着就闯了进来，会带一群动物在大厅招摇过市，还试图从总统办公室外排队的选民那里收取"通行费"。尽管赫恩登和其他人把林肯的孩子当"淘气鬼"来看，他们的父母却相信他们是"自由的、快乐的、不受父母暴政约束的孩子"。林肯对他的妻子说："爱是用来把孩子拴在父母身上的锁链。"

1850 年，林肯和玛丽年仅 3 岁的二儿子爱德华去世，两人悲恸欲绝。1862 年，他们 11 岁的三儿子威廉去世，他们再次痛彻心扉。尽管失去了两个孩子，但林肯从他的家庭中获得了力量和毅力。作为领导人，他的某些成功依托的就是家庭的支持这一根基。我们习惯性地认为亚伯拉罕·林肯是一个孤独的人，独自待在白宫，陷入沉思，全神贯注，背负着内战的重压。然而我们都忘了他是一个有家室的男人，尽管他有和别人保持距离的倾向，但他学会了深深依恋着他的妻子，深爱着他们的儿子。

# 第十四章
# 拥抱事业

1842 年，林肯作为州立法委员的第四任期结束。他在州议会中的地位不像以前那么显赫，而且他并没有寻求连任。但是他没有放弃对更高职位的追求。赫恩登曾提到过，“那些认为林肯会平静地坐下来，乖乖把他的长袍收起来，等待人们给他打电话的人，对林肯的认识错得太离谱了。他一直深谋远虑，并且总是提前安排。他的雄心就是一个不知停歇的小引擎”。

19 世纪 40 年代中期，林肯盯上了美国国会的职务。他的前同事约翰·斯图尔特宣布要空出自己的位置，伊利诺伊州辉格党领导们决定推举林肯在 1846 年竞选这一职务。在竞选期间，赫恩登记得，林肯“积极警觉，到处演讲，全然不顾他在律师事务所的业务”。在那个 8 月，统计选票的时候，林肯以绝大多数选票入选美国众议院议员。

1847 年 12 月，他出席了第三十届国会会议。在华盛顿的第一年，林肯把他的大部分注意力都集中在攻击民主党主席詹姆斯·波尔克追诉墨西哥战争这件事上。1846 年美国和墨西哥军队之间爆发的冲突，部分原因就是一年前美国吞并了得克萨斯州，当林肯抵达美国首都时，这场冲突几乎已经结束。1848 年 1 月，因为民主党主席设法使战争合理化，还要求联邦基金拨款，用于巩固被称为所谓的“战利品”的西部领土，林肯发表讲话对他进行了抨击。(这片土地面积约 50 万平方英里，包括现今的加利福尼亚州、内华达州和犹他州，以及亚利桑那州和新墨西哥州的部分地区。)

林肯希望他的演讲能大受欢迎，但事实并非如此。在华盛顿，他代表辉格党针对波尔克进行的一次更大的抨击中，他的话失去了作用。回到伊利诺伊州的家中，同事们指责林肯没有爱国心，甚至赫恩登也认为他的法律合伙人在抨击民主党主席和墨西哥战争时犯了错误。林肯对他的批评者们做了详细的回应，但无法抹去这件事对他声誉的影响。

第三十届国会还讨论了奴隶制的问题。这些讨论大多是围绕着《威尔莫特但书》，该倡议旨在禁止最近从墨西哥获得的领土上实施奴隶制。辩论的背景颇具讽刺意味，因为当时在华盛顿奴隶制是合法的；该市总人口为 52000 人，近 4000 人是奴隶。事实上，这个国家中最大的一个奴隶市场距离国会大厦只隔 7 个街区。

1849 年，一群反对奴隶制的国会议员着手取缔该区的奴隶制度。林肯尽量避开争议，投票反对或搁置大多数提案。当时极少有北方人会这样，他便是其中一员。

然后，林肯意外地改变了立场，他开始准备自己的提议来结束这座城市的奴隶制。他的计划需要举行一次地方性的公民投票，如果通过，将使所有在 1850 年 1 月 1 日之后出生的黑人儿童获得自由。对于选择自愿释放奴隶的奴隶主，联邦政府将向奴隶主们悉数支付奴隶的身价。为了使他的计划对南方国会议员更具吸引力，林肯承诺市政当局将积极追捕逃亡的奴隶。他与反奴隶制立法者分享了他的倡议，他们都表示支持。

然而，在林肯正式提出他的法案之前，支持的声音销声匿迹。废奴主义者，如马萨诸塞州的温德尔·菲利普斯，反对逃奴条款。

其他反对奴隶制的发言人抗议说，对奴隶主的货币补偿承认了该不公正制度的合法性。这些背叛让林肯很泄气，便搁置了这个计划。

1849 年 3 月，任期结束，林肯再次回到了斯普林菲尔德。在那里，他发现他的政治资本比他离开时还低。辉格党未能选出林肯空出的国会席位的候选人，他的许多支持者将这个失败归咎于他和他在墨西哥战争中不受欢迎的立场。

林肯陷入了沮丧。经过多年的策划和竞选，他获得了国家公职。但是在国会，他的行动普遍不受重视，最坏的时候还会受到党羽们的轻蔑。现在，回到他曾精心构建的后方基地，林肯却看不到他的政治前途有多少希望。对于一个全身心追求更高职位为目标的人来说，这是一个令人沮丧的时刻。他曾对一名索要签名的崇拜者说："如果你收集的所有签名跟我的没什么区别，那么你会拥有一大堆非常平凡的名字。"我们在 1849 年早些时候他的这个回复中能感受到他的悲观情绪。

在 19 世纪 50 年代早期，林肯专注于他的法律业务。但他并没有完全放弃政治。当盟友们竞选公职时，他会发表巡回政治演说声援，并随时了解国家大事，阅读报纸和国会辩论的内容。在进行政治局面调查时，林肯看到长期以来关于奴隶制的紧张局势正在加剧。为应对自由州与奴隶州之间日益增长的矛盾，国会通过了 1850 年的《妥协案》；这套措施试图采取折中方案，让奴隶制反对者和支持者彼此各让一步。

根据立法条款，加利福尼亚州被认定为自由州，奴隶贸易在哥伦比亚特区被废除。作为这些条款的制衡措施，在拥有奴隶的州开始执行 1850 年的《逃亡奴隶法》。这项新法律要求公民协助追回逃脱的奴隶，拒绝给涉嫌逃跑的奴隶陪审审判的权利，并设特派员追捕他们。威廉·劳埃德·加里森和弗雷德里克·道格拉斯等北方废奴主义者强烈反对这一法律。尽管存在这些和其他反对意见，但许多美国人希望 1850 年的《妥协案》能够缓解南方和北方之间日益增长的敌意。

但是事实并非如此。1854 年 5 月，国会通过了《堪萨斯-内布拉斯加法案》，美国政治格局被新的冲突打乱。该法案由伊利诺伊州的民主党参议员斯蒂芬·道格拉斯倡议，规定一块巨大的区域（后来成为堪萨斯州、内布拉斯加州、北达科他州、南达科他州、蒙大拿州以及怀俄明州和科罗拉多州的部分地区）会一分为二，组成堪萨斯州和内布拉斯加州，成为美国新的殖民地。该法案还规定，这些领土上的居民将通过公民投票确定奴隶制的合法性。这意味着自建国以来对奴隶制的合法地位（及其地理位置）说了算的国会不再干预，而是由民众主权决定其命运。《堪萨斯-内布拉斯加法案》也废除了 1820 年的《密苏里妥协案》，该法案禁止在北纬 36°30′以北的所有土地上实施奴隶制（已作为奴隶州加入联邦的密苏里州除外）。

1854 年的法案几乎立刻引发了一场风暴。北方政治家、记者和普通公民发起了谴责新法律的舌战，认为这是南方扩大其奴隶制的阴谋的胜利。一些反对者攻击该法案时认为，这会将小农和其他自由劳工排挤出西部地区，从而有利于大奴隶主和种植园经济的严格社会等级制度。令其他反对者感到愤怒的是，国会权威被民众主权的概念篡夺。还有其他批评者相当准确地预测到，该法案将引发反奴隶制和亲奴隶制势力之间为控制新土地而展开的激烈斗争。反对法令倡议者斯蒂芬·道格拉斯的集体呼声非常高涨，有伊利诺伊州参议员开玩笑说，他可以“凭借自己的怒火把自己从波士顿喷射到芝加哥”。

在《堪萨斯-内布拉斯加法案》颁布之后，整个北方反对奴隶制的不满情绪爆发了。1850 年的《逃亡奴隶法》已经埋下了人们不满的种子。1852 年海瑞特·比彻·斯托的小说《汤姆叔叔的小屋》的出版也让无数读者看到了奴隶制的恐怖。（这本书一鸣惊人，第一年就销售了 30 万册，相当于我们这个时代的 300 万册。）

《堪萨斯-内布拉斯加法案》的政治反响也同样重要。这项法案以及它提出的有关奴隶制的更大的问题在民主党人之间种下了分裂的种子。有一个阵营认为，该法案在允许奴隶制扩张方面做得还不够，以北方民主党为代表的另一阵营则支持该法案，而支持奴隶制以任何形式扩张的第三阵营也开始寻找新的政党归宿。另一个国家政党辉格党的成员已经因为奴隶制从内部分裂，开始解体。在接下来的两年里，包括林肯在内的许多北方辉格党员加入新成立的共和党，辉格党将不复存在。貌似一夜之间，美国的政治格局变得捉摸不定，前途未卜。

林肯明白，这个国家已经到了关键时刻，并且政治混乱给他带来了一个重要的机遇。几年后他在第三人称自传中写道，《堪萨斯-内布拉斯加法案》，包括《密苏里协议》的废除，“给了他前所未有的激励”。事后看来，很明显林肯在 1854 年就意识到了奴隶制已成为他那个时代的决定性问题，他的政治前途必然与之密切相关。那年夏天，他决定公开回应斯蒂芬·道格拉斯和他的《堪萨斯-内布拉斯加法案》。林肯多次在伊利诺伊州露面，他打算挑一个时机挑战这位美国参议员；10 月 16 日，他在皮奥利亚发表演说。

这是林肯针对奴隶制精心准备的第一次重要讲话。他首先概述了该制度在美国的历史渊源，认为创始人原则上反对奴隶制，因此有意限制其扩张并会最终废除。林肯认为，由于该制度在国家成立时早已存在了一个多世纪，因此制定者接受某些州的奴隶制，在那些地方将其合法化并在宪法中保护奴隶主的权利。“那个时代对奴隶制的态度是显而易见的，”林肯解释说，“是与保有原则和宽容精神背道而驰的，只是权宜之计罢了。”

他继续说，同样的美国精神构成了《密苏里协议》的根基，1820年协议通过时，国家承认了奴隶制在已经实施的各州的合法性，允许奴隶制在新加入联邦的密苏里州实施，但不许在北纬36°30′以北扩张。林肯断言，近期《堪萨斯-内布拉斯加法案》废除该法规会有灾难性的后果。通过潜在地扩大奴隶制，这项新的律法对国家统一构成威胁：

这表示漠视奴隶制的问题，但正如我想的那样，这不过是隐藏他们对奴隶制蔓延的狂热，我深恶痛绝。我恨它，是因为奴隶制本身的巨大不公。我恨它，因为它削减了我们共和党人在世界上作为正义化身的影响力，并使目无国法的敌人道貌岸然地嘲弄我们是伪君子；使真正支持自由的朋友怀疑我们的诚意，特别是它迫使我们之中这么多真正善良的人卷入战争，卷入一场以捍卫公民自由为基本原则的公开战争——他们批评《独立宣言》，并且坚持认为除了自身利益，压根没有正确的行动原则。

林肯还抨击新法律竟靠民众主权决定奴隶制在西部领土的命运。他承认自治的重要性，但他认为，在某些情况下，这必须是有限度的。例如，就像印第安纳州的选民可以制定蔓越莓法一样，弗吉尼亚州的选民可以制定关于捕捞牡蛎的法律。林肯主张，这些问题应该允许社区公众通过当地投票来决定。但是，当涉及最基本的问题时，例如法律是否允许人们奴役其他人，联邦政府不能保持道德中立，而将这种抉择留给当地的公民投票。在林肯看来，掠夺数百万美国人不可剥夺的生命权、自由权和追求幸福权利的制度，其合法性不应由一个地方的多数人决定。

林肯在承认奴隶制是不公正的同时，还坚持主张对宪法规定的奴隶主的权利要予以保障。其中包括在奴隶制合法的州拥有奴隶的权利，在国会代表和选举团名额计算中，将每个奴隶计为五分之三个人的权利，还有——因为宪法包含逃奴条款——奴隶逃跑时获得法律赔偿的权利。“现在所有这一切显然都是不公平的” 林肯承认，但“这是写在宪法中的；而且，由于这个原因或任何其他原因，我不建议破坏、修改或无视宪法”。

三个小时的演讲中，林肯以清晰的语言和严谨的逻辑引起了听众的注意。到了讲话结尾，他还引用了《圣经》的典故：

我们共和党人的长袍被玷污了，在尘土中拖行。让我们把它重新洗涤干净。如果不是鲜血，就让我们用革命的精神把它洗白。让我们把奴隶制从其“道德正义”的主张转变为现有的合法权利和“必要性”的基调。让我们回归前辈对待奴隶制的立场；让它安息吧。让我们重新遵守《独立宣言》……如果我们这样做，我们不仅会拯救联邦政府，我们还会以正确的方式挽救它，不忘初衷，让联邦政府永远值得拯救。

之后，林肯知道这次演讲取得了成功，并将其发给伊利诺伊州辉格党的一家报社出版。报社用了七期才将这些言论全部出版完毕，全州的人们都阅读到了。在接下来的几周里，林肯在伊利诺伊州的城镇发表了一系列演讲。历史学家埃里克·福纳写道，到当年年底，林肯已经“成为他国家最有说服力的反对扩张奴隶制的对手”。他像许多其他成为勇敢领袖的人一样，发现了一个需要他投入时间、精力和天赋的事业。在 1854 年，他准备接受这一挑战；用 A. G. 雷富礼的话说——“进入游戏”。

# 第十五章
# 问鼎国家公职

那一年的晚些时候，林肯向民主党时任主席詹姆斯·希尔兹发起挑战，问鼎他的美国参议员席位；斯蒂芬·道格拉斯占据了另一个席位。尽管辉格党正快速失去自己的凝聚力，但林肯别无选择，只能作为该党的候选人参选。他知道这将是一场伊利诺伊州议会的紧张竞选（在 1913 年通过《第十七修正案》之前，美国参议员由州议会选举产生）。他还意识到这场竞选将是一场对《堪萨斯-内布拉斯加法案》的全民公决。

1855 年 2 月，州议会的参议院席位的投票大会开始了。四名候选人参选，在投票前期，林肯的希望似乎很大。然而，唱票结果却始终没有决出明显的赢家。林肯的位置不保，他害怕最终支持《堪萨斯-内布拉斯加法案》的候选人会赢。在第九轮投票之后，林肯呼吁他的支持者将票投给反对法案的民主党人莱曼·特朗布尔，并且在下一轮投票中选了他。这是《堪萨斯-内布拉斯加法案》反对者的胜利。但这对林肯来说是一场痛苦的失败，他陷入了愁绪之中。他告诉一位老朋友，他“永远不会再竞选公职了”。

但是随着辉格党的土崩瓦解，林肯发现政治的诱惑力不可抗拒，并着手帮助组织伊利诺伊州年轻的共和党。政治联盟开始在全国范围内成形，主要包含北方反对《堪萨斯-内布拉斯加法案》的各种利益团体，其中包括激进的废奴主义者、前辉格党人、反奴隶制的民主党人和希望西部土地对白人劳动者开放的“自由土壤党”。党内成员的多样性意味着，共和党领导人必须建立一个能够团结一系列团体的平台。这个平台的核心要素是反对奴隶制的扩张和接受奴隶制在已经实施地区的合法性。

在伊利诺伊州，林肯成为这一职位的主导发言人。从1856年年初，他开始游历各地做政治演说，在政治集会上发言和出版社论讲话。他反对奴隶制扩张的主要原因之一就是它对所有美国人造成的危险。林肯问道，如果奴隶制的支持者们准备偷走黑人做的面包，靠什么去阻止他们限制其他公民的自由呢？“在我看来，我们堕落的速度似乎非常快。”他写给约书亚·斯皮德时如是说。

作为国家，我们开始就宣称“所有人都是平等的”。事实上我们现在是这样实践的：“除了黑人之外，所有人都是平等的。”当不可知论者（一个反对移民、天主教徒和非洲裔美国人的政党）得势时，就会变成“所有人都是平等的，除了黑人、外国人和天主教徒”。谈到这一点，我宁愿移居到那些对“热爱自由”毫不掩饰的国家，例如去俄国，在那里专制制度可以无须遮遮掩掩，不需要虚伪的土壤。

1856年6月，共和党在费城召开了第一次全国代表大会。集会的代表提名加利福尼亚州前政治家约翰·弗里蒙特为主席。在副总统候选人提名的前期投票中，林肯获110票，而威廉·代顿获得253票领先其他候选人。代表们最终选择了新泽西州前辉格党参议员代顿。但林肯得到的支持表明他的声誉日益提高。当投票结果传到他伊利诺伊州厄巴纳的法律圈时，他说："我还以为不是我；在马萨诸塞州还有一位名叫林肯的伟人，我以为是他呢。"

也许他是在一个沮丧的时刻说出这些话的。也许正如大卫·唐纳德所暗示的那样，这番话可能是故作谦逊。无论林肯在公开场合表现出来的对副总统选举的反应是什么，他内心都是高兴的，并且全身心投入到1856年的竞选活动中，为共和党的候选人名单拉选票。但最终，民主党候选人詹姆斯·布坎南赢得了选举团的青睐，成为美国的第15任总统。

1857年3月6日，就在布坎南就职典礼之后的几天，最高法院宣布了对德雷德·斯科特的判决。该案涉及一名叫德雷德·斯科特的美国黑奴，他于1833年从奴隶制盛行的密苏里州迁至自由的伊利诺伊州。然后斯科特的主人将他带到威斯康星州，在那里奴隶制也是非法的。之后这个奴隶又被带回密苏里州，当他的主人去世时，斯科特想从主人的遗孀那里赎回自由，但没成功。1846年，这个奴隶向密苏里的州法院请求获得自由身份，理由是他在自由州生活过几年。1856年年末，他的案件最终递交给了最高法院。

首席大法官罗杰·托尼根据7：2大多数人的意见起草判决，裁定斯科特无权在法庭上寻求正义，因为作为黑人，他不是公民。在国家成立时，托尼写道，"作为奴隶运到美国的一类人……被视为低等级的生命，无论是在社会关系还是政治关系中，完全不适合与白种人混为一谈；到目前为止，他们还没有像白人那样一定要被尊重的权利"。托尼裁定，《第五修正案》否认国会有权在没有适当法律程序的情况下剥夺人们的财产，因此《密苏里协议》在北纬36°30′以北禁止奴隶制，是违宪的。

在整个北方，反奴隶制团体都被激怒了。《纽约论坛报》将最高法院的判决称为"邪恶的"和"可恶的"。芝加哥的一家报纸预测了可怕的后果，包括奴隶制进入其本土城市的可能性，以及露天奴隶市场。根据威廉·劳埃德·加里森的废奴主义报纸《解放者报》的说法，法院的判决是“极度的低劣无耻和暴戾恣睢”。

林肯把这一切看在眼里并等待着。1857 年 6 月，他对最高法院的裁决做出了反应。林肯在伊利诺伊州议会大楼的一次演讲中辩称，大多数法官所谓的“黑人无权获得基本的公民自由”是错误的。林肯断言,《独立宣言》包括整个人类大家庭，无论黑人和白人应一视同仁，并且该文件的第一原则——所有人生来平等——规定了每个美国人都有生存、自由和追求幸福的权利。林肯控告支持德雷德·斯科特案裁决的首席大法官托尼和斯蒂芬·道格拉斯，这两个人与其他民主党人合谋扩大和延续奴隶制。林肯说，他们这样做让已经受压迫的黑人更加受压迫：

> 地球上的所有强权似乎都在快速地联合起来反对［黑人同胞］……他们把黑人关在监狱里；他们搜他们的身，没有留下任何撬动的工具可以逃生。他们一个接一个地关上了沉重的铁门，现在他们用需要 100 把钥匙才能打开的锁将门锁住，如果缺了任意一把钥匙，就永远无法解锁；钥匙在 100 个不同的人的手里，这些人又散落在 100 个不同且遥远的地方；他们站在那里沉思着，靠人类所有的一切智力和物质材料，可以设计出什么样的发明才能使奴隶永世不可能逃脱。

在 1857 年的剩余时间里，林肯计划在 1858 年向民主党现任主席斯蒂芬·道格拉斯挑战他的美国参议院席位。林肯为即将到来的选举做准备：动员支持者，密切关注重要区域，并敦促党员帮助选举会投票给他的州议员。他有意识地不去引起外界的注意，劝告他的盟友说，“我们大家都悄无声息地筹备，别让对手知道”。

与此同时，国家还是盛行着奴隶制。自1854年以来，在西部土地上，爆发了一系列支持派和反对派部队之间的暴力对抗。1856年，在堪萨斯州和密苏里州的部分地区发生了武装冲突和暴乱。在一次次对英国王室殖民抗议的令人毛骨悚然的暴行中，许多人被绑架，他们的身上被涂上焦油，裹满羽毛。有时，冲突变成了嗜血屠杀，双方各有士兵毙命。5月，支持奴隶制的部队进入堪萨斯州的劳伦斯，焚烧酒店，摧毁报社，并洗劫了其他大楼。为了报复，北方废奴主义者约翰·布朗和几名追随者残忍地杀害了5名支持奴隶制的人。这起称之为“波塔瓦托米大屠杀”的惨案点燃了3个月的血腥袭击和报复，另有29人被杀。

在接下来的两年里，西部地区的动荡仍在继续。在此期间，林肯和他共和党的支持者加倍努力将他选入美国参议院。1858年6月16日，林肯在伊利诺伊州议会大楼发表讲话，他对全国知名的现任民主党主席斯蒂芬·道格拉斯发难，他知道这会被广泛报道为竞选中打响的“第一炮”。这位共和党的候选人以《圣经》的暗喻开头：

“家庭不睦，万事不兴。”

我认为这个政府不能忍受永久的半奴隶和半自由制度。

我不希望联邦会被解散——我不指望房子会倒塌——但我确实希望它不会继续分裂。

这个国家只能统一成一种制度，要么是自由制，要么是奴隶制。

奴隶制的反对者，势必会阻止它的进一步传播，并将其逼到公众相信奴隶制终将灭亡的道路上；或者它的拥护者会推动奴隶制向前发展，直到它在所有州，无论是旧的还是新成立的州，无论是北方和南方都合法。

我们对后一种情况没有任何意向吗？

最后一句话，以疑问句的形式故意发难，为林肯演说的主旨铺平道路。他希望证明该国最高级别的领导人正在密谋将奴隶制扩展到整个美国。作为证据，林肯首先剑指《堪萨斯－内布拉斯加法案》，该法案为奴隶制扩张的可能性开辟了大片土地。他接下来转向德雷德·斯科特的裁决案；林肯认为，通过宣布《密苏里协议》违宪并裁定奴隶制不能被排除在任何领土之外，最高法院创造了奴隶主合法将其奴隶带入自由州的潜在可能。为了战胜这样一个阴谋，林肯敦促公民与共和党携手合作，坚决反对奴隶制的蔓延。

在努力理解美国奴隶制及其相关政治背景的过程中，林肯并没有像正式的学术型理论家那样从一个总体框架或宏伟设计着手。他渴望成为一名领导者。这意味着他一砖一瓦地构建了自己的思维结构，从而应对大事件的波动性、他所面临的政治机遇和紧急情况，以及他自己本身的转变。随着条件的改变和他自身的完善，他改正了自己的判断——时不时放弃以前认为重要的因素，并吸收新的因素。他一直在观察、反思并最终努力使自己了解奴隶制的含义以及对这一重大问题应当做些什么。

这并不是说林肯从一开始就做到了——远非如此。例如，今天我们发现林肯曾致力于尊重当时蓄奴州奴隶制的合法性；这个观念出自一位很多人认为是“黑奴解放者”的领袖是可耻的、不可思议的。正如历史学家所指出的那样，林肯对开国元勋们关于奴隶制的态度的解读是有高度选择性的。

像本书中的其他人一样，林肯犯了很多错误并且表现出许多缺陷。从我们的角度来看，他似乎迎合了同时代大多数白人对黑人的偏见。当然，正如我们所看到的那样，在 1858 年参议院竞选期间与斯蒂芬·道格拉斯的辩论中，林肯经常费尽心思地否认种族之间的任何社会平等。像经常批评他的弗雷德里克·道格拉斯一样，我们认为林肯在 19 世纪 50 年代对奴隶制的立场是不坚定的，甚至是懦弱的。

当我们退后一步，不以林肯大理石雕像或国家烈士的形象，而是以一个在情感上、智力上和道德上成长的有血有肉的普通人去看待林肯，随着他的人生旅程，我们可以看清这一切。这种成长不是偶然或命运的安排。更确切地说，它源于林肯不断改进自己内心和外在的承诺。1854 年之后，他作为领袖的进步也是伴随他在奴隶制方面的建树——确立了有凝聚力、政治上有可行性，以及具备道德基础的立场。

他坚持不懈地努力解决他那个时代的不寻常的问题，并以诚实正直的态度尝试，这是勇敢的领导者的一个决定性的方面。像这样的人一旦选择了一个事业，他们就不会停止努力去了解它（以及他们自己与使命的关系）；他们不断修改自己的手段和方法，以实现目标；他们不断努力改善自身向周围人传达该事业的方式；也许最重要的是，这些领导者不断自省，“自我检查”，以确保他们既培养了实现使命所需的内在资产，又能为正义目标服务。

在 1858 年参议院竞选期间，亚伯拉罕·林肯和斯蒂芬·道格拉斯在伊利诺伊州进行了数十次演讲。7 月下旬，林肯向现任者提出了一系列辩论的挑战，道格拉斯同意了。从一开始，辩论就引起了整个国家的关注。这有一部分归功于道格拉斯的名气，同时也是因为伊利诺伊州被视为战场之州——不仅有民主党和共和党之间的小规模冲突，而且也有奴隶制支持者和反对者之间的冲突。包括

《纽约先驱报》和《纽约时报》在内的东部报纸派出记者报道辩论。这是美国历史上所有政治争论中，第一批进行全国性报道的辩论。

许多记者评论了两位候选人之间的风格差异。道格拉斯总是衣着整洁，和他漂亮的第二任妻子阿黛尔·卡茨（多莉·麦迪逊的侄孙女）一起出行。这对夫妇搭一辆私人有轨电车在竞选站之间活动，也在车里面招待当地政要。正如大卫·唐纳德写的那样，林肯“故意展现出一种不同的形象”。这位共和党候选人在普通的铁路上穿行，穿着他平常穿的衣服，往往有点旧而且不太合身。在伊利诺伊州的昆西举办的第六次辩论之前，当继任联邦军队将军兼美国参议员的德国裔革命家卡尔·舒尔茨首次遇到林肯时，他感到很惊讶：

林肯戴着一顶有点旧的高筒大礼帽。他笨拙的身体穿着一件黑得像生锈了的礼服大衣，衣服的袖子有点短……他的黑色长裤有点短，能完全看到他的大脚。在他的左臂上，他带着一条灰色的羊毛披肩，显然是在寒冷的天气里他要当大衣穿的。他的左手拿着一把鼓囊囊的布伞，还有一个黑色的挎包，显然是长时间过度使用着的。为了没完没了的握手，他右手什么东西也没有拿，一直握到满火车上的人看起来都满意了为止。在华盛顿和西方，我曾见过几个不注重形象的公众人物，但没有一个看起来那么不修边幅，更不用说像林肯那样怪异了。

林肯和道格拉斯的辩论 8 月底开始，并在 10 月中旬结束。总共包括儿童在内的好几万人都参加了他们的辩论，每一场都像是当地重大事件一样让人兴奋。“在那些日子里，我们对政治十分痴迷。”一位在孩提时代参加过第二次辩论交锋的女士回忆道，“就算拿全世界的任何东西来换，我和我的双胞胎姊妹也决不会错过这场辩论。”这对姊妹和其他人一样，也是来看两位驾轻就熟的演说家就当时炙手可热的话题——奴隶制问题展开针锋相对的辩论。

在七次辩论中，道格拉斯和林肯各自提到了他们之前涉及过的领域：奴隶制的历史和未来，开国元勋们创立该制度的意图，德雷德·斯科特的判决以及美国黑人的地位等。这次辩论引发的公众讨论的广度和质量是出人意料的。随着个人辩论的进行，美国全国上下的老百姓都在谈论两个对手所提出的问题。而且他们是在一个有着深入了解的层面上谈论着，这在我们这个充斥着录音片段和媒体追求淫秽故事的时代，几乎是不可思议的。

从一开始，辩论就有盲棋比赛的感觉，每个人都试图以谋略战胜对方。兵、车和后是围绕奴隶制的问题；棋盘就是 19 世纪 50 年代的美国政治舞台。逻辑和政治谋略构成了辩论的基础，但它们并不是演讲者唯一的手段。两人都用针对性的幽默和直接吸引观众的方式，以及自己对历史的诠释，试图巩固自己的位置并削弱对手的立场。两名候选人都没有侮辱对方。例如，在第二次辩论中，道格拉斯说，在回应林肯时想出一个反驳点就已经让他绞尽脑汁，以至于他“没有足够的精力能想出其他的路数”。在他们的第六次会面中，林肯嘲笑道格拉斯关于民众主权的学识是如此贫瘠，就像“把一只饿死的鸽子的影子煮成了顺势疗法*的汤”一样。他俩也为彼此设置了陷阱。例如，在弗里波特的第二次辩论中，林肯把道格拉

---

* 顺势疗法又称同类疗法，是一种替代疗法，由德国医生塞缪尔·哈内曼（Samuel Hahnemann）于 18 世纪创立。哈内曼认为，一些药之所以能够起到治疗效果，是因为它能够产生同样的症状“以毒攻毒”，于是他构架了“同类治愈同类”的治疗理论。这句话用来讽刺道格拉斯对民众主权只知道点皮毛。

斯带到了一个他要么被迫否定民众主权，要么反对德雷德·斯科特判决的立场。

辩论的质量，或者说这场游戏的水准也并不总是很高。例如，在伊利诺伊州非常靠南的琼斯伯勒举行的第三场辩论中，林肯和道格拉斯都没有特别有力或充分的理由让人信服。两人都有失身份，对彼此的指责毫无根据。他们还使用了政治手段、不相干的论点，以及今天所谓的种族歧视。第三场辩论可谓是肮脏的街头斗殴，每个候选人把所有能够击败对手的棋子都抢夺了过去，有时还会堕入侮辱和暗讽他人的尴尬境地。林肯这政客，林肯这辩护律师，林肯这边境摔跤手，这一切都在同一天的辩论中抖搂出来了。

在前三场辩论的各个阶段，道格拉斯占据优势。他攻击林肯，说他正试图以共和党的名义创建一个“废除党”。道格拉斯还指责他的对手支持种族之间的完全平等。由于担心这些指控使他们的候选人显得过于激进，林肯的顾问敦促他正面解决这些指控。9月中旬，在伊利诺伊州中部查尔斯顿举行的第四次辩论中，林肯采纳了他们的建议。他开始阐述他对白人和黑人相对地位的看法

我会说，我不赞成，也从未赞成以任何方式实现白人和黑人种族的社会和政治平等——我不赞成，也从未赞成让选民或陪审员有黑人成员，或让他们有资格上任，也不想他们与白人通婚；除此之外我还要说，白种人和黑种人之间存在着身体上的差异，我相信这种情况永远都不会让两个种族在社会和政治平等的基础上共同生活。因为不能共同生活，只要他们在一起，就一定有地位高低之分，而且我和其他任何人一样赞成将优越的地位分配给白种人。

林肯急忙把这些言论加以限定。“我不认为因为白人要处于优

势地位，黑人就应该被拒绝一切权利……因为我不想让一个黑人女性当奴隶，”他说，并不意味着“我必须要娶她当妻子。我的理解是，我们可以各行其道”。

在最后三场较量中，辩论的势头发生了变化，林肯占据了优势。第五次辩论于10月初在该州西北部盖尔斯堡的诺克斯学院举行。活动当天的大风迫使组织者将演说者的对战平台移动到校园建筑的附近。为了站到讲台上，林肯和道格拉斯不得不爬进一扇窗户。“好吧，我终于念完了大学。”林肯上讲台时说道。

林肯在这次会面中提出的最重要的观点是共和党人与道格拉斯及其支持者之间的分歧，包括两个群体对奴隶制的道德立场。林肯辩称，共和党人认为奴隶制是不公正的，而“道格拉斯表达的每一种想法都无视奴隶制中存在的任何错误的观点”。林肯继续说道：“我承认我属于这个国家的这个阶层，思索着奴隶制是道德、社会和政治上的罪恶，也充分考虑到它在我们中间的实际存在。但是，尽管如此，我仍然希望能制定一项政策，将其视为一种错误而加以阻止，并希望有一天永远对这种错误说再见。”

在第七场也是最后一场辩论中，林肯通过回归奴隶制的道德问题来结束他的言论：

这是真正的问题。就算道格拉斯法官和我自己这些无力的语言陷入沉寂时，这个问题仍将在这个国家继续存在着。这是全世界的两大原则——正确与错误——之间的永恒斗争。这两大原则从一开始就是面对面针锋相对，并将继续斗争下去。一个是人类的共同权利，另一个是国王的神圣权利。无论它的发展形势如何，原则是不变的。这就如同是说：“你辛苦工作，挣来面包，而吃掉它的是我。”无论它发展成何种形态，无论是出自一个雄踞在自己国家的人民之上、靠剥削他们的劳动成果而生活的国王之口，还是来自一个种族因奴役另一个种族而道歉说出的话，原则都是暴虐的。

在道格拉斯简短的反驳之后，辩论结束了。在七次辩论期间，两位候选人彼此面对面的时间共计 21 小时。他们的辩论词中，大约有 13 万字的目的是吸引和影响他们的受众——不仅有在场的人，而且还有全国各地从报纸上阅读这七场辩论的公民。

但是在辩论期间除了政治上的抨击，还有更多引人注目的事情发生。两位候选人交战的话语背后是对美国意义的两种截然不同的看法。对道格拉斯来说，正如政治学家迈克尔·桑德尔所指出的那样，决定民主的是民众主权，选民行使其集体意志。相比之下，林肯认为民主的本质，特别是美国民主，是原则。奴隶制在道德层面上是错误的，民主政府有责任干涉这样的制度。这意味着要防止其扩展到西部地区或其他任何地方。

最后一次辩论之后，距离 11 月 4 日的选举还有两个星期。在伊利诺伊州计票时，共和党候选人赢得了几个州的职位；而在立法机关中，民主党保持控制权，赢得了 53% 的支持率。1859 年 1 月 5 日，当这些新当选的伊利诺伊州代表投票选出他们的下一位美国参议员时，斯蒂芬·道格拉斯获得了 54 票，林肯获得了 46 票。

林肯非常失望。他再一次为选举倾其所有，但再一次失利。1 月初，州议会选举计票之后，他的同事亨利·惠特尼到他斯普林菲尔德的律师事务所去看他。他发现这位落选的候选人孤身一人，很沮丧，觉得自己的人生肯定是“一场可怜又可悲的失败”。“我从没见过任何人这么彻头彻尾的消沉，”惠特尼回忆道，“这样在无可救药的绝望苦水中沉沦。”他的政治生涯注定结束了，林肯预感，他唯一能依靠的就是对他一生都忠心耿耿的法律合伙人。“我感觉除了比利·赫恩登，大家都弃我而去了。”他说道。

但林肯还是没有向自己的负面情绪低头。或许他意识到他的支持者们也对这个结果感到心烦意乱。这些人中有许多在他的候选人资格上投入了不少时间和精力，他们希望领导者能够正视失败并继续前进。也许林肯也因他的候选资格的影响而受到鼓舞。1858 年他在重大问题上的立场可能也让他感到振奋。“我很高兴自己参加了竞选，”他在选举几周后给他斯普林菲尔德的老朋友安森·亨利博士的信中说，“它让我听到了这个时代重大而持久的问题，这用其他方式是听不到的；虽然现在我在人们的视野中消失并会被人遗忘，但我已经留下了自己的印记，就算在我死后很久，这些印记也会对公民自由的事业产生影响。”

# 第十六章
# 通往白宫之路

在参议院竞选失败之后，林肯又做回了律师，但是他发现自己已经无法脱离政治斗争的旋涡了。他与道格拉斯的辩论引起了人们强烈的兴趣，因此林肯收到了大量的演讲邀请函，他参与了其中的诸多演讲。1859 年年末，包括《纽约先驱报》在内的伊利诺伊州的一些报社和国家出版物，都提到林肯在 1860 年大选中会是一位极有潜力的总统候选人。他本人对这种可能性不以为然，他说："我认为自己不适合总统职位。"

当林肯调查共和党提名候选人的潜在人选时，他发现有很多比他更加博学多识的成功人士参选。纽约的美国参议员威廉·西沃德被普遍认为是最有希望当选总统的人选。俄亥俄州的共和党州长萨尔蒙·蔡斯是一位著名的废奴主义者，他也想赢得提名。密苏里州的爱德华·贝茨是前国会议员，背后有着《纽约论坛报》颇具影响力的编辑贺瑞斯·格里利的支持。宾夕法尼亚州的参议员西蒙·卡梅伦也是一个有胜算的候选人，他在铁路和银行业进行投机生意发了大财。其他一些人，例如 1856 年的共和党候选人约翰·弗里蒙特也对此很感兴趣。

林肯写下了一个支持者的名字，与这些人相比，他不会成为

“很多人的首选”。他几乎没有接受过正规的学校教育，没有行政记录，也没什么东部政客的人脉。但是他知道每一个主要竞争者同样也有弱点。例如，许多选民认为西沃德是一个极端主义者；蔡斯是一个拙劣的战略家。在 19 世纪 60 年代末期，贝茨被认为已入暮年，并且卡梅伦一直因金融违规受到指控。林肯认为，如果共和党领导人对这些隐患忧虑倍增的话，他或许会成为候选人中的一匹黑马。“我们的策略，”他向一位同事解释说，“就是如果他们被迫放弃他们的第一选择，我们不要冒犯他们，让他们心甘情愿地来找我们。”

林肯决定在伊利诺伊州以外的地区尝试一下。早在 1860 年，他和俄亥俄州的一家出版商整理发行了他和斯蒂芬·道格拉斯辩论的印刷版本，这本书迅速成为畅销书。林肯还整理了一本简短的自传。“没什么值得一谈的，”他写道，并且将这本书发给了一位报纸编辑，“至于原因，我想是因为我这个人本身就没有什么可谈的。”

1859 年年末，共和党官员邀请林肯在第二年初来东部在布鲁克林、纽约进行演讲，他当即就接受了。他知道温文有礼而且有影响力的观众会将他与主要总统候选人做对比评价。他决定谈一谈奴隶制以及联邦政府对此采取的应对措施的历史。

2 月下旬，林肯出发前往纽约市。当他到达时，他才得知演讲的场地发生了变动——从布鲁克林改到了曼哈顿的库珀学院（通常称为库珀联合学院）。1860 年 2 月 27 日，包括贺瑞斯·格里利和《纽约晚报》的编辑威廉·库伦·布赖恩特在内，约有 1300 人排队进入库珀联合学院的大礼堂，倾听林肯的演讲。

当这位伊利诺伊州的律师和政治家开始演讲时，许多听众感到沮丧。“对这位来自西部的男人的第一印象”，一位观众回忆说，“和之前预期没什么两样：怪异、粗俗、没有教养。”他面容憔悴，脸部瘦长，蓬乱的头发似乎没有冲洗干净，这个外貌姿态与纽约政治家的形象大相径庭。林肯的演讲风格丝毫没有抚慰听众的心情。他的声音高亢，有时还很尖厉。一名记者回忆道：当林肯演讲时，他“使用了非常笨拙，几乎可以说是可笑的，甚至手足无措的肢体动作来强调他的论点”。

但是，一旦林肯对他演讲的主题渐入佳境，便成功地吸引了观众的注意力。正如研究林肯的专家哈罗德·霍尔泽写的那样，林肯的演讲是“经过深入调研过的，尊重法律，可谓是冷静克制的反对奴隶制的论述。他回顾了开国元勋的意志，呼吁要保证政治稳健和局部和谐的大局，但同时，对人类奴隶制的道德暴行几乎没有愤慨的表现”。

林肯提出了三个重要的观点。第一个观点是，开国元勋希望联邦政府负责管理奴隶制，为此目的，大多数宪法制定者希望限制奴隶制的范围。第二个观点是，共和党人只是试图限制奴隶制的扩张——而不对奴隶制已经存在的地区进行干预。第三个观点是，共和党一直认为奴隶制是不道德的，而且共和党人不应该放弃这个立场，因此不应该允许在西部实施奴隶制。

在斟酌构思他的语言时，林肯设定了几个目标。他希望展现给大家的形象是：如同其他东部地区的候选人一样，他是一个精明、见多识广的思想家。他还希望自己在奴隶制方面的态度显得温和些，因此能够取代直言不讳的废奴主义者威廉·西沃德。林肯再一次试图摧毁民主党在人民主权方面的公信力。在90分钟的演讲中，他阐述了他所看到的共和党面临的关于奴隶制的严峻考验：

我们不应该因为加于我们身上的诬告而背弃我们的职责，也不要因为政府被破坏的威胁或是把我们关进地牢而受到惊吓。让我们坚信正义就是力量，凭着这个信心，让我们最终敢于按照所理解的去尽我们的责任。

观众被他的演讲深深地吸引住了，林肯的演讲被掌声打断很多次，人们在他演讲结束时禁不住站起来欢呼。“林肯先生是天生的演说家，”贺瑞斯·格里利写道，“他那世间罕见的力量就是为了阐明观点和说服听众，尽管其他演说家的演说也能起到愉悦和激励的作用。”在他的精彩演说结束后的几天里，他的演讲被广泛印发转载，随着林肯的言论的传播，该活动的组织者们变得异常兴奋热情。其中一位组织者寄给林肯 200 美元作为酬金，他在信中写道：“就算给你 20 万美元，你也受之无愧。”

几天后林肯给玛丽写了一封信，信中他对自己表现的唯一评价是：“如我在演讲开始之前所料，纽约的演讲非常顺利，没有给我造成任何困扰。”尽管林肯自我评价非常谦虚，但他知道他已经全国闻名了。当他回到斯普林菲尔德时，他授权他的顾问开始着手共和党总统候选人提名的工作。林肯依然认为他获胜的机会十分渺茫，但是他越反复地考虑这种可能性，这件事就变得越有趣。当林肯的前政治对手莱曼·特朗布尔问他对提名的看法时，他回答说：“我将毫不隐瞒。知无不言，言无不尽。”

1860 年 5 月，共和党大会在芝加哥开幕。而民主党方面，尽管民主党人在一个月前已经举行了全国性会议，但代表们未能就大热人选斯蒂芬·道格拉斯作为他们的候选人达成一致，因此民主党计划在 6 月初重新召开会议。这意味着聚集在一起要选出候选人的共和党代表们，并不知道他们在 11 月的大选中将要面对的人是谁。林肯及其顾问的策略直接明了：如果主要候选人威廉·西沃德在第一轮投票中没有获得足够的选票，他们会尽力让他们的人成为被提名人。

林肯的老朋友，来自伊利诺伊州中部的法律同事大卫·戴维斯法官负责大会上的实际政治运作。戴维斯的目标是如果西沃德没有马上赢得提名，在第一次唱票时为林肯赢得100张选票以证明他的公信力。这个策略奏效了。在第一轮投票中，西沃德获得了174票，林肯获得102票，位居第二。在下一轮投票中，西沃德的总票数攀升至185票，林肯的票数增至181票。在5月18日的第三轮投票中，林肯赢得了466票中的364票，因此成为共和党提名的总统候选人。大会选择了来自缅因州的前美国参议员汉尼拔·哈姆林担任副总统候选人。

候选人本人不在芝加哥。但是，林肯从斯普林菲尔德电报局密切关注着投票的情势。当他赢得了提名时，他的邻居们和支持者们挤进他的房间向他表示祝贺。他和人们四处握手，随后请求原谅，因为他要回家了："家那边有一位女士对这个消息非常感兴趣；我要去告诉她这个消息。"

在选举前的6个月里，林肯一直留在斯普林菲尔德，他会见了几十个前来拜访他的人，回应了数百条有关他生活信息以及接下来更大规模的竞选活动的疑问。到了夏末，总统选举俨然已经成为一场四人的竞争。5月，来自宪政联合党的年轻代表主要是由不支持脱离联邦政策的南方民主党组成，他们提名了来自田纳西州的前美国参议员约翰·贝尔。一个月后，民主党再次召开会议打算选出一名候选人。在这次会议上与会的政党代表们意见产生了分歧，北方代表支持斯蒂芬·道格拉斯，南方代表支持约翰·布雷肯里奇，约翰·布雷肯里奇是当时詹姆斯·布坎南总统手下的副总统。民主党的三方分裂大大增加了共和党在大选中获胜的可能性。

11 月 6 日选举日这一天，林肯和他的支持者在斯普林菲尔德电报局等候消息。共和党在宾夕法尼亚州和其他州胜利的消息渐渐传来。大约凌晨 2 点钟，林肯得知自己成功当选为总统。根据最后的投票数，他赢得了大约 40% 的普选票，获得了 180 张选举团投票，共计 303 票（布雷肯里奇赢得了 72 票，贝尔获得了 39 票，道格拉斯得了 12 票）。就这样，托马斯 · 林肯的儿子从小在边境长大，一路摸爬滚打，怀揣雄心壮志，不屈不挠，凭借敏锐的智慧和感性的洞察力一路冲进了白宫。

这是一次了不起的胜利。然而，11 月 7 日的凌晨林肯回家时，他并不觉有什么值得高兴的。两年后回想起那一刻时，他说他在黎明之前很少睡着过。“然后我感觉到了身上背负着之前从未有过的重任。”

林肯的选举引发了一场全国性的危机。许多南方领导人深信这位当选的总统会废除奴隶制，他们认为保护该制度的唯一途径——以及依赖它的生活方式——就是离开美国并建立自己的国家。1860 年 12 月 20 日，南卡罗来纳州脱离联邦政府；密西西比州、佛罗里达州、阿拉巴马州、佐治亚州、路易斯安那州和得克萨斯州不久后也随之脱邦。1861 年 2 月初，脱离联邦的州代表们在阿拉巴马州的蒙哥马利会面，组建了一个新的国家——美利坚联盟国（简称邦联），并通过了一部宪法。代表们还选出了一位总统，杰斐逊 · 戴维斯，他在脱邦之前曾是美国密西西比州的参议员。随着南方各州离开联邦，新成立的南部邦联的民兵组织开始在南方占领联邦政府的军火库、堡垒和邮局；这些平民军队甚至还攻占了位于新奥尔良的美国制币厂。

在 1860 年至 1861 年的冬季，詹姆斯 · 布坎南总统，其任期在新总统 3 月 4 日就职典礼时结束，他敦促国会尽快采取措施以应对不断扩大的危机。但参议员和代表之间关于如何维护国家完整统一的讨论却没有任何进展。因此，弗吉尼亚州大会率先号召召开一次和平会议。(1861 年 4 月中旬内战爆发后的几天，弗吉尼亚州就离开联邦加入了南部邦联；阿肯色州、田纳西州和北卡罗来纳州也在 5 月份脱邦。)

静静观望着斯普林菲尔德发生的大事件，总统当选人一言不发。当记者和政客们力劝林肯出来表明立场时，他并没有同意。他有充分的理由静观其变。在 1861 年 2 月 13 日选举人团体的选票被清点完毕之前，他还不是合法的总统，因此在此之前他无法行使总统法定权力。(此外，在分裂之后，林肯和其他人担心选民进行集会的安全性。) 总统当选人也意识到任何调解南方的努力都有可能增加北方民众的骚乱和焦虑。

在他当选日和 1861 年 3 月 4 日就职典礼的 4 个月期间（直到 1937 年就职日改为 1 月 20 日），林肯每天工作很长时间，接见数不清的政客、记者和谋求官职者。他也开始组建他的内阁。正如作家多丽丝·卡恩斯·古德温所说，林肯有意选择了一群经验丰富、身材比他更高大的人组建内阁。他任命的内阁成员如担任国务卿的威廉·西沃德，担任财政部长的萨尔蒙·蔡斯以及担任司法部长的爱德华·贝茨，都曾经是竞选时共和党提名的竞争对手；即使林肯的军事部长西蒙·卡梅伦也曾竞争过总统的职位。这位新当选的总统创建了一个由曾经的竞争对手组成的内阁，这足以证明他是何等自信。这归功于他的政治机敏度，除很少的例外情况外，他将整个内阁成员紧紧团结在一起，凭借他们的专业知识和政治纽带尽职尽责地辅助林肯在总统任期的工作。

在他就职之前的几个月里，林肯并没有意识到他和他的同事将面临的棘手挑战。他所知道的是，共和党代表了不同的利益——从激进的废奴主义者到憎恨美国黑人的前民主党人。作为总统，林肯必须维系这些派系之间的凝聚力，并以此为导向挑选了他的内阁人选。例如，他同时挑选了反对奴隶制的西沃德与保守派的贝茨入选内阁，以实现其平衡。新当选的总统也意识到了自身缺乏的特定技能和政治资本，因此，他选择了能够将这些资本带入管理层面的人。

1861 年年初，林肯着手准备离开斯普林菲尔德前往国家的首都。新当选总统将自己的房子租给了一位铁路高管，他和玛丽卖掉了那些无法带到华盛顿的家具、瓷器、室内装饰和其他家居用品。林肯还卖掉了他的马——老鲍勃，并且在威利和泰德的抗议下，把家里的那只名叫飞度的热情活泼的中型杂种狗送给了一个邻居，不过邻居承诺会好好照顾它的（林肯顺便也把飞度最喜欢的床——一个马毛沙发一起送给了他）。2 月 6 日，林肯全家在家中举办了“告别晚会”。在之后的几年，客人们还能记得当时有数百人前来向斯普林菲尔德最有名望的人和他的家人道别。

但林肯不得不面对的最重要，同时也是最困难的告别是私人层面的。在 1 月下旬，他出发前往伊利诺伊州东部的科莱斯郡探望他的继母莎拉·林肯。在堂兄丹尼斯·汉克斯的陪同下，林肯再次见到了那位给予他诸多爱和鼓励的妇人。他们三个人度过了一个安静的夜晚，追忆往事。探望期间，林肯还去了附近的他父亲的墓地，他向继母许诺会寄钱回来修一块墓碑（这个承诺从未实现）。临别时，林肯和他的继母紧紧拥抱。莎拉泪流满面，她说她害怕他会在就任期间被人行刺。“不，不，妈妈，”林肯安慰她道，“相信主，一切都会好的。我们还会再见面的。”

2 月 10 日，林肯步行到他的律师办公室最后处理了一些法律事务，然后与比利·赫恩登告别。两人一起查看了他们的案件档案，谈论着他们出色的业绩。正如年纪稍轻的比利所记得的，林肯说在长达16年的合作中他们从未吵架。林肯盯着楼梯脚下那个写着“林肯 & 赫恩登”的招牌看了好久，然后这位年长的合伙人说：“不要打扰它，让它挂在那里吧……让我们的客户明白，就算我当选为总统，事务所的业务也不会有任何变动……如果我还活着，我会不定期回来待一段时间，我们会继续开展［原文如此］法律业务，好像什么都没有发生过，一切一如从前。”

第二天早上，林肯乘坐火车前往华盛顿。玛丽、威利和泰德稍后和他会合。天气寒冷，天空下着毛毛细雨。许多人聚集在一起为他送行。林肯站在火车最后一节车厢的站台上，他摘下帽子，让大家安静下来。没有提前准备任何讲稿，这位来自斯普林菲尔德的律师用饱含感情而沙哑的声音和他的邻居们告别：

我的朋友们——没人可以体会我告别此地时的悲伤。我生命的一切都来自这个地方，来自你们的深情厚谊。在这里，我生活了25年，从一个年轻人变成了一个老人。在这里，我的孩子们出生了，其中一个已经埋葬在了这里。我如今将要离去了，不知何日更不知能否再归来。因为我面临的任务比华盛顿总统当年面对的更为艰巨和伟大。没有上帝的福佑，我无法达成所愿。得到了上帝的福佑，我就不会失败。相信上帝吧，他会一路与我同行，也会一路保佑着你们。他无所不在。让我们坚定信心，满怀希望，一切美好愿望都会实现。现在我将你们托付给上帝，也希望你们为我祝福。我在此向你们深情道别。

1861年3月4日，林肯在美国国会大厦的台阶上面对5万群众发表了就职演说。他知道弗吉尼亚州、阿肯色州、田纳西州和北卡罗来纳州等大部分南部州尚未脱邦，而它们的命运可能取决于他所说的话，并且他竭力向南方人保证，他不会干涉已经存在奴隶制的州。他同样发誓要维护《逃亡奴隶法案》。但是同时林肯明确指出，联盟是不可侵犯的，少数公民不能因为与大众意志不一致就脱离政府，他们没有这种合法权利。“显而易见，分裂的核心思想实质上是无政府主义，”他说，“大多数人都受到宪法的查验和限制的束缚，并且随着民意和情感的蓄意改变而容易发生变化，这是自由民族的唯一的真正主权。”

总统承诺维护联盟，他说他将行使总统权力来实施联邦的律法，为公民提供强大的保护，“执掌、使用和保有属于联邦政府的财产和领土”。采取这些措施，林肯解释说，“不需要流血或暴力，也不应该有流血和暴力，除非它们被强加给政府当局”。他继续说，南方和北方之间唯一的实质性争端是“我国的一部分人认为奴隶制是正确的，应该扩张，而另一部分则认为这是错误的，不应该扩张”。

最后总结陈词时，林肯把武装冲突的责任归咎于脱邦的州：“各位心怀不满的同胞们，关于内战这个重大的问题，抉择权在你们手里，而不在我手里。”他继续说道：“政府不会打压你们。如果你们自己不做侵略者，就不会发生任何冲突。你没有对天发誓要去摧毁政府，而我将在此庄严地宣誓我会‘坚守，保护和捍卫我们的联邦政府’。”最后，他号召大家实现民族团结：

我不想关闭友情之门。我们不是敌人，而是朋友。我们不该互相敌对。纵使曾关系紧张，我们的兄弟之情仍牢不可破。记忆的神秘和弦，在每一个战场，每一个爱国者的坟墓，和这片广阔土地上的每一颗跳动的心脏和炉石间弹奏，当它们被人性中善良的天使再次触碰时，肯定会迸发为响彻联盟的华丽乐章。

尽管林肯做出了不懈努力，南北之间的紧张局势还是加重了。关键时刻来临，总统必须针对萨姆特堡做出重要的决断，萨姆特堡有着来自南卡罗来纳州查尔斯顿海港的联邦驻军。堡垒内的政府军士兵已经没有食物了。但是将粮食供应送入现在的敌占区极有可能会受到南方邦联军队的袭击。一周一周过去了，林肯束手无策，痛苦万分。他不希望他的政府因没有物资补给萨姆特堡而显得软弱不堪，最后这些人放弃希望投降。但他也不想公然发动战争。

经过数不清的与内阁彻夜商谈的不眠之夜之后，林肯命令政府军带着食品物资前往查尔斯顿港。因为不希望北方会对即将到来的内战负有任何责任，林肯还决定通知南卡罗来纳州的州长：如果军队不会遇到任何攻击，他们就不携带武器或弹药到萨姆特堡。1861年4月12日，在联邦舰队附近，南方邦联军队用炸弹和炮火轰炸了驻军。在36小时内，萨姆特堡指挥官罗伯特·安德森少校向南方军队投降。内战大幕已然拉开。

# 第十七章
# 内战来临

内战期间，林肯的领导责任主要包括两个方面。一方面，作为总统和总司令，他必须在冲突愈演愈烈的同时维护国家统一；另一方面，他必须清楚战争的意义以及引发战争的原因，然后他必须让美国人民和其他国家对此了解。这两种责任都在这个风起云涌、充斥着高风险和焦虑情绪的国家危机大环境中占据了主导地位。

这两种责任交织在一起，密不可分。如果无法向世人阐明他们为崇高的目标而战，林肯就无法指挥内战以维护国家统一。如果国家在战争中分崩离析，那么战争就毫无意义，没有任何价值。如果社会公众人心惶惶，北方的政治精英对总统失去信心，或联邦政府的机构停止运转，那么国家就会走向分裂。

尽管在 1861 年年初并不明显，但是林肯履行这两项职责的能力确实取决于联盟军队是否拥有更加充足的物资和军费。当战场优势更加倾向于北方时，总统有了更多资本去控诉战争罪行，为他的领导增加了更多政治凝聚力。但如同在许多重要战争转折点的表现一样，南方邦联军队战斗力和北方势均力敌，林肯的选择越来越少，他会输掉整个战局——战争、战争的目的和联邦政府——这种可能性有增无减。

尽管林肯面临着巨大的挑战，但是如果退一步考虑，我们会发现这两个重任并非只落在了亚伯拉罕·林肯的肩上。在危机时刻，每个领导者都应以一肩之力担负起林肯所承担的这两项重任。领导者必须整治动荡不安的社会：积极应战，玩转政局，或者拯救那些开始吸毒的少年。与此同时，领导者必须明确危机意味着什么，以及为何这个危机值得他以及所有相关人员进行摸索、解决或彻底转变。林肯和本书中的其他四位领导人对这一点都心知肚明。他们都在竭尽全力摆脱更大的危机，同时力求领会此举对于自己、对于他们所领导的人民的意义。与此同时，他们也一直随机应变以完成他们光荣的使命。

林肯在他的总统任期内没有考虑这些方面的问题（“危机领导”作为术语是20世纪后期才出现的）。相反，他意识到自己必须拯救联邦，而这需要打一场血腥的内战。南北方的冲突变得更为持久，更为复杂，也更为暴力，这是之前始料未及的，所以鉴明内战的意义和目的，并广而告之于美国人民，是愈加重要的举措。

事后回想，我们可以看到林肯在这两种战况下的领导能力：作为总统、政治家和总司令在战争期间维护国家统一，同时作为总统和指引者致力于领悟内战冲突的意义、根源以及如何向民众传达这一点。关于林肯的研究大部分都紧紧围绕着他的第一项职责：他作为政治家和总司令的功绩。这是一个关键的脉络。但是作为研究领导者的历史学家，我对林肯的第二项职责非常感兴趣。在我看来，他致力于厘清危机的最终目的，并向政治家、军官、美国公众和其他国家传递此理念，他对化解内战危机的全身心的付出，为世人对他作为一名领导者的研究提供了一个强有力的视角。

在战争的前18个月里，林肯小心翼翼地将战争定位为一场拯救国家的考验。在1861年7月的国会特别会议上，总统阐述了他所认为的内战核心问题。他说：

内战冲突向整个人类提出了这样一个问题，即一个宪政共和国或民主共和国——一个由人民组成并且由人民管理的政府能否对抗国内的敌人，维护其领土完整……它迫使我们问自己："是否所有共和国都与生俱来拥有这种致命的弱点?""是否一个政府必须做到两个极端，过于强势而无法保证人民的自主权，或者过于弱小至无法维系其自身生存?

林肯非常清楚，反叛州的主要动机是维持和扩张奴隶制。但在战争初期，他确信南北方不能再为了废除奴隶制而继续发生冲突。他考虑了几个方面的因素。从法律层面上讲，林肯认为他没有合理的理由来抨击奴隶制，因为它受到宪法的保护。从政治层面上看，他明白北方公众对该制度的看法产生了严重分歧。他认识到近年来支持废除奴隶制的公众直线上升，但他也明白许多北方人对美国黑人充满了恐惧和憎恨。甚至他自己的政党内部也因奴隶制产生分裂：保守派和温和派都倾向于不干涉，而激进的共和党人则希望为了立即解放黑奴而战。

从战略上讲，林肯认为他无法离间肯塔基州、密苏里州、马里兰州和特拉华州等边境州的奴隶主。把这些州留在联邦政府中对于赢得战争的胜利至关重要。肯塔基州、密苏里州和马里兰州能够为南方邦联增加45%的军力、80%的生产力以及超过30%的骡子和马匹供应。这三个州也占据了关键性地位：肯塔基州包括俄亥俄河、坎伯兰河和田纳西河；密苏里州是通往西部地区的门户；马里兰州从三面包围着华盛顿特区。

在1861年中期，这三个州还没有脱邦。每个州都留在联邦中，而每个州内部分崩离析。(例如，肯塔基州的参议员约翰·克里滕登的一个儿子加入了联邦政府军，而另一个则加入了南部邦联军队。同样来自肯塔基州的玛丽·托德·林肯是一个坚定的联邦主义者，而她在内战中失去了三个为南部邦联而战的同父异母的兄弟。)每个边境州都有一个坚持分裂主义的少数民族，他们有使该州最终归于南方的倾向。没有人比林肯更了解边境州的重要性。据报道，他曾在内战早期说过："我希望上帝站在我这边，我必须拥有肯塔基州。"

内战从一开始就与美国人的期望相悖。例如，在萨姆特堡事件之后，许多北方人和南方人都各自坚信他们的胜利即将来临，不会有太多人为此献出生命。但是在 1861 年 7 月弗吉尼亚州马纳萨斯附近的布尔朗战役中，将近 5000 名政府军和南方邦联军人伤亡，很显然战争将比大多数人预料的更加持久和血腥。在布尔朗战役中联邦军队战败，战况异常惨烈。在战斗结束的第二天，林肯召集了 50 万名志愿军；几天之内，国会又批准了 50 万军人参战。国家立法机构还批准了《充公法案》，该法案允许政府扣押用于军事目的的任何邦联财产，包括黑人奴隶。林肯不愿意签署该法案。但是，面对国会中共和党压倒性的支持，他最后还是同意签署了该法案。

该法案将会使一些奴隶受到联邦军队的管制，林肯对签署该法案犹豫不决的原因在于他希望奴隶制不应再成为进行内战的最终目标。但是接下来整个局势的发展让这个希望化为泡影。例如，1861 年 8 月，联邦军队将军约翰·弗里蒙特在密苏里州宣布全州戒严，同时宣布支持叛乱的人所拥有的奴隶都将获得自由。林肯对此大发雷霆。他担心将军的行为会危及边境州对联邦政府的忠诚。林肯很生气还因为他想把政府的应对奴隶制的权力限制在总统的职位上，因此他无法支持战场上的军事官员制定有效的地方或国家政策。总统命令弗里蒙特收回他说出的话。这遭到了全北方反奴隶制人士的猛烈抨击。弗雷德里克·道格拉斯写道:“只打击奴隶主，而不反对奴隶制。这只是一个不痛不痒的斗争罢了，它会使参与其中的人变得麻木不仁。”

一年接近尾声，奴隶制问题一直在林肯的心中占据着重要的地位，他正在制订应对它的计划。他提出了一项补偿性解放计划，州政府将利用联邦基金从奴隶主那里购买奴隶的自由。黑人一旦重获自由，政府就鼓励他们搬迁回美国以外的自己的家园，这一举措被称为“殖民化”。从总统的角度来看，这个计划益处多多。它是符合宪法的，因为不先支付就不能占有财产。这可以在奴隶主的首肯下完成。林肯解释说，这个措施将是渐进式的，允许黑人和白人“脱离彼此之间的旧关系，从而都准备好开始新的生活”。

总统希望，如果他的计划，尤其是在边境州的计划能够获得奴隶主的支持，那么可能会加快战争结束的进程。但是在军事方面，局势却不容乐观。1861 年年末，联邦政府的倡议在东部停滞不前，新的总司令乔治·麦克莱伦在华盛顿周围重组了部队，但拒绝向南行军去攻打南方邦联军队。他的波托马克军团——约有 12 万精兵强将——一直驻扎在首都附近，没有采取任何实际行动。因此内战第一年联邦军队没有取得一次大规模的胜利。北方人对麦克莱伦和总统越来越不耐烦了。

林肯对麦克莱伦将军的不作为甚是担忧，他开始每个晚上去他家拜访他。11 月 13 日，总统和他的一名秘书约翰·海伊来到将军的家中。麦克莱伦将军不在家，两人决定等他回来。一个小时后将军回来了，他急匆匆上了楼，对到访的林肯一行人毫不理睬。总统和他的秘书一直在原地等了半个小时，然后林肯向将军传话说他会一直在楼下等待。麦克莱伦回话说他已经上床睡觉了。当他们走回白宫时，海伊对林肯说将军的傲慢态度让他感到非常震惊。“这次他已经算客气的了，”林肯回答说，“就不要太在意礼仪和个人尊严了。”他和本书中的其他领导人都明白，并非所有摆在他们面前的问题——包括个人的蔑视和侮辱——都同样重要。林肯意识到，他必须特别专注于（更不用说他的情感能量）他的事业中至关重要的那一环，而不要被我们今天所说的“鸡毛蒜皮”的小事分散注意力。但是总统没有再去拜访麦克莱伦。

到了1861年年底，林肯一家人已经在白宫安顿下来。他们大部分时间都在二楼，总统办公室、秘书的工作区和家庭生活区都在那里。总统的一天通常是在上午6点或7点开始；如果战斗激烈，他起得甚至更早。他在办公室里读书和写作，之后同玛丽和孩子们一起吃早餐。他总是吃得很简单，并且在白宫也保持着这种习惯：早餐一个鸡蛋和一杯黑咖啡，午餐是饼干和一个苹果，晚餐则是汤、肉和土豆。他喜欢苹果派，并且经常把它当作餐后甜点。林肯几乎从不喝酒，所以家人一起用餐时玛丽只准备水，而政治活动或朋友聚餐时会准备葡萄酒和烈酒。

早餐后，总统处理政府事务，包括军事报告、重要通讯和政治备忘录。他与他的两位尽职尽责的秘书一起工作，他们是1861年刚满29岁的约翰·尼古拉和23岁的约翰·海伊。二人从伊利诺伊州开始一路追随林肯，现在住在总统办公室走廊对面的房间里。（两人坚信他们的头儿注定要成为一位伟大的总统，他们决定写一本关于他的领导才能的书。私底下，他们称他为“老古董”或“政界大亨”。）林肯对他的秘书们信任无比，对他们不懈的支持甚是依赖。

上午大多数时间，林肯都要去陆军作战部了解前线的消息，并与军事人员进行商议。回到白宫后，他要花3个小时的时间接待访客：那些寻求公职的人，那些擅离职守却寻求宽大处理的士兵，那些想将新式枪支投入市场的发明家，以及其他想要拜访这位国家最高行政执行官的客人。工作日的每一天都有100多人排着队等着见总统一面；队列经常顺着楼梯排到一楼，排到白宫门口外面直到车道上。林肯下令打开大楼主门后，人群蜂拥而至直接冲向二楼。在海伊的记忆里，有一些来拜访总统的人，他们“只想和他握个手，祝他一路平安；对于他们的接见耗时很短”。但是另一些人是“为了自己的利益或邻里矛盾纠纷而来诉苦的”。

尼古拉和海伊认真负责地维持访客秩序，海伊回忆说，每个访客都“劳神费力地从总统身上得到了些好处”。两位秘书都认为林肯应该减少会见民众的时间。但在整个总统任期内，他一直严格按照规定的办公时间接见访客。林肯将这些访问称为“公众舆论大浴场”，认为这是衡量民众对战争及其政策的看法的重要手段。

每个周二和周五的下午，总统在办公室会见内阁大臣们。其余的下午时间，他都会去陆军作战部忙碌或会见军事官员和党派政治人士。玛丽十分担心他的健康，经常催他出去呼吸呼吸新鲜空气，因此有时下午他会和玛丽乘马车去兜风，偶尔也骑马，但是次数不多。(林肯做这些事情的时候一般不带护卫或官方的安保人员。直到林肯被暗杀后不久，特勤局才成立，当时它是为打击假币而设立的。直到1902年，也就是威廉·麦金莱总统被枪杀的第二年，特勤局才全面承担起了保护美国总统的责任。身为总统，林肯经受过许多死亡威胁，但他拒绝随身带保镖，并且告诉他的家人和规劝他的人，如果有人想要他的命，无论自己是否采取保护措施，这个人总会找到应对办法杀死他。)

晚上6点或7点的时候，林肯一家人会坐在一起吃晚餐。有时还会有些老朋友过来一起用餐，他们能一直讨论到深夜。“他最快乐的时刻，”历史学家艾伦·奈维斯写道，“就是几个密友在他的办公室吃完晚饭后，他放松心情地谈论政治八卦和日常琐事，尽情地用幽默诙谐的语言讲趣闻轶事。和这群朋友在一起时，他会以开诚布公的态度谈论军事和政治要务，用朴素平实的家乡语言谈论对人对事的看法。”

如果前线有战事，总统会在晚餐后返回作战部；有时，他会在办公室彻夜工作。不然，他就回到办公室工作几个小时。他最小的儿子泰德常和他一起待在宽大的办公室里，常常是他父亲还在工作，而他在沙发上睡着了。林肯完成晚上的工作后，会和玛丽聊聊天。她在给朋友的信中这样写道：“如果晚上 11 点钟，我还在客厅里，特别是如果我劳累且疲惫的丈夫也在客厅里，和我聊聊这一天的大事小情，我感到自己真的非常幸运。”

林肯的长子罗伯特于 1860 年秋天考入了哈佛大学，并且在他父亲担任总统的大部分时间，他都不在华盛顿。1861 年，林肯家两个年龄较小的孩子，11 岁的威利和 8 岁的泰德都喜欢这个热闹、人来人往、忙忙碌碌的住所。由于国家首都常常面临被袭击的危险，在内战期间，联邦士兵驻扎在总统官邸内部及其附近区域。这两个孩子觉得这些士兵很好玩儿，他们跟着士兵们四处走动，在他们列队行进时在后面跟着演练，求他们给讲故事听，还吵着要看战斗时留下的伤疤和武器。

总统很喜欢男孩们的调皮捣蛋，并且只要有可能，就会抽出时间与他们一起玩耍。例如，有一天，威利和泰德的玩伴——专利局一名律师的女儿朱莉娅·塔夫脱走进二楼的起居室时，看到林肯躺在地板上。威利和朱莉娅的哥哥抱着林肯的胳膊，而泰德和朱莉娅的妹妹则压住了他的腿。“朱莉娅，快点来，”泰德喊道，“快来坐在他的肚子上。”总统笑了。其他闲暇时刻，林肯会给孩子们读书或者讲故事，一个膝盖上坐一个孩子。

但战争从未远离。1862 年伊始，麦克莱伦拒绝攻击邦联军队。身为政治家、记者、司法部长的爱德华·贝茨指责林肯把战争拖入了泥潭。贝茨私下里说，最高行政长官林肯“是一个优秀的领导者，而且有大智慧；但是他缺乏意志力和明确的目标。同时，我最害怕的是，他没有指挥能力”。国会中心怀不满的共和党人组成了一个战争行动委员会，试图从总统手中夺取对军事战略的控制权。与此同时，对陆军作战部内部严重腐败的指控也浮出水面。

针对这些控诉，林肯撤掉了作战部长西蒙·卡梅伦，取而代之的是埃德温·斯坦顿。埃德温·斯坦顿是一位勤勉诚实、事业有成的律师，他曾是一名民主党人，曾经效力于布坎南政府。斯坦顿与林肯的第一次见面是 1855 年在俄亥俄州的一次审判中，他认为这个土里土气的来自伊利诺伊州的律师是个粗鲁无知的“长臂猿”。林肯却从没有对他心存怨怼过，反而在 1862 年因为他的性格正直和踏实能干而将他纳入麾下。随着时间的推移，二人逐渐欣赏并尊重彼此，成为美国历史上最为强悍的政坛搭档之一。林肯的这位新内阁成员精力异常充沛，给他留下了深刻印象，林肯曾将他比作一位卫理公会派牧师，他的布道如此振奋人心，以至于公会成员们都想在他的口袋里装上砖块让他不要如此地上蹿下跳。林肯告诉一名国会议员说：“我们或许应该以同样的热情来对待斯坦顿，但我想我们还是先让他多蹦一会儿。”

1862 年年初，联邦指挥官乔治·麦克莱伦及其拒绝参战的行为让林肯非常失望，林肯开始直接命令陆军和海军对反政府武装发动攻击。(这被称为全面内战 1 号令。) 总统也开始自学军事战略，从国会图书馆借阅教科书，仔细研究实地报道，并与部队军官进行磋商。在研究的过程中，他清楚地意识到联邦政府的胜利取决于，北方能够把它充足的人力和经济资源的优势应用到对南方邦联军队的攻击中去。总统心中已然明白要赢得战争和拯救国家他必须采取怎样的措施。但他怎么才能让他的将军们有效地执行这个策略呢？麦克莱伦对林肯的命令置之不理。其他指挥官之间根本没有什么高端协商，他们只遵循自己的计划，各自为政，或者只是消极等待。

2月，糟糕的事情发生了。威利和泰德患上了“胆热”（可能是伤寒）。父母两人每天晚上都一起陪着孩子们。随着威利的病情越来越恶化，林肯和玛丽变得越来越焦虑。总统繁重艰辛的工作节奏放缓了。整整两周的时间，林肯和玛丽夫妇二人都忙于照顾他们生病的孩子。在很短的一段时间里，威利的病情似乎有所好转，但在2月末，他的病情急剧恶化。在1862年2月20日的下午，威利病死了。

林肯和一位白宫的工作人员陪在他儿子的床边。“我从没见过一个人如此悲伤欲绝。”她回忆道，“他来到床边，掀开孩子脸上的盖布，认真地凝视他好久。”总统大声喊道：“我可怜的孩子，他太善良了，所以不能留在这个世界。上帝将他召唤回到属于他的家园了。我知道他在天堂里会更快乐，但是我们如此地爱他。我们无法接受他的离去，无法接受！”

在威利去世后的几天里，泰德的身体逐渐康复，这让一直在照顾他的林肯得到了些许安慰。但是悲伤的情绪一直围绕着总统，使得他本就不那么安稳的睡眠更加紊乱，他的忧郁症又犯了。悲恸难忍时，他就把自己关在威利的卧室里默默地哭泣。他梦见自己的儿子还活着，醒来却发现他已经不在了。总统对一名军官说，每天他都会不由自主地和他已离去的儿子说话。

玛丽·林肯则是深陷痛苦不能自拔。这是林肯夫妇失去的第二个孩子：1850年，3岁的艾迪·林肯因不治之症而离开人世。在威利去世后，玛丽甚至无法离开她的房间参加葬礼。连续几个星期，她每天都以泪洗面。她心力交瘁，林肯把她带到了一扇窗户前，指着远处一个疯人院，说："孩子他妈，你看到山上那座白色的大楼吗？你要尽力克制你的悲伤，否则它会让你发疯，那么我们可能就不得不把你送到那儿去。"

在威利去世后，玛丽·林肯也希望夫妻二人可以相互支持，共渡难关。但这场悲剧给林肯的婚姻带来了又一次打击，自从这对夫妻抵达华盛顿后，他们的婚姻就破裂了。诸多因素导致他们二人分道扬镳。但是最重要的原因就是内战；这场危机顷刻间夺走了林肯几乎所有的注意力，让他无暇顾及他的家人。另一个因素是玛丽在华盛顿的身份。她出身于南方家庭，所以有质疑她对联盟忠诚的流言传开，这在夫妻之间造成了细微的裂痕。第三个原因是玛丽对她的身份地位充满了不安。她曾希望成为一位优雅、精明能干的妻子和白宫女主人，帮助她的丈夫成为一位成功的总统（实际上，"第一夫人"这个称呼是为玛丽·林肯而创造的）。但是她几乎没有给予总统中肯的建议，而且经常恶评不断。这些过失使得林肯在担任总统职务的前18个月寸步难行。通常情况下，避免直接处理这些复杂的事情对林肯来说反而更容易，而这导致他与妻子在一起的时间更少了。

像本书中其他四位领导人一样，林肯常常有一种孤独感。他的孤独一部分源于他身负的权力和责任。总统知道，拯救联邦政府的重担全压在他一人的肩上，他必须同时在多个战场应对多种难题。这种领悟承载着沉重的责任，从而使林肯与家人、朋友和同事隔离开来。这些人无法完全理解他所要处理的问题；同时他也要小心翼翼地与别人分享自己的思想和情感。而且林肯也明白还没有其他人可以体会到他作为领导者的心路历程。没有人理解他所洞悉的一切以及其影响力，没有人能明白他在内战蔓延时态度的转变，从而最终能体会到他的困惑和恐惧。这些是他领导才能的重要因素，这些能力只属于他个人。这些因素也使他很孤独。

事实上，每个领导者都会体会到真正的寂寞。这是此种职责所固有的，很难采取具体的措施去避免或消除它。相反，成功的领导者应学会接纳这种孤独的时刻，坚持自己的理念，细思冥想问题细节，或者与他们的思想和感情做斗争，从而完成他们所肩负的光荣使命。

# 第十八章
# 新兴愿景

在儿子威利离世后的那段令人悲痛的日子里，国内形势风云诡谲，因此林肯重返他的总统职责，应对更严峻的局势。2 月中旬，在田纳西州和肯塔基州边界附近，联邦军队尤利西斯·S. 格兰特将军的部队攻破了南部要塞，并俘虏了 12000 多名南方士兵。当月月初，格兰特将军带领北方军队获得了另一次胜利：他们攻克了田纳西河上规模较小的亨利堡。总的来说，这两次胜利能确保把肯塔基州留在北方联邦中；占领的两个堡垒也为田纳西河和坎伯兰河回归联邦政府管理打开了局面。北方人民情绪高涨，许多人相信战争很快就会结束。

但是随后的战局并没有多大改观。麦克莱伦并没有率领波托马克军队向南推进。联邦的大胜遥遥无期。内战冲突此起彼伏，没完没了，公众变得越来越焦躁不安。激进的共和党人和废奴主义者敦促总统采取行动反对奴隶制。《芝加哥论坛报》的编辑约瑟夫·梅迪尔写信给林肯总统，“看在上帝的分上，看在你的国家的分上，起身反抗这可怕的民族罪恶吧。你、我和这个国家都知道这是一场奴隶主的叛乱。”

林肯做出回应，他试图推行有补偿的解放奴隶政策。3 月初，他在国会上对此提出了一个决议。立法机关表示支持这项提案，几位内阁成员、废奴主义者和北方的几个报社也对此表示了支持。

但一些反对派的发言人批评林肯没有采取更大胆的立场。弗雷德里克·道格拉斯强烈抨击在他们自己的殖民地上安顿昔日奴隶的政策。“林肯的计划，”他说，“只是表达了想要废除奴隶制的想法，并且让人想起了一个人用礼貌的方式将讨厌的债权人请出家门。”其他批评者认为该政策的实施经费过于昂贵。也许最重要的是，林肯希望首先在肯塔基州、密苏里州和马里兰州这些边境州实施有补偿的解放奴隶政策，但是这些州的代表几乎都拒绝了该提案。没有这些州的支持，总统的计划实际上已经失败了。

林肯极其失望。当他反思这次失败时，他得到了一个重要的领悟：他没有拯救联邦政府的撒手锏。这让人难以接受。但是他开始明白，就冲突的复杂性及其利害关系的严重程度而言，采用一种简单明确的方式结束它几乎是不可能的。

这是现今社会的领导者才有的洞察力。我们负重疾行，纵身一跳，穿云破雾，影响巨大。但是，人们要实现真实而美好的目标的做法往往会给人一种诱人的错觉，即事情会有一种简单的解决方法。在我们的人生旅途中，几乎任何值得投入、值得为之奋斗、值得我们成就最好的自己的事业都没有捷径可走。问题越严重，领导者越不能三下五除二将它匆匆解决掉。明白这一点意味着放弃寻求单一的确定性答案。放下这样的执念可以让领导者在情感和身体上放松，专注于许多可行的方法和行动去做出有意义的改变。

1862 年 4 月，林肯签署了一项法案，在拥有 3100 名黑奴的首都华盛顿实施有偿解放奴隶政策。该法案还为被解放的奴隶拨款10 万美元，用于从该国首都移民。总统想要的可不是这种适用范围如此有限的法律，他打算推行一项适用范围更大的政策，旨在逐步结束全国的奴隶制。但在当时的情境下，他只能在哥伦比亚特区实施有补偿的解放奴隶政策。

现在，他希望战争取得胜利。然而，从春天到夏天，联邦政府军损失连连。其中最引人注目的是6月底和7月初乔治·麦克莱伦将军和他的波托马克军队在七天战役中遭遇惨败。林肯背靠着墙壁，开始着手起草《解放黑人奴隶宣言》。他决定到北方获得一场军事胜利之时再将其公布。

这是一次艰难的等待。8月下旬，北方军队在弗吉尼亚州的第二次布尔朗战役中战败。死亡、受伤、被俘或失踪的联邦军队士兵大约有14000人，邦联军队共有近9000人伤亡。林肯备受打击，精神极度低落。在战斗结束后的一次内阁会议上，总统“看起来像正在经历着痛苦折磨”，司法部长指出，林肯觉得他自己“准备去上吊自杀”。

但总统并没有采取行动真的去自杀。相反，他找到了继续前行的力量。我们无法确定他是如何做到这一点的，但我们知道他一直努力弄清楚战争的态势，不仅探求内战的政治意义和现实意义，而且寻求它更高层次的意义。在枪林弹雨、流血事件和成千上万的实际问题中，也许他感觉到有一种更为强大的力量在起作用。用他那饱受灵魂煎熬的笔触，林肯写下了如下的个人反思：

一切遵循上帝的旨意。在这激烈的战争中，双方政党都声称自己按照上帝的旨意行事。双方可能都是错的，并且有一方一定是错的。因为，对于同一件事情，上帝不会在赞同的同时又反对。在如今的内战中，上帝的期待很可能与任何一方的目的都不同——然而人类的所作所为，是最能与他的目的相契合的。我要说的是这场战争可能真的是上帝的意愿，是上帝让它继续下去。凭借存在于所有参与者心中的他那无声的神力，他无须人们争斗便能够拯救或摧毁联邦政府。但是战争开始了。并且在一开始，他就可以随时让任何一方获得最后的胜利。然而内战一直持续着。

最后，在1862年9月中旬，由乔治·麦克莱伦指挥的联邦军队在安蒂特姆河之战中获得胜利。林肯得到了有利时机来颁布他的《解放黑人奴隶宣言》。在9月22日，他正式颁布了《解放黑人奴隶宣言》。公众对此反应不一。北方的反奴隶制团体为这一宣言拍手喝彩。“从此之后，天空更加明亮，空气更加纯净。”马萨诸塞州的参议员查尔斯·萨姆纳说，“现在奴隶制已被移交给法律裁决。”“我们为此欢呼雀跃，”弗雷德里克·道格拉斯写道，“我们活着就是要将这正义的法令记录史册。”废奴主义者预言，林肯的这一举动将“瓦解欧洲各国政府帮助叛乱分子的一切武装计划，从而扼制反叛者力量的来源”。

那些反对因废除奴隶制而发起战争的北方保守派（民主党人和共和党人皆包括在内）则大肆攻击这一宣言。有些人断定这一政策会削弱边境州对联邦政府的支持。另一些人认为白人士兵会拒绝为解放美国黑奴而战。还有部分人相信该法令会刺激奴隶进行暴动。1862年11月，《解放黑人奴隶宣言》产生的影响，政府在战争中的每况愈下的表现，以及战争造成的巨大伤亡，使共和党在中期选举中遭遇重大逆转。

12月初，林肯向国会发表了年度致辞。在汇报了从外交事务到农业部的创建等一系列问题后他话锋一转，谈到内战。随着冲突进入第三个年头，《解放黑人奴隶宣言》即将成为法律之时，他意识到国家大势已定。除此之外，还有一个重要的未知领域。在汇报的结尾，他阐述了所有美国人在这个全新时刻的使命如下：

过去和平时代的那些理念不适用于暴风骤雨般的现代社会。当今社会危机重重，我们必须与时俱进。由于我们面临前所未有的局势，所以我们必须重新思考，并采取新的行动。

我们必须解放自己，然后才能拯救我们的国家。

同胞们，我们无法逃避历史。效力于这届国会和本届政府的我们，自然会被历史铭记。没有任何个人意愿或微不足道的事物，能够离间我们中的任何一个人。对于我们最新一代人来说，自豪的或者羞愧的考验炽热如火，它都将照亮我们前行的道路。……在给予奴隶自由的过程中，我们为所有自由人的自由提供保障。我们将无限光荣地拯救或者无比狼狈地失去地球上最后无比美好的希望。

这一年对北方来说非常糟糕。12 月，由安布罗斯 · 伯恩赛德将军领导的波托马克军团（林肯于 1862 年 11 月将麦克莱伦从军队指挥层中撤职）在弗吉尼亚州的弗雷德里克斯堡遭遇了惨败。当为期 4 天的战斗结束时，死亡、受伤或失踪的联邦军队士兵有 13000 多人。南方邦联军队罗伯特 · E. 李将军的北弗吉尼亚军团损失了 4600 人。当北方民众得知此战况时，他们又一次攻击了林肯和他的政府。密歇根州的美国参议员撒迦利亚 · 钱德勒说："说实话，如果再不立刻采取行动，这个国家就要完了。" 总统 "就是个软蛋，在这种情况下他太优柔寡断了"，他还说，"那些傻瓜或叛徒将军在那些不痛不痒的战斗和拖延中浪费了时间和大量无价的鲜血"。

当林肯得知弗雷德里克斯堡之战失败后，他陷入了绝望之中。"没有一个地方比我所处的地狱境地更加糟糕。" 他告诉一名军方官员。当曾经去过战场的宾夕法尼亚州州长安德鲁 · 柯廷向总统描述了他所见到的 "大屠杀现场" 时，林肯显得心烦意乱，在房间里踱来踱去，双手互相摩挲着，自言自语道："上帝为什么要把我放在这个职位之上？"那些总统的访客们都非常吃惊，战争对他的打击和伤害竟然如此之大。6年前见过林肯的记者诺亚·布鲁克斯被吓得目瞪口呆：

总统和他的妻子都还沉浸在去年春天的丧子之痛中，总统阁下也不再是1856年那个脸上洋溢着幸福的斯普林菲尔德律师了，在他身上发生了巨大的改变……他头发灰白，走路的样子更加伛偻，脸上毫无血色，那空洞的眼睛，眼窝凹陷，毫无生气。周围的人看得出他的不安和忧虑，他们非常难过，美国的历任总统都不曾有过这样的经历。那张为国家大小事务操劳、饱受个人不幸而焦虑忧伤的面孔过早地衰老，这是一个为雄心壮志付出代价的教训：他任期内的短暂荣耀过后，身上的责任使得他的生活有了一系列的烦扰。

林肯确实太累了。他身体疲惫，一部分原因是他睡不好觉。同时也是因为他甚至几乎吃不下东西。在担任总统期间，他的体重减少了大约30磅（去世时，体重约为155磅）。

在元旦这天，林肯夫妇举办了传统的白宫招待会，数百人排队进入了有迎宾队列迎接的白宫"蓝厅"。经过与外交官、政治家和普通公民3个小时的寒暄问候之后，林肯走进楼上的办公室，正式签署了《解放黑人奴隶宣言》。当他准备握笔时，手臂颤抖着，这是因为之前早上握了太多次手。由于担心自己签名的字迹太轻，后人可能会认为他对该法令有所犹豫，总统一直等到他能够用强有力的手写得清清楚楚时才签字。"在我的生命中，我做过最正确的事就是签署了这份宣言。"他向在场的威廉·西沃德和他的儿子弗雷德里克说道。

即日政府通过的、正式成为法律的《解放黑人奴隶宣言》是一份用法律语言写成的最神圣的、构思严密的法律文件。它不像《独立宣言》或《宪法》序言中充斥着华丽的辞藻。历史学家理查德·霍夫施塔特写道，该法令“是一个道义上意义非凡的提货单”(用于授予货物运输的权利)。该法令没有谴责奴隶制；解放黑奴完全是基于军事需要。该宣言仅适用于反叛州的奴隶。对被困在边境州的近50万美国黑人而言，它并没有什么作用。它并没有解放联邦部队占领地区的奴隶，占领区包括田纳西州、路易斯安那州南部部分地区和弗吉尼亚州的7个县。

尽管《解放黑人奴隶宣言》的应用范围有限，但其仍是一个关键的转折点。它改变了内战的目的和维度。它标志着这个国家与其过去不可逆转的决裂。奴隶制对于南北方经济和社会阶级的形成有着巨大的作用，同时还影响了国家的政治形态，引发了眼下的战争。林肯的大笔一挥，让人民看到了内战彻底结束的曙光。

林肯签署该文件的举动实际上已经将与南部邦联通过谈判达成和平的可能性变为零了。1863年1月1日，他清楚地看到，如果北方赢得战争，这场胜利应当包括奴隶制的废除。反过来，这将导致南方大范围的社会和经济转型，以及数百万被释放的美国黑人将和美国白人共同生活，在这个国家中占有一席之地。

这一宣言也是林肯领导策略的分水岭。在签署协议时，他保留了自己精心培育的逐步和平地废除奴隶制的计划。他舍弃了自1854年首次踏足国家政治以来所坚持的立场：解决奴隶制问题要反对其扩张，同时承认其符合宪法。

更重要的是，新法律赋予了总统一个比他上任时预想的更伟大的目标。1863年年初，林肯意识到他的工作比拯救联邦政府更重要，这个任务迫在眉睫，意义非凡。他现在的责任是使国家转型——在他尽力维护国家完整时——将其更紧密地与美国最初能够成立的原因联系起来：人人享有自由的权利。在签署《解放黑人奴隶宣言》之后，他也不清楚这个重大而激进的决定会产生什么后果。

更现实的是，新法律还包括政府政策的另一个重要变化：该法令规定黑人士兵可以在军队服役并参战。6个月前，林肯不同意招募黑人士兵，因为他担心会遭到边境州的抵制，白人军队也可能会拒绝与黑人士兵并肩作战。但到了1863年年初，战事发展再次超出他的控制。

一方面，战争需要的士兵的数量是前所未有的。到1865年冲突结束时，大致有200万人——约占北方总人口的9%——为联邦而战。这些人中有许多是自告奋勇来的。但随着冲突的持续，战斗与疾病造成的伤亡人数持续攀升，林肯、斯坦顿和军方领导人意识到，他们需要的士兵人数与白人志愿者中招募到的人数相比，是远远不够的。1863年3月，国会通过了《内战军事法草案》，法案要求每个年龄在20岁至45岁的男性公民都要入伍。这项立法备受争议。1863年7月，它的施行引发了纽约市的大规模抗议活动。

另一方面，1862年中期国会已经通过《民兵法案》，打开了招募黑人士兵的大门。北方的立法者清楚地知道南方邦联军队正在使用奴隶进行体力劳动，他们授权总统"为美国招募服役人员……从事劳动或任何招募有能力参加陆军或海军服役的人，即使是非洲裔的美国人也在内"。林肯最初通过批准使用黑人担任联邦军队后援来回应国会的决议和行动，但是他拒绝让同一批人去战斗。然而，在1862年的最后几个月他改变了立场，修改了《解放黑人奴隶宣言》的最终版本，加入了关于黑人士兵的条款。

一旦总统做出这个决定，他便全心全意地投入其中。在签署该法令后不久，林肯授权马萨诸塞州州长约翰·安德鲁组建一个黑人军团。军团的最高指挥是一个名叫罗伯特·古尔德·肖的白人，这个军团即马萨诸塞州第五十四军，招募来自北方各地的黑人（1863年7月，肖和他军团的半数士兵在南卡罗来纳州查尔斯顿的邦联要塞瓦格纳堡垒遭遇袭击而丧生——他们的牺牲在1989年的电影《光荣战役》中永垂不朽）。1863年3月，总统命令斯坦顿开始招募密西西比河谷的黑人士兵。与此同时，总统鼓励田纳西州州长安德鲁·约翰逊将黑人编入军队中。“有色人种，”林肯写道，“是大量存在但尚未用于复兴联邦的伟大力量。仅仅在密西西比河岸上看一眼5万名全副武装的黑人士兵进行操练，就能将叛乱立即终结。如果我们全力以赴，谁说不会出现这种场面呢？”

自从《解放黑人奴隶宣言》被政府正式立为一项法律后，成千上万的美国黑人便加入了联邦军队英勇作战。在瓦格纳堡、哈得逊河港和路易斯安那州米利肯河湾，他们勇敢战斗，很快就向白人官兵证明了他们强大的战斗力对战争的重要性。例如：8月时尤利西斯·S. 格兰特将军响应总统的命令召集10万黑人军队，他在给林肯的信中写道：“我从心底里支持对黑人进行武装。由于黑人的解放，这给了南方邦联最沉重的打击。”几个月后，斯坦顿在信中告知林肯，在路易斯安那州战斗的黑人士兵“已经证明了自己是为联邦而战的最勇敢的士兵。他们在战场上冲锋陷阵、义无反顾，甚至不惜流血牺牲，表现出任何其他种族的士兵无法超越的英雄主义精神。”

林肯看着黑人勇敢地投入战斗，他知道这会给政府的胜利带来前所未有的可能和挑战。其中最重要的是奴隶制将不复存在，非洲裔美国人将获得新的身份，并在美国政体占据新的地位。

当我们考虑亚伯拉罕·林肯的所为时，我们需要记住，在他一生大部分时间里，直到他来到白宫为止，他与美国黑人的接触都是有限的。他在白人中长大，最糟糕的是，他讨厌黑人，最多也只能做到容忍他们的存在。毫不奇怪，林肯会受这些偏见影响并将其表现出来，哪怕他非常地憎恶奴隶制。但作为一位处于内战核心位置的总统，他对非洲裔美国人的态度似乎已经有所改变。历史学家埃里克·福纳已经将这种转变归功于林肯给予黑人士兵的尊重，以及他与非洲裔美国领导人的交流，例如林肯曾在白宫会见弗雷德里克·道格拉斯。

这并不能说明总统已经克服了他所有的种族偏见。在私下里，林肯会继续讲述关于“黑家伙”的故事，而且他从来没有想过美洲原住民在这个国家会拥有合法的住处。但是作为总统，在某些情况下他心中的固有观念会让位于更开明的新的观念。例如，在第二次见到道格拉斯之后，他告诉一名军事工作人员，鉴于黑人废奴主义者的表现，他是“美国最有功的人之一”。因为林肯愿意从经历中学习，并且从中吸取经验教训，他慢慢转变了对人对事的看法。随着总统对美国黑人态度的改变，他从这个开阔的视角出发，为国家制定了未来的发展蓝图。例如，在1863年的演讲中，他公开谈到了黑人在战场上表现出的非凡勇气，以及政府对黑人战后所负责任的重要意义。18个月后，在内战结束之际，林肯忙着为美国黑人制订经济发展和教育计划。

# 第十九章
# 协调利益关系

为了加快战争的进程，总统需要公众和国会的支持。但到了1863年年初，再次爆发了民众反对内战的浪潮；联邦政府的军事失利，战争的人力和财力投入也增加了国会和州议会精英领导层之间的敌对情绪。林肯意识到这些政治对手——也被称为爱好和平的民主党人或同情南方的北方势力——对他的作战策略构成了极大威胁。马萨诸塞州参议员查尔斯·萨姆纳记得总统说，他担心这种“后院着火”和政府的军事上的有利时机一样多。

“内部矛盾”势头渐猛。总统推行的战争政策在西部很不受欢迎，一些评论员预测离其他州脱邦的日子不远了。一名伊利诺伊州的民主党人警告总统说，实行这种政策可能会使一些脱邦的中西部州加盟南方邦联。许多共和党人，包括伊利诺伊州议员伊莱休·沃什伯恩都被他们所目睹的一切吓坏了。“对政府心灰意冷了。”一位来自沃什伯恩的选民写道。伊利诺伊州的一位居民补充说，这是联邦的又一失败，“将使整个国家分崩离析。胆大妄为、目空一切又大摇大摆的叛国行为无处不在，却又逍遥法外”。

5月初，灾难性的消息传来。罗伯特·E. 李将军和斯通维尔·杰克逊将军指挥的南方部队在弗吉尼亚州的钱瑟勒斯维尔战役中大败由约瑟夫·胡克所指挥的联邦军队。这场战斗中，政府军损失了17000人，南方军队伤亡了13000人。5月6日下午，当林肯通过电报得知了胡克将军的失败后，他将这一专电交给了当时在白宫的朋友安森·亨利医生和记者挪亚·布鲁克。“读读吧，军队来的消息。”总统说着，脸色也变得苍白。“天啊！天啊！”他绝望之至，“人民会说什么！人民会说什么啊！”

两个月后，联邦政府开始占据军事优势。1863年7月初，由乔治·米德将军领导的波托马克军在宾夕法尼亚州的葛底斯堡赢得了一场决定性的战役，他们击退了李将军麾下试图入侵北方的北弗吉尼亚军。这是一场关键性的胜利。纽约律师乔治·坦普尔曼·斯特朗宣称，南方“最强军团已被击溃”，还“打破了罗伯特·E. 李天下无敌的魔咒……政府实力在国内外都增长了三倍”。斯特朗继续说道，敌人“至少目前是颤抖得说不出话”。

但在葛底斯堡的胜利却让米德付出了巨大的代价。对峙开始时，两方部队共计16万人，涌入了宾夕法尼亚州的一个小村庄。三天后，战争的硝烟散尽，死亡、受伤或失踪的美国士兵多达51000人，这些人中有23000人是联邦士兵，28000人是南方士兵。

7月4日，葛底斯堡的消息刚传到北方城市，几个月来一直围攻密西西比州维克斯堡的联邦将军尤利塞斯·S. 格兰特和他田纳西的军队，也占领了这座城市。南方军队投降后，政府控制了密西西比河。北方人欣喜若狂。亨利·亚当斯向他的兄弟查尔斯写道：“我想拥抱波托马克的军队，还想自己掏腰包请整个维克斯堡的军队喝酒。我想和那小人们干一场，把他揍一顿。”

总统和其他许多联盟支持者都希望葛底斯堡和维克斯堡的胜利将彻底终结南部邦联。但在某些地区，包括林肯的家乡伊利诺伊州，这种可能性只会增加公众对谈判议和的期待。这场大屠杀令人震惊，许多北方人认为政府应该停战，并想办法与反叛州达成和解，承认奴隶制的合法性。

林肯丝毫没有考虑过这个选择。自1863年中期开始，和平谈判就等同于废除《解放黑人奴隶宣言》和结束黑人士兵的招募。总统确信，最好的发展方式就是尽可能积极地以战止战。他告诉秘书约翰·海伊说："若是我们坚定立场，南部邦联终将分崩离析。"南部邦联副总统亚历山大·斯蒂芬斯表面上看起来是为了讨论交换战俘的事宜，打着休战的旗号请求能前来华盛顿谈判，但总统拒绝了他。

尽管如此，总统知道他必须想办法应对日益增长的和平呼声。夏末，他决定应他的老朋友詹姆斯·康克林的邀请，在伊利诺伊州斯普林菲尔德举行的联邦支持者大会上发表讲话。然而，随着演讲的时间越来越近，工作紧迫，使得总统已然离不开华盛顿了。因此，他没有回到家乡，而是写了一封信，请求康克林代他出席会议。这封信被全国各地的报纸所转载，它列出了和平派的主要论点以及对这些观点的认真回应。

9月3日，在斯普林菲尔德，康克林向大约5万人宣读了总统的信。最重要的部分是关于《解放黑人奴隶宣言》和黑人士兵的征募的。总统断言，这两项措施对拯救联邦至关重要。"但是，"林肯向他的敌人写道，"因为黑人的原因，你们必然会对我不满。很可能你和我之间在这个问题的意见上存在分歧。我当然希望所有人都可以自由，而我想你不会。但是，如果你是为了联邦，我既不会采纳，也不会提出任何与你的观点不一致的措施。"在重申了《解放黑人奴隶宣言》的基本军事原则之后，林肯提到了黑人士兵的重要贡献：

我完全知道其他人的意见，我们陆军部队的一些指挥官帮我们打了最重要的胜仗，相信解放黑人政策和有色人种军队的使用，对叛军构成了最沉重的打击；并且在这些重要的成功里至少有一个战果是显而易见的，那就是要不是黑人士兵的帮助，那是不可能实现的。

在信的最后，总统保证招募黑人军队时，会保证他们获得永久的自由。他还将这些士兵的爱国主义与诋毁他的人的爱国主义进行了对比，并暗示了领导这场正义战争进行到底的决心：

但黑人，与其他人一样，行事也是基于动机的。如果我们不为他们做一些事情，他们为什么要帮我们？如果让他们为我们赌上生命，必须给予他们最真诚的激励——甚至是自由的承诺。并且必须坚守承诺……

和平并没有像表面那样遥不可及。我相信和平很快就会到来，并且一直长久地和平下去；未来的时间亦是如此。那时就会证明，在自由人中，从投票到枪击案的上诉都不会成功；有这方面上诉的人肯定会输掉官司，并支付诉讼费。

回顾过去，我们可以看到林肯做的这一切，不仅仅是在为了他的政策而辩护。正如认真从事大规模变革的所有领导人都必须践行的那样，他也在努力保持相关的沟通渠道的畅通。他知道，大规模的改革总会引发公民的集体恐惧、不满和怀疑的浪潮，这种情绪常常转化为口头抗议，还可能是更具破坏性的反对行为。他也知道，如果政策得不到认可，即使是最有价值的改革尝试，也可能遭到敌人的阻挠，因此，辨别出最强有力的反对者并在必要时消除批评，也是领导人的职责所在。

但是，身处变革中心的人如何才能做到这一点而不会显得软弱，制造更多的敌人，或者尽可能徐徐图之，使得改革合情合理？这些问题都很复杂，所以领导者经常避免与他们的挑战者正面交锋，也就不足为奇了，相反会希望团结一致的呼声和支持者的热情可以压倒反对者。

但这是一个冒险的策略，当风险很高时尤为明显。幸好林肯知道，1863 年夏天北方精英领导层不想通过打仗来结束奴隶制。总统还意识到，为了化解“后院着火”的内部矛盾，他必须与美国公众直接对话，必须通过回击反对者对他提出的具体争论来实现这一点。最后，他必须从更远大的追求的层面来解释他的做法。林肯在詹姆斯·康克林的演讲中做到了这一切。从变革领导者的角度看，与利益攸关方进行有效的沟通，并尽力缓和更广泛的改革的严重威胁，总统的信是他最有说服力的代表作。

9 月，威廉·罗斯克兰斯将军指挥下的联邦军队在田纳西州和佐治亚州边界的奇卡莫加溪遭遇惨败。在为期两天的战斗中，有超过 16000 名联邦军队士兵阵亡、受伤或失踪，南方军队损失了 18000 多人。但是在 11 月下旬，联邦军队在将军尤利塞斯·S. 格兰特、威廉·特库姆塞·谢尔曼、约瑟夫·胡克和乔治·托马斯的指挥下成功反击，大大巩固了联邦在田纳西州和佐治亚州西北部的地位，并给联邦军队创造了侵入南方腹地的可能性。

几乎在同一时间，林肯宣布 11 月的第 4 个星期四是全国感恩节。他敦促美国人请求上帝帮助治愈这个国家，恢复“和平、和谐、安宁和统一”。尽管有这样的呼吁，但和平并没有到来。战争肆虐，看似没有尽头。为什么，总统问自己，难道他不能结束战争吗？为什么要如此血腥？当他想到这些问题时，他的思绪又回到了葛底斯堡战役，这是一个重要的转折点。林肯认为，要是李将军和他的北弗吉尼亚军队在战斗结束后向南撤退时，联邦军队将军乔治·米德攻击了他们，那么战争就会结束。但是这并没有发生，流血事件还在继续。

11 月初林肯收到邀请，要在葛底斯堡一座新国家公墓的落成仪式上发表“一些恰当的讲话”，他看到了一个机会，可以为他一直想解决的大问题发表意见。他接受了这个邀请，并在接下来的几个星期里，就自己该讲什么而努力思考了很久。当他动身去宾夕法尼亚州时，他写了大约演讲一半的内容。其余部分他清楚地记在脑海中，但正如他告诉朋友的那样，他正在为结尾而苦苦思索。

11 月 18 日晚，林肯一行抵达葛底斯堡。第二天一早，总统打完了草稿，将它们在两张纸上又写了一遍。落成仪式于 11 月 19 日中午举行，并由政治家爱德华·埃弗雷特致辞。当着 15000 人的面，这位前国务卿和马萨诸塞州前州长发表了近两个小时的讲话，对这场战争进行了详细说明。当他演讲结束后，美国哥伦比亚特区的联邦执行官沃德·希尔·拉蒙邀请了总统上台。林肯走上讲台并开始发言。他的发言总共只有 272 个单词，花了不到 3 分钟的时间来讲：

87 年前，我们的先辈们在这个大陆上创立了一个新的国家，她孕育于自由的理念之中，并奉行着人人生来平等的原则。

如今我们正在经历一场伟大的内战，以考验我们这个国家，或任何一个孕育于自由和献身于上述原则的国家是否能够长久坚持下去。我们相聚在这场战争的一个伟大战场上，我们来到这里把这战场的一部分奉献给那些为国家生存而捐躯的人们，作为他们最后的安息之所。我们这样做是完全适合的、恰当的。

但是，从更高的意义上说，我们是不能奉献，不能圣化，也不能神化这片土地的，因为那些曾经在这里战斗过的人们，活着的和死去的人们，已经圣化了这片土地，他们所做的远非我们的微薄之力所能扬抑。世人不会注意，也不会记得我们在这里说了什么，但那些英雄们的事迹将永垂不朽。这更要求我们这些活着的人，献身于那些英雄们为之战斗的未竟之事业。毋宁说，在这里，我们应该把自己奉献于仍然留在我们面前的伟大任务——要从这些光荣的烈士身上汲取更多的献身精神，来完成他们为之鞠躬尽瘁、死而后已的事业；我们要在这里下定最大的决心，不让这些烈士白白牺牲——要使这个国家在上帝保佑下重得新生——要使这个民有、民治、民享的政府永世长存。

演讲结束后，许多评论家都认识到了林肯发言的力量。《芝加哥论坛报》指出，总统的言论“将在人类史册中永生”。根据总部位于马萨诸塞州的《斯普林菲尔德共和党报》的说法，总统的演讲是“完美的珍宝；每个单词和标点都表现出了深刻的感情，思想紧凑，表达雅致”。“如果自吹自擂的话，我应该感到高兴，”爱德华·埃弗雷特提到林肯时这样写道，“我在两小时之后大体明白了这个场合的中心思想，你们两分钟内就懂了。”

批评者同样迅速地抨击了这个演讲。例如，《纽约世界报》指责林肯“全然无知或信口雌黄”，提醒读者美国的创立不是《独立宣言》的作用，而是由于“批准了一项称为宪法的契约”，这里面完全没有提及关于平等的事情。《芝加哥时报》也抨击了总统对建国根基的理解，并指出宪法的几个条款承认了奴隶制的合法性。“这些条款，”报纸问道，“能不能将国家奉献给‘人人生而平等的主张’？”社论继续说，总统“凭借这部宪法占据了他现在的位置，并宣誓维护和执行这些规定……他怎么敢站在士兵的坟墓上，曲解他们献身的原因，还诽谤那些建立本政府的政治家？"

林肯并不是要侮辱宪法的制定者。但也许正如作家加里·威尔斯所暗示的那样，他确实打算将这一建国之本的文件置于《独立宣言》的框架下。这份1776年7月4日的文件——是在林肯发表葛底斯堡演讲87年前签署的，总统认为更为重要，因为它阐明了这个国家存在的理由。现在，内战的第三年行将结束，林肯已准备好让国家成为《独立宣言》提到的理想社会。正如他在葛底斯堡所解释的那样，他准备以拯救和改造联邦的目的公开推行战争政策，以恢复美国的承诺——这个以人人生而平等为根基的国家的承诺。

在这种背景下，林肯的讲话是领导者为变革协调利益关系的极好的例子。事后，我们可以看到他利用落成仪式将内战这场持续的动荡与国家的历史和使命——美国政体及其核心主张联系起来。然后，他带领观众着眼于现在，将他们的行动与他们和所有其他美国人参与的"未完成的工作"联系起来。他激励着每一个支持联邦的公民奋起抗战："在这里，我们应该把自己奉献于仍然留在我们面前的伟大任务——要从这些光荣的烈士身上汲取更多的献身精神，来完成他们为之鞠躬尽瘁、死而后已的事业。"

这样一说，林肯提出了承担使命的权衡取舍：一场伟大的内战，一次充满考验的斗争以及成千上万的死亡。他总结说，这些代价是巨大的，但这代价是为实现有着深远意义的宏伟目标的代价："要使这个国家在上帝保佑下重得新生——要使这个民有、民治、民享的政府永世长存。"

每一位正处于危机中的现代领导人都可以从葛底斯堡演讲中学到东西。我们要达到林肯语言的雄辩和力量不太可能。但是，我们可以从他的领导能力中，学习到在特定时刻协调利益关系的精髓。

这意味着将当前的变革工作与国家的历史和未来联系起来，将这些工作放在正在进行的事件中，解释每个涉众在当前过程中所起的作用，确定进行改革需要的具体的权衡取舍，并了解这些的成本，以达到最终目标。在21世纪初，世界变得越动荡，领导人就越有必要构建起这种动荡与一个有价值的目标间的联系，并对其加以解释。

# 第二十章

# 坚定不移

从宾夕法尼亚州回来的时候，林肯患上了轻度天花。

（他躺在床上说，他终于找到了一个应对求职者无止境请求的办法了。据传闻，他开玩笑说：“现在，我有一样东西，可以和所有人共享了。”）但总统几乎没有时间疗养。1863 年年底，他意识到他所做的一切，包括总统连任，并终结战争以及完成自己的更大使命，都离不开联邦战事上的胜利。

但在当时一切都还是零。在东部，波托马克军团和北弗吉尼亚军团陷入了长期僵持的局面。在西部，联邦的大部分军队都十分怠惰。与此同时，疾病和逃兵也削弱了联邦军队的实力。北方人被战争搞得筋疲力尽，持续攀升的伤亡人数也使他们感到恐惧。几乎没有自愿参军的。在 1864 年的头几个月里，林肯陆续发布了额外招募 70 万名士兵的征兵令。

他还任命尤利塞斯·S. 格兰特为北方军队的总指挥官。到 1864 年 4 月下旬，格兰特将军打算率波托马克军队向南进军，对弗吉尼亚州的罗伯特·E. 李的部队发动大规模的地面进攻。与此同时，联邦将军威廉·特库姆塞·谢尔曼将带领他的士兵前往亚特兰大，尽力拿下这座城市。配合一系列协同作战，联邦的将军们将挺进阿拉巴马州的莫比尔和弗吉尼亚州的彼得斯堡。该策略的逻辑与林肯在两年前向乔治·麦克莱伦提议的相似：利用联邦军队的人数优势，持续进攻南方军队的整条防线。

1864 年 5 月，格兰特将军和乔治·米德将军，连同波托马克军的 10 万士兵，南下进军南部邦联首都里士满。几天后在人们传颂的荒野之战中，联邦军队袭击了李将军在弗吉尼亚弗雷德里克斯堡以西的小部队。两天激烈的战斗后，政府军伤亡人数超过了 18000 人；南部联邦的军队损失了 11000 多人。(射击产生的火花燃着了伤兵身下的树叶，导致近 200 名等待救治的联邦伤兵被活活烧死；双方军队都能听到他们的惨叫声。)

格兰特临危不乱，当即决定率部队转移到东南向——弗吉尼亚州附近的史波特斯凡尼亚郡府。5 月 8 日，联邦军队第二次袭击了李的部队。12 天的时间里，联邦士兵一直在试图突破南部邦联的防线。格兰特的部队几乎将敌军分成了两半，但南方部队的反攻又夺回失地，战斗持续了 20 多个小时。这是内战中最惨烈的战役。"什么言辞也描述不出这场战役的惨烈，有撕心裂肺、令人毛骨悚然的叫喊，杀气腾腾的面孔，恶劣的咒骂，以及肉搏战中骇人的恐怖。"一位老兵回忆道。还有一位老兵说，这场战役就是一个"惨叫铺天盖地，怨气冲天和谋杀充斥的地狱"。

战斗平息后，哪一方都不敢说自己是获胜方。双方都付出了巨大的代价：有多达 18000 名联邦士兵死亡、受伤或失踪，12000 多名南方邦联士兵丧生。在开始陆上作战的前三周，格兰特损失惨重，伤亡的士兵有 35000 多名。北方人又惊又怕。林肯的批评者们猛烈地抨击了这场军事失败。因为太过焦虑，总统本人几乎都要病倒了。众议院议长斯凯勒·科尔法克斯去办公室拜访总统时，看着他在房间里走来走去，问道："我们为什么会遭受这接二连三的失败！我们是能够避免这场可怕的、血腥的战争的！我们又不是除此之外别无他选！还有完没完！”

格兰特继续向南征战。6月初，波托马克军队袭击了位于里士满东北10英里弗吉尼亚州冷港的南部邦联军队。经过惨绝人寰的激烈战斗，南方军成功地击退了联邦的进攻；联邦军损失了7000人，邦联军则只有1500人伤亡。后来，格兰特说他后悔下令攻击冷港了。但当时他并没有想过退却。5月份，他在写给作战部部长埃德温·斯坦顿的信中说：“哪怕要打整整一个夏天，我也要在这条战线上耗到底。”

将军的决心预示了战争的新节奏。前三年冲突的主旋律——大规模的战斗之后，双方军队撤退、休养生息——已经一去不复返了。与此相反，在1864年的春天和初夏，历史学家詹姆斯·麦弗逊解释说，双方都进入了“一种无情的、无休止的新式战争”。

格兰特和李将军都有充分的理由继续保持他们的步调和作战强度。出于对人数优势的自信，联邦指挥官希望通过不断的攻击，迫使南部邦联投降。从李将军的角度来看，他知道波托马克军队的伤亡人数，几乎是北弗吉尼亚军队的两倍。他由此断定，如果他能够保持这一令人震惊的伤亡比，并且在格兰特没有取得重大胜利的情况下守住南方邦联领土，那么北方选民可能会在11月的大选时抵制林肯连任，并选择一名有和平谈判想法的人作为候选人。

6月，格兰特率军队南下向弗吉尼亚州的彼得斯堡进发，希望能够占领这座城市，并以此为基地进攻里士满。与此同时，国家开始筹备总统选举的事宜。6月7日，共和党人在巴尔的摩召开会议，提名林肯连任总统。他们还通过了一个积极抗战的纲领和结束奴隶制的宪法修正案。代表们提名田纳西州军事总督安德鲁·约翰逊为副总统。

与此同时，许多北方民主党人呼吁与南部邦联进行和平谈判。夏末，这一和谈派系掌控了芝加哥的民主党全国代表大会，代表们提名前联邦将军乔治·麦克莱伦担任总统。该党纲宣布战争是无意义的，承诺保护“各州的权利不受损害”，并保证“立即付诸行动停止敌对行动”。对民主党的政治纲领及提名者，南方民众深感欣慰。《查尔斯顿信使报》写道：“若麦克莱伦当选，在接下来的两个月里，只要我们坚守阵地，并确保敌人不会取得军事胜利，那我们和平与独立的目标指日可待。”

现在，这一切都取决于军事上的胜败得失。夏天一天一天过去，联邦军队却举步维艰。对彼得斯堡的攻击，格兰特栽在了这座防守严密的城市上。联邦和南部邦联参战的战士，加起来得有 10 多万人，都构筑了工事做好了长期作战的准备。城市周围蜿蜒曲折的战壕中，尽是他们作战的身影，惨烈程度堪比第一次世界大战。威廉·特库姆塞·谢尔曼从田纳西州缓慢地向亚特兰大进发，挡在城市之前的联盟军队，似乎只能让他们望城兴叹。在申南多亚谷，联邦军队亦是步履维艰。

与此同时，北方包括华盛顿特区在内的所有医院（其中一些医院临时设在诸如专利局大楼的政府机构中），都满是受伤的联邦士兵。医院的外面，截下的成堆肢体在闷热的天气里慢慢腐烂。每时每刻，首都的居民都承受着战争带来的可怕代价。一天晚上，林肯看着一列从他马车旁驶过的救护车，对一位朋友说：“看看那些可怜的家伙。我痛心疾首。如此的苦痛，生命中不可估量的损失。”

在战争期间担任护士的诗人沃尔特·惠特曼，在写给母亲的信中描述了一所城市医院的情况：“伤员的情况非常糟糕，聚集在华盛顿的伤员数量惊人，那些从荒野战役和那个地区来的伤员，在医院也很容易被忽视，境况凄惨，惨不忍睹……我们接收的士兵中有些伤口爬满了蛆虫，有些伤口肿胀并且发炎。许多截肢手术必须重新进行。一个新的特点是，这些受苦受难的年轻人中许多都很狂躁。每个病房里都有一些伤员神志恍惚。他们承受了太多的痛苦，也许失去理智对他们而言也是极好的。”

随着1864年的夏天艰难熬过去，北方人的士气一分低落。政治家和记者们呼吁立即停战，许多人预测林肯将要落选。纽约政治家瑟洛·威德说：“人民十分渴望和平。”他补充道，他们不会支持总统，因为他们知道他“只会在奴隶制被废除的前提下考虑和谈条件”。《纽约时报》编辑、共和党全国委员会主席亨利·雷蒙德告诉林肯“如今的形势对我们非常不利”。这位编辑说，据他掌握的消息预测，在即将到来的大选中，伊利诺伊州、印第安纳州、宾夕法尼亚州和纽约州将集体反对总统连任。他继续敦促林肯与南部邦联总统杰斐逊·戴维斯展开和平谈判，“唯一的条件就是承认宪法至高无上，所有其他的问题都要在全国人民代表大会上解决”。

到8月底，林肯又遇到一个巨大的危机。在北方，他的政策支持者们倒戈，开始强烈反对他。总统知道这意味着什么。“你以为我不知道我将会落选，”他在夏末对一位拜访者说，“其实我知道的，除非发生一些重大变化，不然我会输得很惨。”林肯意识到，如果麦克莱伦当选，那么战争结束的可能性很大，南部邦联将独立出去，成为一个奴隶制可以继续存在的国家。

总统忧心忡忡。他知道他不能把放弃解放全国奴隶作为结束战争的条件。他不能眼睁睁看着为联邦抛头颅洒热血的黑人士兵，重新落入他们主人的魔掌。他向两位政府官员解释说：“我这样做可能迟早会受到诅咒，永世不得翻身。”“但全世界都应该知道，无论对敌对友，我都是一个守信之人。”

但随着军事僵局的存续，要求总统向南部邦联寻求和解的压力也增大了。詹姆斯·麦克弗森写道，这种压力变得“几乎不可撼动”。总统开始动摇。也许，当他深夜在白宫走廊上踱步时，他告诉自己，是到了与南方领导人进行和平谈判的时候了。8 月 19 日，他起草了一封意义重大的致民主党政治家和报纸编辑的函件，以这样的主张结束了这次交流：“如果杰斐逊·戴维斯想……知道我的下一步行动，如果他只字不提奴隶制就想和谈和统一，那就让他来找我吧。”

写完这些话后，林肯停顿了一下。他没有将信寄出去；相反，在考虑自己会怎么做的同时，他把信放在了他的办公桌里。两天后，当弗雷德里克·道格拉斯去白宫拜访林肯，讨论招募奴隶加入联邦军队时，总统向他大声宣读了这封信。这位黑人活动家强烈建议总统将信保密。道格拉斯说，如果他寄出这封信，就会被解读为“完全放弃了你反奴隶制政策，并且会对你造成严重损失”。

林肯接受了这个建议。他把信放回了他的文件里。带着重燃的信心，总统决定解放奴隶仍然是与南部邦联进行任何谈判的必要条件。在 1864 年漫长炎热的夏天里，有几天的时间林肯曾考虑过放弃他的使命。但最终，在决定性的时刻他没有放弃。他坚持住了。首先，他有所顾虑，没有寄出那封可能导致与叛乱领导人展开和平谈判的信。其次，他征求了像弗雷德里克·道格拉斯这样深明大义的人的意见，林肯确信他会建议自己不要寄出这封信。再次，他信守了自己对更大目标的承诺。

历史学家和传记作者指出了林肯的一些优点及其在领导中的作用。但这些优势中最重要的一个被提到的却并不多，这就是林肯一直勇往直前。一旦他做出了一个关键的决定，即使他周围的一切看似都与这个决定背道而驰，他也会坚持到底。这种坚持不是顽固或自以为是。相反，这取决于林肯在做选择时的谨慎，包括风险很高时他深思后的迟疑；这份坚持还取决于他作为道德领袖愈发深远的眼界；还取决于他坚强的意志，每天早上起床，尽其所能完成任务。

9月初，联邦军队取得了军事大捷。在围攻亚特兰大6周之后，谢尔曼的部队成功切断了该市的所有主要供应线；9月1日，约翰·贝尔·胡德将军指挥的南部邦联军队撤离了该地区。第二天，谢尔曼的军队成功攻入亚特兰大，在市政厅插上了美国国旗。联邦将军给华盛顿发电报说："亚特兰大是我们的了，我们打了大胜仗。"

战争的天平再次倾斜，林肯的第二个任期也随之而来。1864年11月8日，总统赢得了选举，赢得了除新泽西州、特拉华州和肯塔基州之外的所有北部州的支持。四年前选举他的那群人现在也在支持林肯的党派：本土出生的农民、新英格兰人和城市职业人士。全国各地战场上的联邦士兵，绝大多数都把票投给了林肯。

在接下来的几个月里，战争迅速接近尾声。秋天，联邦将军菲利普·谢里登率部穿过申南多亚谷，袭击南方邦联军队，焚烧农场，屠宰牲畜，切断敌方的给养。12月下旬，谢尔曼和他的军队向沿海方向进发，行军300英里后夺取了佐治亚州的萨凡纳（12月22日，联邦将军给总统发了一封电报："我想送给您一些圣诞礼物，有萨凡纳市以及150门重炮和大量弹药，还有大约25000包棉花。"）。1865年4月3日，在格兰特指挥下的联邦部队最终占领了南部邦联的首都里士满。

里士满得之不易，这是一个重要的军事胜利。在南方邦联倒台之后，两年前不可想象的事情展现在世人面前，可谓是战争引发巨变的标志性事件。例如，第一批进入前邦联首都的政府士兵中包括全部由黑人组成的第二十五军。在这些军队的指引下，解放后的奴隶们迅速涌入城市街道，欢呼雀跃、载歌载舞。里士满奴隶市场的围栏打开了，黑人男女老少们从围场里冲了出来，赞美上帝和总统。

美国黑人给予联邦军队的接待和4月4日林肯访问里士满时给予的欢迎的情景，让白人居民深感震惊。当他走过街道时，被释放的黑人群众围住了总统。有些人对他顶礼膜拜，许多人想摸一摸他；几乎所有人都承认他在结束奴隶制方面的丰功伟绩。“我知道我是自由的，”一位年长的黑人妇女说，“因为我见过林肯大人并真实感受到他。”

几天后在4月9日，罗伯特·E. 李的军队在弗吉尼亚州的阿波马托克斯郡府向尤利塞斯·S. 格兰特投降，内战正式结束了。联邦将军依据总统的指示，提出了慷慨的投降条款。“我不想惩戒任何人，”林肯告诉格兰特，“对他们都宽大处理吧。我们希望这些人重拾他们对联邦的忠诚，并且遵守法律。”格兰特向李将军提出的释放邦联军官和士兵们的条件就是：如果他们同意对政府不再采取武装措施，放下武器，他们就可以获得假释并允许他们保留他们的马和个人财产。当南部邦联的将军告诉格兰特他的手下很饿的时候，这位北方指挥官安排了25000份口粮送给了战败的南方军队。

# 第二十一章
# 自由的新生

在联邦军队取得最终的胜利之前，林肯一直在思考这个重新取得了统一的国家的未来：联邦政府应以何种方式对待重新加入联邦的前邦联各州呢？应该为已是自由身的美国黑人提供什么样的政治、经济和社会保障呢？1864 年 12 月，在向国会发表的年度讲话中，总统力劝国会议员们，应该支持这一旨在废除全美奴隶制的宪法修正案。该修正案 8 个月前就通过了参议院的审核，但在众议院，修正案通过所需的三分之二多数票却没能达到要求。1864 年年底，林肯要求任期将满的代表们在 1865 年 3 月第三十八届国会休会之前，就此修正案重新投一次票。

林肯利用 1864 年最后几周和新年伊始几周的时间，竭尽全力为修正案的通过保驾护航。他会见了一些议员代表，还敦促那些忠于联邦的政客们去游说其他人投赞成票。一些证据表明，为了换取他们的支持，总统还向某些议员提供了一些方便。当然，国务卿威廉·西沃德为那些承诺支持修正案的任期将满的民主党人，提供了工作机会。对于林肯为了获得所需的选票而采取的其他幕后操纵手段，历史上再没有记录了。多年后，废奴主义者、国会议员撒迪厄斯·史蒂文斯回忆总统在立法斗争中所起的作用时，说：“在美国最纯洁的人的帮助和怂恿下，借由不入流的手段通过了 19 世纪最伟大的法案。”

1865 年 1 月 31 日，在拥挤的旁听席前，众议院以 119 票对 56 票的优势通过了宪法第十三修正案。多数的一方票数略多于所需的三分之二。当大声宣读最终计票结果时，在场的共和党人和其他支持者们爆发出热烈的掌声。据《美国国会议事录》报道，旁听席的观众们纷纷从座位上跳了下来；男人们在空中挥舞着帽子，并且“大声欢呼，而在场的数以百计的女士们则挥舞着手帕，加入了这场狂欢并将全场的气氛推向了高潮。狂欢持续了好几分钟”。

该修正案一经众议院批准，就将其送交各州批准生效。林肯的第二故乡伊利诺伊州，是第一个批准通过的。罗得岛州、密歇根州、马里兰州、纽约州、宾夕法尼亚州和西弗吉尼亚州紧随其后。要使永久废除奴隶制和强制劳役的宪法条款生效需要四分之三州议会或四分之三州制宪会议的通过率，1865 年 12 月初，经佐治亚州和北卡罗来纳州的批准后，修正案正式生效了。

1865 年年初，战争逐渐接近尾声，林肯也对战后重建投入了大量的精力。他一心一意地想着在被联邦军队占领的南部各州建立忠于联邦的州政府。例如，自 1862 年来一直由联盟军队控制的路易斯安那州，总统试图将白人联邦主义者团结起来，为了实现解放和统一而共同奋斗。

随着战争的尘埃落定，对于美国黑人来说，有一些经济和社会保障条款，包括他们是否会获得投票权等都悬而未决。废奴主义者强烈要求林肯赋予黑人选举权。但这种设想遭到了保守的共和党人、民主党人和其他北方人的反对，大多数南方白人就更不用说了。总统明白，如果他想重新实现国家统一，就必须制衡所有这些党派。林肯在 1865 年年初他的最后一次公开演讲中表示，他赞成将选举权授予那些明智的黑人和“那些为我们的事业流血牺牲的士兵”。从现代人的角度来看，这种倡议看起来并不算什么。但正如埃里克·福纳所说的那样，这是一个了不起的声明：没有一个美国总统曾像他一样公开拥护黑人获得选举权。

林肯在筹划未来时，再次回归到了战争的意义上。既然这一切都过去了，那国家应该怎样去理解这场悲剧呢？他和他的同胞们怎么解释奴隶制是极其不道德的，以及其长久存在于美国政坛中的原因呢？面对这些问题，作为一个致力于民主理想的民族，会将国家推向何方呢？

大约在罗伯特·E. 李将军在阿波马托克斯郡府投降的前一个月，林肯在1865年3月4日发表的第二次就职演说中提及了这些问题。那天早上风雨交加，天微凉。有3万多人聚集在国会大厦东面。在正午过后不久，总统走上讲台，正当时太阳挣脱了云层的束缚，瞬时光芒万丈。一些围观群众认为这突如其来的变化是一种吉兆，一位政府官员表示这标志着“战争的阴云消散”，“繁荣和平的阳光将重新普照这片大地”。

总统只拿了几张纸就上台了。这篇演说仅有700多单词，是美国历史上最短的就职典礼之一。林肯以对战争开端的简要叙述开始了演讲。但对战争爆发的原因，他没有过多的解释。他没有重提自己过去试图将分裂州继续留在联邦所做出的努力。他没有提到任何具体的战斗或其他事件。相反，他只是简单地说：“其实谁都不愿意打仗，但其中一方宁愿发动战争也不愿联邦存续，而另一方不愿看到联邦解体，所以他们不得不选择迎战，于是内战就爆发了。”这种出人意料的轻描淡写有意避免了将战争归咎于任何一方。

林肯还有一个更大的使命要完成。在第三部分，他话锋一转谈起了奴隶制的主要问题：它在战争中的作用，它在南北部地区历史上的棘手问题，以及从道德层面来看它所处的位置。正如总统所解释的那样，奴隶制不仅是战争的原因，也是全体美国人所犯下的罪过。这场残酷战争的核心是“美国奴隶制”，而不是“南方奴隶制”，这场战争几乎波及每一位公民。林肯断言，这一定是上帝给我们的惩罚，奴隶在皮鞭下流淌的每一滴血都要用刀剑下的血来偿还。无论他们是北方人还是南方人，无论他们是穿蓝色的还是灰色的制服，都逃不过惩戒。林肯表示，美国奴隶制有多罪恶，战争就有多么残酷。总统说，这意味着这场出乎所有人意料的可怕战争，究其原因是公正的上帝的旨意。

一些历史学家将这部分演讲解释为林肯深刻虔诚的宗教信仰的表现。当然，有充分的证据表明，当上总统后，他对强悍的神学越来越感兴趣了。林肯一生都在读《圣经》，但他从不定期去教堂，也没公开表示过要坚持某种精神信仰。然而，一旦他在白宫发现自己处于完美风暴的中心，就会时不时提到上帝和上帝的旨意，他说希望他的领导能和上帝的旨意相符，并能看清事物的本质。

通过研究，我发现第二届就职典礼上，总统远不止投入了更多的精力。就像其他经历过改变人生的困厄之日的人一样，林肯一直在努力理解这种经历。即使他在其影响下身心俱疲之时，也不忘试图缓和这场悲剧，为此付诸一切努力。但是，与许多遭遇重大不幸的人一样，他开始意识到他纠正事态发展的努力都没取得什么效果。他的智力、行动力和意志力还达不到，以致他不得不违背自己的理性判断，转而去考虑可能有更强大的力量在操控这一切。尽管战争需要所有人的努力，但总统相信天命不可违，上帝自有解决之道。对林肯来说，对于所有不顾痛苦并发誓要在悲剧的废墟中自我救赎的人来说，这些都是善良的力量。总而言之，他说有一点是他和国民必须承认的，那就是战争归根结底是上帝的判决。

所有勇敢的领导者都免不了要面对自己办事能力不足的情况。然后，他们面临一个重要的选择：是拥抱体面和希望，还是倾向可耻和绝望。本书中的五个人都面临着这种选择。这五个人都决定向前迈进，重新思考自己掌控之外的事物，谦卑行事，同时坚定地朝光荣的目标前进。

现在，人们应该从战争中吸取教训，心怀宽恕，不再想着报复。林肯通过呼吁公民找到更高尚的自我，结束了他的演讲：

我们不对任何人抱有恶意，而是慈悲为怀；我们坚信上帝赋予了我们明辨是非的能力，坚持做正确的事，让我们完成正在进行的事业；我们包扎这个国家的伤口，关怀每一位战死的烈士和他的妻儿——同各国人民一道尽一切力量实现和维护我们国家的长治久安。

一些记者和政客对总统的讲话感到困惑。林肯对此并不感到惊讶。他在给一位同事的信中写道："我知道这不会立即被人民所接受。上帝和民众之间的目标不同，也是情理之中的事。"总统继续说道："我认为这是人们需要知道的事实；不管有什么羞辱都直接冲我来吧，我认为可能有人想从我这里知道这些。"就职典礼结束的白宫招待会上，当弗雷德里克·道格拉斯称赞林肯的演讲时，这种客气话也让林肯喜气洋洋。"我很高兴你喜欢我的演讲！"当这位废奴主义者走出迎宾队列时，总统朝他喊道。

林肯非常疲惫，卧床休息了几天，然后又投身到第一任期时繁忙的工作中。现在战争的阴云即将散去，这个国家将面临一系列新的挑战。这些挑战涉及国家的重建、南部邦联投降的最终条件、

《第十三修正案》的批准生效，以及全美奴隶制的终结计划。总统对所有这些问题的信心和公众支持率，比他过去四年有过之而无不及。例如，在1865年3月，他签署了《自由人局法案》，根据该法律，联邦在作战部设立了一个用于帮助奴隶向自由民众过渡的政府机构。该机构主要负责向获得解放的奴隶和在贫困线上挣扎的白人提供食物、衣服和燃料，引入自由劳务制度，监管非裔美国人的学校，解决白人土地所有者与黑人工人之间的纠纷，以及确保黑人在州法庭上享有公正的待遇。

总统还要花时间处理战争的善后事宜，在第二任期的前几周与格兰特、谢尔曼及内阁成员会面。4月初，林肯在访问位于弗吉尼亚州珀恩特镇格兰特的总部时，花了一整天时间参观战地医院。该医院有1万张病床，是联邦总部四所陆军医院中规模最大的一个，总统希望能够慰问在这里养伤的联邦和南部邦联士兵。他一边与可以走动的士兵握手，一边从这张床走到那个床去问候其他伤员。林肯的一位助手回忆说，那些伤员见到总统时“高兴得……不知所措，而林肯“在向战士［们］致意时也是同样高兴”。那一天，慰问了6000名士兵的总统，没有表现出丝毫疲劳的迹象。当一位医生觉得总统的胳膊肯定累坏了时，林肯用右手拿起一把斧头，将手臂平伸了出去，开始劈柴，没显出一丝颤抖。（在他离开后，有几名士兵试图演示这种力量表演，但都失败了。）

沉重的工作压力下，总统通过和老朋友的谈心恢复精力。约书亚·斯皮德成了白宫的常客；伊利诺伊州州长理查德·奥格尔斯比也是如此。和往常一样，有最信赖的伙伴陪在身边，几个人在一起讲故事、诵读莎士比亚的作品、读幽默的诗句，林肯轻松自在了不少。总统也很喜欢去剧院和歌剧院。

随着华盛顿的天气回暖，他和玛丽一有时间就乘马车出去游玩，对此二人很是满足。南方邦联在阿波马托克斯郡府投降后，这对夫妇就开始谈论起林肯第二任期结束后他们会做些什么了。他们计划去旅行，他想去加利福尼亚州看看，也许还会去圣地逛逛。4月 14 日，在两人乘坐一辆露天马车游玩时，玛丽对她的丈夫说他似乎精神很好，他现在精力充沛的样子真叫人吃惊。“我也这么觉得，玛丽，”林肯答道，“我想过这一天的，战争结束了……战争和我们亲爱的儿子威利的离世，让我们异常痛苦，未来的日子里我们必须走出阴霾，快乐地生活下去。”

那天晚上，亚伯拉罕·林肯于华盛顿特区的福特剧院遇刺身亡。第二天早上，也就是1865 年4 月 15 日，他永远地离开了我们。

# 第二十二章
# 亚伯拉罕·林肯之后的世界

亚伯拉罕·林肯生前受到的批评无数，死后才得以流芳百世。他是美国首位在任期内遇刺身亡的总统，遗体一经安葬，他就成了一位传奇人物。他在耶稣受难日那天被暗杀，之后的几天里，华盛顿特区成千上万的哀悼者表达了他们的敬意——先是在白宫，然后又是在国会大厦的圆形大厅里。接下来的几周里，在开往伊利诺伊州为林肯送葬的火车沿途经过的城市，越来越多的美国民众参加了总统的追悼会。火车每到一个地方，都会有一大群男男女女和小孩围聚在一起，想看一眼林肯的灵柩。

直到 1865 年 5 月 4 日，林肯总统的遗体被安葬在伊利诺伊州斯普林菲尔德的橡树岭公墓那天，有上百万美国民众瞻仰了总统的灵柩，或是目睹了送葬队伍为总统精心安排的葬礼。6 岁的西奥多·罗斯福就是其中的一个，他从二楼的窗户向下看到林肯的送葬队伍沿着百老汇慢慢地穿过了曼哈顿。当这位 20 世纪早期的领导人在许多年后成为总统时，他称林肯是“我伟大的英雄”，并说“他对我的意义比其他任何的公众人物都重要”。罗斯福把第 16 任总统的画像挂在他白宫办公室的墙上，并向来访者和同事们解释说：“我仰望着那幅画，坚信如果是林肯也会选择像我这么做。”

在林肯遇刺身亡后的几十年里，各行各业的人们都认同罗斯福的这个观点。

这位遇害的总统被尊为一位为了自由而战的烈士，被誉为平民出身奋斗至国家权力顶峰的典范。传记作家们都称赞他是一位模范政治家，他的雄才大略和军事领导才能在生死攸关的节点救下了整个国家。无数的美国人，无论是黑人还是白人，都将林肯视为伟大的解放者，他废除了奴隶制，恢复了美国立国的根本承诺。

但是在某些公民中，尤其南方的公民，他们对林肯的评价远没有那么正面。不论他的生前和死后，他都被诽谤是一个伪君子、无能的总统和内战的幕后主使。正如历史学家唐·费伦巴赫尔所写的，他们反林肯的风气一直持续到20世纪末期。修正主义历史学家和一些其他作家指责第16任总统背后操纵政治，实施残暴的阴谋，并且宣称他蓄意发动和坚持进行了一场血腥的战争，可谓残暴恶毒之极。

然而，这些负面评价并没能削减过去或现在人们对这位领导人的兴趣，人们还猜测如果他还活着将会是怎样的。从19世纪后期开始，断断续续地一直到我们的时代，有些学者推论说如果林肯能完成他的第二个任期，那么在整个国家的统一上（包括美国种族关系的发展）会比安德鲁·约翰逊总统以及和他同时代的人做得具有更少的分歧性和破坏性。这是一个有趣的推测，尤其是考虑到林肯在他任期的最后18个月里对国家重建的重视以及他本身对美国黑人看法的演变。但一个显而易见的事实就是，这位第16任总统命数不长，不足以阐明，更不用说实施战后重建国家的综合整治计划。我们还在期待他能在南方邦联在阿波麦托克斯投降之后，尽情发挥自己的领导才能。

在20世纪30年代晚期到40年代早期，人们将林肯的头像刻在了拉什莫尔山的花岗岩石壁上，人们对这位领袖的尊崇已经像对上天那样了，并且第 16 任总统已经成为当今时代的圣人。这种神化是远远超出林肯意料的，他曾对俄亥俄州的一个军团说：“我一不小心暂时住进了这个大白宫。我是一个存活至今的见证人，你的任何一个孩子都可以像我父亲的孩子这样，也能当总统。”

但是最近那些关于林肯的作品，包括出版的一系列纪念他 200 周年诞辰的传记以及导演史蒂文·斯皮尔伯格的故事片，都在试图透过他大理石雕像光鲜的外表，找寻背后的那个他。从 2000 年开始，有关林肯慢性抑郁、实用主义、语言运用、道德目的、谣传的同性恋，甚至说他和家人夏天住过几个月的房子是士兵之家的书籍层出不穷。

这些出版作品很大程度上增加了我们对亚伯拉罕·林肯的认识。但他们常常把注意力集中在这个人复杂、迷人、神秘的个人魅力方面，却没有考虑到他所处的大背景。林肯像我们中其他任何人一样被生命中的一个品性或要素所影响，他也不是在虚无的真空中工作。在我们时代动荡的时刻，我们靠个人判断和史料来分析他人性的方方面面（包括他的一些缺点和错误），我们探讨他在更大的舞台上的表现，从他的事迹中寻求指引。

南北战争在 150 多年前就结束了。但是，这位带领国家渡过难关的人物并没有离我们而去，绝对没有。当公众对政治官员的信心几乎消失殆尽的时候，我们最好能仔细盘点一下林肯在那个极其危险的时代里的领导才能。他的事迹并不仅仅是一个超人的英雄主义故事。林肯的旅程是一个从实践中学习的过程，他一直致力于完善自己，超群的智慧驾驭着同样敏锐的情感意识，以及当他获得巨大权力时燃起的道德严肃性。这同样是一条充满挫折、迷惘和失望的人生之路。

亚伯拉罕·林肯被塑造成了一位高效的领导者——首先由内而外，然后由外而内——其一生中都在不断发展和改变。作为总统，他决不会忽视自己的行为对那些几乎没有或根本没有政府支持的人们造成的更大的后果，他不仅仅只看到眼前的瞬间，他有责任为大家造就一个广阔的未来，他拒绝对自己做出的选择表现出道德上的麻木不仁，这是我们直至今天都渴望的领导力的表现。费伦巴赫尔曾指出："对于任何一个试图了解美国的过去或塑造美国的未来的人来说，林肯绝对是一股不可忽视的力量。"愿所有渴望以价值观和尊严为领导导向的人都能从亚伯拉罕·林肯的生活和领导经历中有所收获。

第三部分

# 永远结束奴隶制

## 弗雷德里克·道格拉斯的挑战

# 第二十三章
# 重新回到斗争

1847 年 4 月 15 日，29 岁的废奴主义者弗雷德里克·道格拉斯站在利物浦码头上眺望着大西洋。他要乘坐“坎布里亚号”（18 个月前正是这艘蒸汽船带他横渡了大西洋）前往波士顿。而他来到英国有三重身份：逃亡的奴隶、演说家和作家。

1845 年，在前往英国的 3 个月前，道格拉斯出版了他的自传《弗雷德里克·道格拉斯：一个美国黑人的生平自述》。这本引人入胜的书描述了他被奴役的 20 年和在 1838 年逃脱奴役的故事，在美国引起了广泛的关注。废奴主义者、政治家、牧师和记者都注意到了这一点。读者们热切地希望了解更多关于这位愤怒并且口齿伶俐的年轻人的经历，他几乎一夜成名。

道格拉斯一夜走红，名气一路传到了马里兰州，他曾经在那里受人奴役，而他当时的主人休·奥尔德仍然在世。休·奥尔德被书中对自己的种种描述激怒了，他发誓“要不惜一切代价夺回对这个黑人的奴役权”。出于担心道格拉斯的安全，他的支持者们，其中包括著名的反奴隶主义积极人士威廉·劳埃德·加里森，迅速为这位黑人作家在英国安排了一次巡回演讲。

大家都希望道格拉斯的作品和他强大的演讲技巧能赢得英国人

对他们事业的支持。英国早在70多年前就废除了奴隶制度，但是在19世纪早期，改革家们又把他们的注意力集中到了那些仍然存在奴隶制的国家，尤其是美国，不远万里也要废除他们的奴隶制。

1845年8月，道格拉斯离开了他在波士顿的家，扬帆起航，不知道他沿途会经历什么，也不知道他这一去何时会回来。

一到达英国，这位废奴主义者就开启了一种全新的生活。他四处旅行，与大批热情高涨的人群交谈，他们大声欢呼着表示对他的赞同。道格拉斯在给加里森的信中写道，成千上万的男男女女来到这里，“就是为了听我这个长期受尽凌辱和奴役的奴隶讲述我所遭受的惨绝人寰的屈辱”，他们表达了“对奴隶主无比的憎恶”。新闻媒体也同样赞赏了他的作品和演讲技巧。这个黑人在美国北部受到了人们的广泛赞扬，但他还不知道自己会受到如此热情的赞扬，而且波及范围会这么广。

这并不是他在英国演讲的唯一不同之处。他在美国的演讲偶尔会被人暴力打断。例如，1843年在印第安纳的一次会议上，他和其他废奴主义者遭到了人身攻击，道格拉斯的右手受到了永久性的创伤。一些美国记者和政客们指责他是骗子；批评家们指责说，根本不会有一个逃跑的奴隶能如此聪明和令人信服地进行演讲。这位黑人改革家写下他的生平故事一定程度上就是为了回击这些指控。他明白，为了能在与奴隶制度的抗争中发生大的改观——无论是作为该制度的见证人、反对该制度的发言人，还是作为非裔美国人潜力和承诺的象征——人们都对他深信不疑。在英国，人们相信他；在这里，他没有受到任何人身威胁或欺骗指控。

同样重要的是，道格拉斯生平第一次没有遭遇到种族歧视。这与他在美国所遇到的情况形成了鲜明的对比。自从摆脱奴隶制的控制之后，他经常被各种酒店和餐馆赶出门外，被赶下火车，被禁止进入教堂，还被禁止进入汽船上的客舱。相比之下，在英格兰、爱尔兰以及苏格兰，他的生活和行动就像其他白人一样自由——不受任何侮辱或报复。道格拉斯说，“我环顾四周找不出任何一个人会质疑我平等的人权”，也不会有人“声称我是他的奴隶，或者对我辱骂”。

在英国的生活还有其他吸引人的地方。道格拉斯喜欢英国人的礼仪，他喜欢见一些知名的作家和政治家。他还结交了一群好友，和其他废奴主义者有所往来，其中许多人想帮助他推动事业继续发展。到达英国后不到一年，他就开始考虑要在英国永久定居。他的同事们纷纷劝他留下来，并向这位积极的废奴主义者保证，作为一名演说家和作家，他挣的钱足够来养活自己、妻子安娜以及他们夫妇的四个孩子。

这种可能性吸引了道格拉斯。像林肯和沙克尔顿一样，他也渴望得到公众的认可，他在英国也充分地实现了这一点。他还发现了一群志同道合的男男女女，他们也都相信他，认为他能在英国为结束美国的奴隶制而做出巨大贡献。道格拉斯也相信他的孩子们将会享有经济和教育机会，而在美国，对黑人来说，这些根本就是天方夜谭。

当这位黑人改革家评估他在英国的新生活时，他发现自己正处于一个紧要关头。他继续前进的道路之一是留在英国，并在那里帮忙领导斗争以结束美国的奴隶制度。另一条路就是回到老家，继续开展他的废除奴隶制的工作。道格拉斯十分清楚回去就意味着他是一个逃亡的奴隶，还要面临被逮捕的威胁。马萨诸塞州的支持者或许会称他为知名作家，但从法律判例上看，法院不会因为他原先的主人要重新抓回他而给予他保护。“你认为我今年秋天回家会安全吗？”1846 年 7 月，他给一位朋友写信问道：“老主人休·奥尔德在马萨诸塞会有很多机会下手吗？他能把我从海湾州（美国马萨诸塞州之别称）抓走吗？那个老家伙很显然想要抓我回去。”

道格拉斯思来想去反复考虑了很久，他在心里权衡这两种可能性。当他这样再三思忖的时候，他也给家里写了信，向他的妻子安娜提出了在英格兰重新定居的可能性。目前还没有当时她拒绝了的记录，但是通过她和其他家庭成员之间的通信记录，表明她是想留在马萨诸塞的。因为丈夫经常出差在外，安娜很大程度上都是自己照顾着孩子和家庭，所以有着难以割舍的联系。

家庭、经济和一些实际因素都很重要。但是，当道格拉斯在内心说服自己的时候，他始终无法摆脱当下奴隶制度的大背景，以及他作为一个废奴主义者在任何一个国家可能做出的成就。他越思考前方不同的两条路，他就越清楚地认识到，他不能想当然地留在英国这个安全的避风港。道格拉斯深知，尽管英国的生活散发着诱人的无尽魅力，可是在反奴隶制度的斗争中，部分至关重要的工作必须在美国展开，而他则需要成为这部分工作的中心。他和其他卷入冲突中的领导人一样，认为必须将自己投身于轰轰烈烈的抗争之中。没有其他的道路能使他不忘初衷了。经过了一番激烈的思想斗争之后，他决定回到故乡。在 1847 年 3 月一场对英国听众的演讲中，他解释了这样做的原因：

> 我回到美国不是坐视不管，默不做声，享受安逸和舒适的生活……我以参加斗争为荣，我会在胜利之后满是欢欣鼓舞。为了我的弟兄们，我会回去。我要去和他们一起受苦，和他们一起辛劳，与他们一起忍受种种侮辱和暴行，以他们的名义为他们发声……我还要加入他们的行列，通过真理的力量和原则的力量帮助受压迫的人民为实现解放而斗争。

道格拉斯在英国的支持者对他的离开感到悲伤。许多人还担心他回去后会被逮捕并被送回他的主人休·奥尔德那去。在他还毫不知情的情况下，他的一部分英国朋友开始筹集资金来为他赎身。其中的一人与道格拉斯之前的主人进行了谈判，在这位废奴主义者离开英国之前，道格拉斯的释放令已经在巴尔的摩提交存档了。他以711.66美元的价格购赎回了道格拉斯的自由之身。

在是否要返回美国这个问题上，道格拉斯与自己的内心一起迈出了关键的一步。他审视了长久以来重要的时刻和激励着他的目标：逃出奴役的深渊，然后全力摧毁它。像本书中的其他领导人一样——特别是迪特里希·潘霍华：在1939年潘霍华也面临着一个选择，不知道要不要不顾个人安危在战争前夕离开美国返回德国，去推翻希特勒的统治；此时道格拉斯也需要做出牺牲。他也知道需要拿什么做赌注来完成他的使命。这种个人判断是复杂而又困难的，他不仅要决定去做什么，还要决定牺牲多少才能做到。

每一位领导人都将发现自己会处在一个十字路口，就像1846年弗雷德里克·道格拉斯所遭遇的那样。每个人都必须审视一下更大的舞台，不管是一个紧迫的环境问题，一个迷失方向的公司，还是一场没有候选人会说出真相的政治选举，他/她要考虑清楚自己是否以及如何能带来较大的影响。然后，每个领导者都必须做出判断，权衡如何取舍从而继续前进。涉及的问题越关键，结果的确定性和安全性就越低，因此潜在的权衡利弊就显得越困难。

在1847年年初，道格拉斯决定必须回到美国。他知道这意味着自己要在危险重重而又难以预料的地方进行反奴隶制斗争。但是在这里以这种身份他才能发挥最大的影响力，他也接受了这种选择所面临的风险。1847年年初，当这位黑人改革家乘船前往波士顿时，他已经做好了准备迎接前方的挑战。他押下了最终的赌注：他承诺要倾尽一切来领导奴隶解放。

# 第二十四章
# 生而为奴

弗雷德里克·奥古斯特·华盛顿·贝利于1818年年初出生于切萨皮克湾附近的马里兰州的塔尔伯特县。(在他成年并逃脱奴役后，弗雷德里克·贝利把名字改为弗雷德里克·道格拉斯。) 他的母亲哈里特是一名奴隶，这就意味着弗雷德里克也是一名奴隶，因为法律规定，女性奴隶的孩子出生后也是奴隶。弗雷德里克从来不知道自己的父亲是谁，但是他知道他父亲是一个白人；人们普遍猜测是哈里特的主人，一个叫艾伦·安东尼的种植园管理者。

当弗雷德里克还是个婴儿的时候，安东尼就把他和母亲分开了，哈里特被安排去地里种植小麦和其他农作物。奴隶们通常都会跟自己的孩子分离；奴隶主经常会安排奴隶去从事不同的工作，就好像他们不过是设备器材，不停地变换工作可以获取最高的价值似的。

弗雷德里克被留给他的外祖母贝琪·贝利照顾。她也是安东尼的奴隶，她的丈夫是一个自由的黑人，叫艾萨克·贝利。当弗雷德里克跟这对夫妇一起生活的时候，他们住在安东尼农场的一间小木屋里。贝琪46岁时，主人认为她年龄太大不适合做农活了，安排她去帮助那些奴隶接生和照顾那些属于安东尼的奴隶的孩子们。这些男孩和女孩中的大部分都会跟贝琪住到六七岁，直到他们可以开始在安东尼的家里当用人，或者可以出租给其他家庭。

在弗雷德里克出生的1818年，美国有超过150万被奴役的黑人，包括妇女和孩子。这意味着，奴隶占了美国950万总人口的近六分之一。绝大多数的奴隶都生活在南方，主要集中于弗吉尼亚州、马里兰州、佐治亚州、肯塔基州、北卡罗来纳州和南卡罗来纳州。在接下来的数十年间，随着美国获得大片土地，奴隶制开始向南部和西南部的州扩展，延伸至亚拉巴马州、路易斯安那州、密西西比州和阿肯色州等新成立的州。

19世纪上半叶，奴隶们生活在许多不同的环境中。一些是家中用人，一些是在主人的小企业里工作，比如做桶、造船、磨面粉，还有钉马掌等。然而，大多数人还是在做农活，特别是在生产棉花、水稻、烟草和甘蔗等主要农作物的种植园里的奴隶。棉花一直是南北战争前南方最重要的经济作物。

在19世纪初，随着新英格兰、英国和法国纺织品生产地扩张，整个美国南方的棉花种植也繁荣发展起来。(例如，在1801年，这种作物的年产量仅为100万磅；到1860年的时候，年产量已经超过15亿磅了。）从19世纪30年代中期到1861年美国内战爆发前夕，棉花的出口额至少占了美国出口总额的一半。棉花产量的增加，也导致了对奴隶的大量需求。

在弗雷德里克小时候，他对棉花和种植园一无所知。他每天跟其他孩子一起玩耍，这些孩子和他一样都是跟艾萨克和贝琪一起生活，或者帮助他的外祖母在附近的小溪里抓鲥鱼和鲱鱼，或是在小花园里种甘薯。“外祖母和外祖父对我而言是这个世界上最伟大的人，”他回忆道，“跟他们亲昵地待在自己的小屋里……那段时间，没有任何事情会打搅我。”

1824年的8月，当弗雷德里克6岁的时候，他的主人艾伦·安东尼决定把这个男孩跟他的外祖父母分开，他命令贝琪把弗雷德里克送到这个白人所生活的怀伊种植园去。

当贝琪陪着外孙走到10英里外安东尼的家，并把他留在那里的时候，心都要碎了。尽管如此，弗雷德里克别无选择，他只能担负起他家用人的工作。

作为安东尼的奴隶，生活条件是很艰苦的。这个黑人男孩很少能得到足够的食物，主要靠煮熟的玉米粉维生。奴隶们在一个食槽里吃饭，一旦玉米糊倒到了食槽里，他们要互相争夺，在食物消失前，尽可能多吃些。从来不会有足够的食物。很多年之后，道格拉斯仍然记得当时“非常痛苦的饥饿感”，以至于他要跟安东尼的狗“老尼普”争夺从餐桌上掉落的残羹剩饭。

这个黑人孩子穿得也很差。虽然主人允许每个奴隶每年可以做两套粗布衬衫，但是这些奴隶一年四季只有这两套衣服，所以每天都是从早穿到晚。冬天的那几个月会非常难熬。最大的困难，道格拉斯回想道：

> 就是在夜里保持温暖。猪圈里的猪有树叶可以保暖，马厩里的马有稻草保暖，但是孩子们却没有床。他们在宽敞的厨房里休息。我通常睡在一个小壁橱里，连一条可以盖的毯子都没有。在非常寒冷的天气里，我有时会爬进磨坊装玉米的袋子里去睡觉。我把头钻进去，把脚露在外面。虽然一直都不舒适，但至少身体的一部分能暖和些。我的脚被冻得皲裂，我用来写作的笔都可能放进这裂缝里。

这是所有做奴隶的孩子都要承受的痛苦，而一些成年奴隶则需要忍受更残酷的磨难。比如，一天早晨，弗雷德里克被女奴埃丝特的尖叫声惊醒。从他睡觉的壁橱里望出去，这个小男孩看到安东尼把这个上半身赤裸，双手被绑在身前的女奴隶拖进厨房。这个白人一边把她的双手举过头顶固定在托梁上，一边告诉她："现在，你将……我会告诉你，违背我的命令会怎么样！"

道格拉斯仍然记得那一幕：

老主人站在她的身后，手中握着牛皮鞭，用各种残酷、粗俗和侮辱人的手段为他的残暴体罚做准备。

受刑者尖叫的声音极其刺耳。他非常残忍，有意地拖延这个折磨的过程，好像很享受这一场景。他手里一下又一下地抽打着皮鞭，不停地调整角度，希望可以给她最痛的一鞭。可怜的埃丝特从来没有受到过严厉的鞭打，她的双肩丰满而柔嫩。每一次大力的鞭打，都伴随着尖叫和鲜血。"饶了我吧！啊，饶了我吧！"她哭喊道，"我再也不会那样做了。"但是她的哭喊似乎只会增加他的愤怒……在抽打了三四十鞭之后，老主人解开了他的受害者，把她放了下来。她被解开的时候，几乎都站不住了。我从内心里同情她——尽管我当时还是个孩子——这种暴行使我内心绝不再平静；但是我当时很安静、害怕、震惊，什么也做不了，也许埃丝特现在的遭遇就会是我将来的命运。

除了自己的奴隶，艾伦·安东尼还帮助他人管理大约100名非洲裔黑奴，这些人属于富有的美国参议员，马里兰州前州长爱德华·劳埃德所有。这位政治家雇安东尼管理劳埃德家族上万英亩的庄园——怀伊种植园。位于庄园中心的是参议员的住所——怀伊老家。这座豪宅距离安东尼的住所只有几步之遥，是一座大型的乔治亚风格的建筑，配有庄严的门柱、宽阔的走廊和漫长而宽阔的车道。弗雷德里克对这幢房子非常着迷，尽管安东尼的奴隶禁止进入，但是这个孩子还是设法瞥见了房子里的生活。他被自己看到的富裕奢华的生活所震惊了：

巨大的财富和奢侈的消费使这座大房子里充满了各种赏心悦目的东西和诱人的味道……各类精选的高品质牛肉、小牛肉、羊肉和鹿肉，为这些奢侈的消费者带来丰富的选择。切萨皮克湾的丰富物产，比如石鲈、石首鱼、番红花、鳟鱼、牡蛎、螃蟹和水龟等都聚集到了这里来，堆到这闪闪发光的桌子上……这里还有来自西班牙的无花果、葡萄干、杏仁和葡萄，来自法国的葡萄酒和白兰地，来自中国的各种口味的茶，以及来自爪哇的浓郁芳香的咖啡。这些都彰显着上流社会生活的潮流，傲慢和懒散的奴隶主在大富大贵的生活中纸醉金迷。

1826 年，当弗雷德里克 8 岁的时候，艾伦·安东尼辞去了怀伊种植园管理者的职位，他打算带走一部分自己的奴隶，并把剩下的奴隶租出去。但是他的女儿卢克丽霞对弗雷德里克非常感兴趣，于是便劝说她的父亲把这个男孩送到巴尔的摩，跟他的连襟休·奥尔德和他的妻子索菲娅一起生活。这对白人夫妇正好需要一个家庭用人来照顾他们蹒跚学步的儿子，所以他们接纳了这个年轻的奴隶。

在说服自己的父亲把弗雷德里克送走的时候，卢克丽霞可能是想要给弗雷德里克更好的生活。她知道如果他继续是安东尼的奴隶，弗雷德里克很可能会在青少年时期被卖到美国最南部的地区，在那里的大种植园里做农活。在那个被称为“产棉地带”的地区，奴隶的生存环境更加恶劣，逃脱也几乎没有任何可能。

安东尼接受了卢克丽霞的安排，1826 年的夏天弗雷德里克登上了开往巴尔的摩的船。虽然不知道将会发生什么，但是他很兴奋。“在起航的时候，我走到船尾最后一次看了一眼劳埃德上校的种植园，我希望这是我最后一次看到这里或者任何其他与之类似的地方。”道格拉斯后来回忆道。他走到船头，剩下的旅程都在向前看。“宽广的海湾对我一个孩子而言就像是没有海岸线的海洋般广袤无垠，让我震惊羡慕不已。”

在经过了一天的旅程之后，弗雷德里克到达了休·奥尔德和索菲娅·奥尔德夫妇在巴尔的摩的家。他很快就被新女主人的热情和舒适待遇打动了。从第一天起，她就保证这个男孩子可以穿着合适的衣服和鞋子，可以在有床单和毯子的床上休息，而且再也不用挨饿。弗雷德里克可以在家里的餐桌上吃饭，并且随时可以吃到新鲜出炉的面包。

这个奴隶男孩的工作就是跑跑腿，帮助索菲娅照顾她的儿子汤米。弗雷德里克每天都很忙，但是他在奥尔德家工作跟他在安东尼那里工作的体验完全不同。“在种植园我被人当作一头猪那样对待，”道格拉斯后来回忆道，“我现在被当作了一个孩子……当我不再感受到傲慢的蔑视，冷漠的厌恶，因仇恨而激发的恐惧的时候，我不用再垂下头，屏住呼吸轻声细语地说话。因此我很快就发现，在某些事情上索菲娅更像一个母亲，而不只是一个奴隶的女主人。她好像在说：‘抬起头来，孩子；不要害怕；你看，我对你充满了慈爱和善意。’”

这种新生活不久就中止了。1827 年 10 月，也就是弗雷德里克抵达巴尔的摩的 14 个月之后，艾伦·安东尼去世了。他的后代——女儿卢克丽霞和她的两个兄弟——命令所有的奴隶回到他们父亲的家里，以便他们能处理遗产问题。安东尼所有的财产，包括他的奴隶和农场里的动物，将会分给三个继承人。这些做奴隶的男人、女人和孩子跟羊、牛和猪一样要被评估价值。“奴隶们，”道格拉斯后来回忆道，“跟牲口都是差不多的待遇，而且都要受到一样的严格检验。”弗雷德里克觉得自己很幸运，因为他成了卢克丽霞遗产的一部分，而且她很快把他送回了巴尔的摩。

回到马里兰州，弗雷德里克继续给索菲娅打下手。在漫长的日子里，当她的丈夫休在造船厂工作的时候，她会给她的儿子汤米和这个奴隶男孩朗读《圣经》。这是这个奴隶第一次接触到书面文字，他被深深地吸引了。“经常听到我的女主人朗诵《圣经》，”他回忆道，“我的好奇心很快就被这种阅读的奥秘唤醒了。”他请求索菲娅教他阅读，而且她也答应了。

对于奴隶而言，这是非同一般的。在许多蓄奴的州，教奴隶读书是违法的。因为读书可能会使他们更容易反叛或者逃跑。即使在马里兰州这样没有法律禁令的州，也很少有奴隶主会教他们的奴隶读书，因而大多数奴隶都是文盲。

不久之后，弗雷德里克就学会了字母表。他后来写道，“（索菲娅）看起来对我的进步感到非常自豪，就好像我是她自己的孩子一样。”有一天，为了跟丈夫分享她的成功，她让男孩展示他学到的新知识。奥尔德非常愤怒。“如果你再教那个黑鬼……怎样阅读《圣经》，”他威胁道，“他就不能再留在这里。”休说，这些教育“对于奴隶的职责而言永远都是不合适的”。这个白人解释道，同样重要的是，读书会激起这个男孩的野心。在你意识到这一点之前，奥尔德继续说：“他会想要学习怎么书写，掌握这些之后，他就会自己逃走。”

听着他主人的咆哮，弗雷德里克得到了一个痛苦而有力的启示：白人奴役黑人当奴隶的力量就是保持黑人的无知。现在他明白了，道格拉斯后来回忆道："知识不适合一个做奴隶的孩子。我本能地赞同这种说法，而且从那一刻起，我找到了一条从被奴役到获得自由的通途。"于是他下定决心学习读书写字。

奥尔德的话也很大地影响了他的妻子。索菲娅不仅不再指导弗雷德里克学习，她也不让他接触到她的《圣经》和其他阅读资料。"(我的女主人)满脸愤怒地冲到我面前，"他回忆道，"把我手上的报纸抢走，这种行为充分揭露了她的忧虑。"回想起来，道格拉斯把索菲娅行为的转变归咎于奴隶制——他意识到这种制度，对白人奴隶主和奴隶都造成了伤害。"这不是件容易的事，"他解释道：

去引导（我的女主人）去考虑和感受那个站在他身边，甚至头靠在她腿上的卷发男孩——那个爱着小汤米，又被小汤米爱着的男孩的感受——不是容易的事；对她而言我只是她拥有的一个奴隶。而我不只是那样，而且她觉得我也不仅仅只是个奴隶。我可以说话，也可以歌唱；我会在高兴时欢笑，也会在悲伤时哭泣；我可以推理和记忆；我可以爱也可以恨。我是一个人，而且她——这位亲爱的女士——也知道和感受到这一点。那么，她怎么还能无须跟她灵魂中的高贵力量作激烈斗争，就把我当畜生一样对待？也许斗争过了，但是她丈夫的意愿和力量赢得了胜利。她高尚的灵魂被推翻了；但是，推翻它的人并没有逃脱它的影响。他并不比别人承受得少，他在平和的家庭中被人性的堕落伤害了。

当我第一次进入他们家庭的时候……她在能力所及的范围内为饥饿的人提供面包，为赤裸的人提供衣物，安慰每一个悲伤的人。不过，奴隶制很快就证明了它有能力剥夺她这些完美的品质和她家庭中原来的幸福生活。

在奥尔德的长篇大论之后，弗雷德里克更加深刻地理解了奴隶制。他也面临着挑战。现在对他而言最重要的事情就是要自学读书和写字。在这么做的过程中，他知道他必须在休和索菲娅视线外找到自己的资源。他很快就得到了一些男孩的帮助，这些男孩是他在跑腿办事的时候在巴尔的摩的街上认识的。他们大部分是穷困的白人劳工的儿子，因而他可以用索菲娅厨房里的好吃的来收买他们。“只要给他们一块饼干，任何一个饥饿的小伙伴都会愿意给我上一课。”他回忆道。

一点一点地，弗雷德里克学会了字母、单词和短语。他还得到了一本19世纪很流行的诺亚·韦伯斯特的美语拼字书，在奥尔德看不见的时候，他就会打开书来看。在港口，这个奴隶看到造船工人用来造船的木材，上面用字母S、L、F和A来标志用来建造船的右舷、左舷以及船头和船尾的材料。一旦他明白了这些字母代表的是什么，他就会练习书写它们。然后，弗雷德里克找到了一种扩展这种能力的方法。

当我遇到任何会写字的男孩的时候，我会告诉他，我跟他一样会写字。一般下一句话会是：“我不相信。让我看看，你写写看。”我会把我有幸学会的文字写出来，并要求他也写一个，来证明他写得比我好。用这种方式，我上了很多很好的书写课。这是其他任何方式都不可能做到的。在那段时间里，木栅栏、砖墙和人行道就是我的抄写本，粉笔块就是我的笔和墨水。

这个奴隶男孩还想出了其他的学习方法。例如，当他自己在奥尔德家里的时候，他偷偷带走了汤米从学校带回来的练习簿，在边缘抄写他写的东西。“这个过程很乏味，而且我要冒着损坏他们长子珍贵抄写本而被鞭打的风险。”道格拉斯回想道。但是，弗雷德里克还是保留了练习簿，在这家人入睡之后，把它拿出来学习。他在桶盖上抄写圣经句子、卫理公会赞美诗和其他作品。就像年轻时的亚伯拉罕·林肯在柴火上写字一样，当上面写满了，他会擦掉那一层重新开始。

当这个奴隶男孩13岁的时候，他那群乌七八糟的同伴中的一个人给他推荐了《哥伦比亚演说家》这本书。这本书是1797年由教育家和出版商凯莱布·宾厄姆编写的，摘录了一系列著名演讲、布道和文学作品。内容包括苏格拉底、罗马领事西塞罗、英国政治家威廉·皮特和拿破仑·波拿巴的演讲，以及关于演讲的声音和手势的课程。这本书教给学生如何用历史上著名人物的风格写作和发言。

在听了其中一个男孩发表的演讲之后，弗雷德里克带着他可能从擦鞋中挣来的50美分去买了这本书。这本书深深吸引了他。“一个人的时候，在造船厂墙壁后面，”历史学家威廉·S. 麦克菲利曾经写道，“弗雷德里克……大声朗读着。由开始的不流畅，刻意模仿，慢慢变得流畅而富有节奏，他背诵了很多伟大的演讲……整个世界仿佛都在他面前。仿佛他就是罗马元老院的卡托，在国会面前捍卫美国自由的皮特……跟军官们告别的华盛顿。”随着弗雷德里克自己重现这些时刻，他对演讲的力量有了更深的理解。他意识到那是写作和演讲的人的力量，这是他们所支持的观点的力量，也是这些观点的代理人——在某些情况下，对那些听过这些话的人有直接的行动号召力。

阅读为这个少年打开了新的大门，但是也使他很痛苦。例如，在接触华盛顿在国会的第一次演讲时，演讲中清楚地提到了要缓解奴隶们的苦难境况——也就是他所生活的境况。弗雷德里克没有找到任何补救措施，也没有找到梯子来帮助他爬出被奴役的“可怕深渊”。有时候，他是绝望的。“当我在这种知识的刺痛和折磨下挣扎的时候，”他后来写道，“我甚至很羡慕我那些奴隶同胞们的愚蠢冷漠。”他希望自己是“一只野兽、一只小鸟，或者其他任何东西，只要不是奴隶就好。我都无法描述我的孤苦和沮丧”。

即使弗雷德里克感到绝望，他还是努力去学习更多奴隶制的知识。他通过报纸、日常对话和公开辩论收集这方面的信息。当他做这些的时候，他也慢慢地了解了那些为结束这种制度所做的努力。19 世纪 30 年代，巴尔的摩的废奴运动愈演愈烈。这种转变是两种因素在背后推动的。第一个是这个城市不断增长的非洲裔美国人——包括黑人奴隶和自由的黑人。在 19 世纪早期，奴隶主把奴隶租给城里的制造商，这样就使这些奴隶由乡下转移到了巴尔的摩。自由的黑人也被稳定的就业前景所吸引，涌入繁荣的城市。到 1830 年，自由黑人的人口数量已经占到这个城市总人口的 12%。推动当地废奴运动的第二个因素是奴隶贸易的存在以及由此引发的反对呼声。巴尔的摩是奴隶买卖和转移的枢纽。从 1790 年到美国内战爆发期间，超过 100 万的奴隶在南方地区迁移；70% 的奴隶被商人买卖过，这当中的很多交易都是在巴尔的摩达成的。

奴隶交易一直都是有争议性的。但是多年来，这个主题很大程度上仍然是件私事——在个人讨论中哀叹也好，在书信中批评或者在小的政治圈子里提及也罢，仅此而已。但是，随着巴尔的摩奴隶交易的增加，公众反对的呼声也越来越高。在 19 世纪 30 年代，废奴主义者——例如年轻的威廉·劳埃德·加里森开始抗议这种非法的人口买卖。在街上看到被商人交易的成群结队的戴着锁链的非洲裔美国人的时候，很多市民也表达了他们对奴隶的同情。作为回应，贸易商开始在半夜转移他们的奴隶；道格拉斯记得当时常会在半夜被“带着锁链的奴隶们充满死亡气息的、沉重的脚步声和可怜的哭喊声”惊醒，他们正在朝码头走去。

贸易拍卖一般会在港口附近举行。具体的拍卖有很多形式，但是根据目击者的描述这些拍卖都很残酷。一个名叫威廉·安德森的奴隶描述了他八次在拍卖台被买卖的经历：

奴隶们被要求在罐子里用油腻的液体剃须和洗澡，这使他们看起来油光光的很健康，状态也好；他们的头必须梳得整整齐齐，而且要穿上他们最好的衣服；当他们被叫到去做检查的时候，他们要站成一排——男人和女人分开——然后把他们挑出来，带到一个房间里检查。他曾经就看到一个粗鲁的大块头奴隶主带一个可怜的女奴隶走进房间，脱掉她的衣服，然后触摸和检查她，就好像她是一头猪、一只鸡，或者其他商品一样。作为一个可怜的奴隶丈夫或者父亲怎么能眼睁睁地看着自己的妻子、女儿和儿子遭受如此的待遇。

在奴隶拍卖中，一家奴隶往往被强行拆散。丈夫和妻子分开，母亲和孩子骨肉分离，兄弟和姐妹天各一方。（这种家庭破裂甚是司空见惯，以至于奴隶的婚姻誓词经常会是“直到死亡或者距离将我们分开”。）乔赛亚·亨森是一名牧师，之前也是奴隶，他仍记得自己与母亲和兄弟姐妹在被拍卖的时候分开时的情形：

我的兄弟和姐妹先被买走，一个接一个离开了母亲，当时我母亲拉着我的手，悲伤地瘫倒在地上。接着轮到了她，她被马里兰州蒙哥马利县的艾萨克·赖利买下了……我的母亲，因为要永远与自己所有的孩子分开，在拍卖我的时候，她被推着穿过人群，来到赖利站立的位置。她跪在他的脚边，抱着他的膝盖用一个母亲的口气恳求他像买她一样买下她的孩子，给她留下一个孩子吧，至少留下最小的那一个。但是他对她的请求置若罔闻，还十分暴力地连踢带打地摆脱她的纠缠，使她只能趴在地上待在够不到他的地方，发出痛苦的呻吟和伤心的啜泣混合出来的乞求声，这种冷酷你会信吗？你能信吗？……我那时应该是5岁多，不到6岁。我到现在都好像还能看到和听到我那可怜的哭泣的母亲。

毋庸置疑，弗雷德里克知道巴尔的摩的奴隶拍卖。随着他对奴隶制的深入了解，他跟一些可以信任的人讨论他自身的处境。“有些人，”道格拉斯回忆道，“甚至告诉我，我应该逃跑，逃到北方去；在那里我应该可以找到朋友，并且可以跟其他人一样自由。”这个少年坚信他们所说的。“我……记住了他们说的话和建议，”他后来写道，“并且期望能逃到北方去，一想到可能通过这种方法获得自由，我的心就激动不已。”

# 第二十五章
# 成为一个真正的人

1832年年初，当弗雷德里克14岁的时候，也就是他跟休·奥尔德和索菲娅·奥尔德夫妇生活了7年之后，这时他的法定所有者命令他回去。自从艾伦·安东尼去世之后，他就属于原主人的女儿卢克丽霞·安东尼·奥尔德。但是她在1827年去世之后，他就属于她的鳏夫托马斯·奥尔德，即休·奥尔德的兄弟。托马斯后来再婚了，而且他和第二任妻子罗威娜决定让弗雷德里克回到他们家工作，他们的家离这个奴隶小时候住的地方不远。

1833年3月，弗雷德里克回到了马里兰州的乡下。托马斯·奥尔德家的生活条件与弗雷德里克在巴尔的摩的生活条件大不相同。他和托马斯拥有的其他几个奴隶每人每周只能分到8夸脱的玉米粉—— 一天大约4杯半——除此之外几乎没有其他东西可吃。“那些根本就不够吃，”道格拉斯回忆道，“我们因此被迫乞讨或者偷窃，这两样我们都做了。”

在最初跟托马斯和罗威娜一起生活的几个月里，弗雷德里克和他的新主人的关系变得非常紧张。奥尔德打了他很多次，主要是因为他接受过住在附近的罗威娜父母的食物。当这些惩罚没有带来托马斯想要的顺从时，他得出结论，巴尔的摩的生活毁了他的奴隶。

1833 年的 12 月，这个白人决定把弗雷德里克送去调教。

从奴隶制在北美洲落地生根开始，这些奴隶主就想尽各种办法来保持这种人类财产能尽职尽责，能提高生产力。这些做法包括持续性的管理监督、身体和心理上的恐吓、剥夺教育、建立奴隶等级制度，以及对良好表现实施完善的奖励制度等。奴隶调教是一种依靠身体上的恐吓和逐步消磨他们的意志，使奴隶保持对白人奴隶主的顺从和尊重的一种方法。奴隶主会找奴隶调教者，让他们来调教那些他们认为不顺从或者可能逃跑的奴隶。(奴隶的调教措施包括殴打、性暴行、偶尔也对奴隶公开屠杀。)

1834 年 1 月 1 日，奥尔德把弗雷德里克送去跟爱德华·柯维一起住，这个当地的农场主以成功调教那些顽固的年轻黑人而闻名。柯维的财产不多，他租了附近的一个农场，支付很低的费用租用那些他同意调教的奴隶来耕种这片田地。

自从弗雷德里克到达那里，柯维每周都会鞭打他。这个少年身上的伤都没有来得及愈合，就会再次被鞭打。但是这还不是最坏的。很多年后，弗雷德里克回忆道，惩罚性的劳动比柯维手中的皮鞭更可怕，更容易击溃他的精神，“从清晨直到黑夜完全降临，我要一直辛苦地工作……在一年里某些季节，我们要在田里一直忙到夜里 11 点或者 12 点。在这些时候，柯维会跟我们待一起……用言语和殴打来督促我们赶紧干活，好像这对他来说是最好的选择”。

弗雷德里克慢慢地失去了勇气。“我第一次去［柯维的农场］的时候，是难以驾驭的，”他回忆道，“但是几个月的惩戒使我驯服了……我的身体、灵魂和精神都被击溃了。我天生的灵动弹性被压碎，我的智力衰退，对阅读的渴望消失了，我眼中闪耀的欢乐的火花也熄灭了；奴隶制的黑暗离我越来越近；我正由一个人慢慢变成畜生。”六个月里，弗雷德里克一直陷在深深的沮丧之中，他有时甚至想到了自杀。

这之后，一个闷热的夏日午后，跟柯维的一场冲突引发了一连串关键的事件。当时弗雷德里克正在收割小麦，累得精疲力竭。他拖着疲惫的身躯来到树荫下，奴隶调教者找到他，问他到底怎么回事。当这个少年解释说他中暑了，柯维踢了他一脚，用山核桃木板条打他，叫他站起来。这个奴隶做不到，只能继续瘫坐在地上。当夜晚来临时，这个少年步行 7 公里到托马斯·奥尔德的家里寻求保护，他告诉他的主人柯维野蛮的对待可能会要了他的命。奥尔德断然否认了这种可能，还命令他第二天早晨回到奴隶调教者那里。

在黎明的时候，弗雷德里克走回柯维的农场。那个白人一看到这个奴隶，就拿着鞭子扑向他。但是弗雷德里克躲进了附近的灌木丛中。他在那里一直待到第二天早晨，那天是一个周日，当这个奴隶调教者穿戴好准备去教堂时，却一改常态很有礼貌地问候了他。

然而，周一，当柯维看到这个少年在牲畜棚里爬梯子时，这个奴隶调教者想把他绑起来。弗雷德里克为了躲开这个白人，从梯子上跳了下来，四脚朝天跌倒在马厩的地板上。"柯维先生当时看起来像是认为已经抓到我了，可以对我做任何他高兴的事情，"道格拉斯回想道，"但是在那一瞬间——不知道从哪里来的勇气——我下定决心要去战斗，并且我切实采取了行动，我紧紧地卡住柯维的喉咙。这样做的同时，我也站了起来。"

两个人开始搏斗。黑人少年的力量使这个白人感到震惊，柯维问这个奴隶是不是还要继续抵抗。弗雷德里克回应说，他已经被奴隶调教者当了 6 个月的畜生，他不会再忍受下去了。争吵一直持续。另一个奴隶来到现场，柯维命令他把弗雷德里克抓起来。但是这个黑人拒绝了，他说他的主人只是出租他来做农活，而不是鞭打柯维的奴隶们。另一个女奴隶被骚乱吸引过来，走进了牲畜棚。她也同样没有服从这个白人的命令，去制服弗雷德里克，这两个奴隶就在旁边看着这场肉搏战持续到第二个钟头。

最终，这个奴隶调教者让步了，松开了对弗雷德里克的控制。当这两个人松开彼此的时候，柯维宣称如果不是这个奴隶碍手碍脚，他不会进行这么激烈的打斗。但是少年认为这是这个白人想保住自己的面子。“事实是，”道格拉斯后来写道，“他在搏斗中根本没有鞭打我。我认为这是他讨价还价之后得到的最坏的结果，因为他没有让我流一滴血，我反而让他吃了亏。”正如弗雷德里克理解的那样，这场跟柯维的搏斗改变了白人和黑人之间力量的势力平衡。柯维再也没有动手打过这个奴隶。

在这个转折点，当他勇敢面对爱德华·柯维的时候，弗雷德里克重新获得了他的勇气和使命感。他剥去了奴隶调教者在生活中无情地施加给他的自我怀疑和沮丧。在掩饰的情绪外衣之下，弗雷德里克发现了更强大、更真实的自己。多年后，他回忆起这个重要的事件：“你会看到一个人是怎样成为奴隶，你也会看到一个奴隶是怎样成为一个人的。”

弗雷德里克与柯维的经历给今天的领导人上了宝贵的一课。这个见解是关于回归自我以及这种回归与我们的恐惧感和缺失安全感之间的关系。我们如何跨越这些阻碍我们前进的焦虑和怀疑，成为我们想成为的人，或者说成为我们注定要成为的人呢？

有时候，我们是通过有意识的、持之以恒的努力来做到这一点；有时候则是通过一瞬间的选择来实现。在那个炎热的周一早晨，弗雷德里克并没有打算走进柯维的牲畜棚，通过打倒这个白人来战胜自己的心魔。实际上，他并不知道当他下一次见到这个奴隶调教者的时候会发生什么。但是，当柯维想要抓住他的时候，弗雷德里克发现了自己内心深处的一些东西——某些在这6个月里所丢失的东西——要想战胜恐惧，必须先面对恐惧。在做这些的时候，这个年轻人重新找回了他想要成为的那个人：一个更勇敢、更强大的自己。

这不是一种英雄行为。弗雷德里克拒绝服从柯维，既没有获得了超越常人的力量，也没有在力量上压制了他的对手。就像三年前在新塞勒姆林肯同杰克·阿姆斯特朗的搏斗一样，奴隶与奴隶调教者的搏斗以平局结束。但是对弗雷德里克和林肯而言，平局就是很好的结果；平局，实际上就是胜利。这个奴隶已经摆脱了因为这个白人的折磨而产生的自我怀疑或自我挫败感。

每一个领导者都需要面对他/她最黑暗的自我怀疑。这些时候，前进的道路就是直面自己的恐惧——做那些你害怕的事情，面对你害怕的人，或者收集那些好像很可怕的信息。当这些时刻过去了——就像弗雷德里克跟柯维搏斗结束之后——领导者不仅意识到他/她仍在坚持，而且也会发现在恐惧之下（或者战胜恐惧之后）一个更有韧性、更加勇敢的自我正呼之欲出。沙克尔顿在远征南极的探险中学到了这一点。同样地，我们看到，迪特里希·潘霍华被关在盖世太保的监狱里的时候也是如此。如果没有内心的力量——超越自我怀疑和缺乏安全感的力量，他们都无法取得那些成就。

1834 年年末，弗雷德里克跟柯维一起生活的日子结束了，托马斯·奥尔德把他的奴隶租给了附近的一个名叫威廉·弗里兰的农场主。他农场里的工作相对来说要好很多。弗雷德里克和其他奴隶有很多吃的，而且这个少年再也没有挨过打。

把柯维农场的情况同现在的情况比较，弗雷德里克被物质环境对奴隶自我看法的影响震惊了。“鞭打你的奴隶，让他饥肠辘辘，整天垂头丧气，”道格拉斯后来写道，“他会像一条狗一样跟随主人的链子；但是，让他吃饱穿暖之后——从事适量的劳动——保持身体上的舒适——对自由的向往就会随之而来。给他一个坏主人，他会渴望有一个好的主人；给他一个好主人，他会希望自己成为自己的主人。”

在到达弗里兰的农场不到一年的时间里，弗雷德里克已经开始计划逃到北方去。他与另外五名奴隶分享了他的想法，即使他们认为前方存在巨大的障碍，但所有人都准备加入他的逃亡计划。其中一个障碍就是他们没有可靠的信息来源，不知道哪里可以为他们提供安全定居的地点。“我们听说过加拿大，是美国奴隶真正的乐土，”道格拉斯回想道，“我们只是简单地知道那是一个国家，大雁和天鹅在冬天结束的时候会回到那里……但人类在那儿生活的情形我们并不知道。”同样地，他们对北方各州的地理情况也知之甚少。甚至是弗雷德里克，他们之中阅读能力最好的人，都没有听说过马萨诸塞州；他知道宾夕法尼亚州是个自由州，但是不知道怎么去那里。

第二个挑战就是他们要怎样穿过那些不熟悉的地形。带着一点点食物，这群男人打算划着一艘偷来的独木舟朝北去 70 英里之外的切萨皮克湾的尽头，然后沿着北极星的方向，走向一个自由之州。他们意识到身体的疲惫、恶劣的天气和赏金猎人都会在他们制定的路线上阻止他们前行。

实际的困难已经够吓人了，但是这些奴隶面临的是更大的内心挑战：强烈的恐惧。当他们想到北上的旅程，道格拉斯回想道，“我们仿佛看到了所设想的各种可怕的死亡情景。饥饿如同幽灵般强烈地召唤着他们，奴隶们迫不得已会啃食自己的肉来充饥。另外，蝎子的刺蜇、蛇的咬噬和野兽的攻击等种种幻想也困扰着他们。最后，他们要面对的是赏金猎人的追捕，有些人被杀，余下的人被逮捕。这群男人的恐惧如此强烈，他们甚至不止一次想要放弃他们所有的逃跑计划。”

随着拟定的逃亡日期越来越近，这群逃亡者的焦虑情绪越来越严重，而且其中一个奴隶决定不再参加逃亡。余下的五个人打算继续，但是他们没有机会。1836 年 4 月 1 日，几名得到情报的警员把奴隶们包围起来，用枪把他们押进了 15 英里外的监狱。

这五个人都被审问了。没有一个人泄露他们计划的细节，但是弗雷德里克作为主谋站了出来。几天之后，他的四个同伴被释放回到他们主人那里。但是这个计划的策划者在监狱里关押了一周，这期间他考虑到自己未来的命运。不知道托马斯·奥尔德的态度，这个奴隶很担心自己会被主人卖到南方腹地。“生不如死地活着，被棉花田里和甘蔗种植园里的无数恐怖的事情困扰，看起来这将是我的最终结局。”他回忆道。

弗雷德里克这个最坏的噩梦是有依据的，按照逻辑他的主人会把这个不听话的 18 岁的奴隶卖到南方去。但是托马斯·奥尔德并没有这么做；相反，这个白人把他送回去继续跟休·奥尔德和索菲娅·奥尔德夫妇一起生活。托马斯甚至还许诺在他 25 岁时，会还他自由。

这是奥尔德家族第三次赦免弗雷德里克去遭受严苛的、没有身份、没有逃脱可能性的大型棉花种植园里的奴隶生活。三次，他们都是把他送到巴尔的摩：第一次是 1826 年，卢克丽霞说服她的父亲艾伦·安东尼把这个男孩送到城市去；第二次是一年之后，她父亲去世后，弗雷德里克作为遗产被她继承过来之后，卢克丽霞把这个奴隶送回城市里的姻亲那里；第三次是 1836 年，托马斯·奥尔德在发现他想要逃跑后，又把他送了回来。

从这一点我们不难得出结论，托马斯·奥尔德就像他的第一任妻子卢克丽霞一样，对这个他们拥有的奴隶有一定的感情。这并不是说奥尔德对他的奴隶多好，他并没有善待这个奴隶。尽管如此，他的选择，就像前两次选择一样，对弗雷德里克的命运产生了巨大的影响。

有趣的是，这个后来变成弗雷德里克·道格拉斯的人，通过描写他作为奴隶的生活而出名的人，从来没有公开承认过这三个决定的重要性。他也没有大谈奴隶制在不同背景下的不同体验。在农村的种植园里当一个家奴和在城市里当个跑腿的孩子是不一样的。摘棉花跟在佐治亚州的村庄里做鞋也是非常不同的。就像道格拉斯一再强调的那样，奴隶制有很多面，并且所有的都是不公平和不道德的。但是在他的生命中（和很多其他人的生命中一样），这些经历中细微的差别——包括一个家庭中成员们做出的三个看似微不足道的选择——都会非常重要。如果他是出生于或者被卖到了大种植园所在的南方腹地，很难想象弗雷德里克·道格拉斯会成为 19 世纪最重要的领袖之一。

## 第二十六章

# 逃脱奴隶制，奔向自由

1836 年的春天，弗雷德里克回到巴尔的摩。跟三年前他离开的时候相比，他长大了，身体更强壮了，也更有魅力了。他学东西很快，休·奥尔德给他找了一份工作，在当地的造船厂里当捻缝工的学徒。休·奥尔德则会领到他赚取的所有工资。

弗雷德里克很快就注意到造船厂的大多数员工——黑人奴隶、自由黑人和白人——可以相对和谐地工作。但是几个月后，这种表面的和谐开始瓦解。白人员工担心他们的老板要降薪，或者把他们赶出工作岗位而去雇用更便宜的奴隶或者自由黑人，白人员工因此变得充满敌意。一天，四个白人用手杆、棍棒和石头袭击了弗雷德里克。一群码头工人看着这些人殴打这个奴隶，直到他倒在地上爬不起来。道格拉斯记得，一个攻击者用力击打他的头部，他确信他的眼睛已经爆裂了。

休·奥尔德非常气愤，很快就安排他的奴隶去另一家造船厂工作。在接下来的一年里，这个奴隶学会了填补船缝，每周他都会把他的工资——7.5—9 美元的收入——交给奥尔德先生。1838 年的 5 月，这个 20 岁的奴隶请求奥尔德先生允许他搬出去自己住。按弗雷德里克的建议，奥尔德可以省下这个奴隶的生活费，但是作为交换，这个白人会允许他保留一部分自己的收入。当时，巴尔的摩有很多奴隶主和奴隶都有类似的安排。因为可以保留一部分收入，弗雷德里克希望能存到足够支撑他一场成功逃亡的钱。

在此期间，弗雷德里克遇见了他未来的妻子安娜·默里。她于1813年出生在马里兰州靠近特拉华边境的登顿，父母都是新释放的奴隶，她是12个孩子中的第8个，也是第一个出生时就自由的孩子。安娜从来没有学过怎么读书，但是作为一个女孩，她培养了很强的持家能力。当她17岁来到巴尔的摩的时候，她找到了一份洗衣兼管家的工作。

1838年春，俊美挺拔的她吸引了弗雷德里克的注意。也许两人是在城市码头相遇，或者是通过共同的朋友认识的。无论如何，他们遇见了彼此，两人在那个夏天一起厮磨了很长时间，之后他们订婚了。他们期望可以有自己的孩子，这个期望使得弗雷德里克获得自由变得非常重要——要么通过托马斯·奥尔德五年之后给他自由的承诺，要么尽快逃跑。如果他选择后者，安娜可以提供帮助。她的收入相对不错，而且她在巴尔的摩还认识一些自由的黑人。

1838年的秋天，一场跟休·奥尔德意料之外的冲突，迫使他做出了选择。冲突的起因是，弗雷德里克晚了两天把他的周薪交给他的主人。这个白人非常愤怒，要求这个奴隶搬回奥尔德家住，并且要上交全部收入。“你不能再有自己支配的时间了，”休说道，“那样我接下来听到的事情，就是你要逃跑的消息了。”

弗雷德里克意识到，现在不仅仅是他的工资和生活的自由受到了威胁。接下来，这个愤怒的白人可能会更加密切地关注他，这意味着他必须尽快逃跑。他和安娜约定好，在1838年9月3日带着自己的积蓄逃跑。根据家族的口头传说，安娜甚至卖掉了她的羽毛床来资助他的逃亡。弗雷德里克北上的旅程计划依靠“地下铁路”

（帮助黑人逃跑的民间组织）的关系网、非官方的人际关系、安全藏身处、小企业、教堂和其他帮助逃亡奴隶的团体。

弗雷德里克开始策划他的逃亡之旅。他将乘火车和轮渡去特拉华州的威明顿，然后再乘轮船去费城，然后乘火车去纽约市。一旦他在曼哈顿安全了，他就会跟安娜联系，安娜就会过来找他。从那里，这对夫妇可以去加拿大或者新英格兰。

这个奴隶打算在旅行中扮作一个自由的黑人；在马里兰州和其他州，会要求黑人出示能证明他们自由身份的证明文件，上面会列明持证人的年龄、身高、身上的疤痕和其他可以证明身份的标记。逃跑的奴隶经常从其他身体条件相似的非洲裔美国人那借来或者购买这样的证明文件。这是一场危险的赌博：如果一个奴隶被逮到持有自由人的证明文件的话，两个人都会受到惩罚。在安娜的帮助下，弗雷德里克从一个水手那里获得了需要的文件。这些证明文件描述的是一个比弗雷德里克皮肤颜色更深的人，但他还是决定碰碰运气。如果火车检票员或者其他的工作人员看得不够仔细的话，他就可以扮作一个自由人溜走了。

在那个约定的早晨，弗雷德里克从奥尔德家出发前往火车站。他打扮的跟水手一样：红衬衫、油布帽，脖子上带着黑领口。担心提前买票或者在站台逗留引起注意，弗雷德里克一直等到火车要出站的时候才跳上车，然后在标着“有色人种”的车厢里找了个座位坐下。在他坐下来的时候，他才意识到他是多么害怕：“从我离开巴尔的摩开始，直到到达费城，我的心脏比被饥饿的猎犬全力追捕的狐狸或者小鹿的心还要焦虑，怦怦乱跳。”

将近一个小时之后，一名工作人员要求查看弗雷德里克的证件。“这是整个逃亡过程至关重要的时刻，”他后来回想道，“我的未来完全取决于这个检票员的判定。”当这个白人走近的时候，这个逃亡者尽力表现得若无其事。弗雷德里克没有像其他乘客那样在没有任何提示的情况下主动出示他的证件，而是等着检票员来要，然后平静地把证件递给他。那个人只是匆匆看了一眼，就走开了。当他登上从威明顿到费城的汽船时，这个奴隶不得不再次出示证件。但是在这段旅程中，船员也只是粗略地审查了他的证明文件。弗雷德里克从费城乘火车去了纽约市，并于9月4日早晨到达了那里。至此，他这场耗费心神的旅程花费了还不到24小时。

弗雷德里克终于来到了一个自由州。“现在，再没有人有权宣称我是他的奴隶，或者宣称对我有支配权了。”他后来写道，“新的世界向我敞开了大门。如果生命不仅仅是呼吸和‘血液循环’，我那一天比我作为奴隶生活的一年经历到的都要多。”这个奴隶还回顾了他的心路历程：

在过去的10年或者15年里，我一直拖着一条凭借我自己的力量无法挣脱的沉重的锁链；我是个奴隶，还是个终身的奴隶……我先前为争取自由所做的一切努力不仅失败了，而且似乎还使我的脚镣更加牢固，使我更加难以逃脱。我有时会困惑、纠结、气馁地问自己：“难道我的处境不是上帝所做的安排吗？不是为了更高尚的目的所安排的吗？如果是这样，我是不是就应该顺从？事实上，在我的脑海中，一场转变，一场明确的权利意识与似是而非的神学和迷信之间的博弈已经持续了很长的时间：一个使我成为奴隶——一个终身的囚犯，一个会因为某些我没有参与的罪过而受到惩罚；而另一个则建议我像男子汉一样勇敢地努力争取自由。这场博弈现在结束了；我挣脱了锁链，胜利带给我无法形容的喜悦。

虽然松了一口气，但是弗雷德里克并没有放松警惕。赏金猎人——有黑人也有白人——徘徊在街道上。弗雷德里克知道一个可以提供帮助的黑人的名字和地址——大卫·拉格尔斯，但是因为没有纽约的地图，这个逃奴没办法找到他。在这个城市的第一天，他害怕向陌生人求助，于是他在街上游荡，在码头上过了一夜。第二天，他又累又饿，也更加焦虑了。几个小时后，他走向一个水手，他期望这个水手是值得信赖的。幸运女神眷顾了这个逃犯。这个水手邀请他留下来过夜，而且第二天带他去见了拉格尔斯。

从拉格尔斯的家里，弗雷德里克捎信给安娜，几天之后安娜就到达了。詹姆斯·W. C. 彭宁顿，一位黑人牧师，也是一个逃奴，很快为他们两人主持了婚礼。这对新婚夫妇认为纽约这个地方还是太危险了，不宜居住，于是他们向大卫·拉格尔斯寻求建议。他给他们推荐了马萨诸塞州的新贝德福德，那地方位于波士顿南 45 英里，是大西洋上的港口城市。

新贝德福德拥有 1.2 万人口，据说对逃奴相对比较友好。弗雷德里克也能在这个城市蓬勃发展的行业中找到工作：纺织业、制鞋业、商业、渔业等，最重要的则是捕鲸业。弗雷德里克和安娜决定去那里定居，并在 9 月初抵达那里。他们已经花光了所有的积蓄，但是很快遇到了一对自由的黑人夫妇，南森·约翰逊和玛丽·约翰逊，这对夫妇为他们提供了住处。由于担心弗雷德里克被抓到，这对新婚夫妇决定改掉他们的姓。南森最初建议他们以约翰逊为姓，因为这是新贝德福德大多数逃奴会选择的姓。但后来他推荐叫“道各拉斯”（Douglas），这姓来自沃尔特·司各特爵士的诗歌《湖上夫人》（*The Lady of the Lake*）里面的一个角色。弗雷德里克很喜欢这个建议，但是他选择了另一种拼写——道格拉斯（Douglass）。

当弗雷德里克·道格拉斯走在他新英格兰的家附近的街道时，他被那里的富有和精致震撼了：“曾有人告诉我奴隶制是所有财富的根本。有了这个基本理念，我自然而然地得出结论，那便是自由之州的人一般都是贫穷的。”但是道格拉斯看到的并非如此，他看到的是城市里整齐的街道、繁忙的商店和富丽堂皇的住宅。

新贝德福德不仅不贫穷，而且比马里兰州的农村，甚至巴尔的摩都要繁荣。他将这种差异归因于我们今天所称的经济创新，特别是节省劳动力的技术变革。道格拉斯推理，廉价劳动力的缺乏导致了对效率的需求；他对新贝德福德工业发展的观察也表明企业主们明白这一点。他注意到，所有的东西——从抽水泵到城里围墙间点缀的自动关闭的门——不论在人力、物力还是时间和实力方面，都细心地考虑到经济因素。这与他在马里兰州的经历形成了鲜明的对比。“那边的主要经济实力并没有技术辅助，”他说，“就是靠奴隶的劳动方式。在新贝德福德，一头价值 80 美元的老牛所做的工作，在南方的港口的话需要价值 15000 美元的人力才能做到。”

道格拉斯敏锐的观察力和随后的反思对当今的领导者来说是必不可少的。我们常常会走得太快，以至于会忽视很多身边正在发生的事情。一些很重要的小细节常常会被我们忽视。我们未能看到的东西更多：看似完全不相干的人之间的一系列联系，一个特定问题的不同视角，或者一个具体事件启发了之前隐藏的解决方案。赌注越高，越是关键的问题，领导者越应该放慢速度，深呼吸，然后仔细审视问题的宏观环境。

在 1838 年秋天和 1839 年的冬天，弗雷德里克从事了他所能找到的所有兼职工作来养活自己和怀孕的安娜。他劈过木柴、铲过煤、收集过垃圾，还擦洗过船舱。在 1839 年的春天，弗雷德里克在一个蜡烛厂里找到一份全职工作，他的工作和收入才变得相对稳定下来。在接下来的三年里，他从蜡烛厂跳槽到了一家造船厂，之后又换到了铜厂。稳定的工资使他能够养活不断增大的家庭。1839

年 6 月，他们的女儿罗塞塔出生了；一年后，他们的儿子路易斯也出生了。

不论道格拉斯做什么，他都会为他的学习发展创造时间和空间。例如，在铜厂长时间的工作中，他经常把报纸钉在他操作的风箱附近的柱子上，这样他就可以一边鼓风一边阅读了。就像林肯自学几何学、语法和军事战略一样，道格拉斯把他的学习发展当作一个持续开展的项目。他不知道他可以用他学到的知识做什么，但还是下定决心尽自己所能去学习。

这种努力也帮助他找到志同道合的人。他开始参加新贝德福德非洲卫理公会主教派教会的锡安教堂礼拜。在逃亡奴隶托马斯·詹姆斯牧师的带领下，教堂欢迎所有的黑人和白人教众。教堂还给会员们提供了论坛，可以在此讨论政治和社会问题，甚至包括奴隶制和废奴运动。詹姆斯对道格拉斯特别器重，邀请他担任一个班的领导和教友宣道员。在这两种角色中，这个逃奴磨炼了他从小通过背诵《哥伦比亚演说家》(*Columbian Orator*) 上面的演讲培养的公开演讲的能力。

1839 年春天的某个时候，他得到了一份《解放者报》——一份由威廉·劳埃德·加里森在波士顿出版的反对奴隶制的报纸。这是一个重要的时刻。"《解放者报》是一份合我心意的报纸，"道格拉斯回忆道，"这家报纸谴责奴隶制——担负着揭露奴隶制的伪善和邪恶的任务——跟人的身体和灵魂的贩卖者决不妥协；它宣扬人与人之间的兄弟情谊，谴责压迫，并以上帝的严正言辞争取我们种族的彻底解放。"

当道格拉斯开始阅读这份报纸的时候，加里森已经发行这份报纸近 10 年了。1839 年时，这位白人废奴主义者 34 岁，因其强烈反奴隶制的言辞和坚持呼吁立即解放黑人，并赋予黑人权利的立场而闻名。除了经营自己的报纸，加里森还协助建立了美国反奴隶制协会，就是后来的麻州反奴役协会的前身。到19世纪30年代中期，这个组织已经拥有数十个附属组织和数千名成员。这些人中许多都是女性，她们中的一些人成为全国知名的女性维权活动家。例如，哈丽特·塔布曼、伊丽莎白·卡迪·斯坦顿、卢克丽霞·莫特和苏姗·B. 安东尼都响应了加里森的号召，要求立即解放黑奴。塔布曼还担任了“地下铁路”的向导，而且也像其他三位一样，为争取妇女权利而斗争。她们是成千上万在废奴运动中发挥重要作用的妇女中的一小部分人物，她们大声疾呼、撰写传单和报纸文章、筹集资金、组织请愿活动，以及招募新成员。

当道格拉斯了解废奴运动后，他开始在新贝德福德参加反对奴隶制的会议。例如，在1839年3月的一次集会上，他公然反对美国奴隶的殖民化，主张这些奴隶不应该被送回非洲，而是应该被释放，并在美国开始他们自己的生活。《解放者报》注意到并报道了他的名字和观点。在接下来的两年里，道格拉斯继续抨击奴隶制；他还结识了新英格兰地区的一些有影响力的改革家。

到1841年年初，弗雷德里克和安娜已经开始一种独立的中产阶级生活。他们从1838年年初次相识以来，携手走过了一段漫长的路，那时弗雷德里克还是个奴隶，安娜是个洗衣女工。但是，道格拉斯渴望得到更多，而这一点使他和妻子之间产生距离。当他的声誉越来越高的时候，安娜则把自己寄托于孩子和家庭。她和弗雷德里克一起去教堂，但她避开了他日益增多的社交活动和政治活动。事后看来，这并不罕见。19世纪大多数妇女都会把她们的主要时间和精力花在家务上。

但是在这个角色中，安娜·道格拉斯为她丈夫的领导力做出了杰出贡献。她没有学过读书认字，所以她也不能对他的写作提供什么帮助。但是她知道他在做什么。她相信他，并且无微不至地，以不可或缺的方式爱着他、照顾着他。随着弗雷德里克事业的扩张，她要确保他们的家可以作为一个坚实的基地，一个舒适温暖并且可靠的大后方。她花费更多的精力在孩子身上，确保他们可以得到很好的照顾。总之，安娜的努力对于弗雷德里克至关重要，这使他把其他的顾虑放在一边，能够专注于完成他的使命。无畏的领导者决心带来有意义的巨大轰动时，常常会专心致志。许多领袖的生活完全融入进他们的事业。(事实上，这样的投入通常对实现他们的目的至关重要。) 这意味着像道格拉斯这样的领导者，以及接下来我们将要看到的邦赫费尔和卡森，都需要身边的人帮助，使他们能专注地做事。

我们不知道道格拉斯是否意识到了妻子的支持对他的重要性。现存的有限线索表明这种可能性不太大。但是这并不能抹杀安娜所做的一切，她的帮助把她丈夫的天赋和决心带给世界。像弗雷德里克·道格拉斯那样有使命感的、愤怒的和坚定的人，如果没有安娜·道格拉斯提供的坚实基础，他不可能把这种能量如此高效地投入到反对奴隶制的斗争中去。

# 第二十七章
# 为正义发声

1841 年，道格拉斯遇到了杰出的废奴主义者威廉·C. 科芬。科芬是加里森的一个朋友，是麻州反奴役协会的侦察员，负责招募资助者和潜在的演讲者。科芬在新贝德福德的会议上听到道格拉斯的演讲后，邀请他参加该组织在楠塔基特岛举行的年会。

8 月中旬，道格拉斯前往楠塔基特岛。科芬接待了他，并邀请他在会议上发言。这个黑人同意了，并于约定那天，在一大群人面前发表了演讲。他开始的时候很紧张，甚至前几句话都有点口吃。但是很快就镇定下来，他那有力、低沉的声音抑扬顿挫地讲述着他人生中的故事。

道格拉斯具体说了什么，保存下来的记录里没有记载。但是出席会议的记者描述了当时被这个故事和讲故事的人所震惊的观众。道格拉斯的“演讲充满了力量”，一家反对奴隶制的报社报道称。“他的雄辩可以穿透铁石心肠，融化冰冷的心。我们最好的奴隶辩护人因为怕打断他而屏住呼吸。”

在他演讲结束之后，加里森走上演讲台，称赞他的演讲并鼓动人群道：“我们所听到的是一个东西，一个奴隶，还是一个人的呼声？”

“是一个人！人！”人群大声回应着。

“这样一个人应该在基督教的土地上被当作奴隶吗？”

“不行！不行！不行！”会议上的众人热烈呼应着。

会议之后，麻州反奴役协会的执行理事约翰·柯林斯找到道格拉斯，并邀请他担任该组织的巡回演讲师。柯林斯解释说，这份全职工作的年薪是680美元。

这比道格拉斯以往的工作赚得都多，但是他看重的是这分工作更大的潜在益处。作为一个反奴运动的黑人发言人，他将去前线面对成百上千的人，为种族的全面解放争取更广泛的支持。这个工作还能为他提供在北方地区巡回演讲的机会，这是一个比新贝德福德更大的舞台。最后，成为加里森协会的演讲者意味着他的生平可以变成一个改革的工具，一件他同奴隶制斗争的武器。

这个机会很诱人，但道格拉斯也意识到了它的风险。一方面，他担心自己的演讲能力还不够好；加里森的演讲令观众着迷，而且其他的反奴役协会的演讲者也很有才华。另一方面，亘大范围地在公众面前亮相，会使这个逃奴面临重新被抓捕的危险。（在1341年，道格拉斯仍然是个奴隶；直到1846年他的自由才被赎回，释放文件才被存档。）尽管柯林斯向道格拉斯保证他的真实身份会被保密，但是从来没有逃奴担任过这个职位。自他逃到北方来之后所获得的一切之中，自由是他万万不能失去的。

尽管面对这些危险，他知道他可以为加里森所努力的事业做出贡献。道格拉斯和他的故事驳斥了那些奴隶制支持者的观点，即被奴役的非洲裔美国人天生就该认命，否则他们无法养活自己。（这些辩护者同样把这些白人奴隶主描述为仁慈的主人，致力于为他们的奴隶谋福祉。）同样重要的是，废奴主义的领导者需要用可信的、令人感动的反抗奴隶制的故事赢得新的追随者，而现在协会的巡回演讲师中没有人有这样的经历。道格拉斯决定接受这分工作。

他全身心地投入到他的新角色中，在新英格兰各地的教堂、谷仓和酒馆里聚集的人群面前不停地演讲。他身材高大、英俊、体格健壮，站在讲台上显得充满力量。他演讲时眼睛里闪着光。他的语言很有说服力。他的能量紧紧地吸引着你，就像在起跑门栅难以驾驭的赛马一样。

观众们的确被吸引了。“这是一位非比寻常的人，”新罕布什尔州的一位报纸编辑说，“他有做英雄的天赋……让南方人暗自庆幸这个人是逃奴吧。如果他在种植园再待一年或两年，那对南方各州而言可就危险了。”回想起道格拉斯在演讲台上的表现，女权活动家伊丽莎白·卡迪·斯坦顿把他比喻成“非洲王子，他在愤怒的发言中显得很庄严”，因为他“把奴隶制的苦难描述得很形象生动”。她问自己：

> 这样有天赋的人，这样对自由充满深深热爱的人，也有人试图征服吗？那天在他的周围就座的伟大演说家们，认真地观察他的演讲对广大观众的影响，他们时而哭泣时而大笑，完全沉浸在他悲情和幽默的奇妙天赋中。在这个场合，弗雷德里克·道格拉斯之后上台的演讲者就显得很平淡无味。

当道格拉斯一遍又一遍讲述他的故事的时候，他也在其中宣扬了一些加里森的核心观点。其中之一就是将道德劝说作为反对奴隶制最有效的武器。尽管加里森和他的支持者都憎恨这种制度，但是他们并不支持用武力手段消灭它。相反，他们相信可以通过道德诉求来说服美国人终止奴隶制，进而和平地消灭奴隶制。加里森和他的支持者们都相信，要想赢得这些心灵和思想，就要向尽可能多的人揭露奴隶制广泛的罪恶。

加里森支持的另一个重要观点是，他谴责美国宪法从根本上支持奴隶制这个谬论。他的论点是基于宪法的第二部分第一款，也就是所谓的“五分之三妥协”，该条款将奴隶人口计算为实际总数的五分之三，目的是确定国会代表的人数和选举团的票数。加里森声称，通过将美国黑人占其总数的五分之三来计算，这一条款使奴隶制的合法性制度化，并且使其永久化，进而保护了奴隶主的利益。

加里森对宪法的排斥，导致他和他的追随者把对政治活动的抨击作为废除奴隶制的途径。他们宣称所有这些行动在本质上是腐败的，因为这些行动是在他们认定的支持奴隶制的文件的框架下开展的。一些加里森的追随者甚至辩称，如果宪法不修改或者废除这部分内容，北方这些州应该放弃联邦，从这个国家分离出来，并建立一个没有被奴隶制玷污的国家。

在几个月的巡回演讲之后，道格拉斯想要不再局限于自己的故事，跟大家讨论一下他对奴隶制的宏观看法。他明白，这种制度的影响已经延伸到认可奴隶制的州之外的地方。他认为，不论是北方人还是南方人，都被卷入了构成奴隶制系统的经济和社会关系网中。从新英格兰的纺织品生产商到费城的甘蔗出口商，再到全国的吸烟者，19 世纪 40 年代大量的美国人依赖于 250 万被奴役的黑人的劳动果实。这些男人、女人和孩子中的大多数都属于少数的南方白人，他们各自的种植园里都有超过 100 个奴隶。自从这个国家建立以来，道格拉斯说，这些美国白人和他们从中受益的奴隶制度，产生了巨大的政治影响。他们称这种影响为“奴主势力”。

道格拉斯认为这种力量和奴隶制本身都是因为根深蒂固的种族歧视。他讲述了他自己经常遭遇的偏见，包括因为他是黑人，在新贝德福德他被拒绝去做一份捻缝工的高薪工作，而且在他和白人同事一起出行的时候不允许进入火车的一等车厢。道格拉斯向听众解释道：

在马萨诸塞州的人们会说，他们会像喜欢其他人一样喜欢有色人种，但前提是他们要待在合适的位置！他们会给我们指定位置，他们不会让我们自己选择，也不会允许我们对其决定发表意见。他们不允许我们拥有会思考的头脑，会感受酸甜苦辣的心灵和有追求的灵魂。他们并没有把我们当作人来对待，而是当作狗……这样他们才喜欢我们。他们贬低我们，然后却来问我们为什么堕落；他们封上我们的嘴巴，却问我们为什么不说话；他们对我们关闭了大学和研究班，却反过来质问我们为什么很多事情都不知道。

随着这个逃奴扩展他的演讲内容，麻州反奴役协会的领导开始担心。他们不能否认道格拉斯吸引了大批的观众，并扩大了外界对他们组织的认识，但是协会官员也担心他的言论过于偏激，内容也太广泛了。他们担心他们受欢迎的演讲者会让那些潜在的白人支持者疏远他们，这些支持者并不认为他们自己怀有偏见。“把事实告诉我们就可以，”柯林斯指导他说，“我们会处理背后的理念宣传。”领导者对这个黑人聪明的表现和卓越的语言能力表示担心。“弗雷德里克，如果你继续这样下去，人们就不再相信你曾经是个奴隶。”另一位组织领袖建议道。“最好讲一些关于种植园的事情。”柯林斯补充道。

道格拉斯没有听从他们的建议。也许作为演讲师他越来越自信，这也使他很难遵从他那些年长的同事希望他做的事。也许他意识到结束奴隶制需要更全面地阐述它的影响，而不仅仅是分享他的生平故事。“对于这个问题的新观点出现在我的脑中，”他回想道，“叙述不公正的事并不能使我完全满意，我想要谴责他们。单单这些陈述的事实，并不能遏制自己对那些长期蓄奴者恶行的愤慨。”也许最重要的，就如他后来写的那样：“我一直在成长，而且也需要空间。”

尽管道格拉斯坚信自己为这项事业所做的是正确的，但反对奴隶制的领导者的担忧很快就变成了现实。批评家指责这个逃奴是个骗子。一些评论家认为他太聪明了，不可能是一名奴隶。其他一些人则指责他拒绝说出原主人的名字和那些帮助他逃跑的人的名字。到 1844 年，在道格拉斯为麻州反奴役协会做了三年的演讲之后，几乎每个演讲地点的人都对他产生了质疑。

意识到自己的可信度和潜在的影响力面临风险，他决定写一本自传。他计划把他居住过的地方，他服务过的主人和监督者，还有他经历过和目睹过的残酷细节都写进书里。“除了真正的逃奴，其他人根本无法这样真实地揭露真相，”道格拉斯解释道，“我会消除一切怀疑。”

这可是一个不小的决心。出版这本书会威胁道格拉斯和他家人的安全，因为他的主人托马斯·奥尔德会很容易就找到他。这个逃奴知道这本自传出版之后，他将不得不像一个被追捕的人一样生活。尽管面临这些危险，道格拉斯仍然决定继续做下去。从 1844 年年末到 1845 年年初，他完成了这本书，并把它命名为《弗雷德里克·道格拉斯：一个美国黑人的生平自述》。

在这本 125 页的书中，这个昔日的奴隶描述了他从 1818 年出生到 1841 年 8 月他在楠塔基特岛大会上发言的那一刻之前的生命历程。他在书里告诉读者，他跟他的母亲和祖母被永远地分开了，他在隆冬季节也只能穿着粗亚麻的衬衣，还有他曾像猪一样在食槽里狼吞虎咽地吃玉米粉做的粥。他告诉他们休·奥尔德和索菲娅·奥尔德的事情，还有他在巴尔的摩的生活。他写了他被托马斯·奥尔德送去给爱德华·柯维调教的事情。他还给读者勾勒了他逃脱的概略图，当然也包括那些幸运和恐惧的瞬间。他这本关于人类力量和人为不公正的记录，在我们这个时代引起了广泛的关注。“道格拉斯的个人故事，”历史学家大卫·布莱特写道，“就像美国历史本身一样，既令人鼓舞，又令人恐惧。”

在 1845 年 5 月，麻州反奴役协会出版了这本自传。这本书很快成为畅销书，并且极大地提升了作者在国内外的声誉。（到 1851 年，这本书出版 5 年后，在美国的销量已经超过了 3 万本。）当托马斯·奥尔德和休·奥尔德读到这本书时，他们非常愤怒。一个是指责道格拉斯撒谎；另一个则发誓要把他抓回去，“把他安置到南方的棉花地里”。考虑到他的安全问题，道格拉斯的支持者安排他到英国去做巡回演讲。他们也希望他的自传能引起英国人的兴趣，可以吸引这个国家长期存在的反奴运动者的注意。

这本书出版几周后，道格拉斯出发前往利物浦，安娜和孩子仍然留在家里。这位黑人演说家一到英国，就开始了忙碌的演讲日程，在都柏林、贝尔法斯特、伯明翰、伦敦、爱丁堡、格拉斯哥和其他城市发表演讲。无论他去哪里，英国的观众都会蜂拥而至；他几乎一夜成名。道格拉斯不仅在巡回演讲中享有盛誉，而且在与知名人士的许多次会议中也颇受赞誉。这些人中有不少人劝说他脱离加里森的组织，建立自己的反奴隶制平台，而且有些人会为他提供资金和后勤支持。例如，1846 年政治家和社会改革家约翰·布莱特捐款帮助道格拉斯从托马斯·奥尔德那里赎回了他的自由。

这些支持者当中有很多白人妇女。同美国一样，英国的废奴运动和为妇女争取权利的运动也是融合在一起的，很多女性领导人在这两方面都发挥了显著的作用。道格拉斯在英国遇见的妇女当中有一位叫爱伦·理查森，她是一位帮助美国逃奴在英国定居的慈善家。他还认识了爱伦的妯娌，作家安娜·理查森，她创立了妇女自由产品协会，该组织抵制奴隶生产的农产品。在 1846 年年末，理查森一家把道格拉斯介绍给了 36 岁的茱莉亚·格里菲思。格里菲思是著名废奴主义者的女儿和姐妹，她聪明、善于表达、精力充沛。道格拉斯给她留下了深刻的印象，他们两人共同致力于结束美国的奴隶制，并由此建立了友谊。在他们初次会面之后不久，格里菲思就承诺将尽她所能帮助他。

实际帮助并不是英国废奴主义者为道格拉斯提供的一切。这些人直接或间接地给他提供了三条重要经验。首先，与加里森和他的追随者不同，这些改革先锋在英国政治系统内推翻了奴隶制。这些活动家利用议会、法院和教堂来消除奴隶制，这对道格拉斯产生了深远的影响。其次，他跟英国的反奴主义者的经历使他充分了解了声音的力量——不论是书面的还是口头的——可以促进政治和社会的变革。每一个他演讲过的地方，人们都会称赞他的自传，不仅仅是因为道格拉斯对他所知道的罪恶的深刻揭露，也因为这是美国和英国公民在废除奴隶制的斗争中可以利用的颠覆手段。因为他的自传广受赞誉，爱尔兰的一个出版商趁作者在英国的这段时间印制了两版这本书。(到 1851 年，这本自传在英国已经印刷了 9 版。)

最后，反奴主义者和其他英国市民能平等地对待道格拉斯。这个黑人改革家在给加里森的信中写道，英国最重要的一个特征是，这里的人“并没有因为我的肤色而对我有任何的偏见”。道格拉斯说他在公共场合活动的时候丝毫没有感受到“针对我的厌恶和鄙视，我发现自己并没有被当作有色人种对待，而是被当作了一个人——而不是一个东西，我们都是天父的孩子”。在许多社交圈子里，这位美国活动家受人尊重，这对他来说是新的体验。历史学家南森·哈金斯曾写道：“作为一个用才华和想象力改造问题的人，他变得非常有名。”这些经历增加了道格拉斯的自尊心，反过来讲，他的自尊心也同样使他下一阶段的征程充满动力。

# 第二十八章

# 《北极星报》

1847年的4月，道格拉斯作为一个自由人回到了美国。加里森和他的同事温德尔·菲利普斯，以及其他新英格兰的反奴主义者热情地迎接了道格拉斯的回归。他们很高兴他们的使者成功归来，几周后他又投身到巡回演讲中。与他三年前的经历截然不同的是，现在没人把他当作骗子。这个昔日的奴隶，现在是一位知名的作家；比如在费城和布法罗，人们用掌声和欢呼声欢迎他上台演讲。5月在纽约举行的一次废奴主义者大会上，他和加里森共同站在演讲台上，台下的观众吵着要听这位归来的英雄发言，并因此打断了加里森的演讲，大喊着："道格拉斯，道格拉斯！"

在回美国的几个月后，这位黑人改革家决定离开加里森和麻州反奴役协会，自己独立出来斗争。他打算创办一家反奴隶制的报社，报纸的内容也会涉及种族、歧视和妇女权利。他宣称，该出版物对"一切关于道德和人道的措施和话题开放，只要这些有助于启迪、改善和提升人类品质皆可"。除了作为他思想的喉舌，这份报纸会提供令人信服的证据，道格拉斯解释道，"证明黑人也是人，不应该被当作奴隶"。

当他把计划告诉加里森和菲利普斯的时候，他们并不支持他的计划。他们认为，出版一份报纸需要面对资金上的难题。

确实如此，在 1847 年，没有一份反奴隶制的出版物能够获得足够的收入来支付生产成本，几乎每一份都依赖于捐款维持经营。这些白人活动家同时也担心道格拉斯的报纸会冲淡人们对现存的包括《解放者报》在内的出版物的支持。最终，加里森和菲利普斯认为道格拉斯作为编辑的影响力没有作为他们组织的巡回演讲师的影响力大。在 1847 年 7 月，加里森在他的报纸上发表反对意见：

> 道格拉斯演讲能力如此强大，在这个演讲师如此缺乏的领域里，在我们看来，这就像正午的太阳一样清楚，（道格拉斯）从……激励大众的工作脱离出去，去承担出版生活的忧虑、苦差和困惑，对于反奴隶制事业而言，不会是一种收获，而是一种损失。

在这位白人反奴主义者背后，他实则担心道格拉斯会建立一个对立的组织宣泄对加里森的愤怒和曾受到的伤害。这位他呕心沥血鼓励的非洲裔美国人却要独立门户。加里森在写给妻子的信里写道，这些行动，是“冲动的、轻率的也是非常矛盾的”。这个白人继续说道：“道格拉斯的行为，让我很心痛。”从那时起，两人几乎就不再交流了。

许多年后，这位黑人反奴主义者对他的决定冒犯了加里森和他的追随者感到抱歉。毫无疑问，道格拉斯非常理解他们仍然希望他留在麻州反奴役协会的动机。但是，他需要独立，这比其他的都重要。这种需要可能源于对名望的追求。就像沙克尔顿一样，道格拉斯也喜欢被人称为开拓者；也许他认为他只有自己行动才能完全实现他所追求的声誉。也许道格拉斯也意识到他竭尽全力地同奴隶制做斗争的同时，他就不能有太多顾忌。他明白当他试图建立自己的废奴主义平台的时候，需要面对财务、实际操作的和政治方面的障碍，而且他也不确定他和他的事业是否能够发展起来，更不用说实现繁荣昌盛了。尽管有这些风险，道格拉斯还是实现了信仰的飞跃——他从熟悉的安全之地进入了未知的，但有可能是更富饶的土地。

为了与麻州反奴役协会保持一定的距离，这位活动家搬到了纽约州的罗切斯特。这个城市是蓬勃发展的反奴主义团体的家园，而且道格拉斯也遇到了这些团体的一些杰出的成员。在 1847 年，这些人之中有的为他提供了帮助。例如，一对夫妇邀请他跟他们一起住，直到他找到一个稳定的住所。其他反对奴隶制的领导者承诺在他发行第一份报纸的时候会给予他帮助。

1847 年 12 月 3 日，他做到了。他把这份出版物命名为《北极星报》，因为正是北极星引导逃亡奴隶走向了自由。周报的系列内容包括反对奴隶制的演讲、最近会议的新闻、广告、文学作品和主要由道格拉斯撰写的社论。

《北极星报》很受欢迎，但是在短短几个月内还是陷入了财务危机。经营成本超过了订阅收入，而且这个组织很快就耗尽了所有的启动资金。为了保证报纸继续运行下去，道格拉斯接了一些有偿演讲。但是这些耗尽他的精力，使他不能继续写作。1848 年 2 月，他为家人买了一栋房子，并把安娜和孩子们带到罗切斯特。然而，不久之后，道格拉斯却不得不抵押这处房产为该报筹集资金。

这时有两个人为他提供了援助。一位是住在纽约彼得伯勒附近的白人慈善家格里特 · 史密斯。史密斯是一个坚定的废奴主义者，他把一部分遗产用来支持《解放者报》和许多的反对奴隶制社团。(他还捐赠了位于纽约州普莱西德湖附近的 12 万英亩土地给 1000 名美国黑人，希望他们能在那里建立一个自给自足的社区。) 因为对《北极星报》的早期版本印象深刻，史密斯向道格拉斯伸出援手，为他提供了资金支持和其他帮助。

第二个支持者是这位黑人废奴主义者在英国见过的茱莉亚·格里菲思。当道格拉斯在给她的信中提到了报纸遇到问题后，她从英国来到了罗切斯特帮助他。1848 年，格里菲思开始掌控《北极星报》的财务和行政工作。她做的第一件事就是联系那些潜在的捐赠者筹集资金，组织活动和发送明信片进行宣传。她还出售广告位，并监督报纸的制作进度。她的努力很快就起了作用。道格拉斯写道："在她精力充沛和卓有成效的管理下，仅一年之内，格里菲思小姐就使我的报纸发行量从 2000 份扩大到 4000 份，还清了债务，解除了我房子的抵押……她似乎在每一个紧急情况下都能挺身而出，她的资源似乎也是无穷无尽的。"

格里菲思所做的不仅仅是保持报纸的运营。在他们共同工作的 7 年里，她已经成为道格拉斯文学指导和个人支持的重要来源。正如哈金斯所写的那样，格里菲思"在语法、句法和编辑工作上给予了他帮助。虽然他已经成为演讲大师，但是因为他是自学成才，所以他的写作风格（包括拼写）自然有不少不确定的。她给了他所需的保障。她为他的继续学习提供了指导，经常为他朗读英国文学经典"。随着道格拉斯越来越依赖格里菲思的帮助，她也向他伸出了友谊之手，在他质疑自己的时候鼓励他，在他成功时为他喝彩。"弗雷德里克·道格拉斯的强大形象，甚至是傲慢的个性，"大卫·布莱特写道，"他自己塑造的命运是传记作家难以抗拒的题材，但是在（1848—1855）他依靠茱莉亚·格里菲思这位能力卓越的忠诚同伴，成为独立思想家的关键时期，他这个性必须在知识的滋养下温和起来。"

到 19 世纪 50 年代初，弗雷德里克·道格拉斯已经拥有了坚实的基础。《北极星报》在资金和实际运营上都很稳定。他的家庭生活也很稳固。他和安娜现在有5个孩子——最小的孩子安妮，出生于1849年——那一年他们一家搬进了一栋舒适的两层砖房中。这栋房子拥有9个房间，还带有一个小院子。他们家离报社的办公室很近，孩子们经常和父亲一起工作，帮他做些零碎的小活儿。在夏日的夜晚，道格拉斯一家人会聚在自家门前的草坪上，安娜演奏小提琴，弗雷德里克会带着孩子们唱赞美诗。当邻居们聚过来听音乐的时候，会提出要求点首歌，这些家庭成员也很乐意应邀演唱一些歌曲，例如《我的肯塔基故乡》。

在19世纪50年代，道格拉斯继续用出版报纸和演讲的方式来进行反奴隶制的斗争。他每年中总会抽出几个月来做巡回演讲，在反对奴隶制大会上鼓舞大众，在北方各州发表演讲，而且跟其他改革家包括女权活动家一起登台号召。(例如，1848年道格拉斯作为唯一的男性代表参加了在纽约塞尼卡-福尔斯举办的第一届妇女权利大会。)

除了写作和演讲，道格拉斯也为“地下铁路”提供帮助。这一系列的地区联系网、安全藏身处、教堂和代理人会帮助奴隶制定逃往北方的路线，进而获取自由。白人和黑人都可以在联系网中担任“代理人”和“监督人”的职务，指导和保护逃跑的奴隶，为他们提供下一“站点”的信息，提供庇护场所和食物，同时会提醒逃奴注意抓捕者的出现。在可能的情况下，逃亡的奴隶通常都会结伴逃亡，一般都会走偏僻的小路。他们经常躲在地窖、偏远的农舍，或者干草棚里，等到安全之后才会继续前行。当他们抵达北方的城市后，他们会找到“地下铁路”联系网上的代理人——就像弗雷德里克·贝利在1838年到达纽约时一样，这些人会帮助他们安顿下来或者转移到另一个地方。

在美国内战爆发前的30年里，成千上万的美国黑人逃离了奴隶制的魔爪。众所周知，现代对逃亡奴隶数量的估算是不准确的；历史学家埃里克·福纳估算这个数字在3万到15万。以1860年奴隶总人口400万来计算的话，逃跑的奴隶只占了很小的一个比例。尽管如此，“地下铁路”对非洲裔美国人和白人废奴主义者而言仍是自由精神的有力象征和有效的反抗手段。

罗切斯特是“地下铁路”联系网中到加拿大前的最后一站。从1847年，道格拉斯到达这个城市开始，他就投入大量的时间和精力帮助那些逃亡的奴隶。他和安娜为他们提供食物、衣物和建议，并且在家里为他们很多人提供住宿。道格拉斯经常在早晨上班的时候发现疲惫的旅行者在他办公室前的门阶上等他。历史学家本杰明·夸尔斯计算过，从1847年到内战结束，道格拉斯帮助了超过400名黑人获得自由。“我可以说我从没有做过比这更意气相投、更吸引人、更有魅力、更令人满意的工作了，”这位废奴主义者回忆道，“诚然，作为消灭奴隶制的手段，这些就像想用茶匙舀尽海洋里的水一样微不足道，但是只要想到这样会少一个奴隶，多一个自由人……就会给我带来无法形容的喜悦。”

道格拉斯在“地下铁路”的工作直接导致他对《逃亡奴隶法》的抗议。该法案在1850年颁布，是大规模立法妥协的一部分，这个妥协是为了允许加利福尼亚州作为一个自由邦省加入联邦；作为交换，蓄奴的州获得了一套全国条例，规定公民要帮助追捕逃跑的奴隶，建立一套大体的赏金制度来帮助奴隶主定位奴隶的位置；该法案还剥夺了美国黑人参与陪审团的权利。

道格拉斯和其他废奴主义者被激怒了，他们声称新法律使普通市民成了猎奴者，而且这也会使每一个州都变成蓄奴的州。“在公然违抗正义的情况下，”道格拉斯告诉观众，“无耻地忽视实施法律的形式，以狡猾的方式诱捕那些无助的人［原文如此］，从此这个意图险恶的《逃亡奴隶法》孤零零地站在暴政的立法史上。”他的一些攻击更具侵略性。“使这个《逃亡奴隶法》变成一纸空文的唯一方式，”道格拉斯在1852年宣称，“干脆打死六七个赏金猎人……这会让南方的奴隶主们冷静一下自己的追捕热情，抑制一下他们的贪婪。”很少公开的是，这个黑人活动家致力于筹集资金支持逃跑的奴隶，并且为那些被指控窝藏逃奴的市民辩护。

道格拉斯对新法律的回应是他对奴隶制的思考向更深层次转变的一部分。在19世纪50年代早期，他知道这种制度在地理上还在扩张，而且这种奴主势力在国家经济和政治方面拥有更大的权力。这种认识导致另一种结果：道德劝说——他和加里森以及其他反奴主义的领导者长期以来支持的战略——是不足以消除奴隶制的。道格拉斯总结道，想说服南方和北方的白人意识到奴役人类原本就是不道德的行为不现实，因为这撼动不了已经根深蒂固的奴隶制体系。

道德说教的时代已经过去了。摧毁奴隶制度需要一场比他和其他改革家之前所支持的斗争方式规模更大、更困难而且可能更暴力的斗争。

这个黑人也改变了他对加里森平台的其他方面的看法，包括白人反奴主义者对宪法的谴责。道格拉斯推测，也许宪法并不是如他之前的导师长期坚持的那样，是一个从根本上支持奴隶制的文件。也许，道格拉斯从理论上分析，宪法没有提及奴隶制——开国元勋理解的奴隶制同共和国的原则不一致——《宪法》的作者想要创造道格拉斯所谓的“永久自由的文件”。他经过深思熟虑的判断是，宪法最终还是反对奴隶制的。

到19世纪50年代早期，这个黑人领导者到了一个关键时刻。一旦他认定了宪法是一份反对奴隶制的文件，有几件事就变得清晰了。一个是终结奴隶制的斗争要在现存的政治体系内进行，而这个政治体系就是在这份创始文件的框架下组建的。道格拉斯总结道，法律诉讼、立法和选举过程都是斗争的重要工具。同样明显的是，这场斗争会波及整个国家——包括自由的州，也包括蓄奴的州。这位黑人改革家跟其他卓有成效的领导人一样，培养了务实的作风。他从没有忽视争取全部解放斗争背后的具有积极意义的理想主义。但是，他认识到要实现这一目标，需要他和他的支持者调动所有可以利用的武器和选民。从这个有利的角度来看，这位黑人废奴主义者认为，北方各州不需要像加里森的追随者宣称的那样脱离联邦。这些行之有效的终结奴隶制的观点的出现，标志着道格拉斯同这位著名的白人废奴主义者的彻底决裂。

这位黑人改革家继续研究。像林肯一样，他也试图弄明白奴隶制在 19 世纪 50 年代扩张的原因，因此道格拉斯回溯这个国家的历史希望能理解和得到指引。在一个以确保每一个美国人都拥有生存权、自由和对幸福的追求为原则建立起来的国家里，怎么会允许这种可以合法地奴役人的制度存在呢？怎么会允许它继续存在和扩张呢？在 1852 年的一次演讲中，道格拉斯提出了这些问题。他在罗切斯特妇女反奴役协会的邀请下做了一场关于独立日的演讲，在演讲中抨击了美国实验的核心——表里不一。他质问道："7 月 4 日对奴隶而言有什么意义呢？"

我的回答是，这天比一年中其他任何日子都更能揭露他一直遭受的不公正的和残酷的遭遇。对他而言，你们的庆祝是虚伪的；你们夸耀的自由，是罪恶的许可；你们国家的伟大，是膨胀的虚荣心；你们欢呼的声音，是空洞而无情的；你们对暴君的谴责，是厚颜无耻的；你们对自由平等的呐喊，是空洞的嘲弄；你们的祈祷和赞美诗，你们的布道和感恩，再加上所有的宗教游行和仪式，这些对上帝而言都是夸夸其谈、虚假欺骗、不虔诚和虚伪的——只是薄薄一层用来遮掩一个野蛮国家罪行的面纱。在这个时候，没有哪一个国家犯下的过错比美国人的罪行更令人震惊、更血腥。

道格拉斯的愤怒贯穿于整个演讲中。他指责增长的奴隶贸易，《逃亡奴隶法》和遍布全国的教堂，因为它们允许——或者说在某些情况下支持——奴隶制。他将自己国家的政治和宗教制度同英国的进行比较。在英国人眼中，美国的奴隶制是一件在道德和政治层面都令人厌恶的事情。这种制度的存在，道格拉斯认为：

会使你们的共和主义成为假象，使你的人性成为卑劣的借口，使他们的基督教成为一种谎言。它摧毁了你在海外的道德力量；腐蚀了国内的政治家……它束缚着你的进步；它是你改进的敌人，是教育的死敌；它哺育了骄傲也孕育着傲慢……它是对支持它的土地的诅咒；而你却紧紧地抓住它，仿佛它是你所有希望的救命稻草。

正如令人震惊的奴隶制一样，道格拉斯认为，终结奴隶制的斗争会最终胜利的。但是美国人需要做好准备。这场改革运动将会非常困难；它需要巨大的民众动力和集体意愿去做那些必须做的事，不管这些事有多大的破坏性。“因为它不是我们需要的光，”他坚持道，

而是火焰；它不是温和的细雨，是雷电。我们需要暴风雨、龙卷风和地震。这样可以激起国家的感情；唤醒这个国家的良知；震惊这个国家的规矩；揭露这个国家的虚伪；而且一切对神和人类犯下的罪恶都必须被揭露出来和受到谴责。

对道格拉斯而言，这条前进的路是清晰的。奴隶制一定会被消灭，用一切可行的方式消灭。只有这样才能使这个国家回归它最初的目的。在林肯发表《解放黑人奴隶宣言》的 10 年前，在他做葛底斯堡演说的 11 年前，这位黑人领导者就明白了消灭奴隶制的战争是不可避免的，而且它将决定这个国家的未来。

道格拉斯在他 19 世纪 50 年代早期建立的阵地上，在接下来的 15 年里继续领导斗争。在他的思想基础上，赋予美国活力的原则跟奴隶制是对立的；这一制度的腐蚀效果需要不断地放在公众意识的显著地位；终结奴隶制的斗争必须在现有的政治体系内进行 他和其他的反奴主义者必须使用一切可以应用的工具来领导这场斗争。

实用的战略、敏锐的视野、强烈的使命感，以及身为奴隶制叙述者的经历，这一切都对巩固道格拉斯的领导至关重要。他直觉地明白这一点，就像我们今天理解的那样，领导者们需要建立一个牢固的基础，来支持他们将要进行的一切。当你在思考一个至关重要的问题的时候，什么是最重要的支柱呢？你为什么要研究这个特别的问题？在你深入研究的过程中，你希望实现什么目标？你对如何实现这个目标的最佳猜想是什么？这些问题的答案不仅对你接下来的行动很重要，而且对你遇到障碍和挫折的时候，如何使自己坚持承诺也很重要。

道格拉斯意识到，要想产生大的影响，他必须创建他自己的道德、智力和情绪的基础平台。这是一项棘手而复杂的工作。我们可以把它想象成，在他考虑怎样才能发挥更广泛影响力时，所发生的一系列自我对话。这些内部讨论构成了道格拉斯领导能力的基石，帮助他做出日常选择，传达他的使命，并在怀疑和绝望的时刻找到方向。所有渴望有效领导的人都必须建立自己的基础。

# 第二十九章 他的所有力量

当道格拉斯深入思考奴隶制的时候，美国反奴运动正在汇聚力量。这种斗争并不新鲜，最早可以追溯到17世纪中期，即奴隶制刚刚在北美的英国殖民地生根的时候。到大革命时期，牧师、政客、奴隶和自由黑人，还有其他人士都在抗议这个为独立自由而建立的国家却存在着奴役问题。其中一些努力取得了成果，例如在《独立宣言》签署后的30年里，一些北方的州宣布奴隶制不合法。

尽管取得了这些进步，在19世纪早期，奴隶制还是在快速地扩张，反奴隶制斗争也一直在持续。这些努力成果中涉及一系列的人，其中有费城的教友派信徒伊丽莎白·玛格丽特·钱德勒，她在19世纪20年代游说其他女性反对奴隶制；还有弗吉尼亚州的奴隶纳特·特纳，他在1831年领导了奴隶武装起义。正如历史学家马尼沙·辛哈写的那样，这些人和很多其他人在内战前的30年里为一场规模更大、更有力量的运动奠定了基础。例如，19世纪30年代和40年代，出现了许多致力于结束奴隶制的地方性、州和全国性组织。其中大多数是致力于废除奴隶制的团体，如美国反奴隶制协会与美国和国外反奴隶制协会等。

像加里森和格里特·史密斯这样坚定的活动家领导了许多这样

的团体。但是终结奴隶制的斗争中还涉及很多杰出的政治家，例如纽约的美国参议员威廉·西沃德和俄亥俄州的萨尔蒙·蔡斯；还有社会改革者，例如亨利·沃德·比彻和他的妹妹，即小说家哈里特·比彻·斯托；可能最重要的还是许多非洲裔美国黑人改革运动者，包括逃亡奴隶和女权运动活动家索杰纳·特鲁斯和成为牧师、作家和演说家的逃奴詹姆斯·W. C. 彭宁顿。

到1850年，反奴主义者更有组织性了，他们有众多的成员，有比之前更复杂的战术，但是他们还没有实现目标。在19世纪中叶，奴隶制已经由马里兰州延伸到了田纳西州，从佛罗里达州蔓延到了得克萨斯州；超过300万的美国人属于另一部分美国奴隶主。在1850年至1860年，这些被奴役的男人、女人和孩子的市场价格翻了一番，这些奴隶主的资产也随之增加。在内战前夕，这些奴隶占了南方财富的一半。

在19世纪50年代，一系列大规模的事件把这个国家一分为二——一边是支持奴隶制的南方各州，另一边是反奴呼声高昂的北方各州。在日益紧张的政治局势中，废奴主义者努力继续推进他们的事业。这些通过演讲、书籍和新闻报纸传播的信息，在引导北方公众舆论方面发挥了关键作用。道格拉斯成为主要的反奴主义者之一，也是美国最有名的非洲裔美国人。

在1854年，道格拉斯被《堪萨斯–内布拉斯加法案》激怒了。这个法案在5月份获得了国会的批准，其中就废止了1820年的《密苏里妥协案》。《密苏里妥协案》规定在北纬36°以西的范围内禁止奴隶制（除了蓄奴的密苏里州）。1854年的这部法案还规定把西部大片的领土分为两个部分：堪萨斯州和内布拉斯加州，这些土地对移居者开放，而这些移居者可以当地投票决定奴隶制是否合法。

道格拉斯公开反对新法案，对废除《密苏里妥协案》和民众自行投票决定西部地区黑人命运是一种体面手段这个谬论进行抨击。"唯一可以理解的民众主权原则已然建立。"道格拉斯在1854年年末告诉观众，这个原则就在《独立宣言》中，"我们认为这些真理是不言而喻的，人人生而平等，被造物主赋予了生命权、自由和追求幸福的权利。"他继续说，每个人都有生存权、自由权和追求幸福的权利，"是其他社会和政治权利的基础，由此可见，那些以剥夺他人的自由，剥夺人们追求幸福的权利为目的的追求是多么厚颜无耻——这使民众主权的呐喊声变得嘶哑"。

并不是只有道格拉斯感到愤怒。北方的改革家、新闻报纸的编辑和普通市民都在抨击《堪萨斯-内布拉斯加法案》，他们认为这是南方在全国推广奴隶制的胜利。很多批评这项立法的人都精准地预测到支持奴隶制和反抗奴隶制的势力在西部区域会爆发暴力对抗。

同时，两个主要的政党——民主党和辉格党——也各自分裂了。民主党分裂成三个团体，其中两个支持奴隶制的扩张，另一个谴责奴隶制。辉格党瓦解了；几年之后，它会不复存在。

道格拉斯对党派的巨变表示欢迎，他希望在《堪萨斯-内布拉斯加法案》政治影响的真空地带，可以出现又一个致力于奴隶全面解放的政党。但是这个期望并没有实现；相反地，来自北方各阶层的领导者成立了共和党——一个既反对奴隶制扩张，又承认奴隶制在它存在的各州的合法性的团体。

道格拉斯对共和党的创建理念非常失望。他认为，质疑奴隶制的扩张只是对这种强大制度的微弱回应。道格拉斯继续说道，这一立场只会：

让这个国家陷入不断的动乱，包括边境暴徒的暴行、暗杀、煽动性言论、阴谋、内战和各种令人作呕的恐怖活动。真正能永久解决奴隶制扩张的唯一方法就是，立即废除奴隶制。因为当这个怪物还活着的时候，它就会饥饿和口渴，会呼吸也会扩张。真正的解决办法就是把刀插进它的心脏。

当他在谴责这个刚组建的政党团体的时候，道格拉斯在 1856 年投出了第一张选票：选举约翰·C. 弗里蒙特为总统，威廉·戴顿为副总统。这位黑人活动家对他的行为解释道：政治的一致性没有反奴隶制一致性重要；后者要求他和其他反奴主义者们利用他们的选票给这种奴役人的制度最强有力的打击，而在 1856 年，共和党就是这种打击的代表。在废奴主义者、前辉格党和其他组织的支持下，共和党人在 11 月的选举中赢得了 11 个州（总共 31 个州）的选举，获得了几乎 40%的选举团的选票。尽管有如此令人印象深刻的表现，民主党还是入住了白宫。1857 年 3 月，詹姆斯·布坎南成为美国第 15 任总统。

在接下来的 7 年里，道格拉斯对共和党的态度摇摆不定，这取决于他对结束奴隶制的前景是充满希望的还是绝望。在某些充满希望的时候，他认为共和党是推动变革的重要力量；相反地，在某些沮丧的时刻，他抨击共和党及其领导者们，批评他们没有迅速和积极地反对奴隶制度。其他的改革家批评道格拉斯对共和党摇摆不定的态度——以至于他在巡回演讲中，也会拿自己经常改变政治立场的名声开玩笑。

不管道格拉斯对美国政治的看法如何，他整个 19 世纪 50 年代都在不知疲倦地工作，正如大卫·布莱特写的那样，“推动黑人解放事业日益成为国家事务的中心内容”。道格拉斯有不少的手段来推动这项事业：精英政治是其中一种，巡回演讲是另一种，他的写作是第三种方式。他继续把自己的报纸作为废除奴隶制度和为美国黑人争取人权的喉舌。

19世纪50年代中期，道格拉斯决定写第二部自传。1855年，这本命名为《我的枷锁与我的自由》面世了。这本书与他第一本自传有很多相同之处，但是这本书有更高的追求。在他讲述自己作为奴隶的经历和他逃脱之后取得的成就时，道格拉斯就明白自己是在为其他非洲裔美国人树立榜样，同时也是对人们认为黑人普遍是劣等人种这一偏见的挑战。"我觉得这是我的部分使命，"他在终章里写道，"我要让这个国家的黑人兄弟们相信，即使有困扰他们生存的无尽挫折和可怕障碍……进展还是有可能的，而且明亮的天空终会为他们照亮前进的道路。"道格拉斯日益增长的声誉和人们对奴隶制日益增加的关注共同推动了这本书的销量：两年内这本书再版了三次，到1860年它的销售量超过了2万本。

除了写作和演讲，道格拉斯还跟其他著名的废奴主义者保持联系，包括马萨诸塞州的美国参议员查尔斯·萨姆纳和哈里特·比彻·斯托。在1857年3月初，他们和其他改革家被最高法院对德雷德·斯科特的判决激怒了。这个案子同一个非洲裔美国奴隶德雷德·斯科特有关。1833年斯科特从蓄奴的密苏里州搬到了不承认奴隶制合法性的伊利诺伊州，之后又去了同样禁止奴隶制的威斯康星州。1846年，这名黑人为了获取自由向密苏里州法院（最终上诉到最高法院）提起诉讼，理由是他在自由州生活了很多年。首席大法官罗杰·坦尼根据7：2的票数做出裁决，判定斯科特无权在法庭寻找正义，因为黑人不是美国公民，无权享受跟白人一样的公民权利。

在北方，反对奴隶制的领导者们谴责法院的裁决。有些人指出这是奴隶主阴险势力的证据，其他人抨击这个判决是种族歧视。道格拉斯称这个裁决是“狼性裁决的司法体现”，但是他还是看到了其中积极的一面。他认为，这个判决很可能是一系列事件的导火索，它可能会导致这种制度被彻底消灭。道格拉斯宣称“美国人民被一种令人极为震惊的方式号召起来，要求废除并永远废止奴隶制”。

全体解放能多大程度上实际实现，对道格拉斯而言，是一个更加开放的问题。如果投票不能奏效，或者立法者不能废除奴隶制，再或者这些废奴主义者不能通过和平方式消灭奴隶制，那么他发现还可以通过一些潜在的暴力的手段。例如，在堪萨斯州支持奴隶制和反对奴隶制的势力之间爆发的武装冲突，有可能会蔓延到这个国家的其他地区。另一种可能是，大量的奴隶会起来反抗他们的主人。还有第三种可能：一个更加动荡和致命的选择——内战。

道格拉斯曾一次又一次地宣称，这个国家在19世纪50年代所经历的动荡在奴隶制被彻底消灭前不会停止。事实上，他认为德雷德·斯科特的判决、《堪萨斯-内布拉斯加法案》和其他类似的事件所引发的混乱可能会是最好的，也是唯一可以回归这个国家最初的建国目标的手段：人人都享有自由。“让我给你们介绍下改革的哲学，”道格拉斯在1857年的一场演讲上说道，

人类追求自由的整个历史进程表明，对自由庄严主张所做的一切让步，都是认真斗争的结果……没有斗争就没有进步。那些自称喜欢自由，而又反对斗争的人，就像那些没有耕种就想收获庄稼的人，他们想要没有雷电的天降甘霖。他们想要大海，但是却不想要海水汹涌澎湃的咆哮。

随着紧张局势的升级，对奴隶制持有不同态度的美国人都将暴

力看作一种推进他们各自计划的方式。为废奴主义事业服务的武装暴动中最有名的例子就是约翰·布朗在 1859 年 10 月企图夺取弗吉尼亚州哈普斯渡口的联邦军械库事件。这位白人废奴主义者和他的支持者打算控制更多的武器来武装成千上万的奴隶和自由黑人，布朗确信他们会很快加入到越来越多的起义中去。

道格拉斯第一次见到布朗是在 19 世纪 40 年代后期，在接下来的 10 年里，他们又见过数次。1857 年，这位黑人领导者了解到布朗有领导奴隶起义的打算。原则上，道格拉斯支持他这一想法，甚至作为布朗的代表为其征集捐款。然而，随着计划具体实施，这位前奴隶清楚地意识到这场暴动不可能成功，所以在提议的日期之前，道格拉斯劝说布朗“他正陷入一个绝对的死亡陷阱，一旦陷进去，他永远不可能活着逃离”。

1859 年 10 月 16 日的晚上，布朗发起了攻击。他带领 21 个人成功劫持了大约 60 名人质，占领了哈普斯渡口的军械库。但第二天早晨，一群民兵、店铺主人和农民包围了布朗和他手下占领的这座建筑。当天下午，一队海军陆战队士兵在罗伯特·E. 李上校的指挥下抵达这里，来平息这场叛乱。布朗拒绝投降，随后发生了小规模的冲突。李上校的军队对被占领的建筑发起了猛烈进攻，到 10 月 18 日早晨，布朗的 8 个追随者和 2 个参加起义的儿子被杀。6 名市民死亡，其中包括镇长、两名奴隶和一个自由黑人。5 名激进的废奴主义者逃脱。但是他们的领导者和 6 个同伴被逮捕，最终被判犯有叛国罪，处以绞刑。

在这场起义发生几周后，各州和联邦官员发动了全国范围的搜捕，搜捕那些可能会跟布朗合谋的人。当道格拉斯知道当局已经发现了他写给这个废奴主义者的便条时，他知道自己面临着被捕的风险。这位黑人改革家从罗切斯特北上逃到了加拿大。由于担心美国法警会在加拿大追捕他，他 11 月份又出发前往英格兰。他与那里的老朋友和同事们重新取得了联系，再次在英国给各地的观众做巡回演讲。道格拉斯在英国停留的时间不长，因为 1860 年 3 月，他的小女儿因急病去世，他就被叫回家了。

当他回到美国时，对布朗同伙的追捕已经结束了。道格拉斯将其归因于两个因素。第一个因素，他写道，是因为“这些参与（调查）的人预感到他们自己很快会加入到反叛中，这种反叛倒不是像约翰·布朗那样为自由而战，而是针对奴隶制进行反叛”。第二个因素是 1860 年的总统选举，这场拉票活动吸引了全国人民的注意。这位黑人活动家说，“在战争与和平，共和政体的完整和肢解，以及我所说的奴隶制的存在和毁灭这些问题上可谓史无前例”。

多年后，这位黑人领导者在回顾布朗对哈普斯渡口的这场袭击时，认为这是历史上伟大的转折点。道格拉斯写道，这位起义者开启了最终废除奴隶制的斗争的新篇章：

> 当我们回顾所谓的废奴战争导火索的日期、地点和人物时，我们会发现不是在卡罗来纳州，而是在弗吉尼亚州——不是在萨姆特堡，而是在哈普斯渡口的军械库——不是安德森上校（萨姆特堡之战的指挥官），而是约翰·布朗开启了美国结束奴隶制的战争，并使这个国家成为自由的共和国。在这次攻击发生之前，自由的前景是暗淡的、模糊的和不确定的。这场抑制不住的冲突表现在文字和投票的斗争上，也有种种妥协让步。当约翰·布朗发动武装进攻的时候，天空就放晴了。妥协的时代已经过去了——全副武装的自由主义者面对面地站在联邦分裂的鸿沟两边——武装冲突一触即发。

我们应该怎么理解道格拉斯和布朗的关系呢？布朗曾经为美国

内战的爆发做出了巨大贡献。正如大卫·布莱特指出的那样，道格拉斯从未积极参加或者协调过任何奴隶起义。因为这并不是他想在领导废奴运动中担任的角色。尽管如此，这位黑人活动家还是会支持那些有机会成功的武装起义，而且道格拉斯也一直对这些起义所发挥的作用非常关注。同样的务实作风也让他最终劝说布朗放弃他的计划，但这同样也激起了道格拉斯对这一系列反抗奴隶制手段的兴趣——从道德劝说到政治影响再到暴力反抗。当1861年年初内战爆发的时候，道格拉斯已经做好在一个比他事业起步时更大的平台上领导黑人自由事业的准备。

在混乱动荡的19世纪50年代，当道格拉斯考虑不同的斗争方式、不同的参与者和不同的背景因素时，他从来没有忽视一个关键因素：怎么根据不同的情况，发挥一个领导者最大的影响力。例如，他知道自己永远无法成为士兵，一个像约翰·布朗那样激进废奴主义者所期望的游击战中的步兵。这并不是因为道格拉斯缺少血气之勇，他拥有足够的勇气。但是，他意识到拿起枪并不是他为这项事业能做的最有效的事情。正如他理解的那样，对他的天赋和经验的最好的应用方式，就是尽可能广泛地传播他的声音、形象和影响力。

这对于那些想要成为领导者的人而言，是非常重要的一课。面对诱惑，特别是在灰心丧气和失败的时候，我们常常会跳进第一个出现的机会里，去做些事情——或者说做任何能推进自己使命的事情。但是道格拉斯认为，这不是领导者们应该采取的正确行动。正确的行动是需要停下来长时间审视，认真思考要怎样才能做到最好。这就要充分利用这些人的天赋和经验。

# 第三十章
# 美国内战和战后风云

在1860年的总统选举中，四个政治党派——民主党、共和党和两个独立政党联盟——都派出了候选人。道格拉斯支持共和党的候选人亚伯拉罕·林肯。这位黑人改革家虽然仍在批评该政党在反对奴隶制扩张方面仍有不足，但是相对于其他三个候选人，道格拉斯认为林肯是最好的选择。

当林肯在11月的大选中获胜后，这位反奴主义者密切关注着政局，他看到南方各州退出联邦，开始组建他们自己的政府。道格拉斯认为南方人的行为太过分了。他在报纸上写道，他预测这位当选的总统和他的执政团队最终会被证明是奴隶制的保护者：

> 如果林肯先生是一位真正的反对奴隶制的总统的话就好了，但是他不是……联邦的解体可能是南方各州争取永久保留奴隶制最有效的方式了——因为如果成功了，这将使奴隶制凌驾于总统和他的政府权力之上。但是南方现在没有这样的分裂理由。现在出现的警报和混乱会停止；南方人的怒火也会平息，并且会回到原先的老路上……但在未来四年，林肯和他的政府因为支持奴隶制所受到的攻击会比他们反对奴隶制所做的任何工作，受到的抨击更加激烈。

1861年4月，在萨姆特堡战斗爆发后，道格拉斯对新总统的怀疑有所减少，林肯似乎愿意发起一场战争。这位黑人领导者认为这是一场关于奴隶制未来的较量。为说服北方的听众像他一样看待这场战争，1861年中期，道格拉斯曾说过："奴隶制是我们所有罪恶的根源……美国军队镇压完奴隶主叛乱后，他们的奴隶必须获得解放。"

随着战争的延续，道格拉斯最开始的乐观态度逐渐消退，而且他也对林肯和其政府失去了信心，他不知道他们是否真的有兴趣参与一场消灭奴隶制的战争。到1862年年中，总统已经在这个问题上采取了一些行动。例如，他推动了一项补偿奴隶解放和殖民计划，并在华盛顿特区宣布奴隶制是非法的。但是对边境各州的奴隶主做出让步的同时，林肯也取消了联邦将军在交战区发布的释放奴隶的命令。

在道格拉斯看来，这位美国总统的行为，从好的方面来说是微不足道，从坏的方面来说是应该被谴责的。这位改革家因为奴隶制在这个国家的首都不合法而感到激动，但是他断言，政府为这场战争所做的努力仍然需要当作全面废除奴隶制的一部分。道格拉斯对于补偿奴隶解放和殖民这两项倡议感到愤怒。他认为这两个法案承认了奴隶制的合法性，并把非洲裔美国人从他们自己的国家驱逐出去，是对他们犯下的另一种不公平的罪行。

1862年夏天，道格拉斯对总统越来越失望。"尽管他是共和党人和废奴主义者选出来的反对奴隶制代表人，"这位活动家写道，"林肯先生却是美国偏见和对黑人憎恨情绪的真正代表，他更关心的是维护奴隶制，保护边境奴隶州的利益，而不是怀有任何宽宏大量的情感和正义与人道的原则。"道格拉斯承认林肯曾经公开说过奴隶制是邪恶的，但是这位总统的行为与这个立场并不相符。"（林肯）人生中跟奴隶制相关的每一步都证明他在积极、果敢和勇敢地支持奴隶制，消极怯懦地背叛自由事业，而这正是他当选的原因。”

在这之后的 1862 年的 9 月，林肯发表了《解放黑人奴隶宣言》，道格拉斯对一位纽约市的听众说过，这是一个“巨大而惊人”的进步，即便不是“本世纪最重要的事件也是我国历史上最重要的事件”，它代表的是国家政治的一场革命。他指出：“在过去的 60 多年里，联邦政府简直就是奴隶制的巨大引擎，奴隶制通过它来压迫我们，就如同他们手持的铁棒。”但是现在，他说，“美国奴隶制在各州的末日”到来了。最后，道格拉斯补充道：“美国之鹰的翅膀已经展开，会为所有肤色的人种，所有国家和所有地区的有色人种提供庇护和保护，长期受到压迫的黑人可以在星条旗下体面地战死沙场或者辉煌地茁壮成长。”

这位黑人改革家对《解放黑人奴隶宣言》和它所预示的一切深感欣慰。当时可能不太明显的是，他的领导能力在总统决定发布行政命令的时候发挥了重要作用。如果林肯不确信他有必要的政治支持，他不会走出这史无前例的一步。这种支持——在北方的公众、媒体和政府官员中——被播种、培育，然后被废奴运动激发。十多年来，道格拉斯和其他的反奴主义者孜孜不倦地工作，致力于彻底地消灭这个国家的核心问题——奴隶制。当战争爆发后，这些领导者仍然把它放在国家意识的前沿。当林肯准备公布他的宣言的时候，北方地区的数百万人都相信这场战争会以奴隶制的终结而告终。这是 1850 年公众舆论巨大变化的表现，当时大部分的北方人既不了解也不关心奴隶制。

在众多重要的废奴主义者中，没有几个是像弗雷德里克·道格拉斯这样引人注目、值得信赖和做事专注的。事实上，其他废奴主义领导者没人像他一样利用这么多不同的影响渠道反对奴隶制，从劝说大众到访问政治精英不一而足。而且几乎没有像道格拉斯这样有如此信念和影响力的人会责备奴隶制的罪恶，相信非洲裔美国人终获解放的可能性。在19世纪50年代和内战期间，他领导能力的这些方面成为废奴事业中不可缺少的因素。事实上，如果没有黑人活动家的决心、能力和经验，结束奴隶制的事业可能会踌躇不前，这一点毋庸置疑。如果是这样的话，亚伯拉罕·林肯绝不可能像他已经做的那样改变美国。

同时道格拉斯也意识到《解放黑人奴隶宣言》的重要性，它为黑人士兵加入联邦军队扫清了道路。到1862年年末，这场冲突成为一场为了消灭人类奴役而进行的战斗，正如这位改革家宣称的那样，这场战争需要黑人，而且他们也做好了投入其中的准备。在接下来的两年半里，他游说政客、军官和广大的民众去招募美国黑人参军，并把他们跟白人士兵一样平等对待。道格拉斯在战争初期说："当我们应该用黑人的铁拳打击罪恶的叛乱分子的时候，我们仍要用锁链把手束缚在身后，却利用白人和他们温和的手段打击他们。"这就是傲慢，他断言："这就是愚蠢的偏见和蠢行，是眼下的主流问题。"

除了黑人军队对战争所做的实际贡献外，道格拉斯还看到了更大的影响。在联邦军队中的战斗将会是他的黑人兄弟展示他们的能力、奉献精神和潜力的一种方式。在军队服役当兵，也是道格拉斯所说的种族提升的途径之一。一旦我们让"黑人穿上带有黄铜字母U. S.（美国）字样的军装"，这位废奴主义者写道，"让他们得到带有鹰状标饰的纽扣，让他们肩膀上扛起步枪，口袋里装满子弹……世界上没有任何力量可以否认他已经获得了美国公民的权利"。

几乎在《解放黑人奴隶宣言》于1863年1月1日变成法律的

同时，道格拉斯就为这个国家的第一个黑人军团招募了 100 多名年轻人。这便是马萨诸塞州第五十四志愿步兵团，由一位白人上校罗伯特·古尔德·萧指挥。道格拉斯的两个儿子路易斯和查尔斯也加入到这支部队里。在 1863 年的夏天，路易斯在南卡罗来纳州的查尔斯顿的华格纳堡战役中受伤，很快就被提拔为军士长，这是非洲裔美国人当时所能得到的最高军衔。查尔斯接着参加了马萨诸塞州第五骑兵团，在那里他被提升为军士。

到战争结束时，超过 18 万的非洲裔美国人穿上蓝色制服为美国作战。这些人几乎占了联邦军队的十分之一，同时也是这个国家 45 岁之下的成年黑人男性的五分之一。另外还有 1.9 万名美国黑人在海军服役。其他一些黑人则以厨师、劳工、汽船驾驶员、外科医生和警卫的身份为推动联邦进步而努力着。黑人妇女不允许正式地加入军队，尽管如此，许多人还是以护士、间谍和侦察兵等身份投入到战争中。(其中最有名的是哈丽特·塔布曼，她在战争中为南卡罗来纳州第二志愿军侦察情报。）这些人中的大多数都是为黑人自由事业的远大前景而深受鼓舞，自愿贡献自己的力量。

尽管他们贡献了自己的力量，但是美国黑人还是会遭遇偏见。很多联邦的指挥官拒绝招募和组织黑人军队。一些白人士兵也拒绝跟他们的黑人同胞并肩作战。征募的黑人士兵的薪水比白人士兵低很多，而且到战争快要结束的那几个月里，黑人也没有被提升为军官的。被南方邦联军队俘虏的黑人士兵比白人士兵面临更大的危险。大部分南方的军事领导者都不认为这些黑人士兵是战俘。一些南方邦联军队会立即枪决那些在战斗中抓到的黑人，另外一些人则会射杀那些想要逃跑的非洲裔美国人。

弗雷德里克·道格拉斯清楚地意识到黑人士兵所面临的障碍。到 1863 年 8 月，他对此非常愤怒，并且想要为此多做些事情，而不只是在他的报纸和演讲中讨论这些问题。他决定前往华盛顿特区，尝试与总统和其他政府官员直接对话。在他出发前往美国首都的时候，他没有和白宫预约，他也无法确信自己是否能得到预约。但是，他希望自己的声誉和他认识的那些在华盛顿的政客可以帮助他接触到这些政府成员。当他抵达的时候，他遇到了来自堪萨斯州的参议员塞缪尔·波默罗伊，他承诺会试着安排这位废奴主义者与林肯会面。

道格拉斯和这个政治家一起来到白宫，加入等待美国总统接见的人群。这位黑人领袖排在队伍的末尾，但是几分钟后，他和波默罗伊被请到了林肯的办公室。当他们匆匆走过通往二楼的台阶时，道格拉斯无意中听到一个白人说："该死的，我就知道他们会让黑鬼进去。"

他们两人进入总统的办公室，正如道格拉斯回忆的那样，他们发现总统正坐在椅子上放松，双腿伸到不同的方向。这位黑人领袖很快就和林肯展开了深入的交谈。道格拉斯向总统说明了他为什么要花这么长的时间来确保黑人士兵能享受包括薪水在内的平等的待遇。"国家应该关注这一点"，总统回答道，并解释北方大众的观点必须和反奴主义者奋斗的目标维系在同一水准上。林肯继续说道，当他决定发布《解放黑人奴隶宣言》时，也是因为同样的理由。他解释道，如果他过早地发布释放奴隶的命令，会引发大众的反抗；集体的偏见会使事情变得更加糟糕，而且这也会推迟道格拉斯和其他反对奴隶制的领导们寻求的进展。

这位黑人领袖并不相信林肯的解释。但是他能理解总统的顾虑。不仅如此，这位改革家还认为林肯很认真地听取了他的意见。"通过他沉默的倾听和他对我的回答"，道格拉斯回忆道，这位最高统帅"给我留下了性格坚毅庄严的印象"。同样重要的是，这位活动家也注意到了，在林肯面前，“我从来不会被提醒自己卑微的出身或者我不太受欢迎的肤色”。

在战争剩余的时间里，道格拉斯继续宣传黑人军队的重要性。尽管他们做出了令人瞩目的贡献，但是直到1864年6月，国会才同意授予非洲裔美国士兵同等的薪水。该项立法可以追溯到1863年。该立法规定要确保黑人士兵享有跟白人士兵同等的口粮、补给和医疗服务。

在1864年夏末，林肯邀请道格拉斯前往白宫。这位美国总统想要听取他关于如何鼓励南方各州的奴隶逃往联邦据点的意见。林肯当时几乎已经确定在接下来的选举中他会被民主党的对手乔治·麦克莱伦击败，麦克莱伦承诺要让南方各州完整地回到联邦，并且不撼动他们的奴隶制，所以林肯很担心南方这些奴隶的命运。林肯知道新总统会很快撤销《解放黑人奴隶宣言》，他希望在自己还在任的时候，能够让更多的奴隶跟政府站到同一战线来。这位最高统帅就招募能穿过敌方领地帮助奴隶逃跑的士兵问题，向道格拉斯征求建议。

此时，联邦的军队正在里士满和亚特兰大城外停滞不前。伤亡人数达到了前所未有的水平（从5月开始，联邦军队已经损失了约9万人），而且北方的反战情绪达到了白热化。林肯每次现身，政客、报纸编辑和其他人就会要求他发起和平谈判——一场以允许南方各州保留他们的奴隶制为条件恢复祖国统一的谈判。迫于如此巨大的压力，林肯起草了一封给威斯康星州的一位新闻记者的信，信中暗示他会考虑同南部邦联总统杰弗逊·戴维斯商讨，不再坚持把废除奴隶制作为结束战争的条件。

写完信后，林肯等着将它寄出去。他跟很多同事分享了这封信，当道格拉斯8月19日来到他办公室的时候，林肯也把这封信给他看了。这位总司令询问这位废奴主义者，他是否应该把这封信发出去。“当然不可以，”道格拉斯回答道，“这封信会被人解读成多重含义，比你想表达的意思要多；你会因此被视为完全放弃了自己反对奴隶制的政策，并会对你造成严重的损害。”在听取了这位黑人领导者的建议之后，林肯就没把这封信发出去。

9月初，威廉·特库姆塞·谢尔曼将军指挥的联邦军队占领了亚特兰大。在占领这座城市后，谢尔曼和他的军队经由乔治亚州向南行进，并在12月下旬占领了萨凡纳。这场战争的趋势已经发生决定性的转变，现在的战局对联邦政府非常有利。在此期间，道格拉斯密切关注着所有公民，包括所有的白人和黑人，会享有什么样的和平。他设想了一个以完全平等为基础的重建时代——不只是为他的种族，而是不分肤色和性别的每一个美国人。

1865年3月4日，林肯的连任就职典礼的当天，这位黑人领导者站在美国国会大厦外聚集的人群的前排去听总统的演讲。在就职典礼之后，道格拉斯步行前往白宫，去参加了一场有数百名支持者参加的招待会。当他想要进入这座建筑的时候，两名警察拦住了他，并告诉他，这里不欢迎黑人。道格拉斯叫住一个他认识的过路人，请他帮忙通知总统先生他在外面。不久，这位废奴主义者就被允许进入白宫东厅，随后他发现林肯站在那里“像一棵山松般，高高耸立……他庄严简朴，而又亲切英俊”。当看到这位黑人穿过房间的时候，总统喊道：“我的朋友道格拉斯来了。”当这位改革家来到迎宾队列的前排时，总统握着他的手说：“我很高兴看到你。”他问道格拉斯觉得他的就职演讲怎样，并补充道：“对我而言，在这个国家没有任何人的意见比你的更重要。”这场演讲是“一个神来之作”，道格拉斯回答道。这是这两位领导者最后一次会面。

在美国内战后的数月和数年里，道格拉斯作为美国黑人的代表继续演讲、写作和激励大众。他想要终结奴隶制，并以此推进政治、经济和社会平等，能给予非洲裔美国人充分的选举权，以及筹建黑人职业学校，终止学校的种族隔离等。这位领导者把大部分注意力放在选举权上——为争取全面参政权及联邦对这项权利的保障而斗争。他反复强调，为奴隶争取各州的选举权是不够的，因为独立的各州可以收回、规避或者淡化这一权利。他宣称，国家现在需要的是一项可以保障美国黑人选举权的宪法修正案。19 世纪 60 年代末，道格拉斯尝试利用他全部的影响力和他巨大的名望获得这样的承诺。1870 年 2 月 3 日，国会通过了美国宪法第十五修正案，保障所有肤色的男性都拥有选举权。

在接下来的 10 年里，道格拉斯担任了多个政府职位。例如，1877 年拉瑟福德・海斯任命道格拉斯为哥伦比亚地区的联邦法官，之前美国参议院从来没有以任何形式批准过黑人候选人，但是道格拉斯获得了批准。道格拉斯还担任了弗里德曼储蓄信托公司的总裁。这家银行是 1865 年由国会特许成立，旨在保护非洲裔美国退伍军人和前奴隶的储蓄。

这位黑人领导者继续就一些具体问题，特别是妇女权利进行写作和演讲。但是到 19 世纪 70 年代末，道格拉斯已经基本退休了。1878 年，他购买了一栋占地 9 英亩含 20 个房间的住宅，从家里就可以俯瞰美国国会大厦。这栋房子被他命名为雪松山。他和他的家人享受着宽敞的生活空间，有精致优雅的娱乐方式。道格拉斯跟他的孙子约瑟夫一起演奏小提琴，了解最新的政治情况，并且在 1881 年出版了他的第三本也是最后一本自传《弗雷德里克・道格拉斯的生平和时代》。

1882 年 8 月，年近 70 岁的安娜・道格拉斯因为中风去世了。安娜的去世对弗雷德里克的打击非常大。“当死亡来到一个家庭—— 一个有 40 年历史的四口之家的时候，它教会我们思考、沉默、谦卑和认命。”道格拉斯在给朋友的信中写道，“在这种事情面前，没有多少骄傲或自负的空间。”在妻子去世后的几个月里，道格拉斯陷入了深深的抑郁中。到 1883 年的夏天，他看起来快要精神崩溃了。

但是之后，他恢复了力量和平静。到 1884 年的时候，他精力旺盛地投入到为妇女争取选举权的工作中去了。同一年，他娶了 46 岁的白人活动家海伦·皮茨，一位废奴主义者的女儿。这对新婚夫妇继续他们的改革工作，不停地在美国和欧洲两地活动。1895 年的 2 月 20 日，在道格拉斯 77 岁的时候，他在雪松山死于心脏病发作。当时，他和海伦刚参加完全国妇女理事会的会议回到家中，就这样结束了他传奇的一生。

# 第三十一章 弗雷德里克·道格拉斯之后的世界

终其一生，弗雷德里克·道格拉斯成为美国最有名的非洲裔美国人。作为一个废奴主义者、一位女权倡导者和人类自由事业的发言人，他对公民自由的决定性问题产生了巨大的影响，特别是19世纪50年代末和60年代初，奴隶制使这个国家分裂成为两部分并引发了内战的时期，尤为如此。

在我们这一时代，弗雷德里克·道格拉斯的遗产和贡献的重要性在非洲裔美国人中得到了充分的承认。但是，大多数的美国白人对这位雄心勃勃、原则性很强且高度敬业的领导者知之甚少。那些了解这位废奴主义者的人知道他曾经是一个逃奴，写过一本自传，并且公然反对奴隶制。但即便如此，他们也不能充分体会他对奴隶制的理解有多透彻，包括对种族偏见和社会经济力量在维持奴隶制方面发挥的作用。今天，很少有美国人意识到这种理解帮助道格拉斯认识到——而且比像林肯这样的同时代的人早很多年就认识到——这个强大而又根深蒂固的制度可能需要武装冲突来摧毁。

在19世纪中叶的数十年里，这位黑人领导者运用这种理解在终结奴隶制的斗争中发挥了重要作用，说服普通市民、其他的改革家和政治家——特别是总统——利用一切可以利用的资源同奴隶制做斗争。

当内战爆发的时候，道格拉斯就努力把这场冲突定义为一场消除奴隶制的斗争。通过报纸、巡回演讲和他的政治关系，他继续把这种观点推向国家辩论的中心。在几乎将近两年的时间里，他都怀疑林肯政府是否会接受或按照他认为的战争意图采取行动。但是在1862年9月，当总统发表《解放黑人奴隶宣言》时，道格拉斯和许多其他废奴主义者意识到他们已经取得了非常重要的胜利；接下来，战争将会消灭奴隶制并且改变美国。

道格拉斯希望这种变化里面包含赋予美国黑人完备公民身份和平等的待遇。为了达到这一目的，他为黑人士兵而战，游说政府官员征募黑人士兵——之后为他们争取跟白人一样的薪水和提升机会。战争结束后，这位改革家致力于废除公立学校的种族隔离制度，为非洲裔美国人创造经济机会，并确保黑人和妇女的投票权。

通过历史的后见之明，我们了解到道格拉斯依靠他敏锐的洞察力、坚定的决心和道德判断，明确地把奴隶制是共和国的心腹大患这一点表达了出来。他意识到奴隶制及其背后的种族歧视对白人和黑人都造成毒害，也动摇了国家结构的根基。在更深层面，他意识到美国人（或者其他人）不可能在对其同胞普遍存在偏见的情况下成为他们可能成为的人。由于他始终能明确这些问题的利害关系，他的领导能力对马丁·路德·金、纳尔逊·曼德拉、格洛丽亚·斯泰纳姆和其他现代活动家的工作具有极大的启发和指导意义。

在21世纪初，我们仍然要同奴隶制、种族偏见和所有美国人争取完备公民权所造成的影响做斗争。我们渴望有一位像弗雷德里克·道格拉斯那样的领导者，一个认为只有当美国人正视和纠正一个关键性错误之后才能充分发挥这个国家潜力的人挺身而出。重要的是，我们要铭记这位废奴主义者通过演讲和他的报纸宣传引领这项事业的号召力和他作为政客精英在办公室中的贡献一样多，甚至更多。他相信积极的变化源自普通市民，而他作为领导者的工作就是帮他们影响那些管理他们的个体。这是留给我们这个时代的重要一课。如果我们想利用这宝贵的一课改变我们的国家，我们就需要了解弗雷德里克·道格拉斯的生平和工作。

第四部分

# 抵制纳粹之罪恶

## 迪特里希·潘霍华的挑战

## 第三十二章

# 孤注一掷

1939年6月初，迪特里希·潘霍华乘坐“布里曼号”远洋班轮离开欧洲前往美国。3个月前，德国占领了捷克斯洛伐克，而此时阿道夫·希特勒正准备入侵波兰。整个欧洲处于战争的边缘，潘霍华的朋友们希望他远渡重洋确保安全。多年来，潘霍华反对纳粹控制国家教会，反对第三帝国迫害犹太人以及被政府视为敌人的任何人的行径，此时这位33岁的牧师面临逮捕、监禁甚至更糟糕的危险。

潘霍华一直担心战争的来临和征兵的可能。他给一位同事写道：“在我看来，在当前这情况下参战从良心上就过不去。”入伍的每个人都要对德国和阿道夫·希特勒宣誓服从和效忠。这样的誓言同潘霍华所拥护的一切都是背道而驰的。

自1933年1月希特勒和国家社会主义者掌权以来，潘霍华就十分纠结，不知道在一个致力于排斥、隔离乃至消灭数千人（最终消灭了数百万人）的极权主义国家，当一个虔诚的基督徒意味着什么。“一场盛大而邪恶的化装舞会对我们所有的道德观念造成了严重冲击”，潘霍华写道，那一个人该如何负责任地活下去？如若如此，那些相信基督教义是仁慈向善的人会怎么看待那些落入纳粹魔爪受尽折磨的人？这些血债又怎么会转化成为个人承诺和行动呢？

这些问题在20世纪30年代就困扰着潘霍华，随着纳粹侵略的日益扩大而让他愈发困惑。1933年以来，他试图通过呼吁基督教与国家社会主义之间根本不相容来推动变革。为此，他选了两条路。首先，他在国际基督教合一运动中积极奔走，劝说欧洲教会领袖反对纳粹对德国教会生活的影响以及第三帝国对犹太人不断升级的攻击。其次，他帮着建立了认信教会，用以替代已经变质的德国基督教国家教会。认信教会声明会恪守《圣经》福音的真理，否认政府有控制教会训诫、意识形态或决策的权力。

到1939年，这已成为一种危险的工作。潘霍华和其他认信教会的领袖受到了纳粹的监视。有些人因此被捕，监禁了起来。现在，潘霍华面临征兵的问题，他不想拒绝服役。他写道："如果我在这一点上表明立场，纳粹政权又视之为我们教会对国家充满敌意的典型例子，那么我会对我的弟兄们造成巨大伤害。"该怎么做好？何去何从？对于这个非常独立的年轻人来说，这种不确定性非比寻常，很令人不安。

一种选择是到美国去工作。10年前，潘霍华曾在纽约联合神学院读博士后。现在，他那边的同事们鼓励他来纽约任教，做个牧师。如果潘霍华接受这个为期一年的职位，他就可以合法地离开德国，避开征兵。起初，他犹豫了。但在1939年5月22日，他收到了服兵役的通知，也意识到他没有多少时间可以等待了。12天后，他登上一艘开往美国的轮船，并于6月12日抵达纽约。

潘霍华原本希望搬到美国后可以减轻他对下一步该怎么做的焦虑。但事实并非如此。刚来几个小时，他便疑虑重重。他在日记中描述了自己内心的混乱：

从昨天晚上开始，我的思绪就离不开德国。我真没想到我这个岁数的人，一个在海外生活过这么多年的人居然会这么痛苦地想家……我真想乘下一艘船回国。这种不作为，或者确切地说，是浪费在琐事上的行为，对我们来说着实难忍，就这么思念着家乡的兄弟（他在认信教会志趣相投的朋友们），白白浪费着宝贵的时间。这种做了错误决定的自责全力反扑回来，懊悔得几乎令我窒息。我深感绝望。

随后的日子并没能让他好过些。潘霍华坐立不安，在城市里徘徊游荡。他参观了纽约皇后区的世界博览会，去河滨教堂做过礼拜，在学院图书馆里读书。可到了夜里，他一个人在房间里的时候，烟不离手，急于获取有关德国的最新消息。他在日记中写道，这种等待“难以忍受。”

这种情绪状态可不轻松。他这成年后几乎整个人生——最初是柏林大学的神童级学生，后来是认信教会的牧师活动家——他都依靠自己深厚的自控力。但是在 1939 年 6 月，他感到逐渐失控了。随着二战的逼近，他对自己该何去何从着实拿不定主意。在笔记本上他潦草地写道：

时不我待，而我却在这里日复一日地荒废着光阴，或许要浪费好几周。无论如何，目前看上去就是这个样子。然后，另一方面，我告诉自己：现在逃离这里是懦弱和软弱的表现。

但我真的能在这里进行有意义的工作吗？……

如果动荡现在爆发，我一定会回德国的。我不能独身一人在国外委曲求全。这点是毫无疑问的。

6 月 20 日，也就是在他抵达美国一周后，潘霍华决定乘船回国。他同神学院毁约了，向他的同事们解释说他的心“被煎熬中的兄弟们拉回去了”。在日记中，他偷偷承认起初自己并不知道为什么要来美国：“在我做的所有决定中，我居然不全然了解自己的动机，这真不可思议。这是缺乏明确性或内心不诚实的表现，还是我们被人引导着做了自己无法明辨洞悉的事情，还是二者兼而有之？”

正如很多领导者在风险很高的时候做出的选择一样，潘霍华返回德国的决定可谓是信仰的表现。他以自己的人身安全为赌注，希望能够在当权者推行暴政的祖国做正确的事。1939 年 6 月，潘霍华并不确定他该如何弘扬善举，但他知道这是他的使命。他也知道他不能留在美国。他写道：“在灾难时期留在这里简直是不可想象的，除非是注定如此。但留在这里内疚，责备自己出国没有必要，肯定会让人崩溃。”他向联合神学院的一位同事写信时阐述了他的情况：

> 我得出的结论就是我来美国是一个错误。在我们国家历史的这段艰难时期，我必须与德国的基督教徒一起度过。如果我此时不能与我的同胞们共渡艰难，战后我就没权利同他们一起参与到重建基督教生活的大业中……德国的基督徒将面临这样一个可怕的选择：要么让国家失败，从而让基督文明能够生存下去；要么愿意为国家的胜利而战，却要以摧毁我们的文明为代价。我知道我必须做出哪些选择，但我无法安然地做出那种选择。

潘霍华高度关注着他这个决定可能带来的后果。这位年轻的牧师长期以来一直反对德国独裁者，还受到了纳粹当局的警告，要求限制他的活动。他心里很明白忽视这些警告的惩罚：他近来收到消息说他有个同事在布痕瓦尔德集中营被折磨致死。1939 年 6 月 20 日，潘霍华在他的笔记本上写道，他承认“尽管看上去他很勇敢，但今天的决定中却充满许多个人的忧虑和恐惧”。

对于这位 33 岁的神职人员来说，这是一个决定性的时刻。这也为今天的领导者上了重要的一课。不管是什么任务——不管是伸张正义、开公司，还是教五年级学生上课——领导者必须划定界限，明确他们在做什么，为什么这样做。每个人都必须有意识地判断自己更大的目标是什么，还必须决定他是否已准备好走上这更大的舞台，当一个领导者。

划定界限需要领导者不但要有大格局，还要看到他们对此的影响力。渴望当领导的人必须认识到在特定时刻存在的风险，需要采取什么样的正确行动，以及选一条路而放弃另一条路的后果是什么。本书中的五位领导者都培养了这种品质。他们通过充分观察、仔细聆听和不断反思而做出选择，经常与自己对话，讨论他们周围发生的事情以及这对他们前进的道路意味着什么。

1939 年 7 月，潘霍华在个人危机的旋涡中被迫考虑在更大的舞台上挖掘自己的潜力，在占据这个舞台的同时，实现有意义的改革。在践行的过程中，他发现这种影响力不但可以从他与希特勒进行斗争的外部行动上获得，还可以从他尝试完成使命时所经历的个人成长中实现。7 月 8 日午夜后，潘霍华在纽约港再次登上一艘船。月光在城市的天际线后流淌着，他在日记中写道：

> 旅程结束了。我很高兴我在那里坚守过，也很高兴我再次踏上回家的路。这个月我比 9 年前一整年的收获都要多（当时他在联合神学院是访问学者）；至少对未来所有的个人决定而言，我开始认识到什么才是重要的。或许这个旅程会对我产生很大的影响。

尽管下定决心，这位牧师也深知他这是“明知山有虎，偏向虎山行”。因为他为认信教会所做的工作的确很危险。但他家里的各位成员所做的反抗工作甚至更危险。潘霍华的姐姐叫克里斯汀，她丈夫汉斯·冯·多纳尼在纳粹政府任职，密谋着推翻纳粹政权。自 1938 年以来，潘霍华就已知道这个秘密计划，他也和多纳尼经常谈论。潘霍华从未直接参与这个计划，但在回国的途中，他开始考虑是否要参与进来。

在想到自己的未来时，潘霍华看到前方两条截然不同的道路：一条是在认信教会继续工作，在德国这段黑暗的时刻传播基督教义；另一条是加入他姐夫和其他地下人员的阵营，发动政变。

在 20 世纪 30 年代中期，潘霍华记述过一些面临暴力威胁依然坚定信仰的个人，当时他强调了他们宁可“洒热血”也要抵制邪恶这一美德。当他 1939 年 7 月返回欧洲时，他其实已然决定孤注一掷了。他无法预见自己的抵抗工作会让他被盖世太保监禁起来，但他确实知道这场博弈已然改变，并且永远无法回头。他找到了采取果断行动的勇气。多年后，一位认信教会的同事回忆起潘霍华那年夏天意外回国时说：

我当时就生气了，脱口就说费了这么大劲才保障了他的安全——我们弟兄的安全，整个大业的安全，他怎么可以再跑回来；如果在这里，一切都完了。他很平静地点了一支烟。然后他说，他去美国犯了一个错误。他自己到现在也不明白他为什么要去美国……事实其实是这样的：他决绝地放弃了在自由国度个人发展的很多好机会，回到了奴役横行前景惨淡的祖国，但同时也找到了真正的自己——那便是他当时告诉我们的话：对待一切都要持有强烈而快乐的坚定态度，唯有在“觉醒的自由”中才能唤醒的坚定。他知道自己迈出了很明确的一步，但他眼下的现状却很不明朗。

在潘霍华回国途中发现的“觉醒的自由”中，他已经为完成艰险大业做好了牺牲一切的准备。

# 第三十三章
# 潘霍华的早年生活

1906 年 2 月 4 日，迪特里希·潘霍华在德国布雷斯劳的一个显赫家庭中诞生。他的父亲卡尔·潘霍华是一位著名的精神病学家和教授，他的上几代人也都是医生、神职人员和律师出身。他的母亲保拉·凡·哈泽·潘霍华也是贵族家庭出身，祖辈有神学家、艺术家和军人等；她的父亲有好几年担任德国皇帝威廉二世的宫廷宣教士。

在潘霍华和他的双胞胎妹妹萨比娜出生前，卡尔·潘霍华和保拉·潘霍华已经育有五个孩子：三个儿子和两个女儿。他们的最后一个孩子在双胞胎兄妹出生的三年后来到这个世界，是一个女孩。十年内八个孩子出生，可谓是够忙碌的，但他们的父母都喜欢这种大家庭的温馨。“我们觉得孩子并不多，”卡尔·潘霍华在 1909 年写道，“房子很宽敞，孩子们也正常成长，我们当父母的还没有上年纪，因此主要关心的是不溺爱孩子，让他们拥有快乐的青春。”的确是快乐的童年，在这家人宽敞的大院的花园中，孩子们爬树，支帐篷玩。每年冬天卡尔还会把废弃的网球场改造成溜冰场，孩子们在上面学着溜冰。他们还饲养了各种动物，包括兔子、豚鼠、松鼠、蜥蜴、蛇和斑鸠等。

在结婚之前，保拉·潘霍华就获得了教师资格证，孩子们年幼时她就在家里教育孩子们。德国公立学校那种教学方式很严厉苛刻，她希望孩子们能更自由地学习。

（潘霍华一家很喜欢引用这句话："德国人在生命中有两次断背折骨之痛：第一次是在学校，然后就是在服兵役期间。"）保拉教孩子们基础课程以及诗歌、歌曲和游戏等，而他们也把这一切都吸收消化掉，一旦入学就能在公立学校中有出色的表现。

保拉的爸爸、爷爷和姐姐都是神学家，因此她也是一位忠诚的基督徒，希望她的孩子们能学习《圣经》。"她给我们讲《圣经》的故事，"她的女儿萨比娜回忆道，"她总是在《圣经》的主题下，向我们拓展《圣经》的教义。我们很喜欢这一点。"保拉并不经常带她的孩子们去教堂——她的目标是教他们相信上帝而不是注重仪式，但潘霍华家的孩子们也学会了一些基督徒的宗教仪式。例如，他们在吃饭前做餐前祷告，在睡前也祷告。潘霍华的双胞胎妹妹还记得，在这俩孩子晚上睡觉之前，他们谈到了永生。

卡尔·潘霍华没有他太太那样虔诚，但也认同太太信仰中的价值观——慷慨、无私、乐于助人等。卡尔十分注重自控、慎重、观察仔细等品质，并把这些优秀品质灌输给孩子们。他还对孩子们强调认真聆听和措辞选择的重要性。萨比娜还记得，她父亲不喜欢闲谈。家人吃饭的时候，卡尔通过平和但是沉稳的讲话发挥自己的影响力。

> 他反感空谈，有时会让我们很不安，说不出话，但我们长大后也因此养成了拒绝陈腔滥调、搬弄是非、老调重弹或者八卦浮夸等毛病……有时，爸爸让我们给概念或事物下定义，如果我们能清晰地、毫不含糊地做到这一点，他会很高兴。

总的来说，潘霍华家的孩子在平安的优越环境下无忧无虑地成长。成人之后，潘霍华对自己倍加呵护的成长过程颇感烦恼，因为他接触不到那些比他不幸的人。但毫无疑问的一点是，在这样一个充满爱的家庭，有着深爱彼此、深爱孩子、有思想有原则的父母陪伴，潘霍华童年时获得的自信心对他产生了巨大的影响。在他的一生中，这种安全感和自尊心便是迪特里希·潘霍华的精神支柱。林肯和沙克尔顿一直都想摆脱他们早年的阴影，而潘霍华与之不同，他成年后很久都深深依赖着家人对他的支持。这种支持推动着他快速成长为领导者，使他从内到外都实现重大飞跃。

随着年龄的增长，潘霍华努力将自己与他的哥哥区别开来。最年长的哥哥卡尔·弗里德里克将继续进取，成为世界知名的化学家。第三个儿子克劳斯学习法律，成为德国汉莎航空公司的首席法律顾问（第二个儿子沃尔特在第一次世界大战中阵亡）。1920 年，也就是潘霍华 14 岁的时候，他向家人宣布他打算当一名牧师。虽然他父母认为这个选择有点意外，但两人都没有试图劝阻他。他的兄弟姐妹们取笑他，但潘霍华没有动摇。

对于一个喜欢沉思和独处的年轻人来说，神学似乎是一种很自然的追求。潘霍华一生都在反思，其中一些反思是自发的，有些则是刻意而为的。他靠反思来培养自我意识，苦苦思索他与别人的关系。像 1939 年他在纽约时一样，考虑他那次旅程的意义以及下一步该怎么做。像本书中其他几位领导者一样，他利用独处的时间从特定情境中跳跃出来，从不同的角度对更大的格局进行审视。

1923 年在潘霍华准备上大学的时候，恶性通货膨胀大肆蹂躏着国民经济，大大降低了德国人的购买力。1922 年，德国马克兑换美元是 75∶1；到 1923 年 8 月，就已经下降到 1000000∶1，而到 11

月，1 美元能兑换 40 亿马克。在这场经济危机中，阿道夫·希特勒和他的国家社会党试图强行夺取政权。1923 年 11 月 8 日，2000 名纳粹分子涌入慕尼黑市中心与警察对峙，并威胁着要发动全国范围的叛乱。这次著名的啤酒馆政变以失败而告终，希特勒也因叛国罪而被判入狱，但是这一事件也使他在全国声名大噪。在被监禁的 9 个月里，希特勒利用这次机会和同事鲁道夫·赫斯一起撰写了《我的奋斗》一书，详细说明了他在政治、民族主义和反犹太主义方面的观点。(这本书在第三帝国时期继续出版，销量达 1200 万册，成了德国国家社会主义的政治宣言。)

潘霍华在德国杜宾根大学的第一学年就了解到这个趋势。按潘霍华家族的惯例，他只在这所学校待了一年，就于 1924 年中期转学到柏林大学攻读神学博士学位。在那里，他在知名神学家的指导下学习，包括瑞士籍神学家卡尔·巴特。当时，巴特和其他学者就人类如何走近上帝、真理的本质和神启等理论问题进行了一系列的辩论。潘霍华恰逢如饥似渴智力发育的年龄，可以从不同的思想家那里吸收营养。

根据这些辩论，潘霍华决定在论文中讨论一个大问题：什么是教会？在这篇论文中，他认为教会不是以组织或历史实体的形式而存在的，而是基督在世上的化身，也就是他所称的“基督化身为教会-社区而存在”。他声称，这种化身体现在一群失足有罪的人为彼此祈祷、为彼此牺牲，互相原谅。“只要有一个成员在，”潘霍华说，“整个教会-社区都在。没有人会落单，没有人被抛弃，也没有人无家可归。教堂会众也总在那里存在着，沐浴在真爱中，也就是牺牲。”随着他的领导之旅不断发展，他越来越重视总体而言是以因为善良而聚生形成的社区力量——不仅是出于精神层面的原因，而且是为了在世界上带来积极的变革。

1927年8月，他的论文通过了博士学位答辩。几个月后，潘霍华以最优秀的成绩毕业。在接下来的一年里，他在巴塞罗那的一个德国会众中担任教区牧师。然后他回到柏林大学讲课并完成了他的第二篇论文，这是他拿到博士学位前必须完成的。在过去的五年里，他读过两所大学，在第二所大学的全班同学中名列前茅；他完成了一篇论文并开始了另一篇，然后到一家国际会众中任职。即使是像潘霍华这样精力充沛的人，这种成就也是极为惊人的。

支撑潘霍华建树的力量，就是他的专注和自律。在他的一生中，他在特定时刻都会全身心投入到手上的工作，抛开其他思想、情感和分散注意力的事情。当他倾听另一个人说话时，那他全部的精力都放在倾听上。当他在努力解决一件重要的事情或者针对自己的志向或疑虑同自己的灵魂对话的时候，他也心无旁骛。这种专注对潘霍华的发展是至关重要的。例如当他还是学生的时候，这种专注能够让他丰富自己的心灵和思想。这种专注也巩固了他同别人的关系，引导他做出了人生旅程的关键性决定。当纳粹掌权时，这种专注帮助他了解了德国政治的大局，以及他应该如何应对。

对于潘霍华来说，还有一件事也同样重要，那就是他所修的学科。在他一生中，包括他担任认信教会牧师的年代，在监狱里的日子，他每天都过得井然有序，投入固定的时间去阅读、思考、祈祷以及锻炼身体等等。这些活动都并非刻意而为，或者是出于过分讲究的原因。但这些活动确实有助于他激发更强大的自我，而且需要持续的自控能力。

在我们这个时代，专注和自律也是领导者必不可少的品质。现在人们注意力集中的时间长度日益减小；我们很多人难以集中注意力，不会倾听和反思。这个问题有时是因为不间断的信息干扰和他人的干涉，有时是因为一次想做好几件事造成的。我们当中很多人也很难保持专注，因为我们往往同时生活在几个时刻：比如两小时前发生的事情，以后可能发生的事情，还有现在正在发生的事情（这点几乎只在事后回想时才能意识到）。思绪在不同“个人时区”之间疾驶飞奔容易造成一种模糊的潜在的不安。很多时候，这种不安使我们无法有效地专注于手头上最重要的工作。像潘霍华一样，今天的领导者必须培养强烈的自律意识，将注意力和精力放在真正重要的事情上。

1930 年，也就是潘霍华 24 岁的时候，他就成了一名学术新星。但他也拿不准自己是应该致力于牧师职业还是学术研究。在纠结的时候，他不知道是否应该换个新环境学习，他考虑着去印度跟圣雄甘地工作，但又觉得这样做花费太高了。不久之后，他便获得了纽约联合神学院的奖学金，计划 9 月份入学报到。

1930 年秋，潘霍华到达纽约时便深感震惊。那儿的摩天大楼和街道上奔流不息的情景给他留下了深刻的印象。纽约居民的挣扎也让他十分震惊。1930 年，恰逢美国陷入了经济大萧条的早期阵痛之中：企业不景气，投资额下降，全国失业率达到了 16%（到 1932 年，失业率几乎达到了 33%）。几百人嗷嗷待哺，等待分配救济食物的队伍在曼哈顿大街上排起了长龙。

在美国，潘霍华还注意到了四处可见的种族歧视，这令他深感不安。他在给父母的信中说，黑人的生活条件“实在令人难以置信。在华盛顿特区南部，黑人乘坐的火车、有轨电车和公共汽车都是分开的，而且，有一次我想跟一名黑人学生到一家小饭店吃饭，他们居然拒绝招待我们”。在写给他哥哥卡尔·弗里德里克的信中（当时他哥哥也在美国），潘霍华说他发现这种对黑人的歧视在“这个大肆标榜手足情谊与和平之类”的国家实在是“令人心慌意乱”。卡尔·弗里德里克深有同感，他回信道：“我们的‘犹太人问题’跟美国的歧视相比简直小巫见大巫；只有一小部分人仍然声称他们在这里很难释怀。”然而在不久之后，这两兄弟就看到了美国的种族压迫和国内的反犹太主义之间惊人的相似之处。

在新学年开始后，潘霍华很快就发现美国在神学知识上的发展不如德国。神学院讲座经常让他感到失望，他与同学之间的很多交谈也不例外。他写信给德国的一位教会要员说：“跟人交流要小心一点，以免同他们互访和聊天占用太多时间。因为这些交流几乎从不会激发出任何实质性的内容。这让我觉得整件事都很可悲。这里没有神学……教授和同学们连珠炮似的侃侃而谈，但连一点实质性的依据都没有。”

尽管这些早期评估颇为偏激，但潘霍华在纽约期间仍学到了很多东西。有三个朋友发挥了关键作用。其中一位是法国和平主义者让·拉塞尔。潘霍华从他那里获得这样的理念：世界上所有的基督徒都以一系列的信仰与和平生活的方式为纽带联合在一起，以此取代人们对任何国家政府的效忠。“基督世界的子民是一个伟大的民族，”潘霍华在1930年的讲道中说道，“这个世界由每个国家的民族构成，与他们的信仰和仁爱融洽共处……抛开种族、国籍和风俗的差异，上帝的儿女共享一个无形的社区。在这个社区中，每个人都为他人祈祷，这个人可能是美国人、德国人或非洲人，但在这里他们都毫无保留地爱着他人。”

第二个人是一名非洲裔美国学生弗兰克·费希尔，他也在潘霍华的教育历程中发挥了关键作用。费希尔带他参观了哈莱姆的阿比西尼亚浸信会教堂。1930年，这个充满活力的教会拥有13000名成员，是传承黑人精神和宣扬政治立场的中心，由笃信神赐才能的传教士亚当·克莱顿·鲍威尔领导。潘霍华在教堂里接触的文字、音乐和活力强烈地感染着他。潘霍华也被他之后描述为“黑人们澎湃的宗教热情"所深深打动，"这种感受在他们一次又一次的呐喊中和间断的呼喊声中得到充分体现"。"黑人基督徒，"他在美国的年度总结中写道，"在讲道时表现出的激情和活泼具有强烈的感染力。"鲍威尔在讲台上反复呼吁消除种族主义，减轻社会弊病的做法也给潘霍华留下了深刻的印象。

潘霍华在纽约最亲密的朋友是保罗·莱曼。莱曼当时是在读博士，能讲流利的德语，他和太太玛丽恩在迪特里克安家。这三个人经常晚上在一起共同讨论政治、神学以及新旧世界之间的差异。莱曼认为潘霍华在神学教育层面、严格的标准和解决问题时严谨的方法方面都很有德国风范。但这个美国人也留意到他朋友蔑视为"陈规旧套"的一些方法。"他的贵族身份非常明显，但他并不强势，我主要是觉得他对自己所处的每一个新环境都有巨大的好奇心，还有他那一贯的不可抗拒的幽默感"，以及他对友谊长存的笃信。

潘霍华在联合神学院的老师鼓励他将基督教义运用到日常生活当中。"在你超然地谢恩祷告时，"莱因霍尔德·尼布尔教授在这个德国学生的一篇文章的评语中写道，"我看不到你能体现出任何的道德意义。顺从上帝旨意可能是一种宗教体验，但在付诸行动并能产生社会价值前，这并不是一种道德的体验。"潘霍华在学院外面也观察纽约睦邻之家、夜校和教堂组织的社会工作者和志愿者们的行为。在教室里，在街道上，他收集到生活福音的明确证据，这便是基督教信仰在日常生活中的应用。

尽管潘霍华最初对美国神学不屑一顾，但他开始意识到他在纽约的这段时间非常重要。事后看来，我们可以指出他在纽约上了两堂最重要的课。第一个是从实际结果角度评估一个人的工作的重要性。他来到美国时是一位颇有成就的知识分子；他回到家后开始关注他的神学知识和信仰在现实世界中的意义。德国在 20 世纪 30 年代中期的形势越来越凶险，但他的这种兴趣反而更浓厚了。潘霍华开始着眼于他的工作的实际影响，不管是牧师、活动家还是最终的政治反抗者。基督教对一个第三帝国掌权的国家来说，能提供什么教训？基督的追随者在纳粹暴行面前如何伸张正义？这些问题最初都直接是他在纽约的那年所想到的。

潘霍华在美国得到的第二个收获便是共鸣的力量。在黑人社区的那段经历中，他发现了一个同他认知中截然不同的世界和一整套观察视角。他越是了解美国黑人，就越明白生活在社会边缘的真正含义。潘霍华强化了这份同情心，尝试借此理解他人的痛苦——包括纳粹暴行的受害者们的苦楚。1942 年年末，潘霍华将这种同情定义为“底层的看法”，即能够看到“世界历史重大事件的能力……要从被放逐的人、嫌疑犯、受到虐待的人、无权无势的人、受压迫受辱骂的人的角度，即从那些苦难的人的视角去看待问题”。

约 70 年后，领导者仍然要了解那些在经济、社会和政治上落后的人的经历。随着财富和收入不平等这些问题的激增，就业增长率停滞不前，某些地区繁荣而其他地区却萧条不堪，领导者必须跨越行业与更广泛的人群接触。这便意味着要培养一种同理心，然后借机向前推动一个人的使命。对于对冲基金的管理者、警官以及其他握有大权的人来说，大环境越是动荡，他们就越应该设身处地为那些没权没势没几条路可选的人着想。

# 第三十四章
# 国际基督徒

1931年中期，潘霍华回到了德国。在接下来的两年里，他在三个领域奔波：在柏林大学讲授神学；在一座城市教堂讲道，在那里还为工薪阶层的男孩们教授坚振礼课程；他积极参与欧洲教会合一运动，就基督教会在现代社会中的作用进行巡回演讲。

对这些工作，他挤出时间和空间都要积极参加。但讲课还是他的重中之重。学生们发现他很有魅力。潘霍华身材高大、肩膀宽阔、金发碧眼，非常英俊，像运动员一样灵活敏捷。他的衣着搭配无可挑剔，也很坦诚自信。他的一个学生沃尔夫-迪特尔·齐默尔曼还记得1932年秋天，他第一次见到这位柏林大学教授的情景：

当我进教室时，全班只有10到15个学生，少得可怜。有那么一刻，我不知道是不是应该溜之大吉，但出于好奇心我还是留了下来。一位年轻的讲师脚步轻盈地登上讲台，他满头金发但并不浓密，宽宽的脸蛋，戴着一副配有金色鼻梁的无框眼镜。致完几句欢迎词之后，他以坚定而略沙哑的声音解释了这门课的意义和构架……我真想把整个讲座全记下来，一字不漏地记下来。每句话都说得很到位；有一个困扰我的问题，确实我们所有的年轻人都有，我们问的问题，我们想知道的答案。他的课中涉及很多系统神学、教理神学和历史神学，但这些都是解决一个主要问题的铺垫。这个问题就是：上帝做了什么？上帝在哪里？他需要我们做什么，还有他对我们有什么期待？

另一名学生记得潘霍华是一个“非常有启发性的人物”，他在传达所讲的内容时极为投入。“我们聚精会神地听他讲课，苍蝇嗡嗡飞的声音都能听得一清二楚。有时，在下课后放下笔时，我们实际上都累得出汗。”

许多学生课下都在找他们的老师，并且很快就绕着这位年轻的学者形成一个团体。他们往往讨论着不知不觉地就到了宿舍，或到了潘霍华的家，或者当地的小酒店，潘霍华就顺便请学生喝上一杯。他们的谈话并不是田园诗般海阔天空地闲聊；潘霍华在会话的时候也很讲究纪律性，引导学生讨论重要的问题。有名学生记得，他们这位指导老师鼓励学生们“用直接的思维方式思考，不要偏题或者满足于价值不大的一知半解的答案”。这是一种“醇厚的人生体验”，学生补充道，“工作、娱乐、客观的讨论以及推心置腹的交谈，一切都那样适得其所。”

在潘霍华讲课和担任牧师职务的时候，他还和家人住在一起，此时他兄弟姐妹们的妻子和丈夫也都在这里一起生活。他们在一起时，潘霍华这一大家人会谈论德国上空密布的阴云。“世界历史进程的巨变就摆在我们面前。”潘霍华在1931年年末写道，剑锋直指德国和其他许多国家所遭受的大萧条。他推测，冬季即将到来，届时将出现大规模的失业狂潮，多达2000万人会挨饿，占全国总人口的三分之一。“经济学领域的明白人告诉我说，我们好像正以极快的速度奔向一个未知的终点，没人可以阻挡，”他给一位朋友写信时说道，“这些预兆很奇怪。”

1931 年年末，德国还在大规模的政治动荡中苟延残喘。经济持续恶化，而政府未能解决这些问题让民众普遍不满，极端主义政党包括德国共产党和国家社会主义者趁机得势，势力大涨。比如在 1930 年年末的选举中，德国国家社会主义者赢得了近 19%的民众投票，这一胜利使希特勒的政党成为德国第二大党。

到 1932 年，德国经济处在分崩离析的边缘，失业率达到了 30%之多。企业破产，工业生产急剧下降，倒闭的银行交由政府管制。几百万德国人突然失去生活来源。犯罪率和自杀率不断上升。随着民众恐惧的攀升，选民们相信了极右党派的承诺和花言巧语。在 1932 年 5 月举行的选举中，德国国家社会党成为德国国民议会（德国议会）最大的党派。在接下来的 8 个月里，纳粹进一步巩固了他们的势力。自 1919 年以来统治德国的多党联盟最终下台，议会民主制在实质上结束。1933 年 1 月 30 日，德国总统保罗·冯·兴登堡任命阿道夫·希特勒为德国总理。纳粹的猛烈攻势从此拉开帷幕。

潘霍华和家人都非常惊慌。“我不喜欢也不信任希特勒，”卡尔·潘霍华回忆道，“因为他那蛊惑人心的宣传演说……因为他选的同事——那些人的德行，我们柏林的人恰好比别的地方的人更了解他们的底细——最后，还因为我听同行的专业医生说，他有精神变态的症状。”

潘霍华一家对希特勒的不信任是有根据的。1933 年 2 月 27 日，德国国会大厦被烧毁。纳粹领导人将此归因于一桩纵火案和德国共产党企图推翻政府的野心，然后迅速发布了《国会火灾法令》。这一法令终止了许多公民自由，包括集会权、言论自由和新闻自由等。警察调查的所有限制全解除了。该法令还授权“对邮政、电报和电话进行干预介入……住宅搜查，财产没收和限制等前所未有的法律限制都用上了。当政府法令生效时，潘霍华警告他的国外朋友他不能自由地给他们写信，因为他的信件现在会受到政府的审查。最后，德国《国会火灾法令》还启用了集中营。

1933 年 3 月 21 日，纳粹政府批准了《恶意行为法》。该法案禁止公民批评国家政府，并对不愿对德国宣誓效忠的任何人加以限制。公民们很快就感受到了这一后果。例如，1933 年 4 月，当潘霍华的美国朋友保罗·莱曼和玛丽恩·莱曼到潘霍华在柏林的家拜访时，他们发现潘霍华的兄弟克劳斯在他们谈话过程中经常会站起来，然后猛地打开门看看是否有人在门外偷听。《恶意行为法》通过几天之后，《授权法案》又赋予希特勒一项权力：在没有咨询德国国民议会的情况下可以制定法律，这实际上让他成了德国的独裁者。

这个德国独裁者立即不失时机地推行他一向拥护的反犹太主义政策。1933 年 4 月 1 日，希特勒下令在全国范围内抵制犹太企业。暴风突击队（希特勒的准军事组织）成员和冲锋队在犹太人的商店和其他有关场所喷上“大卫之星”的符号，并在门外警戒。他们还在很多窗户上涂上诸如“犹太人是我们的厄运”等反犹太口号。

对于德国的 60 万犹太人来说，更糟糕的还在后面。1933 年 4 月 7 日，《恢复职业公务员职务法案》生效。该法令禁止犹太人担任公务员，标志着纳粹政府首次将《雅利安条款》纳入法律范畴。该规定禁止犹太人和其他非雅利安人从事某些职业、加入某些组织和参与其他有关的公共生活。同月，新的国家法律又限制了德国学校和大学的犹太学生的人数，并在法律和医疗专业中限制“犹太活动”。总之，这些法令构成了 1935 年颁布的《纽伦堡种族法》的基础，该法规通过血统而不是宗教活动来定义犹太人，并将犹太人与所谓的雅利安人群隔离开来。

新法律几乎是立即就生效了。犹太公务员、学生、教职员工和其他相关人等遭解职。还有公民因不支持政府政策而被解雇。因为与政府官员就基督教的犹太渊源进行辩论，神学家保罗·蒂利希被法兰克福大学开除。另一位法兰克福大学的教员彼得·德鲁克是犹太血统，觉察到了危险然后移民了。在他的回忆录《旁观者历险记》中，他回顾了当时自己的决定：

> 纳粹知道控制了法兰克福大学就意味着完全控制了德国的学术界……大家都知道一场较量近在眼前……
>
> 纳粹新政委毫不犹豫地借此发难。他立即宣布，犹太人禁止进入大学校园，并将于3月15日全部解雇，工资分文没有……然后他污言秽语地发起了长篇大论，那粗俗的脏话即使在军营中也很少听到，在学术界更是闻所未闻……接下来，这个新老板一个接一个地指着系主任说："你要么按我说的做，要么我们就让你进集中营。"他说完后大家陷入一片死寂……我出来后感觉快恶心死了——也知道48小时内，我定会离开德国。

《雅利安条款》影响的不仅仅是犹太血统的公民。1933年4月，当妹妹萨比娜的公公去世时，潘霍华本人也遇到了这件事，潘霍华一家催促这位年轻的牧师开始举行葬礼。尽管萨比娜的丈夫格哈特·莱布霍尔茨接受了洗礼是个基督徒，他的父亲则有犹太血统。担心送葬仪式可能会让他受到国家或教会当局的报复，潘霍华拒绝参与。但他很快就后悔了这个决定。他在写给萨比娜和他妹夫的信中说："坦率地说，我无法想象我为什么会那么做。我当时为什么会那样害怕？对你俩来说，这似乎也是同样难以理解吧，可你们什么都没说。但这段痛苦的经历常在我脑海里浮现，因为这是一种永远无法弥补的过错。”

其他惊人的消息随之而来。1933 年春天，地方政府进行了重组，对地方基层进行更严格的国家管控。盖世太保是纳粹政府官方的秘密警察，在希特勒长期的盟友赫尔曼·戈林的指挥下成立。赫尔曼·戈林向海因里希·希姆莱（德国党卫军负责人）直接汇报；而对希特勒效忠的德国党卫军是由警察和军队组建的用以镇压异议的组织，实施了一系列纳粹恐吓措施。1933 年 5 月 10 日晚上，这些官员在柏林参加午夜集会，在仪式上，有 25000 本书因为作者被看作第三帝国的敌人，都被焚烧了。阿尔伯特·爱因斯坦、托马斯·曼、西格蒙德·弗洛伊德，以及埃里希·玛丽亚·雷马克（《西线无战事》的作者）等人的作品都付之一炬，当局官员一边大声宣读着这些作者的名字一边将他们的作品烧掉。同月，希特勒取缔了所有的工会；7 月，国家社会党宣称自己是德国唯一的合法政党。

在所有的政府行动中，潘霍华认为帝国对犹太人的攻击是最恶毒的。他知道许多德国教会的官员正在纠结《雅利安条款》的落实对他们教堂的会众有何意义。比如纳粹法律是否禁止那些犹太血统的人——无论是那些皈依基督教的人还是那些有犹太亲戚的人——担任牧师？这同样的法律是否也阻止受洗礼的非雅利安人成为他们教会的教徒？占德国神职人员总数三分之二的新教领导者在这些问题上都存在分歧。1933 年慢慢过去了，他们还在讨论着在这个极富侵略性和控制欲的新政府的领导下，教堂应该做什么。

# 第三十五章
# 抵抗纳粹

20 世纪 30 年代，德国福音教会将宗教改革运动的产物路德宗和其他主要神学传统结合起来，成为德国最大的教会。全国 4000 万名新教徒中大多都是其信徒。历史上，德国福音教会一直忠于国家。但随着国家社会主义的崛起，在其内部，一场更加狂热的爱国运动也随之兴起。他们自称“德国基督徒”，狂热支持纳粹意识形态。正如学者维多利亚·巴内特所写的那样，该组织的领导人和非犹太人“强烈反犹太人，支持纳粹的行动计划，认为这是‘纯正’德国基督教的政治意见……在关键的历史时刻，德国人民被视为上帝的选民，而阿道夫·希特勒正是带领他们走出困境的领袖”。1933 年年初，德国基督教徒希望建立一个帝国教会，许多人还想把纳粹的法令运用到教会实务中，进而把非雅利安人驱逐出去。

在这样的背景下，潘霍华写了一篇题为《教会与犹太人问题》的文章，着重叙述了《雅利安条款》给德国福音教会造成的问题。文章中潘霍华发问，面对纳粹政府的反犹太行动，教会领袖该做何反应？为此他呼吁教会：首先，教会应该质问国家其行为是否合法，从而“使国家对其行为负责”。

其次，潘霍华断言，教会有义务无条件地关心并保护“社会任何阶层的受害者，即使他们不属于基督教社团”。潘霍华还写道，再次，要抨击苦难的根源，即国家本身，从而制止这种暴虐。在1933年，这种立场对大多数教会官员而言是非常激进的，简直难以置信。神学家海因茨·爱德华·托特曾写道：“持这种观点的，几乎也就潘霍华一人”，他“是唯一一个认为团结犹太人……很重要，进而要求基督教会冒着与国家发生大规模冲突的风险团结犹太人——这种风险可能危及他们的生存”。

潘霍华知道他的观点虽然占极少数，但他必须采取行动。他面临着一个紧迫的道德问题：面对公开的、国家认可的种族主义，我们该怎么办？这个问题几乎无人预见，现在多数人都拒绝承认。早在他的许多同时代人之前，他就认识到纳粹政府对敌人的攻击有多么残酷。他目睹了犹太人的基本公民权利被政府法令剥夺，他担心希特勒及其支持者会变本加厉。在潘霍华看来，纳粹的行动同基督的爱背道而驰，尤其违反了基督戒律，这些戒律适用于所有人，无论其血统、种族还是宗教。鉴于此，潘霍华不能保持沉默。不管是有意还是无意，他曾明确表明自己的立场：基督教和纳粹主义之间存在着不可调和的矛盾。

在《教会与犹太人问题》一文中，这位年轻的牧师希望与德国福音教会的领袖们合作，共同对抗纳粹法律和国家日益增长的影响力。但是，他的文章引起了轩然大波。大多数牧师根本不准备像潘霍华那样对抗新政府。由于担心希特勒会直接干预教会事务，大多数基督教会领袖都不愿顶风冒险。

1933年夏天，纳粹政府加强了对宗教机构，尤其是德国福音教会的控制。7月，德国福音教会举行新帝国教会主教的选举。纳粹官员支持路德维希·穆勒，这名前随军牧师自20世纪20年代就认识元首。不出所料，当计票结束时，穆勒获胜。大约在同一时间，第三帝国与梵蒂冈签署了一份教务专约。罗马教廷同意所有主教必须向德国政府首脑宣誓效忠，条件是政府保证德国天主教徒的权利。该条约还要求所有天主教神职人员放弃政治活动。从此以后，大部分德国教会都受到国家控制。

所有这一切都让潘霍华和其他反对纳粹意识形态及国家干预教会的神职人员深感失望。持不同政见的牧师们决定不再试图改变德国福音教会，实际上它现在已经变成了帝国教会，或国家教会，他们转而开始建立自己的联盟来抗议纳粹的政策。其中一些改革者反对第三帝国对教会领袖提出的要求，包括要求牧师宣誓效忠元首。其他人则不赞成德国基督教徒因《旧约》是犹太教圣经，就将其从《圣经》中删去的呼声。还有一些人，比如潘霍华，则认为德国新教与纳粹意识形态根本不相容。

到 1933 年夏末，这位 27 岁的牧师极度担心纳粹的掌权。他的担忧部分原因与帝国日益加强了对基督教机构的控制有关，部分原因关乎更远的未来：如果纳粹这么快就开始剥夺犹太人的公民自由，那么他们还会干出些什么呢？潘霍华的焦虑还源于家人提供给他的关于纳粹政府的内部信息，其中就包括他姐姐克里斯汀的丈夫——姐夫汉斯·冯·多纳尼。多纳尼是国家社会主义的强烈反对者，在帝国司法部担任律师，是首席部长弗朗茨·居特纳的助手。像多纳尼一样，居特纳对希特勒的极权主义政权持严重怀疑态度，还经常向助手吐露相关的想法。多纳尼目睹了第三帝国是如何在日益增长的恐吓、歧视和暴力的基础上逐步建立起政治及法律权威体系的，并与潘霍华交流了他的认识。

1933 年，潘霍华是否想象过即将到来的暴行的规模？没有确凿的证据表明他想象过。然而，从他的书信、布道和其他著作中都可以看出，他逐渐开始意识到希特勒统治下的德国正在玩火。潘霍华要做些什么？怎么做才能产生有价值的影响呢？这些都是这位年轻牧师要考虑的关键问题。

出于紧迫感，自1933年春天开始，潘霍华便试图使德国福音教会不再支持《雅利安条款》，并催促教会领袖解决基督教和纳粹主义之间的固有冲突。潘霍华也开始担忧希特勒的军事野心。例如，1933年10月，希特勒退出国际联盟，这让潘霍华大为震惊，他向一个朋友吐露说："这把我们推向战争的边缘。"包括那些反对《雅利安条款》的牧师同僚，都很少有人有这样的担忧。潘霍华感到越来越孤立。他在给退休的教授兼神学家卡尔·巴特的信中描述了自己的处境：

> 我发现自己与我所有的朋友都彻底反目了……这一切都吓坏了我，也动摇了我的信心，于是我开始担心教条主义可能会把我引入歧途，因为似乎没有什么特别的理由使我相信：我对这些问题的看法会比我打心底里尊敬的许多真正善良又有能力的牧师的看法更好、更正确。所以我想是时候退隐一段时间了……当时我觉得做出表态比沉默不语更危险。

潘霍华退隐到了伦敦。1933年秋天，他在那里找到了一份为两个讲德语的会众当牧师的工作，并试图厘清自己的疑虑，重新审视自己的人生道路。他的传记作者兼好友埃伯哈德·贝特格曾写道："他所想要的是在小群会众中寻求片刻的安宁，借以寻找并检验正确的道路。"

这样的愿望却成了白日梦。在英国，潘霍华在给他哥哥卡尔·弗里德里克的信中写道："我心系国内，怎奈远在他乡，不能积极参与。在过去的几周里，这让我感到极为艰难。"在伦敦度过的这18个月，潘霍华一直努力去影响德国正在进行的教会斗争，在两个城市教区履行他的义务，并继续积极推动欧洲教会合一运动。他的这些付出，特别是第一件和最后一件事使他与朋友、同事和教会代表保持着密切的联系。他们中的许多人需要他的帮助，并在伦敦找到了他。每隔几周，潘霍华就回柏林一次。他还不断地给家里写信、发电报或打电话。他的朋友回忆说，他的电话费太高了，以至于英国当地的邮局给了他优惠，理由是外国牧师应该支付更合理的金额。

潘霍华需要更多的时间。在伦敦期间，他还与难民一起工作，其中很多难民是来自德国的犹太移民。他们需要帮助才能在英国工作、找工作或者定居下来。潘霍华总是腾出时间来会友，有的朋友甚至来到他位于伦敦西南部的公寓和他住在一起。早上，他和客人读《泰晤士报》，这是一个比许多德国报纸更可信的消息来源。到了晚上，他们经常一起创作音乐，潘霍华就会弹奏他从家里带来的钢琴。

忙碌生活之余，他还忙里偷闲去看看电影，或者组织教区里的青年团体排练。他还结交了几个新朋友，其中最重要的一位是奇切斯特的主教乔治·贝尔。两人同一天生日，又都热爱文学和音乐。潘霍华欣赏贝尔为人正直、举止优雅。贝尔则敬重潘霍华具有良好的英语能力，对纳粹政权的敏锐洞察力，以及他出色的倾听技巧。他们两人都对欧洲教会合一运动有着浓厚的兴趣，认为这是对抗德国国家教会的一种潜在力量。然而，两人都意识到，第三帝国所带来的危险不可能仅靠教会的行动就能解决，于是两人都越来越多地参与政治。1948年，贝尔回忆起他与潘霍华在英国的经历：

在邪恶的纳粹政权初期我在伦敦就认识了他。正是从他身上，我了解了这场斗争的真正性质……我对他在德国的会众中出色的工作毫不怀疑，但在英国当牧师期间，除了他的同胞，他还教过许多人。他的信念一清二楚；他虽然年轻，虽然心地谦卑，但他看到了真相，并且毫无畏惧地说出了真相……无论走到哪里，不管是和谁在一起，他的学生也好，他的同龄人也好，或者是他的长辈，他都毫不畏惧，他超脱自我，对朋友、对家人、对祖国、对上帝、对教会、对院长，他无不尽心尽力。

在伦敦的那段时间里，潘霍华一直与反对帝国教会的德国教会领袖保持着联系。1934 年，这些牧师决定建立自己的教会，取名为认信教会。在那一年举行的组织会议上，新机构的领袖得出了两项重要结论。第一，认信教会是德国唯一真正的教会，因此它与德国福音教会没有共同的信仰。第二，作为唯一真正的教会，认信教会有权建立自己的神学院，教育和任命自己的牧师，并建立自己的教区管理制度。

教会初具雏形了。德国现在有两个新教教会：一个是认信教会，德国 18000 名牧师中约有 7000 人是其成员；还有一个是更大的帝国教会，由德国福音教会组成，该教会由政府控制。这两个教会都声称是“真正的教会”。但是，关键的神学、政治及实际问题都可以将二者区分开来，这也就促成了历史学家所称的教会战争或教会斗争。

20 世纪 30 年代中期，潘霍华为这场教会斗争作出了巨大的努力，逐渐成为认信教会更激进的发言人。他和同事都希望这个机构能够抵制国家对教会事务的干预。他还希望教会对国家社会主义尤其是种族歧视采取强硬立场。1934 年，他在给朋友埃德温·苏茨的信中写道：“对国家的所作所为，我们再也不能理性地保持沉默了，沉默实质上就是恐惧。‘你当为或不能自辩的人发声’——今天教会里还有谁会记得在这样的时代这是《圣经》对我们的最低要求?”

这些年来，潘霍华还积极参与了教会合一运动，他努力动员支持认信教会。他还呼吁欧洲教会抛弃他所认为的错位的爱国主义和具有威胁性的民族主义。他认为所有国家的教会必须响应耶稣基督对和平的呼吁，这是福音的核心所在。

然而，有时他感觉到认信教会作为积极变革的工具也有其局限性。他在 1934 年写给朋友的一封信中解释说，教会政治最终不得不屈服于那些笃信基督戒律、恪守道德准则的人：

> 当我竭尽全力与教会反对派共事时，我完全清楚，这次对抗仅仅是一个临时过渡阶段，必然还会有下次截然不同的斗争；我也清楚，那些参与这次初期小冲突的人极少会继续参与第二次斗争。我相信整个基督教世界都应该和我们一起祈祷抵抗的到来，直至“流血牺牲”(希伯来书第十二章第四节)，祈祷找到抵抗到底的人。苦难是必然的，在斗争初期不允许也不可能躲避、打击或猛击；即将到来的真正的斗争，是必须而且只能靠信仰才能熬过的艰苦的斗争。

当时，潘霍华未能认识到“截然不同的斗争”会最终使他放弃教会工作转向积极的政治抵抗。但通过彻底的自我反省，他意识到与第三帝国的斗争还有很长的路要走。

# 第三十六章
# 建立团体

到20世纪30年代中期，纳粹政权得到很大巩固。

消灭可疑敌人便是其中的手段之一。例如，1934年6月，希特勒决定处理许多被认为对政权构成威胁的人。在盖世太保创始人赫尔曼·戈林和副元首鲁道夫·赫斯领导下，多达200人被杀，1000多人被捕。这仅仅是被称为“长剑之夜”的为期三天的清洗行动的一部分。

一天后，德意志帝国内阁将这些谋杀合法化，理由是为了拯救国家。作为实施杀戮的交换条件，希特勒给了海因里希·希姆莱及其党卫军更多的权力。在接下来的6个月里，希姆莱接管了日益壮大的集中营。那时，集中营主要用来关押社会主义者、共产主义者、吉普赛人、同性恋者和其他被指控有社会性越轨行为的人。

1934年8月2日，也就是在清洗一个月后，德国总统保罗·冯·兴登堡去世。希特勒立即将总统和总理两个职务合而为一，自称元首兼帝国总理，或“领袖”兼“总理”。两周后，公民投票表决确认了他的新职位，有效地消除了能对他权力构成威胁的所有制度性制约。

在巩固政治基础的同时，希特勒也增强了德国的军事实力。

1934年10月，他命令陆军组建坦克部队；几个月后，他下令建立空军。他还恢复了义务兵役制。历史学家约翰·基根曾写道："德国军队原来被人为地限制发展，相对邻国而言处于劣势地位（依据第一次世界大战后签订的《凡尔赛条约》各条款），现在却一下子开始扩张，先是与邻国相匹敌，然后超越了它们的实力。"

与此同时，纳粹领导人开始了对犹太人的第二阶段迫害——签订《纽伦堡法案》。这些法令禁止犹太人与"德国人或有德国血缘的人"结婚或发生性关系，并将犹太人排除在帝国公民之外。法令还为"犹太人"一词下定义，不是指信奉某种信仰或从事某种宗教活动的人，而是指其（外）祖父母四人中全部或三个是犹太人的人。《纽伦堡法案》以及1933年的《公务员法》（及其《雅利安条款》），共同为德意志帝国加强对犹太人的迫害奠定了法律基础。如今，犹太人被视为低阶层的民族，几乎没有政治权利。

在这种背景下，潘霍华对认信教会未能带来实质性影响感到沮丧。他担心，教会斗争本身正在走向终结，它只关注内部各个派系的政治，而不是关注德国实际发生的事情。他希望以和平的方式去与第三帝国犯下的不公正行为做斗争，因为他认为他的信仰需要他这么做。他再次想到了圣雄甘地，他想什么时候去印度休假。

但和以前一样，朝圣之旅还是未能如愿。1935年年初，潘霍华获得担任一所新成立的神学院院长一职，专门培训认信教会牧师。这个选择对他很有吸引力。4月，潘霍华和23名圣职授予仪式的候选人在德国北部波罗的海沿岸小镇青斯特开始了一项大胆的神学培训试验。到了6月，该组织搬到一个更固定的地方，一个位于芬根瓦德东部40英里的小村庄（刚好穿过当今的波兰边境）。

在这个偏远的地方，潘霍华建立了一个团体，希望以此作为反对纳粹控制的国家教会的错误教义的要塞堡垒。他想要创造的不仅仅是一项宗教事业，他试图塑造一种学习计划和生活方式，以便在基督教基本教义受到几乎来自各个方面的威胁时，可以对候选人进行基本教义的教育。这意味着，潘霍华写道，“我们需要一群完全自由的牧师，随时准备做出牺牲。他们必须随时准备好……到需要服务的地方去……我们的目的不是修道院般的与世隔绝，而是从内心深处专注于为外界服务”。

从一开始，潘霍华就投身于领导神学院的工作。首先便是设计和教授一门严格以《登山宝训》为依据的课程。到1935年，他开始相信，基督在著名的布道中所传达的信息，结合了“黄金法则”和“转过另一边脸颊”的原则，不仅在神学上产生了强烈的共鸣，而且在这场席卷德国的邪恶风暴中还是道义上的“镇流器”。对他来说，现在在认信教会神学院的男牧师和少数的女牧师，他们这些下一代牧师理解了《登山宝训》，并将其应用到他们的生活当中。1935年年初，他给哥哥卡尔·弗里德里克写信，概述了布道的重大意义：

> 当我刚开始学习神学的时候，我对《登山宝训》的理解是完全不同的——可能更学术化一些吧。现在它已经变成了另一种东西……我认为我说得对，只有真正开始认真对待《登山宝训》，我才能真正看得通透，为人诚实。只有这里有一股力量，能把所有这些花招骗术炸得粉碎，只剩下烧毁后的空架子。

潘霍华以《登山宝训》为基础，安排学生的日常生活，如演讲、做礼拜、读《圣经》、分享歌曲和冥想（最初几乎所有的学生都觉得这很难，有些人甚至从来都不觉得舒服）。他还确保学生们有充足的时间进行体育活动，包括长距离散步、在令人神清气爽的波罗的海游泳、打乒乓球（潘霍华很擅长这项运动），以及其他有组织的游戏。

老师和学生一起吃饭，一起做杂务。晚上，他们聚在一起演奏音乐。有时，他们和牧师一起在钢琴前表演滑稽短剧或者音乐剧。在其他时间，他们就听潘霍华从纽约带回家的留声机唱片。埃伯哈德·贝特格在芬根瓦德上学时第一次见到潘霍华，他记得“房间里经常回荡着当时鲜为人知的黑人灵歌，比如《战车下来载我回家》”。

周围环境很简朴，只是一座破败的庄园；有些学生觉得这环境很简陋。食物也是粗茶淡饭，“从长远来看可以说是单调乏味”，有个人回忆道。大部分家具都是附近居民捐赠的。就在这样的居住环境中，潘霍华致力于促进相互间的合作和忠诚。为此，他坚持几条规则，也就是今天我们所说的行为规范。正如住在芬根瓦德的奥托·杜祖斯回忆的那样：

第一，不要在别人不在的时候谈论别人，也不要对那个人做任何评判，更不要以善意的批评为幌子评判。想对另一个人说的任何话都应该直接对那个人说。第二，在为期6个月的培训期间，团体的每名成员都要和其他成员至少进行一次长距离散步。只要时间允许，潘霍华本人就特别喜欢利用这个大好机会同学员交流。第三，星期日要在一起度过，早上自然是参加礼拜仪式，下午则是在花园或房子里进行集体散步或社交游戏。

但是，促进圣职候选人对其使命及彼此之间的忠诚并非只有这些规则。杜祖斯继续说：

这个芬根瓦德团体如此轻松地发展起来，可以说是自发地发展起来的，秘密是什么？当然，其中一个因素就是潘霍华亲和力强，他对每个人都很开放，而且他又有幽默感以及讲笑话的天赋。

他们有共同使命感的另一个关键因素是潘霍华的善良仁慈，例如经常服务他人及一些微小的慷慨之举。用圣职候选人威廉·罗特的话说，神学院院长所做的体现的“无疑是兄弟般的情谊”。例如，当有学生生病时，潘霍华就会偷偷下厨，然后带着“最好的英式早餐”回来。“有规则必有例外”，在把茶点与神学院通常的简单饭菜做了对比后，他说道。“他们一起吃的饭，”罗特回忆说，“能使病人忘记了自己的病。”在后来的几年里，当纳粹逮捕了认信教会的牧师，包括许多潘霍华以前的学生时，他经常去监狱探望他们。罗特记得，1937年他被释放后，“潘霍华又来了。他有《唐璜》的票，我们和埃伯哈德·贝特格在歌剧院一起庆祝我新获自由。”

在芬根瓦德，重点是建立并维持一个强大的、充满活力的团体，一个充满道德目标并致力于发展个人和群体力量的团体。在潘霍华写的《团契生活》这本关于芬根瓦德试验的书中，他解释了团体的重要性，包括它的日常和纪律：

若没有学会在日常生活中忠信，又怎能在大事上忠信呢？

每天，基督徒都会在非基督教的环境中独处好几个小时加以检验。这是一个真正的冥想时间和真正的基督教团体的试验场。团体是使个人变得自由、强大和成熟，还是使他们变得不安全和具有依赖感？是牵着他们的手走一段时间，让他们重新学会自己走路，还是让他们感到焦虑和顾虑重重？这是任何形式的日常基督徒生活中最棘手也是最严肃的问题之一。

从潘霍华的角度来看，一个健康的团体不仅帮助个人发现自己深藏的信心，而且还帮助他们建立了一个有价值的使命。在1935年，这样一个团体就是他认为应该存在的教会：根植于基督的基本教义中，并作为一种资源，促使其成员“积极地去爱、遵从、行善”。他相信这些善行超越了个人的隐私空间，包括积极反对与基督教义相悖的制度。传记作家查尔斯·马什曾写道，这样的对抗“需要精神上的滋养：祈祷、《圣经》研究和对基本问题的沉思，从而扩展道德想象力”。

发展和维持一个有效的团体的能力是当今领导者的一项关键技能。大量管理研究表明，一个人人参与、协作型的团队在创新、组织转型及其他目标中发挥着关键作用。但是潘霍华（和沙克尔顿）理解的“团体”与今天“团队合作”这个词的含义截然不同。对这两位领导人来说，团体不仅仅意味着共同承担使命，并为此共同行动，还意味着我们不仅因为义务而团结在一起，而且因为相互关心和爱而团结在一起。

正如他们两人所理解的那样，这种关心和爱始于领袖本人。利害关系越大，领导者就越需要对他追随者的生活细节持续不断地表现出爱、尊重和关注，无论这些细节多么微小皆是如此。沙克尔顿知道，他需要他的手下相信他们自己、相信他们集体的力量才能安全回家，而这二者的先决条件是团结和相互奉献。如果没有他在德国弟兄中建立起来的稳固的同志情谊，潘霍华不可能度过1939年中期他在纽约面临的信任危机。所以，团体是这些领导人持续关注的焦点也就不足为奇了。

1935年，德意志帝国教会事务部宣布认信教会是非法的。这就是说，明明知道随时都可能被捕，潘霍华和教会里的其他牧师却还是一直在教。他们的学生同样理解他们所冒的风险。

尽管如此，在神学院运作的两年中，大约有5组学生，每组大概25人，完成了课程。他们中一些人会直接与纳粹政府发生冲突。例如，1936年，一小群认信教会的神职人员给希特勒撰写了一份秘密备忘录，批评纳粹政府对法律的侵犯，包括纳粹的反犹太主义、集中营和间谍活动。潘霍华并没有直接参与起草这份备忘录，但他密切关注了它的撰写过程，并与作者之一弗朗茨·希尔德布兰特就备忘录的形式和内容进行了讨论。

希特勒并不承认这份备忘录。但6周后，这份备忘录被泄露并逐字刊登在一家瑞士报纸上。不久之后，盖世太保逮捕了与该文件有关的潘霍华以前的3名学生：恩斯特·蒂利希、维尔纳·科赫和弗里德里克·韦斯勒。1937年2月，他们被押往萨克森豪森集中营。蒂利希和科赫最终获释。犹太人韦斯勒并没有，在到达集中营6天后他就死了，很可能是因为多次殴打致死的。

在这份备忘录公布后，包括潘霍华在内的许多认信教会牧师的生活变得更加艰难。帝国教育部永久取消了他在柏林大学任教的权利，也终止了他在那里的职位。他以前在芬根瓦德的许多学生也发现自己受到越来越多的迫害。潘霍华试图维持一个非正式的团体来支持他们。为此，他出版了一份定期内部通讯。（因为纳粹禁止这种通讯，所以他将内部通讯装入用手写的信封，然后放入不同的邮箱以转移人们的怀疑。）潘霍华还邀请他以前的学生参加有组织的静修会，很多人都参加了。传记作家费迪南德·施林根西彭曾写道：“（二战和纳粹监禁中）幸存下来的一小群芬根瓦德学生有一种归属感，这种归属感贯穿了他们的一生。这对每一个接触过他们的人来说都是显而易见的。”

作为认信教会的领袖，潘霍华与纳粹日益加剧的残酷压迫浪潮做斗争。到20世纪30年代末，这种斗争有效地限制了他和学生阻止希特勒残暴行径时可能招致的许多实际报复。但潘霍华所知的这一事实并没有否定他领导的重要性。和弗雷德里克·道格拉斯一样，他也明白，领导者的部分责任在于他在面对邪恶横行时应扮演善良和正义行为代言人的角色。潘霍华知道，承担并履行这一职责对于创造各种形式的抵抗至关重要——不管是成功的还是失败的抵抗都很重要——因此，他和他的学生在不能保证取得长足进展的情况下依然奋勇向前。

随着第三帝国的迫害愈演愈烈，潘霍华和其他认信教会领袖都需要拼尽全力抵抗。许多牧师被捕，一些人遭到了袭击。例如，在1937年6月，盖世太保闯入柏林教会领袖会议并逮捕了8名成员。一周后，认信教会的创始人之一马丁·尼莫勒在位于柏林郊区达勒姆的家中被捕。将尼莫勒带走后，警察对他的书房进行了长达8小时的搜查。接下来的7年里，尼莫勒只能在萨克森豪森和达豪集中营度过。

1937年9月，盖世太保关闭了芬根瓦德，理由是它是一个叛乱机构。潘霍华在他的内部通讯中写道："现在，就连那些我们可以聚在一起安静工作、兄弟般互相帮助和鼓励的地方，也被夺走了。""这是一个考验我们所有人的时刻。"而这只是个开始。到圣诞节时，他以前的近30名学生被监禁。他当时写道："目前仍有一些人被拘留，整个降临节都是在监狱里度过的。其他人也毫无例外都受到了反基督教势力愈发急躁的攻击的影响，无论是在工作还是在个人生活中概莫能外。"

虽然芬根瓦德没有幸存于难，但是创立和领导神学院的经历对潘霍华来说是很重要的。一方面，他全身心地投入到这项事业中，并且热爱做这件事。他在给第一批神学院学生的信中写道："我相信，无论是在工作上还是在个人生活上，1935年夏天都是我一生中迄今为止最充实的一段时间……通过和你们一起生活，我在这两个方面都学到了比以往更多的东西。”

另一方面，潘霍华在芬根瓦德的时候，把时间和精力都花在了门徒概念的研究上。他一直对这个话题很感兴趣，并于1937年出版了《作门徒的代价》一书。这本书探讨了基督对追随者的召唤，以及他的召唤在现代世界的意义，不仅是对精神精英的召唤，也是对“工人、商人、乡绅和士兵”的召唤。这样的召唤会把每个人的生活引向何方？又需要什么样的决定、行动和心态呢？以《登山宝训》为依据，潘霍华在一部已经成为基督教思想经典的作品中解决了这些问题以及其他相关问题。

同样重要的是，潘霍华的学生们认为他是一位正直的领袖。在这方面，许多接触过这位严肃而富有同情心的牧师的人也是这么认为的。为什么人们会追随迪特里希·潘霍华？作为一名领袖，他之所以值得信赖，部分原因在于他善于倾听，并认真对待他人，尊重他人的意愿。他的影响力部分来自他能先于他人看清并阐明大局的能力。潘霍华权威的另一个方面来自他在正义理想和实现这些理想所需的具体行动之间无缝切换的能力。

最后，潘霍华作为领袖的效力很大程度上归功于他的人性：他每天的善良、幽默、谦卑和平易近人都功不可没。像许多激励他人超越自我、走向卓越的那些人一样，人们发现他既与他领导的人有一定距离，同时在重要方面也与他们同甘共苦。没有证据表明潘霍华曾仔细分析过他的领导才能，但他似乎感觉到了他对学生的影响；他当然理解他们持久不变的承诺和感情。所有这些都让他这位领袖信心十足地继续前行。

# 第三十七章
# 收紧绞索

1938年年初，潘霍华在德国北部的认信教会担任牧师，并藐视帝国法律，继续培训圣职候选人。与此同时，纳粹政府以他是国家的敌人为由，禁止他入境回柏林。潘霍华和他以前的学生并不是唯一受到纳粹迫害的认信教会成员。许多被认为是政府敌人的人都感受到政府对他们所采取的强硬手段。不同的个人、不同的团体反应不一。在反抗第三帝国的斗争中，有的变得愈加坚强，有的面对威胁退缩了。

例如，1938年4月，纳粹控制的帝国教会的行政牧师命令德国所有现任牧师向阿道夫·希特勒宣誓效忠，违者开除。教会官员说，效忠誓言是“在上帝召唤下对元首的个人承诺”。这一誓言在认信教会领袖中引起极大争议，因他们不承认帝国教会的权威。经过长时间的讨论，教会领袖们决定将誓言摆在他们的牧师面前，由他们个人自行选择是否接受。最终，大多数认信教会牧师都选择接受。在莱茵兰、勃兰登堡和波美拉尼亚（德国北部）等保守地区，多达80%的牧师宣誓效忠希特勒。

潘霍华认为不可能遵从这个命令。(不过，因为他在“非法”传教，也就不在现任牧师的名册上，因而并没有要求他宣誓。) 他强烈抗议强迫宣誓，但是大多数认信教会领袖都对此置之不理。在这场争论之后，潘霍华为自己的教会羞愧不已，就疏远了教会的大部分领袖。他投入大量时间和精力，帮助建立一个反对纳粹意识形态、反对教会控制的机构。然而现在，他看到这个机构似乎正在向它所要抵抗的那个政权屈服。

从教会孤立出来，又没有稳定的工作，潘霍华从 1938 年开始就过着漂泊不定的生活，直到五年后被监禁都是这样。除了探亲外，他不得前往柏林，而且探亲时还会受到纳粹警察的严密监视。1940 年，他被禁止进行公开演讲，因为第三帝国将其称为“颠覆活动”。

所有这些限制迫使他不停地流浪，并与有同情心的朋友长时间待在一起。他在乡村和小城镇秘密进行牧灵工作。在这些偏远的地方，正如传记作家伊丽莎白·西夫顿和弗里茨·斯特恩所写的那样，他的几十名学生受到盖世太保迫害，被搜家、审讯并逮捕，但他们的家庭都得到他的照顾和帮助。他公然违抗帝国的命令，继续在全国各地的认信教会教区培训圣职候选人。流浪期间，一有时间他就不停写作——写布道，写书信，还开始写一本关于伦理学的书。这样的生活极为不易。但潘霍华丝毫不放弃，正如埃伯哈德·贝特格所写的：

1937 年后，他开始教书、深思和写作，没有固定的工作场所，也没有自己的藏书参考……只有在战争期间为了研究伦理学，他才再次尝试在柏林收集大量相关书籍……他可以凭借他的记忆，而记忆力通常能满足他的需要。然而，尽管他不情愿承认，但他越来越渴望稳定的工作，有时会对自己流浪汉般的生活发出深深的叹息。虽然他从未承认，但在 1939 年飞往美国部分原因就在于他渴望安定下来。

当潘霍华继续秘密进行他的神学工作时，更猛烈的暴风雨即将来临，战争的威胁加剧。1938 年 3 月，德国通过“联合”或者叫“政治联盟”事件吞并了奥地利。此后不到六个月，希特勒威胁要占领捷克斯洛伐克的西部边境。这是一个德国人口稠密的地区，被称为苏台德区。英、法两国做出反应，与德、意签署了《慕尼黑协定》，允许德国吞并苏台德区，以换取希特勒没有进一步商讨之前不得在未来采取军事行动的承诺。

德意志帝国在为战争做准备的同时，也增加了对犹太人的攻击。1938 年中期，潘霍华的姐夫汉斯·冯·多纳尼得到内幕消息，他警告妻子的家人，纳粹正计划在最近被吞并的苏台德区对犹太人发动大规模运动。多纳尼还告诉潘霍华夫妇，1938 年 8 月即将颁布的法令要求犹太人公开表明自己的身份。那些名字的由来不是来自犹太文化的犹太人今后必须在名字中加上“以色列”或“萨拉”。所有犹太人都必须携带身份证明，在证明上面标明他们的遗产；犹太人的护照将加盖字母“J”。多纳尼确信一场更可怕的行动即将拉开序幕。党卫军机关报《黑色军团报》写道，如果战争爆发，犹太人的结局将是“灭顶之灾”。

潘霍华夫妇担心潘霍华的孪生妹妹萨比娜和她丈夫格哈特·莱布霍尔茨的安全，因为这个妹夫被政府当局列为非雅利安人。尽管他们在柏林有着良好的社会关系，但家人确信他们是无法保护莱布霍尔茨的安全的。萨比娜在 8 月份写给潘霍华的信中透露，他们夫妇二人的恐惧与日俱增：

> 最近几个星期，格哈特再也不能保持他以前的内心平静。最终，他的情绪崩溃了。

目前，我们一直很难去思考所有需要做出的决定，这让我们非常紧张。不幸的是，他睡得很差。所以，我必须代为我们两人打算。有时很难把各种各样的事情都记在心里，比如生存问题、紧迫的担忧，以及孩子们大大小小的担忧和愿望。

9月初，他们夫妇和两个女儿安全移民到了英国。

多亏他们离开得及时。1938年11月9日，纳粹对德国、奥地利和部分苏台德区的犹太人发动了一波暴力大屠杀。国家警察和其他机构捣毁犹太教堂，抢劫犹太企业，并放火焚烧房屋和其他建筑。他们亵渎犹太人墓地，大肆逮捕犹太人，数量多到当地监狱差点容纳不下，还监禁了近3万名犹太人。因为所有的窗户都被打碎，所以恐怖的当晚至次日凌晨被称为“水晶之夜”（或“碎玻璃之夜”）。大屠杀夺走了至少91名犹太人的生命。历史学家维多利亚·巴内特写道：“‘水晶之夜’事件是一个残酷的信号，它不仅反映了纳粹的意图，也反映了德国社会最起码的同情也已经麻木到何种程度。”

在“水晶之夜”事件之后，第三帝国积极推进其计划，剥夺犹太人的财产、工作和日常生活资料，学校开除了犹太孩子，禁止犹太人拥有汽车或驾照，禁止犹太人进入电影院和音乐厅。由于大多数雅利安人对“水晶之夜”事件的反应都是被动的，纳粹政府变得更加大胆，这为后来强迫移民、大规模灭绝等政策铺平了道路。

在此期间，德国的教会基本保持沉默。早在几年前，潘霍华就坚持说：“只有为犹太人哭泣的人才可以唱格列高利圣咏。”但在“水晶之夜”事件之后，他没再公开发表任何言论。在他个人的《圣经》书中，他在《诗篇》第七十四章第八节下面画线，那句话写道：“他们烧毁了上帝在这片土地上的所有犹太教堂。”他还在空白处写上了“水晶之夜”发生的日期：“9. 11. 38”（1938 年 11 月 9 日）。当潘霍华以前的一些学生认为“水晶之夜”是对犹太人的诅咒时，他回答说：“今天纵火焚烧的是犹太教堂，明天烧毁的可就是教会了。”潘霍华私底下对纳粹大屠杀极为震怒。但在 1938 年年底，他相对孤立，又失去了他往日的广泛影响力。由于认信教会越来越不愿意采取强硬立场反对第三帝国，他又不得不经常转移，避免被盖世太保逮捕，而且他也不清楚他应该如何才能有效地抵抗一个他认为不道德、与基督教义背道而驰的政权，他备感沮丧，观察并等待机会，以期真正有所作为。

1939 年 3 月，德国军队公然违反《慕尼黑协定》，进入布拉格占领捷克斯洛伐克。英、法两国领导人意识到希特勒接下来可能入侵波兰，于是向波兰提供外交保证，承诺如果波兰遭袭，两国将采取军事行动。战争一触即发。

随着国际冲突的可能性越来越大，潘霍华也越来越不确定自己的道路。他不能在希特勒的军队服役。他对认信教会不再抱任何幻想，对此基本上没有公开表态。怎么办？出路在哪儿？1939 年 5 月下旬，他决定离开德国前往纽约联合神学院。

自 20 世纪 30 年代中期以来，许多人清楚地意识到希特勒意图发动战争。绝大多数纳粹官员都支持这些计划，但也有一些德国高级官员和其他人对元首日益膨胀的野心和无端的军事侵略感到愤怒。1938 年年初德奥合并之后，这种反对情绪加剧了。在政府的一些部门，这种愤怒变成了秘密抵抗。

在德国司法部任职期间，汉斯·冯·多纳尼长期以来一直反对希特勒及其政府。现在，随着德国开战步伐的加快，他和妻子克里斯汀决心加入抵抗元首的队伍。多纳尼的上司、司法部长弗朗茨·居特纳也反对希特勒所做的大部分事情。1938 年，居特纳任命多纳尼在莱比锡担任法官，以帮助他躲避盖世太保在柏林对他的严密监视。但多纳尼仍然与首都抵抗运动的高级官员保持联系。比如总参谋长路德维希·贝克将军、德国反间谍情报局（德语中称“阿勃维尔”）局长、海军上将威廉·卡纳里斯及其副手汉斯·欧斯特。多纳尼以不同的方式支持他们的活动，包括1939年暗杀希特勒、推翻第三帝国的计划。多纳尼还留着一份秘密记录，里面仔仔细细记录了纳粹暴行，他称之为“耻辱的编年史”。如果元首的统治被推翻，多纳尼打算用这一记录作为政变的正当理由。

多纳尼将这本编年史以及他们的暗杀计划全部告诉了潘霍华，并讨论了推翻纳粹政权后可能发生的情况。两人还考虑了谋杀希特勒可能产生的道德影响。比如，在一个晚上的谈话中，多纳尼提到了《马太福音》中的一段话，这段话说：“凡动刀者必死于刀下。”（《马太福音》第二十六章第五十二节）他想知道，这一看法适用于阴谋家吗？潘霍华告诉多纳尼：“是的，会的，而且重要的是阴谋者要对他们的行为承担全部的道德责任。”

1939年，当潘霍华考虑他的职责是什么的时候，他开始纠结这个责任了。几年来，他一直在观察他的姐夫和其他抵抗者正在做什么，偶尔就这些行为的道德性向多纳尼提提建议。现在，潘霍华考虑的是进一步参与谋杀希特勒，推翻第三帝国，并阻止纳粹一连串的邪恶行径。然而，从观察者到积极参与者的转变，给这位33岁的牧师提出了一些棘手的问题。作为一个虔诚的基督信徒，他怎么能证明自己加入一个地下暗杀组织是正当的呢？他愿意冒着生命危险去做这样的尝试吗？这些问题一直困扰着他，特别是1939年中期他在纽约的短暂逗留期间。但一旦他克服了这段情绪波动，回到德国后，他也就准备好了承担责任和风险。

1939年7月，阿勃维尔（即德国反间谍情报局）局长威廉·卡纳里斯任命多纳尼为卡纳里斯副手汉斯·欧斯特的助手。任命后，多纳尼和家人从莱比锡搬回柏林。新职位使他更有机会获得有价值的信息，他在这场阴谋中发挥的作用也更大了。因为他的工作被认为是德意志帝国不可或缺的一部分，这样他也不用服兵役了。但是这一任命也增加了多纳尼被发现和逮捕的可能性。他肯定会受到纳粹警察更严密的监视，因为盖世太保和党卫军中有很多人都把阿勃维尔看成敌对组织，并且热衷于对该组织的任何人或任何事挑毛病。

当阿勃维尔的阴谋家们制订他们的计划时，他们密切关注着欧洲的大局势。1939 年 8 月，德国和苏联签署了一项互不侵犯条约，两国承诺在发生战争时不攻击对方，并同意瓜分战利品（指被占领的波兰和战败的东欧）。对希特勒来说，这一条约至关重要。有了它，他就可以毫无顾忌地入侵波兰，而苏联不可能干预。1939 年 9 月 1 日，德国军队入侵波兰。两天后，英、法对德宣战。尽管两国共同承诺保护被围困的波兰，但两国都没有派军来帮助保卫波兰。9 月 17 日，作为德国盟友的苏联从东面入侵波兰。第二次世界大战开始了。

# 第三十八章
# 双重间谍

在战争开始的前几个月里，德国和苏联取得了巨大的胜利。两国军队在数周内便占领了波兰，波兰也于 1939 年 9 月 27 日投降。除波兰之外很少有人知道纳粹的野蛮暴行。西夫顿和斯特恩写道：“野蛮掠夺、残暴强奸、任意枪杀、肆意焚烧犹太教堂等等，这些都是德国国防军，特别是党卫军和警察营所犯下的累累暴行。”这些跟随德军队伍的警察大多以党卫军特别行动队或机动杀人小队的形式组建，其职责包括消灭那些被视为政治敌人或种族敌人的人。在德国入侵波兰后的四个月里，这些杀人小队共杀害了 65000 余人，其中有很多是犹太人，包括犹太儿童。

卡纳里斯、欧斯特、多纳尼以及阿勃维尔内的其他同谋者获悉这些暴行后，大为震怒。他们开始制订新的计划来推翻纳粹，向其他国家寻求发动政变的可能性，并请求他国在希特勒被暗杀后能支持新政府。抵抗者明白，他们反对元首的行动，其结果在很大程度上取决于德国的军事命运。第三帝国的失败将使这个政权更加脆弱，从而增加推翻它的可能性；但如果在战场上取得胜利，那么发动政变的难度就会大得多。

1940 年 4 月，德国军队入侵丹麦和挪威。5 月，纳粹军队进入法国、比利时、卢森堡和荷兰；最后三个国家很快便投降了，法国也眼看要战败。希特勒统治世界的目标突然显得比八个月前更容易实现了。1940 年 6 月 17 日，法国向第三帝国投降。埃伯哈德·贝特格与潘霍华在德国的一家露天咖啡馆会面时，消息传来：

> 正当我们在享受阳光的时候，突然，一曲嘹亮的小号短曲从咖啡馆的广播传出，接着广播了一则特别通知：法国投降了。围坐在桌旁的人激动得不能自已，他们跳起来，有的甚至爬到椅子上。他们伸出手臂，高唱“德意志，德意志，至高无上……”。我们也站了起来。潘霍华举起手臂行纳粹礼，而我茫然地站在那里。“快举起你的手臂！……”他低声对我说，后来又说，“我们现在必须为截然不同的事情冒险，但可不是为了那个敬礼！”

那年秋天，潘霍华的双重间谍人生开始了。多纳尼安排他做阿勃维尔的文职人员。这样做的理由是，潘霍华与欧洲教会领袖的关系将会是纳粹备战的宝贵信息来源。多纳尼确保他的内弟会被指定为该部门不可或缺的成员，因此也就不受征兵规定的约束。

在接下来的两年里，潘霍华在波美拉尼亚东部、柏林、巴伐利亚、瑞士、挪威和瑞典等地奔波。他的工作分两个层面进行。第一，他是阿勃维尔获取信息的渠道，在出行期间他收集可能对帝国有用的资料然后上报。第二，也是更重要的一个层面，他是策划政变的成员，因此他出行时会收集另一种不同的信息提供给他的抵抗运动同僚。这项工作还包括等推翻纳粹后，动员不同国家支持新政权。当他在这两个角色之间转换时，潘霍华还是一些同谋者精神上和道德上的后盾，对多纳尼来说尤为如此。

这是一项艰苦的工作。实际上，潘霍华有两个不同的身份，这就要求他密切注意他到底说了什么内容，以及对谁说的，在什么情况下说的。由于同谋者知道他们经常受到盖世太保和帝国安全局的监视，因此还需要时刻保持警惕。潘霍华和他的抵抗者同僚不得不把他们的说辞讲得一丝不苟；他们还必须周密计划，如果被抓，他们该怎么说，又该怎么做。

为此，潘霍华一家设计了一套打电话和写信时使用的密码。如果他们中的一人或多人被捕，他们商定就用送到监狱的书籍进行交流。夹有留言的书都会在扉页上用铅笔做一个小标记。后面的页码会在个别字母下面画上小点：每页画一个字母，或者每隔几页画一个字母。然后，收到书的人将整本书的点所代表的字母连在一起，组词成句，就会得到诸如新闻、指示或者有关其他被囚禁同寮审讯细节的信息。他的家人还计划通过手写小字便条进行交流，这些便条可以藏在一盒食物里，或者塞进一件衣服的内衬里。西夫顿和斯特恩写道：“在那些最看重诚实和真理的人当中，只有在最紧要关头才会使用到这些方法，有时会激起喜剧精神，有时会产生道德上的矛盾感。”

潘霍华和其他同谋者也对他们的私人文件采取了预防措施。这位牧师删掉了日记中的重要部分，特别是具体的电话号码和地址。这样如果他被捕，盖世太保就不会问他这些问题了。他还把一些手稿藏了起来，信件倒填了日期，以减少纳粹当局发现罪证的可能性。他还学会了向当局撒谎，并与以前的朋友和同事保持一定距离。

从 1940 年开始，他的生活充满了欺骗和技巧性的谎言。他继续从事他的牧师工作，为他以前在认信教会的学生及同事非法地服务。他还开始写一本名为《伦理学》的书。但他是双重间谍，还为一群企图暗杀希特勒的人服务。潘霍华成年后的大部分时间都在公开反对他认为错误的行为和欺骗性的意识形态；他试图建立一个以门徒和《登山宝训》的和平指示为基础的团体。这种新的生活方式需要巨大的内心转变。

当他做出这一转变时，他仍然敏锐地意识到自己在道德、精神和实践上所做的一切。他明白，第三帝国的野蛮行径及其引发的世界战争，实际上已经把世界搞得天翻地覆。在 1942 年年底写给家人和同谋者的信中，潘霍华明确表达了这个新阶段的意义——代价和信念：

> 我们默默见证了罪恶行径；我们多次被暴风雨淋得惨不忍睹；我们学会了含糊其辞，学会了虚伪；经验使我们怀疑他人，使我们不能坦诚待人；无法忍受的战争让我们疲惫不堪，甚至使我们变得愤世嫉俗。我们还有什么用吗？我们需要的不是天才，不是愤世嫉俗者，不是厌世者，也不是聪明的谋略家，而是简单、诚实、正直的人。我们内心的反抗力量是否足够强大，我们对自己的诚实是否足够冷酷无情，可以让我们找到回归淳朴和正直的道路？

潘霍华从不回避杀害希特勒的道德挑战。但他相信，必须阻止这个德国领导人及其所做的一切。从他参与阴谋的那一刻起，潘霍华就努力阐明这两套道德问题：诛杀暴君不可避免的罪恶和推翻第三帝国的紧迫性。

他还对基督教以及在一个饱受纳粹暴行蹂躏的世界中对善的追求进行了长期而艰苦的思考。这种想法在很大程度上成为他的《伦理学》著作中的一部分。在这本书中，他分享了他在抵抗运动和神学工作之间来回奔波所获得的深刻见解。这些都是经验之谈，每个人每天就如何生活所做的选择，以及日复一日这样生活其全部意义又是什么，等等。对潘霍华来说，其意义在于响应耶稣基督的召唤去帮助那些受苦受难的人。在第三帝国制造的恐怖中，帮助受苦受难的人确有重大意义。1942 年潘霍华在给亲友的信中写道：

我们不是基督，但如果我们想成为基督徒，就必须像基督那样心怀仁慈，追崇自由，当危险来临时，积极担负起我们的责任；而且，要真正同情受苦受难的大众，要出于基督救赎之爱的感召，而不是出于恐惧才这样做。仅仅坐等观望并不是基督徒的所为。号召基督徒要同情、要行动，首先不是因为他们自己所受的苦难，而是因为他们的弟兄所受的苦难，基督会为此感到痛苦。

以此为基础，潘霍华仔细考虑了他所做的事情，他所做的选择背后的原因，以及所有这些行为是如何与善相悖的，对他来说，善是在基督的教义中明白地显现出来的。事实上，他未完成的《伦理学》，这部被许多神学家视为其代表作的著作，在一定程度上是由于他努力让自己正确认识自己作为一个同谋者所做的事情。贝特格对潘霍华的思想做了如下描述：

现在到了一个至关重要的时期，品格高尚的人会不惜一切代价把持住自己，不随波逐流……即使这意味着放弃“清白的历史”，他们也必须设法进入关键岗位。伪装成为一种道德义务……如果要密谋大事的话，他们必须进入狮子的巢穴，并在那里赢得立足点……潘霍华从未试图劝阻多纳尼和其他抵抗者取消行动。1938 年春季以来，形势已经很明朗了：必须有人承担这一不光彩的任务。

面对不同的动荡和危机，如今的领导者可以从潘霍华主动承担道德挑战中学有所获。如今，世界各地的人们都在寻找品格高尚的领袖——无论男女，他们愿意为行善而大声疾呼，并将善付诸实践，不管这样做有多么困难也不后悔。正如这本书中的故事所展示的，在更高的层次上领导众人并不容易。比如，对沙克尔顿来说，要让他的部下安全回家；对林肯来说，要领导国家打内战；对弗雷德里克·道格拉斯来说，要让废奴主义的火焰持续燃烧到 19 世纪 50 年代，这些都是极其困难的。他们没有谁天生出众，都是一步一步地使自己成为有品格、有毅力、做大事的人。20 世纪初，公众对政治家和企业主管的信任都处于历史最低点，世界迫切需要普通人做出与本书中那些人相同的承诺：把自己塑造成为了崇高事业而坚定不移的领导者，并帮助他人能有一样的追求。

1941 年年中，德国加快了侵略的步伐。6 月下旬，希特勒发动“巴巴罗萨行动”，公然违反 1939 年签署的条约大规模入侵苏联。入侵令苏联措手不及。在向东推过现在的乌克兰和白俄罗斯时，纳粹军队最初取得了决定性的胜利。然而，随着冬季的降临，德国军队在莫斯科城外陷入了困境，苏联军事领导人成功发起反攻。纳粹军队第一次遭到惨败。

入侵苏联的战争造成巨大人员伤亡。德军伤亡人数超过 75 万；80 多万名苏联士兵被杀，多达 600 万人受伤或被俘。随后战争进一步扩大；1941 年 12 月 7 日，日本飞机轰炸珍珠港，美国参战。

看着这些事件，潘霍华和他的同谋者多么希望德国一连串的军事胜利现在已经结束，多么希望这些事件会为他们推翻希特勒政府的计划赢得更大支持。抵抗者知道，纳粹政府正利用其在东线的军事行动，加大对犹太人和其他政敌的打击力度。犹太人问题的“最终解决方案”正在蓄势（“最终解决方案”是有组织地消灭欧洲犹太人计划的纳粹代号）。

在随后的4个月里，党卫军和其他纳粹安全部队开始系统化地将犹太人从纳粹控制的欧洲各地驱逐到位于德国所占波兰的灭绝集中营，其中最大的是特雷布林卡和奥斯维辛-比克瑙集中营。希特勒和他的军队现在禁止犹太人离开德国和其他被占领的国家，有效地把数百万男女老幼困在一个致力于灭绝他们的帝国里。

潘霍华和他在认信教会的同事弗里德里希·贾斯特斯·佩雷尔斯（弗里德里希也是抵抗运动的成员），写了两份关于驱逐犹太人的报告并交给了多纳尼，多纳尼随后把报告交给了他的上级路德维希·贝克和汉斯·欧斯特。得知驱逐犹太人的计划后，同谋者更加紧迫地工作。1939年，党卫军特别行动队跟随德国军队而来，杀害了数以万计的犹太人、吉卜赛人和其他平民。得知此事后，同谋者意识到，只要希特勒继续掌权，每天都会有成千上万的无辜者被屠杀。（二战结束时，共有600万名犹太人在大屠杀中丧生。仅特别行动队就杀害了大约100万人，还有300万人在纳粹灭绝营被杀，其余200万人惨死于集中营或劳工营、安乐死项目及其他灭绝计划中）。

1942年，潘霍华参与了多纳尼设计的一项计划，将7名犹太人从德国偷渡到瑞士。（虽然最终人数增加到14人，但这项计划还是被称为“七号行动”。）这一计划很冒险，需要阿勃维尔高官雇用这14名男女为秘密特工，然后把他们送到国外，表面上是作为帝国的间谍。通过潘霍华在瑞士的广泛关系，这14人都获得了签证。盖世太保军官对此表示怀疑，但任务还是成功了。到1942年秋末，这14人都安全逃离了德国。其中一个逃亡者，夏洛特·弗里登撒尔，是潘霍华在认信教会的同事，她留在德国的父母均死在集中营里。

潘霍华继续奔波，经常返回德国东北部。在那里，他去见了他的朋友，也是他长期的支持者露丝·冯·克莱斯特-雷措，在她位于波美拉尼亚的家中拜会了她。1942 年 6 月的一次拜访中，他再度认识了冯·克莱斯特-雷措的孙女，18 岁的玛丽亚·冯·魏德迈。潘霍华自从玛丽亚 11 岁时就再没见过她了，那时她很早熟，是他的学生。玛丽亚现在是一个博学、活泼的年轻女子，一双蓝眼睛炯炯有神，引起了潘霍华的注意。拜会结束后，他在给朋友埃伯哈德·贝特格的信中探讨了如何对待自己钟情于她的困惑："我还没有给玛丽亚写过信。现在还不是时候。如果以后再也见不到她，那么我原来极度亢奋的快乐思绪最终肯定会消失在未实现的幻想中，无论如何，这个幻想已经很丰富了。" 1942 年 10 月，得知玛丽亚的哥哥在东部前线阵亡后，他向她表示哀悼。不久之后，他到德国东北部的庄园拜访了她们一家；此后，潘霍华和玛丽亚建立了亲密的个人关系。

潘霍华 36 岁，几乎没有什么恋爱经历。(20 世纪 30 年代中期，他可能与另一名神学学生伊丽莎白·津恩有过交往，但两人分手了，津恩嫁给了另一名神学家。）为什么在 1942 年，他会如此迅速而强烈地被玛丽亚·冯·魏德迈吸引住呢？传记作家查尔斯·马什曾表示，这对夫妇对彼此的感情源于"在那个个人损失不断加重的时代，人们普遍渴望亲密无间的感受"。就在哥哥去世前几个月，玛丽亚的父亲在乌克兰的战斗中被杀；她的两个近亲在年底前也都去世了。鉴于战争伤亡人数不断增加，潘霍华的牧师本能让他更接近玛丽亚，她会对他的示好做出积极的回应，这是可以理解的。

潘霍华对一段恋情感兴趣，可能是因为埃伯哈德·贝特格已经和潘霍华的外甥女，17 岁的雷纳特·施莱歇尔开始确定了恋爱关系。雷纳特是潘霍华的姐姐厄休拉和丈夫鲁迪格·施莱西尔的女儿，她也参与了推翻希特勒的阴谋。在潘霍华拜访玛丽亚一家时，埃伯哈德和雷纳特的恋爱关系确定，两人于1942年11月订婚。

自从他们在芬根瓦德相遇后的七年里，潘霍华和埃伯哈德的关系变得亲密起来。现在，就像林肯在1842年对约书亚·斯皮德结婚时的心情一样，潘霍华可能担心贝特格即将举行的婚礼会在这两位长久知己之间造成隔阂。当然，潘霍华在考虑是否与玛丽亚·冯·魏德迈建立关系时也考虑到了这一点。也许，他担心失去他最亲近的人。也许，就像100年前的林肯一样，潘霍华被他的好朋友和未婚妻所获得的幸福所鼓舞。

潘霍华很可能深深地被这个聪明、迷人、天真的年轻女人迷住了，他也非常尊敬她的家人。就玛丽亚而言，她很钦佩这位英俊、健壮的牧师和学者，她的祖母也特别钟爱他。不到3个月，两人就订婚了。怀着初恋时的喜悦和焦虑，玛丽亚写了一封给未婚夫的信：

> 我发现很难用书面形式告诉你那些几乎当面不能说出的话。我宁愿放弃在这个问题上要说的每一个字，因为它使那些原本可以更好地无声表达的东西听起来是如此粗鲁、如此笨拙。但根据经验，我知道你有多么了解我，我现在鼓起勇气给你写信，哪怕我真的没有任何权利回答你从未问过我的问题。此心不渝，我现在可以回答“是的，我愿意（嫁给你）”。

有了这段新的恋爱关系，潘霍华干劲十足地投入到新一年的工作中。他找到了他想要娶的女人；而他的《伦理学》著作，这部他认为是他迄今为止最重要的著作，也正在撰写之中。

# 第三十九章
# 特格尔监狱

潘霍华和其他共谋者现在有理由相信战争的局势开始对第三帝国不利。德国国防军对苏联的东部攻势仍然停滞，而在一些地方，德国军队被击退。英国军队在 1942 年年底的北非作战中打败了纳粹军队；几个月后，斯大林格勒的第三帝国的部队向苏联战士投降。

到 1943 年 2 月下旬，参与密谋的成员准备行动起来。他们计划暗杀希特勒，然后迅速夺取德国的主要城市。计划安排是这样的：由一名军官偷偷带一个炸弹到希特勒准备乘坐的飞机上，这架飞机从德军占领的苏联斯摩棱斯克飞往东普鲁士总部，在飞机起飞大约半小时后引爆。而这枚炸弹，就伪装成两瓶橘味利口酒带上飞机。多纳尼、潘霍华甚至埃伯哈德·贝特格都参与了这次暗杀。前半程多纳尼携带炸药，贝特格开车一路往东将他送达火车站。

3 月 13 日，元首如期登上飞机，飞机起飞了。但引爆机制失灵，炸弹并没有爆炸。希特勒对此毫不知情，在他的总部下机，毫发无伤。(其中一名密谋者随后秘密地从飞机上取出炸弹。)

阴谋家们毫不畏惧地进行了再次尝试。1943 年 3 月 21 日，军事情报官员鲁道夫·克里斯托夫·冯·格斯多夫在准备陪同希特勒参观柏林军火库时，把大衣口袋装满了炸药。

这项计划是为了让格斯多夫在接近元首时引爆炸弹，以自杀的方式暗杀希特勒。然而，在最后一刻，希特勒改变了他的行程，这名军官无法接近他，导致这个阴谋也落空了。幸运的是，对于地下密谋者来说，盖世太保和纳粹党卫军都被蒙在鼓里。

3 月底，潘霍华夫妇和朋友在柏林的家中聚会，庆祝卡尔·潘霍华的 75 岁生日。埃伯哈德·贝特格、弗里德里希·贾斯特斯·佩雷尔斯、潘霍华的同僚均在场。可口的美餐、美妙的音乐、欢快的笑声，几代人的欢聚，这一个聚会充满幸福和温馨。在阳光明媚的一天所拍摄的照片中，潘霍华神采奕奕地站在兄弟克劳斯、姐夫鲁迪格·施莱西尔和汉斯·冯·多纳尼身边。

5 天后，1943 年 4 月 5 日，在盖世太保官员的陪同下，帝国战争法庭的检察官和军事审判员曼弗雷德·罗德在柏林的阿勃维尔办公室逮捕了汉斯·冯·多纳尼，把他带到了市中心的监狱里。这些人还逮捕了他的妻子克里斯汀。（她被关在柏林另一地区的一所女子监狱，大约 4 个星期后被释放。）几个小时后，这些纳粹官员来到潘霍华父母家逮捕他。此时，潘霍华正在楼上，坐在办公桌前。他编造的日记放在附近，而他的大部分物品都藏在房间的椽子里。罗德和盖世太保探员没有解释他们逮捕潘霍华的原因，也没有逮捕令。他默默地顺从了，戴上手铐，走向街上等候的奔驰车，被带到柏林西北部的特格尔军事监狱。

一进入特格尔，潘霍华就被没收了所有的个人物品，包括他的《圣经》。对于他被捕和可能被拘留多长时间，监狱官员没有透露任何信息。他被关在一间牢房里，里面有一张木床，上面盖着臭气熏天的毯子。第二天早上，一块面包扔到了牢房的地板上，随后递给他一杯咖啡。这位牧师记得听到了“监狱工作人员恶劣地虐待其他犯人的声音”，从早到晚不绝于耳。

潘霍华到监狱的第二天，卫兵把他带到了隔离牢房。他在那儿的牢房更小一些，其他囚犯每天有 30 分钟在院子里活动的户外时间，而他却没有。他唯一接触的人是那些打开牢房门来取马桶的警卫。他被单独监禁了近两个星期。

当官员们得知潘霍华是著名的精神病学家卡尔·潘霍华医生的儿子和柏林前市指挥官保罗·冯·哈泽将军的外甥时，这名囚犯的生活条件得到明显改善。潘霍华被转移到了一个能俯瞰监狱院子的大楼顶层的大牢房里。他的《圣经》也还了回来，可以从监狱图书馆借书看，还给分配了一些纸张可以书写。他的父母可以给他留下包裹，他在监狱官员批准后也可以与家庭成员和其他一些人通信（所有的信件都受到审查）。监狱工作人员给他提供了更好的咖啡，甚至还给他香烟。他们还为他提供了更大的食物份额，但他拒绝了，说更大的配额“是以剥夺其他囚犯的口粮为代价”。到 4 月下旬，官员们允许潘霍华每天在外面待上 30 分钟；有时，特格尔狱长沃尔特·梅茨上尉陪他在监狱院子里散步。

潘霍华从与他家人的通信中受益匪浅。虽然他写信时完全知道纳粹分子可能会读到这些信，但是这些信还是充当了他与最亲近的人的重要联系方式。这种联系在他痛苦的监禁生活中给他提供了精神支撑。这种互通信件也能帮潘霍华梳理明白他在监狱中经历了什么，在等待什么——等待着纳粹分子起诉他的消息，等待着地下密谋者是否在反间谍情报局保存了实力的消息，是否采取了更大的军事行动杀掉希特勒，推翻纳粹政体的消息，等待着柏林是否和其他地方一样受到同盟国空袭的消息，也等待着去看在狱中日复一日煎熬后，自己会变成什么样的人。

潘霍华收到的包裹（大部分来自他的父母）鼓舞了他的精神。

卡尔·潘霍华和保拉·潘霍华经常会给他留下一盒盒面包、蔬菜、水果、肉、饼干、书写纸、干净的衣服和梳洗用品。这些食品可以让他暂时摆脱监狱提供的伙食，换换胃口，补补营养，也减轻了监狱生活的痛苦。干净的衣服和擦得铮亮的鞋子能给一向打扮讲究的这位男士一点尊严。他的父母也带来了书。一些书中包含了关于纳粹处理他和多纳尼的案件进程，以及其他有关反抗问题的加密信息。他所收到的所有书籍对他不断思考神学和政治主题都很重要。

这些阅读和思考又让他开始了写作：书信、个人经历、诗歌、笔记、为狱友的祷告词，以及临终遗嘱等等。这些信件和文件是他在被监禁时撰写的，代表了他在几乎所有的外部影响力都失去之后，试图找到某种真正的决定性的力量。在富有同情心的警卫的帮助下，其中许多文件都幸存下来了。他在著作《伦理学》中和对非宗教基督教的阐述，至今仍在继续影响着很多思想家。其他比如他的信件、诗歌和个人沉思则非常明确地体现了高明的领导者内在的魅力，证明了一个人哪怕生活在可怕的，有时似乎难以忍受的危机中，通过选择生活方式照样能产生影响力。

有时，潘霍华用他特殊的身份来支持他的同伴。例如，他抗议监狱食品的质量，让监狱官员提高食物的口味和营养。他批评卷心菜汤里没有油水、肉或土豆，说这菜简直"无力点评"，犯人有好伙食的名声全靠欺上瞒下。"我知道事实，"他写道，"当医生或官员检查犯人食物的时候，盘子里会加上营养丰富的肉酱或乳酪。"至少有一次，他喊来看守来看他伙食中的香肠，称完后总共只有 15 克，而不是法定的 25 克。

这些努力几乎没有什么明显的效果，但潘霍华继续表达他的反对意见。他还一直留意他用了什么特权，拒绝了哪些特权。例如，在 1943 年 8 月的一段炎热的时期，他的母亲催促他要求换到一个较低、较凉爽的楼层。潘霍华拒绝了，指着他父母最近送的一个装有蔬菜、水果和冷却盐的包裹，解释说："我不想要求搬到另一层去，因为那样对另一个囚犯是不公平的，他可能要进我的牢房，吃不到像西红柿之类的东西。""请不要担心，我过去经常忍受意大利、非洲、西班牙和墨西哥的酷热，甚至连1939年7月纽约的酷暑也能忍受。"

从4月中旬开始，当他第一次被允许给他的父母写信时，他煞费苦心地安慰他们，说他没事。"奇怪的是，"他早先写道，"人们通常认为监狱生活痛苦难耐，但是我却并没有受到困扰。犯人甚至可以在早上吃足够的干面包（我也有各种各样的额外食物）。监狱里的硬床一点也不让我烦心，晚上8点到早上6点之间可以有充足的睡眠。"他继续说：

我认为，在所有这些当中，心理因素发挥了更大的作用。诸如突然被捕引起的剧烈的精神动摇，需要以一种新的精神姿态去适应一个全新的形势，所有这些都意味着物质方面的东西成了次要的，没那么重要了。我发现，这使我的人生经历更加丰富。我并不像其他人那样不习惯于孤独，这无疑是一个很好的精神蒸汽浴。唯一让我烦恼的事情就是我想到你们因为担心我而感到焦虑，睡不好觉，吃不好饭。原谅我让你们如此担心，但我认为主要原因不在我，只能去怪命不好了。

在对家人的真诚关心和他所构建的无畏的前线的背后，潘霍华在80平方英尺的牢房中正艰难过活。在这样的生活中，他几乎所有的外在力量都消失了；他的未来，准确地说是他眼下的情况是不确定的，而他一直从中汲取力量的家人、朋友、同事，以及最近他的未婚妻在很大程度上已遥不可及。在这种存在中，钟表也成了他的敌人。“现在时间难熬，”贝特格写道，“没有固定的时刻值得期待。”潘霍华每天在囚禁他23个半小时的牢房里踱来踱去，他注意到曾经住过的一名犯人在墙上划出来减轻自身痛苦的一句话：“一百年后，一切都结束了。”

就像1915年沙克尔顿在冰上搁浅，没有轮船或任何其他方式让他的团队回家，时间本身就构成了一个可怕的挑战：在巨大的、无法想象的空虚中，我们该做什么呢？当我们看不到什么希望的时候，又该如何忍耐呢？潘霍华在狱中没有记日记。但是，在一张标有日期为1943年5月8日的纸条上，在一系列可能同时创作的反思录中，他也透露了一些他的情绪状态：

远离人群

　　工作

　　过去

　　未来

　　婚姻

　　上帝……

克服记忆

　　自哀自怜……

不满

紧张

急躁

渴望

枯燥

恶心——深深的孤独

冷漠
特想做点事情，做出改变，做新鲜的事
麻痹、疲倦、嗜睡……
秩序
幻想，过去和未来模糊在一起
自杀——并非出于内疚，而是我基本上已经死了，划定界限，总结利弊……
在祈祷中克服困难

就像林肯在任总统期间最黑暗的时刻一样，潘霍华在被捕后的几个星期里认真考虑过要结束自己的生命。贝特格很了解他，他推测他的朋友可能认为自杀不仅是对被关押的孤立和不确定性的一种回应，而且因为他担心如果他在纳粹审讯中肉体上受到折磨而崩溃，他可能会背叛他的同伙。

1943 的春天，潘霍华是如何从一直伴随他的情感迷雾中走出来的呢？为自己的生命而战而不是结束自己的生命，他是如何做出这个选择的呢？在这个关键时期，针对思想和感情状况，他只留下了为数不多的证据。1943 年 12 月，他被拘禁后不久就写信给贝特格，说他不会忧郁：“我从一开始就告诉自己，我不会以任何方式对人或魔鬼施恩——他们可以自己做他们喜欢做的事；我希望我能在这点上坚定立场。”他补充说，“我确信我有责任在这种边缘状态对所有问题坚持自己的立场；过去我很满足于这样做，以后也会一直如此”。

这些话充满了勇气，代表了潘霍华对同谋者和国家前途的一种责任。但单靠使命感不足以支撑他和书中提到的其他四位领导人度过最艰难的时刻。在这些重要的关头，这五个人也和自己建立了一种情感契约。

每个人都明确地拒绝花费大量的时间或精力去思考最坏的情况。例如，潘霍华在许多可能性面前，决心不会施恩于“人或魔鬼”。沙克尔顿决定不接受失败。道格拉斯有目的地闭上眼睛，做着他试图逃跑时被抓获的噩梦。在病情日益恶化的过程中，卡森把注意力从每况愈下的健康状况转移到了她试图完成的那本书上。

这并不是每个领导人对现实视而不见，也不是某种强迫性的乐观主义。这五个人确切地知道他们所面对的是什么。因为他们这么做了，他们利用自己的情感意识和自律，几乎全情投入地直接专注于如何前进，如何迈出下一步，哪怕是很小的一步。每个领导者都意识到：要做到这一点，他必须有意识地避开他最大的恐惧和最大的疑虑。对于潘霍华来说，1943 的春天意味着放弃自杀或者说对自杀的念头说不，相反，他选择了活下去。

在动荡时期，管理情绪的能力对当今的领导者来说是至关重要的一课。我们生活在一个恐惧四处弥漫的时代。这种集体焦虑在很大程度上是由超连通性造成的。在当地紧急救援人员到达现场之前，我们就在全球范围内了解到最近的自然灾害。我们的金融市场会在几秒钟内对某个国家的预算下降做出反应。政客和记者充斥着电视和社交媒体，对从地缘政治到全球天气的各种可怕预测层出不穷。脸谱网鼓励我们精确记录身边的人、经历和我们每个人比朋友更缺失的东西。大多数人每天花费大量的时间（有意识地或不自觉地）担心，这不足为奇。在此背景下，领导者要学会如何承认并有效地处理自己的恐惧。这种能力的培养最开始需要我们从最糟糕的幻想中走出来，将注意力转向前方的路，然后向前迈出下一步。

在监狱里，潘霍华最初巨大的精神动摇平息后，首先要做的事情之一就是制订一个计划表。他每天早上 6 点起床，晚上 8 点上床睡觉。他把醒着的时间分为冥想、读《圣经》、更广泛地阅读、写作、研究纳粹对他的指控，以及在户外分配给他的30分钟。他还确保在他的牢房里进行体育锻炼。他在狭小的空间里踱来踱去，每天有目的地走上几公里。

他还保留着教会的日历，依据它和季节而不是靠月份和天数来生活。(事实上，他的未婚妻玛丽亚记得，他从特格尔监狱给她的信有时会写错日期，因为潘霍华的计时方式不同。）她回忆起他对1943年降临节的描述，传统上这是一个等待和为基督诞生做准备的时节。“像这样的牢房，”他写道，“一个人看着、希望着、执行着这个或那个基本上无关紧要的任务；就连门也完全依赖于从外面打开，这个对降临节的暗喻也着实太荒唐了。”

像沙克尔顿每周都会为手下制定一份新的值勤表一样，潘霍华本能地知道：在危机中有条理地度过一天会让人有稳定和支配感。他需要这样的稳定；为了生存，他需要相信他能对自己的生活产生一些影响——不仅是在监狱里的生活，还包括纳粹政府对他和其他抵抗组织成员的指控。(4月初，同为同谋者的约瑟夫·穆勒和他的妻子被捕。与此同时，多纳尼的直接上司——阿勃维尔的汉斯·欧斯特也被撤职。)

在多纳尼和潘霍华被捕后的4个月里，纳粹战争法庭的检察官曼弗雷德·罗德反复审问每个囚犯。他们两个人都害怕肉体上的折磨，但是罗德没有用这种方法。然而，他在审问中态度冷酷无情，对多纳尼的讯问尤为如此，从他被监禁时起，罗德就认为多纳尼比潘霍华罪孽更深重。这名第三帝国官员不停地逼迫、试探、突然改变进攻路线，与每个人进行了长时间的单独会谈。

两人都在没有被告知指控的情况下被逮捕，几个月来他们一直在法律灰色地带煎熬。但罗德的审讯中出现了一种规律。对于潘霍华，这名检察官感兴趣的竟然是他豁免服兵役的情况、“七号行动”

的细节以及他代表阿勃维尔进行的国际访问。这名官员对上述每一个问题都深究不止，尤其是兵役豁免。他辩称，这个牧师利用这一点，在逃避盖世太保监视的同时，继续与认信教会进行非法活动。

潘霍华和多纳尼都为这些问题做好了准备。在 1943 年夏天，潘霍华一次又一次地和对手对峙，他不仅一丝不苟地注意自己说的话，而且注意自己说话的语气和肢体语言。在面对面的审讯和在牢房里给检察官写的信件中，这位牧师成功地击退了罗德的多次“攻击”。这部分归功于他和多纳尼获得了彼此审讯过程中所发生事情的信息，这些信息是通过潘霍华家人的书籍和礼物传递出来的加密信息。两名囚犯都利用这些来维持故事的连贯性，在某些情况下，还误导罗德走进审讯的死胡同，各细节好像毫不相干似的。

潘霍华在审讯过程中积极配合，有意识地把自己塑造成一个专注于教会事务的牧师，对军事和官僚行动基本上一无所知。他强调了他的家族长期以来为德国服务的历史。他解释说，他有兴趣为阿勃维尔工作，是为了恢复他在国家当局眼中的受损声誉，因为他们怀疑他和认信教会有关联。他利用与玛丽亚的订婚来表现他的爱国心。潘霍华认为，所有这些行动都是他对国家的坚定承诺。他在给罗德的信中表示，纳粹当局正在考虑对他的不忠指控，更不用说叛国罪了，他对此表示怀疑：

（如果我真的不忠）我会从一个老军官家选未婚妻吗？这个家族的父辈和子孙都从战争开始时就当军官，有些获得了最高的荣誉，做出了最大的牺牲。我的未婚妻在前线失去了她的父亲和哥哥。如果我真的不忠，我会取消我在美国所有的工作，并在战争爆发后立即返回德国准备服兵役吗？……如果有人想了解我作为基督徒对当局规定的义务的遵从，他真应该读一读我在《信门徒的代价》一书中《罗马书》第十三节的阐述。从基督教良知出发，对权威意志和要求的遵从这一点，我书中那部分内容表述得很可能是最有力的了。这是我个人对这些问题的态度。我无法判断这些个人论据在法律上有多大的意义，但我无法想象有人可以就这么忽略掉。

对潘霍华来说，写这样的信并不容易。然而，要保持警惕、集中注意力、保持令人信服的恭敬态度，在进行的提问中泰然自若，就更难了。他每天锻炼，吃家里带来的所有有营养食品，尽可能多地睡觉，为这一切做好了身体上的准备。他和他姐夫以及他们同伴准备的说辞，他心里都默默演练一遍，让自己做好精神上的准备。他回顾了他所知道的罗德调查多纳尼时的问讯。他试图想象纳粹检察官将在第二天的审讯中和他上演一场高风险的博弈场景，脑海中涌现出一系列的可能性。

也许最重要的是潘霍华的情感准备。他知道自己害怕被折磨(尽管随着调查的展开，这种担心逐渐消失)。他担心是否会无意中牵连另一个人；他和多纳尼都害怕他们会给家人和同谋者带来伤害。潘霍华还担心他是否会在罗德的攻击下保持泰然自若，他依靠一些东西来帮助自己克服恐惧。他绕着他的牢房走了很多路。他通过写作寻找力量战胜恐惧。同样重要的是，他利用自律管理情绪，在公诉期间展现出冷静、自信的一面。像沙克尔顿一样，他明白，如果他的手下看到他心虚流汗，他的使命就会失败。潘霍华也意识到：在纳粹律师和战争法庭的爪牙面前以一种特定的姿态出现对他来说是多么重要。

这是一件严肃而可怕的事情。但不知何故，潘霍华和多纳尼获得了足够的力量和勇气来应对罗德4个月以来的审问。他们没有崩溃也没有提及其他人。到夏末，当国家政府最终发布起诉书时，对两人的指控并不像他们最初所担心的那样严重。多纳尼被指控犯有货币违规、程序性错误和为牧师开具不适当的军事豁免令。潘霍华被指控犯有反军事行为罪，因为他为自己和认信教会的一名同事获得了免服兵役的特权。两个犯人都未被指控犯有叛国罪，但指控仍然十分可怕。每一项指控都是根据德意志帝国颠覆军权的宽泛法令提出的，这是一种可判处死刑的罪行。

1943 年 6 月下旬，在与罗德的审讯过程中，潘霍华意外地接到了他的未婚妻的来访。“我刚回来，去见过玛丽亚了，”他写信给他的父母说，“这真是难以形容的惊喜。一分钟前我才知道这件事。这仍然像一个梦—— 一个几乎不可想象的情景——有一天我们对此会怎么想？……她能来真是太勇敢了；我不敢向她求婚。我不好开口，这也太为难她了。我知道我在哪里，但对她来说，这一切都是难以想象的、不可思议的，也是令人恐怖的。想想当噩梦结束的时候，会是怎样的情形！”

从 1943 年 7 月到第二年晚些时候他从特格尔监狱离开的这段时间，玛丽亚被允许每月探望潘霍华一次。他也被允许每隔四天给她或他的家人写一封一页的信。与未婚妻的交流成为他的精神食粮，潘霍华开始憧憬两人终成眷属的生活。

“当我想到整个世界局势，”他写信给玛丽亚说道，

想到我们个人的命运和我目前的监禁状态，而这一切完全被黑暗笼罩，我开始相信我们的结合只能是上帝的恩典和仁慈，他召唤我们去信仰上帝。我们对此视而不见就是盲目的。耶利米说，在他的人民迫切需要的时候，“仍然有人在这片土地上买房子和土地”，以此表示相信未来是光明的。这就是信仰。愿上帝天天保佑我们。

我并不是指逃离现实世界的信仰，而是指那种能忍受这个世界，爱这个世界，忠实于这个世界的信仰，尽管其中也会给我们带来种种痛苦。我们的婚姻应该是上帝的旨意，它将增强我们的勇气，能在地球上有所作为。

这对情侣给对方的信中还写满了关于他们的婚礼计划、组建家庭、他们可能旅行的地方以及希望彼此分享的个人追求的细节。潘霍华希望玛丽亚教他跳舞和骑马。她想更多地了解她的未婚夫从事的宗教工作。这些信件也充满了他俩近来才公布的浓郁的浪漫爱情。“我最亲爱的玛丽亚，”潘霍华在 1943 年 8 月写道，“我如何表达你的来访对我意味着什么好呢？它们驱散了我所有的阴影和心痛，能连续好几天让我体味到巨大的甜美的幸福，如果你知道这对囚犯意味着什么，你也会知道没有什么比这更重要。”他接着说：

当你我相聚后，我再回到牢房时，我的情绪并不像你可能想象的那样，对我的囚禁现状感到绝望；不，你接受了我，这让我感动得不知所措。有很多理由都可以让你说不，都是情理之中的理由，但是你却接受了我，我似乎感觉到你内心的自愿和肯定。想到这里，所有铁窗棂都融化掉了，你与我同在。那扇锁着的门又有何妨？

尽管向未婚妻表达了所有的幸福之情，但潘霍华对命运的不确定性也一直在关注着。如果 1943 年初秋能收到各自的诉状，他和多纳尼就有希望很快被免罪。但是，什么也没发生。盟军空袭中断了战争法庭的审判，打破了潘霍华对快速审判的期望；新的审判日期被定在 1943 年 12 月 17 日。但是在 11 月，当一枚空袭的燃烧弹击中汉斯·冯·多纳尼的牢房时，他突患了脑栓塞。多纳尼必须从监狱转移到柏林医院，在他痊愈前，任何司法程序都要推迟。

他和多纳尼的审判无限期推迟让潘霍华非常失望。他想知道自己的未来。他想继续他的生活。他想重新回到他所爱的和怀念的人的身边。也许最重要的是，他想等着西夫顿和斯特恩所称的“上上下下的不确定性”的结束，即寒窗生活的结束。

但事实并非如此。10月，盟军开始连续空袭轰炸柏林，包括特格尔监狱和附近的军火工厂。在此背景下，潘霍华在给好朋友埃伯哈德·贝特格的一系列未经审查的信件中（富有同情心的警卫偷拿出来的信）透露了他最深切的疑虑和恐惧。“现在有件事我必须亲自告诉你。”潘霍华写在11月下旬，“这猛烈的空袭，尤其是在三天前的空袭中，医务室的窗户都被地雷炸飞了，瓶子和医疗用品从橱柜和架子上摔下来。在黑暗中，我躺在地板上，对能安全度过攻击几乎没有抱有希望，只能祈祷和诵经。”在空袭期间，潘霍华也照顾他的狱友。囚犯们开始对他的沉着冷静产生依赖感。不过，这种危险感从未离开过他。随着轰炸越来越频繁，潘霍华把他的遗书交给了贝特格。他把大部分财产都留给了他的朋友，请他“请对玛丽亚好一点，如果可能的话，不时地替我写信给她，只要几句好话即可，你可以做得很好，然后温柔地告诉她，是我要求你这样做的。”

12月中旬，面对看似无止境的空袭，还要在监狱过圣诞节，潘霍华流露出了一些沮丧情绪。“尽管我写了这么多，但这里还是令人厌烦。”他给贝特格写信说，“我的苦难经历常常让我夜不能寐……我只能通过背诵一首又一首的赞美诗来摆脱这种痛苦。”他继续说：

我们可能会习惯肉体上的苦难，几个月都能忍得了，可以说大都如此，但是却不会习惯心理上的压力；相反，我觉得我看到的和听到的每件事都在让我变老，我经常觉得这个世界令人厌烦，让人难以忍受。在读过我所有的信之后，你可能会惊讶我会说这样的话。你好心地说，我为了让你对我的处境安心做了一些“努力”。我常常纳闷：我究竟是谁，是那种在这些可怕的经历中挣扎，在悲惨的世界里向天堂哭泣的人，还是那种鞭打自己，对别人（甚至对自己）假装平静、开朗、沉着，深受他人欣赏的人？

当他挣扎着走出自我怀疑和绝望的迷雾时，潘霍华，像本书中的其他领导人一样，试图厘清思绪。这五人都陷入了神秘主义者所说的“灵魂的黑暗之夜”，他们都有意识地努力去理解自己的感受，不仅仅是他们自己的痛苦，还有他们所处的大环境。这包括他们正在执行的任务以及其他人的损失和痛苦。当沙克尔顿躺在冰上的帐篷里睡不着时，他明白了自己的焦虑与他对自己手下的福祉所承担的责任息息相关。在1862年和1864年，林肯通过走访战场和军医院，艰难度过了抑郁的一段时期。对这两位领导者和潘霍华而言，个人痛苦不仅仅是一种孤独的体验，这也与他们对他人所承担的责任有关。

1943年年末，这位牧师回想起纳粹侵略过程中无数的受害者：他以前的学生在前线被杀，犹太人和其他被当局谋杀的人，还有他的狱友。他还考虑了如何阻止这种可怕的痛苦。即使在他孤独无助时，潘霍华也向贝特格保证，他“一刻也没有后悔在1939年回到德国，对出现的任何后果也没有后悔。我清楚地知道自己在做什么，我的行为也问心无愧”。他相信他做了正确的事情；如果不这样做，那将是一个严重的错误。“背信弃义的优柔寡断，没完没了的思考而不付诸行动，拒绝冒任何风险——这才是真正的危险。”潘霍华解释说，“纵使那些总是犹豫不决的失败者背后的水很深，我们也必须学会采取不同的行动。我们必须清楚自己想要什么，我们必须问自己是否能胜任，然后我们必须以坚定不移的信心去做。然后，只有这样我们才能承担后果。”

这并不是说潘霍华能欣然接受他的选择带来的影响。他在痛苦与希望之间——在内心强烈怀疑自己是否会获得自由和他之后有望做牧师、作家、丈夫和父亲等多种角色的可能性之间——摇摆不定。他做出这些改变是因为他知道，在极端的环境中支撑自己需要深思熟虑和齐心协力。“对付逆境有两种心理，”他写信给贝特格时说，“一种是更容易的方式，就是试图忽略困境，这正是我之前所做的。另一种更困难的方式是大胆面对困境，克服它们；我还没有达到这个水平，但是必须学会去做，因为我相信这第一种方式有点算是无伤大雅的自我欺骗罢了。”

在这段时间里，在他在特格尔监狱度过的 18 个月里，潘霍华一直试图让那些关心他的人相信：他的精神面貌是坚强的，他的人生观是积极的。在他的信中，以及他的家人来访时，他总是表现出平静、毫无怨言的样子。当他表现出强烈的情感时，一般是感激和喜悦。例如，有一天晚上，他写信给他的父母讲述附近的钟声。“教堂的钟声对人类有多么大的影响力！它们对我们的影响有多深！这是很了不起的。我们生活中的许多经历都围绕着钟声而展开。所有的不满、忘恩负义和自私都消失了，在刹那间，我们留下的只有美好的回忆，像仁慈的灵魂在我们身边徘徊一样。”

## 第四十章
# 为他人服务

随着1944年的到来，潘霍华和多纳尼的健康状况逐渐好转，但对他们的审判一直遥遥无期。冬去春来，两人继续等待。这令潘霍华极其沮丧，但是在狱中待了一年之后，他重新找到了保持平静的方法。从他到特格尔监狱的第一个星期开始，他就广泛地阅读神学、文学和历史方面的书籍。他也花了大量时间沉浸在《圣经》中。他读这些书出于不同的目的。这使他忘掉了自己的处境，满足了他对艺术及其他人文学科领域的好奇心。对浩瀚历史的研究也使他对战争有了全新的视角，历史向他展示了其他时代的人们是如何应对逆境的。他所读的一些书籍，比如《诗篇》，为他提供了情感支持和清晰的思维能力。

潘霍华全盘吸收，借助于对基督教神学的深刻了解，他重新思考那些他在柏林大学时让他绞尽脑汁的一些问题。但现在，他的工作也离不开他在认信教会，参加密谋，以及被监禁期间和冒生命危险等危急关头所积累下来的经验。在审视他以前的生活时，他看到了连续性，而这种生活现在已经完全无法触及。对于他的旅行，他给贝特格的信中写道，“这不断丰富着我的经验，对此我只能心存感激。如果我在这样的情况下就此结束我的生命，我想我能理解其中的意义；另一方面，当和平到来时，一切可能都是为了一个新开始或者一项新任务所做的充分准备。”

他不停地给贝特格写信。在这些写于 1944 年 4—9 月由一名友善的看守偷偷带出来的信件中，潘霍华仔细考虑了 20 世纪基督教的未来。“一直困扰我的问题是，对当今的我们而言，基督教到底是什么，或者说基督到底是谁。”他断言，我们生活在一个“成熟的世界”，一个日益世俗化的世界，不再需要上帝来解释现实或者满足人类的需求。潘霍华说，“人类已经学会了自己处理所有重要的问题，而不必求助于被称为‘上帝’的‘现行假设’”。他补充说，“很明显，没有了‘上帝’，一切都过得很好——事实上，就像以前一样好。”在科学、伦理、宗教及其他领域，“‘上帝’正被越来越多地挤出生活，越来越多地失去优势”。

潘霍华认为，面对世俗主义和人类自私自利的冲击，教会试图通过诉诸“所谓的‘终极问题’，即死亡或罪恶来捍卫基督教，而这些‘终极问题’只有‘上帝’才能给出答案”。但这一推论存在严重错误。潘霍华断言，现代宗教把上帝限制在所谓的终极问题上，使他成为“生命中所有问题的解决办法，以及人们的需求和矛盾冲突的解决办法”。这一观念有效限制了上帝的作用，使其成为功利主义的角色，而功利主义的角色主要是在人类活动的边缘。但很快，潘霍华就补充说，就连这个角色也会黯然失色。随着人们信心的增强，没有全能的上帝，终极问题也会得到解答，而他就会变得多余，即使他能解决以前那些无法解决的问题。

与之形成鲜明对比的是，潘霍华寻求的是一个处于每个人生命中心的上帝，一种神的力量，它以人们的优点而不是他们的缺点来跟他们对话，它以生命和善良而不是死亡和罪恶来对待他们。正如神学家约翰·格鲁希所写，潘霍华对《旧约》的研究更坚定了他的信念，即《圣经》信仰的重点不是人死后得到救赎，而是地球上人类生命本身——“不是与世界隔绝，而是参与生命；不是禁欲主义，而是对身体和性的真正欣赏；不是个人的虔诚，而是与世界的（直接）接触。”潘霍华在狱中研究《圣经》的时间越长，他就越坚信《圣经》中的上帝并不是大多数既有宗教所认为的上帝。格鲁希指出，这一认识要求“对基督教信仰进行‘非宗教’的解释”。

潘霍华打算就这一主题写一本书，很可能 1944 年他一直都在写这个，但是没有手稿保存下来。他在给贝特格的信中展望道，春夏是基督教信仰深刻变革之际——在变革中，教会及其成员都会认同耶稣在尘世间所受的苦难。在潘霍华看来，这种认同并不是作为救赎或者获得来世的手段。相反，这是一种将人类从他对自己的罪恶以及他对命运的意义这两大担忧中得以解脱的方式；更重要的是，它也是推动人类进入新生活的一种方式，这种方式源于“为他人而存在”，就像耶稣基督一样。它给人类带来了挑战和恩典，与他人团结一致，为他人服务，尤其是那些势单力薄、备受压迫、遭受辱骂的人，简言之，也就是那些受苦受难的人。

在潘霍华看来，一个为他人而存在的教会，总是努力体现基督对苦难者的关爱，而不是主要关心自身的生存或壮大。它也不是一个苦行僧或在修道院隐居的圣人团体——恰恰相反。他认为，基督徒的生命在于他们是真正的人类，根植于他们所谓的“入世”中。潘霍华写道：“只有毫无保留地生活在职责、问题中，生活在成功和失败、经验和困惑中，我们才能完全投入上帝的怀抱，认真对待的不是我们自己的苦难，而是上帝在客西马尼园（在这个花园，耶稣等待着罗马士兵带走他，然后钉死在十字架上）与基督一起观察世界所受的苦难。我认为，这就是信仰……这就是一个真正的男人、一个真正的基督徒。”

潘霍华对自己和家人的命运，以及密谋暗杀希特勒这一计划的结果都带有极大的不确定性，在这种情况下他写给贝特格的书信真是一个杰作。1944 年中期，没有人能看到这些作品对基督教神学以及随后 70 年无数男男女女的信仰和行为将产生的广泛影响。例如，在 20 世纪 80 年代末 90 年代初，潘霍华关于无宗教基督教的见解在反对南非种族隔离方面发挥了重要作用。几年后，这些见解对德国重新统一后德国教会生活的重建同样有影响力。当然，当年潘霍华在 1944 年从牢房里潦草地写信给贝特格时，这些对后世的影响尚不可知。当时，两位牧师明白，其中一位已经为基督教定下了引人注目的愿景，他们也明白这些信件应该被保存下来。贝特格认真对待这一任务，他精心保护着信件，还把部分信件打印出来，然后又小心地都藏起来。1951 年，他出版了这些信件。

1944 年上半年，德意志帝国战争法庭对潘霍华和多纳尼的起诉没有取得明显进展。两人都怀疑盖世太保军官们仍在寻找任何与阿勃维尔有联系的人的罪证。随着德国的军事运势持续衰退以及盟军的空袭加剧，潘霍华和他的同谋们希望他们能比纳粹活得更长久。如果这俩囚犯幸运的话，英国或美国军队将在他们被审判或处决之前解放柏林。1944 年 6 月 6 日盟军攻入法国后，这种可能性似乎越来越大。

1944 年春天，多纳尼试图拖延对他的法律诉讼——由于这两个人将一起受审，对潘霍华的诉讼也是如此——于是就安排他的妻子克里斯汀给他带去带有白喉杆菌的食物。她把受细菌感染的食物送到丈夫那里，他很快就瘫痪了，并被转移到波茨坦附近的一家军事医院，在那里被隔离了。

与此同时，同谋者企图 7 月中旬再次刺杀希特勒，两人都在热切地等待着结果。虽然他们两人都没有在此次计划中发挥积极作用，但多纳尼帮助策划了这一阴谋。在狱中时，多纳尼和潘霍华通过密码了解外部信息。这郎舅俩乐观地认为，在希特勒死后，新政权上台执政，他们就能获释了。

暗杀计划代号为“瓦尔基里行动”，要求参谋长克劳斯·申克·格拉夫·冯·施陶芬柏格携带一枚藏在公文包里的炸弹参加希特勒及其将军的会议。会议将于7月20日在希特勒位于拉斯滕堡（今属波兰）的东普鲁士总部举行。会议当天，冯·施陶芬柏格把公文包带进会议室，放在元首附近的木桌下。然后，这位参谋借口去接一个计划好的电话就离开了会场。另一名军官在试图更近距离地查看摊在会议桌上的地图时，把公文包移到了离希特勒更远的地方，推到桌子的一条粗桌腿后面。几分钟内，炸弹爆炸，造成数人死亡。但除了耳膜穿孔外，希特勒并未受伤。逃出总部的冯·施陶芬柏格听到爆炸声，以为希特勒死了，就飞往柏林。尽管许多同谋者试图迅速控制政府，但希特勒没死的消息一传开，这些努力就付诸东流了。

纳粹展开了迅速而残酷的报复行动。7月21日凌晨，贝克将军、冯·施陶芬柏格上校等人在柏林的一个院子里被枪杀。多纳尼在阿勃维尔的顶头上司汉斯·欧斯特也在同一天被捕，前阿勃维尔局长、海军上将威廉·卡纳里斯随后被监禁。党卫军展开了大规模调查。在随后的几周里，警察和盖世太保军官逮捕了6000多人，其中四分之三以上被处决。

当潘霍华、多纳尼和他们的家人得知最近的计划失败后，他们知道随后的搜捕很可能会决定他俩的命运。但两个月来，他俩没有听到任何有关他们命运的消息。他们的家人认为，多纳尼和潘霍华是在1943年被捕的，不会被指控参与“瓦尔基里行动”。

但在1944年9月20日，一名盖世太保军官在阿勃维尔一处位于柏林郊区措森的前哨基地发现了一些档案，这些档案直接将多纳尼与许多跟7月20日暗杀企图有牵连的人联系起来，还将他与1938年以来推翻第三帝国的几乎所有努力联系在一起。发现的这些文件中有些信件涉及潘霍华的旅行，表面上是为阿勃维尔的公事旅行。虽然这些文件没有一份表明这位牧师参与了最近刺杀希特勒的行动，但这些信件把他和阿勃维尔的抵抗组织联系起来。措森档案的发现使潘霍华和多纳尼陷入极度危险之中。

得知盖世太保掌握了这些文件后，潘霍华考虑过逃离特格尔监狱。看守他的一些狱警喜欢并尊敬他，其中最忠诚的厄内斯特·诺布洛克同意帮助他。在潘霍华家人的帮助下，诺布洛克计划护送打扮成机械师的潘霍华逃离特格尔监狱，然后和他一起消失。逃亡计划于10月初进行。但就在10月1日那天，潘霍华的哥哥克劳斯·潘霍华因参与阿勃维尔阴谋被捕。两天后，潘霍华的姐夫鲁迪格·施莱西尔也因同样的罪名被监禁（埃伯哈德·贝特格也被捕了，但后来又被释放）。当潘霍华得知他哥哥和姐夫都被关进监狱时，他决定不再试图逃跑。他担心，如果他逃跑，会让他的家人，包括他的父母和他的未婚妻处境更加艰难。

几天后，潘霍华被从特格尔监狱转移到盖世太保监狱，就在柏林总部的地下室关押。正如西夫顿和斯特恩所指出的，在这个可怕的地方，成千上万的社会主义者和共产主义者在20世纪30年代被囚禁、遭受严刑拷打。潘霍华转狱这件事表明，政府对他的指控已经变得更加严重。在盖世太保监狱度过的4个月里，潘霍华见到了同样关押在那里的同事和老朋友，包括欧斯特、卡纳里斯，还短暂地见过多纳尼。囚犯们被关在单独的牢房里，但在频繁的空袭时趁着混乱或者在走廊尽头的公共厕所里，他们能抓紧时间聊上几句。

关于潘霍华的狱中生活鲜有史料记载。他很可能继续从事神学写作，但这些文章不是被毁就是丢失了。我们知道盖世太保审问过他，也知道这些审问令他厌恶。(没有证据表明他遭受过身体上的折磨。)他不允许被探视，与家人的交流也受到限制。他与父母的通信仅限于两封，与玛丽亚的通信则只有一封。然而，潘霍华至少可以享用他父母或未婚妻每周带给他的一些食物。

12月底，他给玛丽亚写了一封圣诞贺信。这封信是在他40平方英尺的牢房里写的，写得英勇壮烈，充满爱意。他写这封信的时候很有自知之明，目的是不让他的未婚妻担心。在信中，潘霍华首先感谢玛丽亚的支持，并请她向他的父母同样表达感谢；接着，潘霍华表达了他对他所关心的那些人的爱：

这个时候我们的家会很安静。但我经常发现，我周围的环境越安静，我就越强烈地感受到我与你们所有人之间的关联。就好像在孤独中，灵魂创造出了我们日常生活中几乎不知道的器官。所以我一刻也没有感到孤独和绝望。你，我父母——你们所有人，包括我的朋友、我那些服役的学生——都是我忠实的伙伴。你的祈祷和善良的思想、《圣经》中的片段、久违的对话、音乐、书籍等等，所有这些都被赋予了前所未有的生命和真实。我生活在一个伟大的、看不见的王国，对它的真实存在我毫无疑问。……所以你不要以为我不快乐。不管怎么说，什么是快乐？什么是不快乐？快不快乐很少取决于环境，而更多取决于我们内心。我每天都感谢有你——你和你的全部——是你让我幸福、让我快乐。……我最亲爱的玛丽亚，我们已经等了将近两年了。不要灰心！我很高兴有你陪在我父母身边。请代我向你母亲及全家致以最亲切的问候。

潘霍华还附上一首他写给她和他家人的圣诞祝福诗，下面是诗的最后一节：

仁慈的力量如此奇妙地保护着我们，

我们满怀信心地等待着，无论发生什么事情。

上帝与我们日夜相伴，

当然，每一天都如此。

1945 年 2 月初，潘霍华被转移到位于柏林西南约 180 英里处的布痕瓦尔德集中营。直到 4 月 3 日，他才开始为期 5 天的旅程，前往捷克斯洛伐克边境附近的福洛森堡集中营。从他离开柏林盖世太保监狱的那一刻起，他的家人就不知道他的下落了。

4 月 4 日，纳粹军官发现了前阿勃维尔局长威廉·卡纳里斯的日记。在这些文件中，领导阿勃维尔抵抗运动的卡纳里斯详述了自己作为双重间谍的生活。这些日记被拿到了希特勒面前，希特勒看后非常愤怒，命令立即处决所有怀疑是在阿勃维尔活动的阴谋分子，包括多纳尼和潘霍华。4 月 8 日晚，潘霍华到了福洛森堡集中营。很快，他就被提审、定罪，并被判处死刑。

次日清晨，1945 年 4 月 9 日，潘霍华及其他五名囚犯，包括卡纳里斯和汉斯·欧斯特，在福洛森堡的一个小院子里被绞死。（两周后，美军解放了该集中营。）就在潘霍华和他的同事去世的同一天，汉斯·冯·多纳尼在柏林以北 30 英里的萨克森豪森集中营被处以绞刑。4 月 22 日，克劳斯·潘霍华和鲁迪格·施莱西尔在他们被关押的柏林监狱外的街上遭枪杀。

在接下来的几个月里，潘霍华一家得知了这四个人的命运。他们幸存的父母、兄弟姐妹、妻子和孩子们努力以坚毅和优雅的姿态继续生活。克里斯汀·多纳尼在 1945 年给朋友的信中写道：“我认为，知道一个人为什么而死可比不知道一个人到底为什么而活要好多了。”她对母亲保拉·潘霍华说，她无法相信自己还会再快乐起来，“但这正是他们死的价值所在，我们都欠他们的。”1945 年秋，卡尔·潘霍华写信给波士顿的一位同事，说他的两个儿子和两个女婿被纳粹杀害了：

我知道你听说过我们一家遭遇不幸，我的两个儿子（神学家潘霍华和汉莎航空公司总裁克劳斯）和两个女婿（施莱克尔教授和多纳尼教授）都死在盖世太保手里。你可以想象，这对我们老年人并不是没有影响。多年来，我们为那些被捕的和那些尚未被捕但处于危险中的人感到焦虑不安。既然我们都同意需要采取行动，而且我的儿子们也十分清楚如果阴谋流产，等待他们的会是什么，并且他们已经决定必要时随时牺牲生命，所以，虽然我们感到悲伤，但更为他们一贯的态度而感到骄傲。

# 第四十一章
# 迪特里希·潘霍华之后的世界

与本书中的其他领导人不同，迪特里希·潘霍华没有亲眼见证自己的使命完成。在他逝世三周之后，阿道夫·希特勒自杀，纳粹统治被摧毁。这位神学家在监狱的创作直到20世纪50年代早期才被发现并首次出版。潘霍华晚期的作品论述了无宗教基督教和与他人在群体生活中的相处之道，直到后来才广为人知。1967年，他的朋友兼同事埃伯哈德·贝特格发表了潘霍华的权威传记（德文），充分记录了他在20世纪30年代认信教会和欧洲教会合一运动中的领导地位。即使在那时，除了他的祖国和神学界，很少有人知道这位尽职尽责的牧师，这位心系国家的公民，和他的家人汉斯·冯·多纳尼、克劳斯·潘霍华、鲁迪格·施莱克尔一起冒着生命危险试图阻止第三帝国的野蛮行径。

1970年，贝特格所作的传记英译本问世，人们对潘霍华的兴趣范围进一步扩大。随着他的名字越来越广为人知，特别是在欧洲、非洲和世界其他地区，一些批评家指责潘霍华在他试图做的大部分事情上都失败了。他未能利用认信教会反对纳粹政权，也没能成功地团结欧洲教会来反对希特勒。其他批评者则指出：潘霍华、多纳尼和其他家庭成员只不过直接救出纳粹暴行中的14名受害者。当然，阴谋杀害希特勒的种种企图都流产了。

从表面上看，这种评价具有一定的道理，但对于潘霍华的生活所带来的影响，他们忽视的远多于他们能捕捉到的。例如，这些评价没有考虑到他的著作，包括对无宗教基督教的论述，在他去世后的 70 多年中对神学产生了巨大的影响。潘霍华的著作帮助塑造了世界各地的教会运动，影响了普通人如何看待耶稣基督的角色，以及当今社会承诺一心向善的意义。其中的一些内容已经涉及社会和政治活动，推动了民权，鼓舞了其他领导人。在更广泛的层面上，成千上万的基督徒，以及其他不认同自己是基督徒的具有灵性的人，被潘霍华深思熟虑的“这个世俗”的祈祷所激励，并在为他人服务中发现真实的自我。

所有这些影响都是很重要的。但潘霍华作为领导者的重要性超出了他的著作。在本书中的五个人中，没有任何人能清楚地例证圣雄甘地所说的“我的生活就是我的信息”这句话的力量。潘霍华的领导能力——那些在他生命中认识他的人，以及在他生命结束后有此遭遇的数百万人——比起他取得的外在的成就而言，意义更大。他在世上如何行事我们能感知到：他承担的任务，他做出的选择，他鼓起的勇气，他对自己和他人的尊重，在道德上的矛盾心理和情感冲突中坚守的善良。

今天，在一个与种族主义、压迫、全球暴力以及对高层领导的普遍幻灭做斗争的世界里，我们每个人都可以从潘霍华的努力中找到动力，去领悟，去正确地生活。我们可以从他和他的家人对希特勒的反对中得到启发，我们也可以从他对爱的承诺中学习，并把为他人服务作为实现自我价值的途径。也许最重要的是，潘霍华告诉我们：我们创造的生活，包括我们的目的，我们走过的道路，以及我们在人生旅程中大大小小的方面所体现的正直，都有可能对外部环境和其他人产生巨大的影响。深思熟虑地生活，正确地生活，是领导者实现自律的强有力的行为法则。这一经验在 21 世纪初期的当今，尤为重要。

第五部分

# 保护地球及其滋养的生物

## 雷切尔·卡森的挑战

# 第四十二章
# 坚持到底

1960 年 4 月，雷切尔·卡森走进华盛顿特区的一家医院，她需要在这儿做外科手术切除左胸上长的两个小增生物。这将是这位著名科学家兼作家 12 年来的第三次手术，她希望这次手术结果会显示她的病跟前两次一样只是个简单的小手术。近几个月来，胸前这点毛病令 52 岁的她深受困扰，她本来在写作一本广泛调查合成杀虫剂危害的新书，但这病大量消耗了她的创作精力。

实际上卡森的手术一点儿也不简单，医生在她胸部肿瘤之一上发现的“可疑物”，足以证实她需要做根治性乳房切除术。他们切除了她左胸上所有的淋巴结。卡森向医生询问她的病理报告，他说她的情况“处于恶性肿瘤的临界状态”，建议暂不做进一步治疗。她明白自己面临着一场痛苦的长期康复过程，但她也如释重负。这位作家急于回去工作。

经过从夏天到秋天的治疗，她的病情已经恢复得比较平稳了。1960 年一天天过去，她的手稿《寂静的春天》离完成还早，有几章需要修订，另有几章刚刚起草了个概述。要写入手稿的几千条注释还躺在她的书房里，一同放置的还有她为写作这本书所做的剪报以及通讯记录。与此同时，她考虑前面有待完成的所有工作量，不知道自己如何完成。

11 月，卡森发现她身体左边发生了“奇怪的肿胀，触感很硬”，她回去找春天时给她做治疗的医生。X 光显示，她的肋骨和皮肤间有一块硬质区，医生说比较麻烦，建议放疗。卡森表示同意，但她决定听听其他医生的意见。

她联系了克利夫兰医疗中心著名的肿瘤专家乔治·克莱尔博士，他同意帮助她，邀请她到俄亥俄州来。她向这位癌症治疗专家事先声明，她只想做这一次治疗，“我只想做必须做的治疗，不想做其他无关紧要的。毕竟，我还有几本书要写，我不能在医院里度过余生”。

当她抵达克利夫兰医疗中心的时候，克莱尔对卡森做了检查，评估了她之前的医疗记录。他说华盛顿特区的医生给她做出的诊断有误，跟他们 4 月份所说的相反，她患有乳腺癌而且已经转移到淋巴系统。克莱尔建议她立刻开始靶向放射治疗，并推荐了离她在马里兰州银泉市比较近的癌症专家。卡森同意医生的意见，回家后她就给克莱尔写了一封致谢信：“非常感谢……您对我的心理感受和情绪稳定给予了足够尊重，并真诚坦率地跟我讨论我的病情。当我觉着了解了自己的病情真相，我内心才更加平静，尽管我也但愿会是不同的结果。”

诊断结果令卡森心碎，她还算年轻，家里还有个孩子要照顾，是她的侄孙。1957 年她的侄女死了以后，留下一个儿子，9 岁的罗杰，她收养了他，是他唯一的抚养人和法定监护人。如果她也死了，谁来照顾这个孩子？而且，她还有自己的工作，自己坚信的事业，为了完成这个生命中最重要的项目她一直在努力。克莱尔的诊断一出，她就跟一位朋友说：“当时我就想好了，如果留给我的时间不多了，那么我最想做的事就是写完手上这本书。”

1961年的整个冬天，卡森一边继续写书一边接受着放射治疗。放疗使她恶心呕吐，筋疲力尽，但在几次X光疗程之间，她还是尽己所能地工作。她得了膀胱感染，而后折磨了她一年多的十二指肠溃疡又复发了。接着，她又得了葡萄球菌感染，这使她双腿肿痛，健康状况每况愈下，她已经无法行走。有几个星期不得不依赖轮椅活动。

卡森渐渐好转，但仍然经常感觉疼痛。医生诊断她得了类风湿性关节炎——又多了一种貌似无穷尽的疾病目录上的病——她几乎承受不了了。某些时刻，她都不知道自己是否还能坚持下去。她给自己的好友写信，描述自己从沉沉睡梦中醒来的感受："无可名状的虚弱和病痛让我惊恐不已。我感觉那一刻就像生命之火只剩一丝微小的火焰，随时都会熄灭。"

健康情况恶化，她无法写作，这令她特别气馁。她在给朋友的信中哀伤地写道，"失去了创造力，失去了一切欲望"，以及工作计划遭遇了"一场毁灭性打击"。但她把最消极的想法都藏在心底。"我内心在呻吟，"她在笔记本的空白处涂鸦，"我在夜里醒来无声地呼喊，想念缅因州（她在那儿有一栋避暑小屋）。我向上帝虔诚地祷告，恳求能给我美好的一天。"

然而，卡森没有放弃。一旦她精力好一点了，她就恢复她坚持了一辈子的习惯：夜深人静时在家里写作，手写书稿，等早上她的研究助手来了就打字敲出来。1961年3月，卡森恢复得不错。她相信她的工作进入了一个转折点，几乎能看到胜利的曙光。

1961年的夏天，这位作家带着她的侄孙罗杰在缅因州的南港度过。在那所小房子里度过的时光总是最快乐的，雷切尔的身体也好转到足以维持稳定的写作进度。"我现在感觉真的已经度过了最艰难的时期，"8月中旬她对朋友说，"只剩下两章（到十七章）就写完了……这个夏天工作进度良好、稳定，这本书最终会顺其自然地收尾交稿。”这几个月期间，卡森写完了难度最大的章节，“没有技术上的帮助如何揭示杀虫剂的严重危害，怎样言简意赅又不造成歧义——这些问题占了相当多的精力”，她跟另一位密友解释道。那年夏末，她觉得已经敲定了最难搞的部分。“现在我理解了自己的想法，也领会了我自己以什么方式工作最好，”她在同一封信里说，要知道“一切进展和当初预计的一样”。

但到了1961年11月，卡森的健康状况再次急剧恶化，一切工作都不得不暂停。她不得不开始忍受心脏供血不足带来的心绞痛。关节炎不断折磨着她，鼻子上还发现了一个小小的黑色素瘤。内科医生再次要她做放疗，而放疗又令她呕吐不已。这一年年底，卡森又得了虹膜炎，一种痛苦的眼睛感染，双目几乎失明。她连续几周无法阅读，工作进度非常缓慢。她的助手大声为她朗读手稿，以便作者能进行文字编辑。但这个变通的工作方式合作得很不愉快。1962年1月卡森写信给好友，试图弄懂“病例目录”的意义：

> 如果我是个比较迷信的人，就一定会很容易相信有什么恶意的影响在发生作用，通过种种方式阻止这本书完稿……我只是在负重爬行一般，每天写作几小时……（这本书写得）很拖沓很不容易，在关节炎还有现在的虹膜炎的折磨下，好歹我还是在缓慢往前写，整个过程就像我做过的那些梦，人拼命想往前跑却寸步难移，抑或是拼命想开车，车却原地不动。

有时候雷切尔很绝望，但她不让自己沉溺在这种绝望的情绪中。她下定决心要跟死神赛跑，即使身体产生新的并发症，写作几乎停滞时也没放弃。健康恶化的时候，她从哪里找到勇气和意志继续下一步工作的？关于支撑她的决心从何而来，她几乎没留下任何蛛丝马迹。也许更深一层，正是病情的严重性越发激励她积极进取。她知道自己面临的风险已经大到无可再大，清醒地认识现实，使她不得不调集全身的力量砥砺前行。

卡森炼狱般的治疗过程整整持续了两年多，这是个漫长的考验过程，一次又一次回炉，使站在绝望的悬崖边上的她奋力返回，然后重新扛起自己的任务。她坚持到底的坚韧，咬牙写完著作的精神，以及对世界产生巨大影响力的能力，在她为伟大事业献身这种不屈不挠的精神支撑下愈发强烈。雷切尔·卡森，这个安静、缄默的女人，就这样成为20世纪最重要的领军人物之一。她做到这一切的人生经历，向所有用各自的方式使这个世界更美好的人们展示出了极有价值的见解。

# 第四十三章
# 青年作家

1907 年 3 月 27 日，雷切尔·卡森出生于宾夕法尼亚州的斯普林代尔，一座位于匹兹堡市东北 16 英里处的乡村小镇。小镇居民罗伯特·沃登·卡森和玛丽亚·麦克林·卡森夫妇生了三个孩子，雷切尔是老小。爸爸罗伯特没受过正规教育，从事旅行保险推销工作，同时也做电工。妈妈玛丽亚在附近的华盛顿女中接受过教育，婚前是学校老师，结婚后就离开了学校，当时法律禁止已婚女性在学校教书。为了增加家庭收入，她为邻近的孩子教钢琴。

卡森夫妇住在一个小农庄里，房子样式非常朴素，有四个房间，但没有室内卫生管道设施和中央供暖。不过这所房子坐拥65 英亩原始土地，这片土地上有苹果园、梨园、农田、树林，这一切吸引着雷切尔和她的哥哥姐姐们整天在外面疯玩儿。这个家里还养着鸡和羊，有段时间还养了一匹马，当然，也有猫和狗。

对雷切尔来说，围绕在她家四周的树林和田野，就是她的课堂，她妈妈就是导师。作为一个业余鸟类学家和植物学家，玛丽亚花大量时间跟孩子们一起探索大自然，她把自己所知道的一切都教给了孩子们。她特别注重培养年轻人崇敬大自然的观念以及他们对自然界的责任感。比如，当卡森家的孩子从森林里带动物回家，玛丽亚一定会坚持要他们把小动物送回栖息地。雷切尔深深汲取了这些教诲。“我记得我无时无刻不对户外整个大自然的世界兴致盎然，”多年以后她回忆道，“我知道，我对大自然的种种兴趣全都继承自我妈妈，我始终与她分享我的所见所闻。”

玛丽亚也是一个很文艺的学生，她对孩子们大声朗读，鼓励他们去发现自己喜欢的好作家，包括赫尔曼·麦尔维尔、罗伯特·路易斯·史蒂文森、约瑟夫·康拉德等。她订阅了流行儿童文学杂志《圣·尼古拉斯》，这本杂志以随笔、故事、插画等见长，有一些知名作家如露易莎·梅·阿尔科特和马克·吐温及其他年轻作家为他们供稿。雷切尔和哥哥姐姐都是这本杂志的热心读者。

在雷切尔年少的时候，她喜欢读书、写作、画画，最终立志成为一名作家。“我不知道为什么（我会想到当作家），”她回忆道，“我们家没有人从事写作。我几乎从婴幼儿时期就读了不少书，我猜想我一定是意识到书是人写的，并且自认为编故事是一件有趣的事。”她在孩提时代就创作并绘制了属于她自己的小书——她用面粉和水混成糨糊把纸页粘在一起——讲述她那些生活在林地里的小朋友的故事：老鼠、兔子、青蛙和猫头鹰。妈妈玛丽亚一直鼓励这个小女儿去实现她的文学梦。

11 岁的时候，雷切尔出版了她的第一本故事书。到 14 岁的时候，她的名字已经在《圣·尼古拉斯》上出现多次了。1922 年，这本杂志又刊登了她的一则故事，题目是《我最喜欢的消遣》，讲的是她带着狗帕尔在她家的园地里探险的故事。“5 月的早晨，那条充满露水的小路强烈地吸引着我们，实在无法抗拒，”她写道，“太阳升起还不到一小时的样子，我带着午餐盒、水壶、笔记本和相机跟帕尔一起出发，开始我们最喜欢的运动项目了。”经过一天的探索，“夜晚的寒意渐渐逼近，”她写道，“画眉鸟唱着金色旋律；夕阳西下，将天空变成一片泛着金光的蓝色大海；黄昏，鹊鸦唱着夜晚的催眠曲。我们慢慢走在回家路上，累并快乐着！”

一直到16岁，雷切尔都在斯普林代尔上学。这个小镇对十年级以上的孩子就不提供教育了，因此1923年伊始，她去了附近的帕纳塞斯镇读高中。她是个勤奋的孩子，门门功课都得了高分。她还加入了曲棍球队和篮球队，虽然她个头不高，却在两项运动中都技术娴熟。1925年，她在帕纳塞斯高中以班级第一名的成绩毕业。

无论是雷切尔的哥哥小罗伯特，还是姐姐玛丽安，上学都只读到十年级。但雷切尔和她妈妈玛丽亚都做了长久打算，家里这个最小的孩子一定要上四年大学。她决意走向成为作家的道路，计划主修英语，因此她瞄准了位于匹兹堡的宾夕法尼亚女子学院（简称PCW，后更名为查塔姆学院）。这所久负盛名的私立学校距离斯普林代尔16英里，乘火车可达。这一点很重要，因为雷切尔和她妈妈都不想互相离得太远。1925年春天，这所学校录取了雷切尔，让她秋季入学。

卡森一家立刻面临着学费、房租和伙食费等巨大困难。宾夕法尼亚女子学院和州政府各授予了雷切尔一小笔奖学金，但这笔钱远远不够支付全部费用。雷切尔的爸爸老罗伯特卖了家里的几亩地，玛丽亚则收了更多学生教钢琴，并且变卖了家传的瓷器、果园里的苹果以及后院里养的鸡。到了初秋的时候，卡森一家凑齐了雷切尔第一学期的所有费用。9月，老罗伯特借了一辆T款福特车，带着妻子玛丽亚送女儿上学。

入读宾夕法尼亚女子学院的雷切尔喜欢上了所有课程，历史、社会学、法语、体育课等。但她把大部分时间都用在英语和作文课上。有一门课是由一位充满活力的、拉德克利夫学院毕业的女老师格雷丝·克罗芙执教。这位教授对雷切尔的天赋印象深刻，给她写的随笔和故事打了最高分。克罗芙还鼓励她把自己的部分作品作为投稿送到学校的文学杂志，雷切尔投了，于是在1926年春天，她在杂志上发表了第一篇作品。

课堂以外，雷切尔的社交生活非常有限。这可能跟她天生羞怯或者说严肃理智有关。也或许因为她身上穿着自家缝制的朴素衣服，常年长青春痘令她缺乏安全感。她就跟在高中时候一样，加入了曲棍球队和篮球队，但她回避频繁的茶会以及跟附近学校的男孩子们一起交往。在宾夕法尼亚女子学院，女生一般都会收到参加舞会的邀请，但她大部分都拒绝了。

雷切尔的妈妈频繁来学校也局限了她跟其他学生的交往。比如，大多数星期六，玛丽亚都会带着家里制作的点心和治疗粉刺的药物乘火车从斯普林代尔来学校看她。两位女士在校园里漫步，在图书馆里一起看书，玛丽亚经常把雷切尔的手写作业打印出来。母女俩总是在雷切尔的宿舍里聊天共度时光。几年之后，她的新生室友桃乐茜·阿普比回忆跟这对母女偶遇的情景：她俩都坐在雷切尔的床上，端着一盘自家制作的饼干，谁都没说请她尝一块儿。

1926年秋天，雷切尔开始上大二。她选了两门英语相关课程，额外上一年法语，选修了心理学，并为了满足学分要求，选了生物学的基础入门课程。从此开始，她爱上了科学课。自然界对她总有着吸引力。现在的课程使她发现了一个有逻辑、系统的、富于细节层次的自然世界。她对此非常着迷。

玛丽·斯科特·斯金克教生物课，她一直鼓励雷切尔那天生的好奇心。斯金克没有接受我们现在所谓的生态学的正规学习，但她对保护环境有浓厚兴趣。她常跟学生分享她关心的问题，比如工业化的发展以及随之而来的对露天环境、清新空气和水源所带来的压力。听着斯金克的课程，雷切尔想起斯普林代尔市的胶水工厂里散发的恶臭，以及匹兹堡的钢铁厂里排放的滚滚浓烟，还有落在她家周围树上、田间的灰尘。她从孩提时起就开始为这些状况感到困扰了，现在她对这些情况更加感兴趣了。

大二期间，雷切尔发现她在深爱的写作课和日益投入科学课之间难以做出选择，两门课她都得了 A。但她知道很快她就得在英语和生物之间选一门作为主修课。放弃英语意味着令两个重要支持者感到失望，她妈妈和格雷斯·克罗芙老师，两位女士都是她深爱的人。还有一些实际问题要考虑：对一名年轻女性来说，当作家谋生很难，而走向成为科学家的道路则更难。20 世纪 20 年代，很少有女性成为专业做研究的科学家。女生即使提出申请也会被毕业学校劝阻，一般认为女性在智力和体力上都无法赶上男性的脚步。宾夕法尼亚女子学院的校长科拉·柯立芝大力支持妇女进步，她也是雷切尔的强力支持者。但即使如此，她也提醒她的学生，攻读博士学位后以生物学为职业是一项几乎不可能完成的任务。

尽管面临潜在障碍，雷切尔还是决定以生物学为专业。大四那年，她攻读了组织学、胚胎学、遗传学、有机化学、物理学以及定性分析课程，所有的课程都是在为攻读研究生学位做准备。到了 1928 年年末，她向约翰·霍普金斯大学的动物学领域提交了博士学位申请，并被该校录取，获准秋季入学。基于她超强的学术能力，这所大学授予她全额奖学金。

# 第四十四章
# 殊途同归

卡森在大学毕业前，获得了一份为期六周的担任夏季研究员的工作，是位于马萨诸塞州科德角的著名的伍兹霍尔海洋生物研究所下属的海洋生物实验室发出的邀约。海洋生物研究所广泛吸纳科学家、学者，从大学毕业生到诺贝尔奖得主都有。雷切尔在伍兹霍尔这个以亚德湾和巴泽兹湾之间的一条海上通道命名的研究所，展开了爬行动物脑神经的研究工作，这是她在宾夕法尼亚女子学院就开始研究的项目，她希望到了约翰·霍普金斯大学还能继续研究。

雷切尔到达海洋生物研究所，这是她第一次看见海洋，这次入门证实这对她今后成长为科学家和作家的职业生涯是非常关键的一步。几年后，她回忆站在海洋生物研究所的拖网渔船的甲板上目睹海洋生命的多样性和奇妙之处：

小船猛烈颠簸了一阵后，拖捞网拽上来了，里面网罗的海生动物、石头、贝壳、海藻等等全都倒在甲板上。大部分生物我以前从未见过，有一些根本闻所未闻。但现在它们都展现在我面前，身上还滴着海水，可能还依附着一片从海峡底部它们的老家一起带上来的岩石、贝壳或海草。那可能是我第一次把自己的想象力沉到大海下面，将碎片化的科学知识整合在一起，才能看到在那陌生的海洋世界里生存的动物，和它们赖以生存的整个生存环境。

雷切尔也渐渐熟悉了海滨地区的生活。无论白天晚上，她沿着巴泽兹湾漫步，观察海风、起伏的海浪、飞扑的海鸟，以及潮间带水坑里的各种生物。她努力弄懂她所看到的海洋生命，仔细做好笔记，然后回去翻书和科学杂志了解更多知识。

这年秋天，雷切尔搬到巴尔的摩开始研究生学习。这个22岁的女孩对自己前方的路欢欣鼓舞。但几个星期后，她遇到了一些实际困难和情绪问题。她在几门功课间挣扎，有机化学和实验室工作令她感到了深深的挫败感，因为这里的设备比她以前用过的技术上先进很多。她又不善交友，妈妈不在身边，她很孤单，很自然地她选择了一个人做事：把大量时间耗在图书馆和实验室。母亲玛丽亚倒是很想来探望女儿，但卡森家付不起路费，甚至连打长途电话的费用都超出了这家人紧张的经济预算。

雷切尔没有只顾着想家。实际上她很为家人操心，父亲的心脏病越来越严重，家里的经济情况总是令人担忧。父母亲都特别担心即将到期的贷款，而雷切尔的哥哥姐姐也各有经济困难。姐姐玛丽安32岁，两次离婚，带着两个小女儿搬回了父母家；哥哥小罗伯特，还住在家里。30岁的他经营修理收音机的生意失败后，在一家发电厂做兼职。

1929年后期，雷切尔提出了一个建议来解决她的孤独并扭转家庭困局：她要父母、兄姐携两个外甥女来巴尔的摩跟她一起生活。这会给他父亲一个休养的机会，不用再操劳宾夕法尼亚州的住宅和土地。雷切尔也希望哥哥姐姐能在城市里找到体面的工作。她计算了一下，自己的研究生奖学金，加上哥哥姐姐可能挣到的薪水，她们全家应该过得下去。

雷切尔意识到这一大家子过来需要一个大房子，现在一家有7口人了，包括姐姐玛丽安的两个女儿弗吉尼亚和马乔里。雷切尔在巴尔的摩市之外找到了一个负担得起的住所租了下来。这栋房子没有中央供暖设备，但有室内卫生设施，面积足够大。到了6月，她的父母带着姐姐玛丽安及两个外甥女搬了过来。几个月后，小罗伯特也搬了过来。

1930年，巴尔的摩的经济状况比匹兹堡要好，但尽管如此，她哥哥姐姐找份不错的工作并不容易。大萧条刚刚开始，国家失业率一再攀升，很难碰到合适的工作。玛丽安断断续续地做着小职员的工作，小罗伯特修理收音机收入微薄。但他俩都不能为家庭收入做出较大贡献。他们的父母也一样，老罗伯特病恹恹的无法找工作，妈妈玛丽亚双手不得闲，一边顾老爸，一边做着家里三个大人两个小孩的家务工作。

这使得雷切尔不得不承担起养家糊口的重任，这担子可不轻。一月又一月，雷切尔拼命挣取生活费，维持收支平衡。她很快意识到作为全日制学生的同时是不可能赚足够的钱养家的。研究生第二年，她申请减少一半课程，在约翰·霍普金斯医学院找了一份实验室助理的工作。就这样，她在学校上课、实验室上班以及帮助妈妈做家务的间隙里，开始撰写她的硕士毕业论文。她努力多做一点事。"我假装在开展（我的）研究……但这实在是一项很费劲的事情，哪怕是完成课程的作业，"她给一个校友写信说，"今年比以往任何一年都难过……一心二用真的效果不好。"

接下来的两年，雷切尔继续进行做研究、上课、兼职工作。1932年6月，25岁的她获得了动物学研究生学位，这是一项巨大成就，但她没有时间沾沾自喜，反而更加努力，继续从经济上、情感上、家务劳动中供养一大家人并打算拿下博士学位。

雷切尔不得不适应这种繁忙的日子，一边撰写论文，一边赚钱养家。到了下一个学年，也就是1932—1933学年，她在马里兰大学帕克分校给本科生教生物课，同时夏季在约翰·霍普金斯大学做助教。在做好本职工作及履行家庭责任的夹缝里，她竭力维持着她力所能及的研究工作。无论工作负担有多重，她都想尽办法承担自己的家庭责任，就这样到了1933年夏天。

这一年年末，她家里的情况每况愈下。姐姐玛丽安确诊得了糖尿病，虽可以照顾两个女儿，但因为经常犯病不能走出家门。小罗伯特带着他自己挣的那份收入决定搬出去住。母亲玛丽亚·卡森有心找份工作，但64岁的她已经很难有人愿意雇用。到1934年年初，这个家削减了所有不必要的开支，但经济上还是非常吃紧。一个邻居回忆他曾经在这段时间到卡森家串门，发现他们一家围坐在餐桌前，晚餐只有一盘苹果。

1月份，雷切尔正式退出约翰·霍普金斯的博士生毕业课程，试图寻找一份全职教师的工作。这个26岁的姑娘是怎么一步步向自我妥协做出这个决定的，没有史料记载。但对一个心怀壮志的年轻女子来说，这个决定一定是个相当不得已而为之的选择。如同林肯在政治上失利一样，雷切尔非常沮丧，但她不会全盘放弃、自怨自艾。是的，在某些时刻她的确很颓丧；是的，她深深体验到了挫败感；是的，她无疑考虑过将一切打包全都抛开不管……但她一次又一次地推开这些负面情绪，不让一时的低迷最终决定自己下一步的行动，乃至自己的未来。

在我们这个时代，对领导者来说这是非常关键的一课。我们生活的年代，每一天每个小时都跟外界紧密联结，我们不断地拿自己和其他人比较。获悉一个青年软件企业家的公司能出售1亿美元，我们会焦虑，担心自己是个失败者。在同学会上遇见老朋友，人家已经写了一本畅销书，我们却不知道自己该如何是好，好像什么都没做时间已匆匆流逝。在这种焦虑和自我鞭挞中，我们忘了把工作真正做好——考验人耐心的工作，让这个世界更美好的工作，能带来长久满足感的工作。这些都耗费大量时间和内心体验。失望、疲惫、挫败的时候也需要砥砺前行，绝不放弃自己的使命。

1934 年下半年，雷切尔寻找工作无果，于是她联系了她在宾夕法尼亚女子学院的前任导师玛丽·斯金克。斯金克告诉她，大学教师的职位很紧俏，力劝她去寻找为联邦政府工作的全职科研工作者职位，卡森接受了这位长辈的建议。她参加了 1935 年年初的公务员考试。所有考试她都考得很好，但同一时段没有适合她的工作岗位，于是她继续代课，同时寻找其他就业岗位。她也常常抽出大学时写的文章修订后投给稿酬不错的国家级刊物，如《星期六晚邮报》《科利尔》《诗歌》《读者文摘》等。1935 年，卡森所有的文章都被拒稿，但她没有打消写作的念头。回到文学写作的工作上来，重新唤起了她为更多读者写作的欲望。

但是悲剧接踵而来。1935 年 7 月 6 日，老罗伯特·卡森在他们家后院心脏病发作，几分钟后死在妻子的怀抱里。没有钱安葬，雷切尔和她妈妈玛丽亚将他的遗体通过火车运往宾夕法尼亚。他的三个姐妹料理了他的后事。雷切尔对父亲的离世很少提及。但这件事显然令她从经济上和其他家庭责任上有所解脱。现在再也没有其他人来管这个家里三个女人两个孩子的吃饭穿衣和住房问题。姐姐玛丽安的健康状况也很脆弱，愈发令雷切尔感到焦虑。

她继续寻找全职工作。10 月份她时来运转，前导师斯金克推荐她与美国渔业局的一个处长埃尔默·希金斯会面。这位政府官员在寻找一位作家，为广播教育节目《水下浪漫曲》写稿。这个节目的初衷是向普通听众介绍切萨皮克海湾的海洋生命。希金斯自己的员工尝试着写了一些内容，但他们的写作水平不足以让文章既通俗易懂而且还能吸引听众。希金斯那时聘请了一位专业作家，但他不懂科学，因此写的稿也不成功。当卡森去面试这份工作的时候，希金斯对她说他没有选择，正在考虑自己写一部分。“我没见过你写的一个字，”他说，“但我想赌一把给你次机会试试。”

接下来的八个月，卡森每周用两天时间为那个节目写稿，这份工作每天可以得到 6.5 美元。他们通过无线电广播发布出去的时候，节目深受欢迎。希金斯和他的上司很高兴，卡森做到了其他作家无法完成的事，她把科研材料转化成了外行听众能听懂的语言，既通俗易懂又生动有趣。

写稿获得成功促使她试着为普通读者做同样的事情。1936 年 2 月，她将自己修订过的旧文章束之高阁，决定从头开始，她希望为切萨皮克海湾的鲱鱼捕捞业写一系列专题文章。文章标题是《捕捞鲱鱼的时机即将到来》，她把文稿投给《巴尔的摩太阳报》。报纸编辑马克·沃森很快给了她 20 美元稿费，文章刊登在 1936 年 3 月 1 日的报纸上。沃森对卡森写的内容和文笔非常兴奋，鼓励她投递其他作品。

大约就在同时，埃尔默·希金斯要雷切尔以海洋为题写一篇随笔作为渔业局的新出版物的引言。没有任何指导方向和限制，她写了一篇沉思默想、感情充沛的文章《水世界》。在这篇文章里，她希望读者将大海视为联结地球上所有生命的纽带。

海洋里每一种有生命的事物，植物也好、动物也罢，在它们生命终结的时候都会回归水里……从而，一度生活在阳光照耀的水面以下或是昏暗水域内……的生物，会分解成无数微粒落入海水深处，化为一缕缕轻柔、永不停息的细雨落入海水深处。由此，个体元素消失不见，投胎成不同的化身反复出现，达到某种永恒不朽。

这给希金斯留下了深刻印象。但他觉得这篇随笔对政府出版物来说有点太文学化了。“最好试着再写一篇，”他对这位年轻科学家说，“但这篇可以投给《大西洋月刊》。”

一盏灯亮了。卡森琢磨着也许她不该放弃成为著名作家的野心。也许答案在于她既有当作家的天赋，又有科研的激情。她不断思考，也许她可以把她所了解的自然世界写出来，用一种语言优美、吸引读者兴趣的方式将科学化的故事正确地表达出来，方便广大读者理解。这份强烈顿悟对她后来职业生涯的推动不啻一场明智的赌博。这是一种远见，她居然会把那一度似乎风马牛不相及的事情结合到一起——严肃写作和科学研究——利用她最重要的天赋闯出了一条前进的道路。（很多年后，苹果公司共同创始人史蒂夫·乔布斯在斯坦福大学 2005 年的毕业典礼演讲中，描述了他曾经也有一种类似的顿悟，将艺术和技术整合在一起。他称这种整合为“联结不同的点”，并且将他作为领导者的大部分影响力归因于此。）

1936 年 6 月，渔业局登广告招聘全职初级水生生物学家，雷切尔成功地申请到了这个职位。她是渔业局聘用的第二位女性全职科学家，周薪 33.48 美元。她的工作是从该地区所有野外观测站的科学家们那里采集数据，完成分析并写成报告。雷切尔在新环境里如鱼得水，不管做什么她都做了大量笔记——记下局里工作需要的东西，也记下有可能写成故事的素材。

我们可以想象得出这位女性：站起来有 5 英尺 4 英寸高，体形修长，容貌精致，红褐色卷发打理时尚。我们可以看到她衣着讲究，脚蹬高跟鞋，穿着直纹丝袜，走进政府办公楼的门厅里。我们还可以想象她在办公室里的样子：若有所思，草草记下心中所想，跟同事交流。我们也可以为她想象她穿着休闲服饰的样子：戴着太阳帽，拿着钢笔和笔记本，跟沿切萨皮克海湾建起的野外观测站的研究人员和渔民会谈。29岁那年，她开始为自己的职业生涯打下宽阔牢固的基础。

当她下班和周末离开办公室之后的时间段，会为《巴尔的摩太阳报》写文章。到20世纪30年代后期，她平均每个月都会发表一篇文章。她很高兴能挣到额外收入，又有机会为普通读者写作。这是她自己开创的一条令人满意的职业组合，一种良性循环：观察、分析、不间断地学习、跟不同读者交流。

1937年早期，正当雷切尔习惯了她作为政府职员及自由作家双重身份的稳定生活节奏时，她姐姐玛丽安死于肺炎。雷切尔、她妈妈以及玛丽安的两个女儿都万分悲痛。玛丽安的死留下了需要照顾的两个孩子，雷切尔只得和母亲两人同时照顾孩子并分担家务劳动，这意味着雷切尔要承担更多家庭责任，用于写作的时间精力都少了。现在她经常感觉很累，在局里工作一天之后，要打扫晚餐后的战场，哄两个外甥女上床，之后才能在书桌边坐下来做自己的事。她妈妈玛丽亚在家里也有很多事要做，对雷切尔的写作几乎帮不上忙。有时候，卡森日常生活的现实状况——赚钱养家的责任、政府工作、永无休止的家务需求，没有时间自由写作的挫败感——重重地压在她身上。

卡森的负担是女性所特有的。在本书其他故事中的主人公，如沙克尔顿、林肯、道格拉斯、潘霍华，都经历过我称之为“积淀”的艰难岁月。那些艰难时光正是自发学习的时期；有时候，是职业生涯开始起步、寻找自己的目标。以林肯的经历为例，19世纪50

年代早期他开始当执业律师，当时奴隶制的问题越来越突出；而20世纪30年代中期，潘霍华在伦敦的时候，纳粹党已经牢牢掌握了德国政权。对每一个主人公来说，这些至关重要的年代正是他们个性形成的关键时期，但他们谁都没有肩负沉重的家庭负担，从某种程度上来讲，他们每个人所拥有的个人空间、自由和精力，要优于卡森。

在当今时代，女性（以及少数男性）面临的挑战距卡森当年面对的困难很相似。她对工作、对自己的天赋、对所爱的家人全都尽心尽力，这为今天在工作和生活之间寻求平衡的人们提供了另一种思考。因为卡森懂得，当我们一边为事业打拼一边扛起对其他人的责任时，势必面临困难并从中获得满足感，但这不是一个人过着两种生活，相反，这是一种生活的不同面，其中工作往往是最重要的一部分，而个人责任与事业进步这两种需求往往相互冲突，难得能相互平衡好。对卡森而言，现在许多人也一样，建树最高的时候往往也是处于“夹心饼干”的阶段，当内心召唤她写作的时候，她不得不把这件事搁置一旁，先去承担起家庭责任和面对自己的健康问题。这些时刻，对卡森，对我们谁都不容易。

# 第四十五章
# 《我们周围的海洋》

姐姐死后，雷切尔试着提笔重新开始自由写作工作，在《巴尔的摩太阳报》上发表了几篇文章。然后开始修订她写的随笔《水世界》，这原是她为埃尔默·希金斯写的随笔文章，按照他的建议，她把这篇文章投给了《大西洋月刊》。"我们每个人都对您的小随笔印象深刻，文章真是罕见的好文笔，"这份杂志的代理编辑爱德华·威克斯写信给卡森，"您用这种方式阐述的科学发现点燃了科学门外汉的想象力。"威克斯建议做一些修订，包括将篇名改为"大海之下"。卡森赞成这么改动，这篇文章发表在 1937 年 9 月发行的杂志上，用富有魅力和自信的文字作为开头：

谁了解海洋？庸庸碌碌如你我肯定不会知道潮起潮落涌起的泡沫冲打着隐匿在潮间带水坑中海草下的螃蟹；或是海洋中央长长、慢慢的浪涌轻快拍打着，那里的浅水区有鱼儿漫游，捕食其他鱼类也被其他鱼类猎食，海豚跃出海浪呼吸上面的空气。我们并不了解海底生命的悲欢离合，阳光透过 100 英尺的水深透射下来，制造出转瞬即逝的蓝色微光，那里生活着海绵动物和软体动物、海星、珊瑚，一群群的小型鱼在幽暗的水中闪闪发亮，就像一片银色的流星雨，而鳗鱼就躲在岩石间等它们自投罗网。更不用说往下6英里——那里对人类来说完全不可思议——统治那无底深渊的是无尽的死寂和永恒的寒夜。

这篇文章发表以后，吸引了广泛关注，包括西蒙苏斯特出版社的高级编辑昆西·豪，他也写了一封热情洋溢的信，力劝她考虑基于“大海之下”写成一本书。一个月内，雷切尔为这部作品的框架写了个提案，围绕生活在不同大洋环境中的海洋生物的视角写出故事，组织成书。昆西·豪喜欢这个提案，承诺为她出版这本书。

卡森兴奋地开写了。但进展并不快。在家里，家务活儿占据了她大量精力，在政府部门的工作也不断扩大，增加了她的职责。(20世纪30年代晚期，渔业局和美国生物调查局合并，组成了一个新的更大的部门：美国鱼类及野生动物管理局，她成为这个机构的职员。）雷切尔没有中断为《巴尔的摩太阳报》《大西洋月刊》及其他出版社撰写文章。剩余的时间很少，所以写这本书稿的进度就放慢了。她常常一写就到半夜，只有两只猫——布兹和基托——与她为伴。(那段时间她在笔记本里画了很多布兹在她书桌上，蜷在她的手稿纸上睡觉的素描。）她用手写，写字速度就很慢，每一段都要修改后才进入下一段的写作。白天上班的时候，母亲玛丽亚在家将她头天晚上写的草稿打出来，晚上雷切尔一回家就能看到打印稿搁在她的书桌上。然后，她经常还要再次修改。

日子一天天过去，书稿也一页页摞得更厚。大概用了三年时间，卡森才写完大约160页的手稿，向西蒙苏斯特出版社交稿，出版社于1941年11月1日出版，书名为《海风之下》。科学界的专家和文学评论家很快对这本书大加赞赏，《纽约时报》的评论家写道，这本书“写作巧妙，读起来像小说，但实际上非常合乎科学事实，精确描述了生活在海洋及其沿岸海滨的水中生物”。“书中自有诗意，但绝未滥用矫情。”《科学图书俱乐部书评》这样评价。“卡森小姐的科学知识毋庸置疑，”《星期六文学评论》的博物学家及深海潜水员威廉·毕比写道，“我找不到一个错误。”

1941 年 12 月 7 日，这本书出版几个星期后，日军战斗机偷袭珍珠港，美国正式加入第二次世界大战。一夜之间，这个国家的注意力全部转向战争，大多数图书销量锐减，《海风之下》也未能幸免。第一年，这本书只卖了 1348 本。卡森陷入极度失望。呕心沥血写就的作品，她回忆道，“整个世界漠不关心地对待它。”到六年后这本书绝版的时候，只卖了不到 1600 本，作者版税总共只拿到 689. 17 美元。

受此挫折的卡森心灰意冷，将目光集中到杂志出版上。二战期间，她在《科利尔》《读者文摘》及其他期刊上成功发表了很多文章。以 1944 年为例，她发表了一篇关于蝙蝠的声呐探测系统及其对现代雷达的启迪的论文。(《读者文摘》杂志再版后，美国海军将这篇文章列入相关技术官兵们的必读文献。) 1945 年卡森写了一篇关于新型杀虫剂 DDT 的潜在危害的文章，想引起《读者文摘》杂志编辑对此事的关注，这种杀虫剂问世的目的是在战争期间消灭由昆虫传播的疾病，当时正准备投入工业及消费者产品的用途。由于题材具有争议性，该杂志拒绝了这篇文章。

40 岁的卡森陷入传统作家的困境：需要稳定的收入养活自己和家庭，同时又想努力开拓独立的文学写作职业生涯。但白天的工作占据了大部分时间使她无法写作，她需要开创一条新路子。卡森只是简单地想寻找一份新工作，不要像在政府部门的工作岗位那样有太多官僚事务，但仍能用到她的写作技能和科学知识。她开始在《读者文摘》杂志、纽约动物协会、美国奥杜邦协会等机构找工作，但全都遭到冷遇。

到了20世纪40年代晚期，她想再写一本书。跟以前一样，她一边为美国鱼类及野生动物管理局工作，一边着手开展自己的研究工作。她的一个同事雪莉·布里格斯开玩笑说，卡森“综合制订了一个高效的工作计划，得以写出一本畅销书……从此有钱了，可以退休专心写自然科学文章了”。关于下一个项目，卡森设想的是写一个关于海洋的自然知识概论。因为之前已经出过《海风之下》这本书，所以她想写一个关于地球上的海洋生物的整体故事。她也想对那些认为大海与人类关系很小的人提出质疑。“人类如此依赖于海洋令我很有触动，绝大部分人都直接与大海有千丝万缕的联系，这一点毋庸置疑。”卡森向自然学家威廉·毕比解释道，“生物间的这些关系，以及我所相信的一点：以我们对陆地的破坏程度会使我们更加依赖于海洋，这就是这本书的主题，暂定书名为‘回归大海’。”

第一本书《海风之下》销量惨淡令卡森很不满意，她想找另外一家出版社来出她的第二本书。1948年，她聘请了一位版权代理人莫瑞·罗代尔帮她打理书稿出版事务，而不是凭个人单打独斗。罗代尔自己也是一位成功的编辑和推理小说作家，她凭自己的实力很快成长为出版行业有影响力的人物，人很聪明，也非常勤奋。两个女人一见如故，开始为卡森做近期规划。她们一致同意雷切尔先完成新书提纲，罗代尔把提纲卖给她俩都信任的出版社，为这本书做市场推广。罗代尔还计划拿出个别章节向畅销杂志投稿，让图书市场先行产生兴趣。这对合作伙伴开始忙活起来了。到1949年6月，卡森写完了四章后，罗代尔把这本书卖给了牛津大学出版社，谈妥预付款1000美元。

写书并不容易，但卡森毫无间断地一章一章写出来。1950年，她完成终稿，书名改为《我们周围的海洋》提交给牛津大学出版社。罗代尔一直没闲着，她将部分章节分别卖给了《耶鲁评论》、《自然科学家》、《大西洋月刊》、《时尚》以及《大自然》等多个期刊。她还跟《纽约客》的编辑威廉·肖恩锱铢必较地谈判，将全书节选成三个独立的部分交给这家杂志。这些杂志将会在书出版前一个月出现在各个报刊亭，《纽约客》答应为这一系列文章支付 7200 美元稿费。这对这位 43 岁的作家来说是一笔大数目，超过她这些年写作赚取的全部稿费，也比她在鱼类及野生动物管理局工作一年的薪水（6700 美元）还要多。

1951 年 7 月 2 日，《我们周围的海洋》出版上市，立刻受到了广泛赞誉。评论家们对卡森的科学贡献和奇异的文风都大为赞扬。《纽约时报》评论："大海是有生命的，有自己特有的节奏和周期，有些海域的生命周期长达数百年。""自然科学的这一学科令人望而生畏，但卡森小姐用温和平静的语言将它解释得清清楚楚……这本书充满乐趣，不容错过。每个看过此书的人再去看海的时候都会产生新的愉悦感。"《大西洋月刊》称这部作品为"一流的科普书，书中流露出优雅小说家的风格，又带着令人叹服的诗意和抒情"。巴尔的摩的《太阳晚报》将这本书描述为"不仅是科学报告的优秀典范，而且是一部艺术作品"。科学家们也对这本书赞扬有加。"您整合素材的数量之多真的令我惊奇，"海洋学家及哈佛博物馆比较动物系主任亨利·比奇洛写道，"我关注大海 50 年，但仍然有些事实是你发现了而我没有注意到的。"

所有这些好评迅速转化为市场销量。一个月内《我们周围的海洋》出现在《纽约时报》畅销书排行榜上，到 9 月初，跃至榜首，占据榜首 32 周（其最长纪录是连续 86 周）。到 1952 年年底，这本书销售了 25 万册，跟另两本书一起成为当年最畅销的书，另两本是：J. D. 塞林格的《麦田里的守望者》及托尔·海尔达尔的《康提基号》。国际出版人将卡森的这部作品翻译了 28 种语言出版。雷电华电影公司拿到了电影版权；牛津大学出版社支付了 2 万美元的稿费重新修订她的第一本书《海风之下》。这本书再版后卖了将近 4 万本，1952 年 4 月出版上市后短时间内就跟《我们周围的海洋》一起登上了《纽约时报》畅销书排行榜。

为什么这么多不同的人都对《我们周围的海洋》这本书反应强烈？确实，正如传记作家林达·李尔所说，卡森对海洋的热爱对读者很有感染力。这本散文书文笔清晰、简练、优美。而《纽约客》的连载无疑也起到了重要的前期宣传作用。但这些因素都不能完全解释公众的热情。是卡森具备先见之明，预见到二战后人们会对海洋题材特别感兴趣。大海曾经是战争冲突中的关键战场，也帮助保护了这个国家。更显而易见的是，从 20 世纪 50 年代开始，人们对海洋是物质资源宝库的意识不断增强，所谓物质资源，不仅指如今我们所瞩目的焦点——石油储量，还包括矿床资源和鱼类资源。

也许其他行业也发展良好，也许同一时期的科学进步——如大型计算机、喷气式飞机、核武器等——都以不断创新的形式，在美国文化的前沿蓬勃发展，人们向往与大自然建立更深层次的联结，寻求大海所蕴含的永恒、威严和力量。卡森从粉丝的邮件中看出读者有“一种完全未获满足的强烈渴望想要理解我们周围的世界，只要能够解放读者思想、令人在无垠的宇宙空间畅游，这样的每一点信息，每一丝事实他们都……热切地想要了解到”。

她对此表示，保有好奇心是好事，这意味着科学不再只是局限于一小部分专家的事，了解自然世界是全体公民的责任。1952 年她做演讲，发出了启迪人心的倡议：

我们生活在一个科学快速发展的年代，然而我们想当然地认为科学是一小部分人类的特权，脱离大众，局限于苦行僧一般的实验室。实际上不是这样，科学的素材就是生命自身的素材。科学就是生活真相的一部分，就是我们人生体验中的万事万物及其原因和过程。不了解一个人的生存环境，以及是什么力量从他身体上、心理上塑造了他，就不可能真正了解这个人。

科学的目的旨在揭示和阐明真相。而且我也把这视为文学的目的，无论是传记、历史或是小说。对我来说，科学和文学是无法分开的……

风，大海，潮起潮落，就是它们存在的原本模样。如果其中有什么非凡、美丽、威严的意义，只有科学能解释其本质。如果世界上不存在什么风、海、浪，科学也不能创造出这些现象来。如果大海在我的书里有些诗意，那是因为大海本身极具诗意，我不过是将这种诗意写了出来而已，没有人能不带任何诗意的语言就真实地描绘出大海。

《我们周围的海洋》获得了大奖，包括美国国家图书非小说类奖、自然科学杰出作品约翰·布罗奖章。各种嘉奖也蜂拥而至，卡森当选为国家艺术与文学协会、英国皇家文学学会会员。纽约动物协会为她普及海洋知识做出的贡献授予她金质奖章，费城地质学会授予她亨利·格莱尔·布莱恩特金质奖章，她是获此殊荣的首位女性。

这些荣誉极易令人陶醉，但卡森很快意识到名扬四海必须付出高昂代价。天生内向的她发现国民的赞誉令自己感到意外和不适。一夜成名给读者们带来一系列认知错误，比如她的性别、外貌。一些读者理所当然地以为她是一位男作家。比如，有位读者写信给她说“一直认为世界上只有男性才掌握这种超高的智力”。还有一些人知道《我们周围的海洋》是女作家写的，但一看到卡森还是感到震惊。“你太令我惊讶了。”牛津大学出版社的一位编辑评论道，“我还以为你是一个身材高大、令人生畏的女人。”《波士顿环球报》的记者针对这种先入为主的偏见发文，“你是否以为写了全球七大洋及其奇迹的作者是个体格健硕的人？然而并不是，卡森小姐是一位纤细小巧的女性，头发和眼睛都是栗色的，而且栗色中有带着点海水般的蓝绿色。她衣饰整洁非常女性化，指甲上抹着柔和的粉色指甲油，脸上很有品位地淡淡施了粉，涂了口红。”《我们周围的海洋》出版后不久，卡森就描述她在这个男性占主导地位的世界里作为一名有成就的女性作家的体验：

> 通常人们看到一本关于大海的书是位女作者写的都会感到惊讶。我发现对于男人来说尤其如此。也许他们习惯于认为科学知识领域更多地是由男性独霸天下。事实上，有一位联系我的记者不久前写信给我时还称我为“亲爱的先生”——信中他解释说尽管他很清楚我是一位女性，他还是不能认可这个事实。

人前风光的背后，卡森家里烦心事不断。1951年后期，她得知26岁的外甥女马乔里跟一个有妇之夫有染，怀孕几个月了。卡森煞费苦心地想将此事隐匿下来，安排了一位医生安静地照顾马乔里，直到1952年2月她生下儿子罗杰·克里斯蒂。对一个当红的作家来说，这一时刻非常艰难。“《我们周围的海洋》出版后，一切接踵而至，”卡森回忆说，“书评家和公众们发现了一个‘前途无量’的新作家，兴奋、喝彩声一片，但恰好那个时候，家里出的事把这一切都淹没了。我知道不会再发生这种事，如果说我曾经为什么事痛苦过，那件事可算是唯一的一次。”

卡森本人也面临一堆健康问题。1945—1947 年，她两次入院切除阑尾、左乳摘除一个囊肿，经历了一场痔疮手术。1948 年她又染上了令她虚弱无比的带状疱疹。她尽量将健康问题看淡，有时候甚至无视它。1950 年夏天，卡森 43 岁的时候，医生在她的左乳上再次发现了一个囊肿，计划给她切除。这时她跟莫瑞·罗德尔提到即将做一场外科手术，那是在一封长信的末尾临时加上的想法。这位书稿经纪人发了一个便条表达关心，卡森竟然毫不放在心上，她的回答是，无须担心，“手术时可能会发现这只是个小毛病，笨蛋都能做”。9 月份做完手术，医生告诉卡森组织活检显示没有恶性肿瘤指征。

事后来看这件事，可以看出雷切尔对自己有多么粗心大意，她睡得那么少，却承受那么重的情感负担。在她整个 20 岁、30 岁、40 岁期间，她都非常勤奋地工作——几乎每一份工作都做到尽善尽美。有些工作是为了职业晋升，有些是为了餐桌上的食物以及照顾家人，有些则是为了排除内心的焦虑、悲伤以及偶尔巨大的孤独感。所有这些都给她的身体造成了巨大损害。今天，医疗科学刚刚开始鉴别抑郁、悲伤、压力、长期忧虑所带来的生理效应。

20 世纪 50 年代早期，卡森及其他科学家对生活方式与疾病发病之间可能存在的关联所知甚少。但即使卡森了解其中的联系，她显然也不太可能将自己照顾得更好。举例来说，50 年代她的健康问题已经越来越严重，但她对此总是不当回事儿。某些时候，她对于自己的医生们非常冷漠。

我们怎么解释这种态度？一个能够非常仔细地研究事实真相及背后来龙去脉的科学家，为何对自己的健康不能给予同样的关注？很少有历史记录能回答这个问题。我自己阅读到的材料是，卡森认为自己的生命的主要意义在于为他人做出的价值（搁在今天，她这样的人我们可以称之为公仆式领袖）。她自从大学毕业以来，就对生养她的家庭怀有深深的责任感。当职业生涯打开局面以后，特别是成为作家以后，她感受到了更大、更庄严的责任感，要给大众带来更多自然世界的精彩故事。等她步入 40 岁后半期的时候，这种使命感更加迫切地召唤她帮助保护环境及其维系的生命。

卡森一次又一次将她的使命置于最重要的地位，盖过了许多个人应关注的问题，包括她的身体健康状况。她总是觉得自己的工作更重要，她也认为自己是唯一合适，甚至命中注定要做这样的工作。鉴于此，她可能觉得她花不起时间和精力去关注个人事情。她似乎坚信展开并完成她的工作才是自己的人生目标。

从这方面来讲，今天的领导者能从雷切尔·卡森身上学习很多东西。像她那样，在服务他人的过程中发现召唤自己的力量，是一种幸运。当然，世界需要有效的领导者去推动人类福祉向前进。

但是在这种洪流中需要每个个体都照顾好自己。如果一个人在身体和心智上都不够健康和强壮，要他去推动其他人做有难度的事情就更难了。这意味着身为领导者其最重要的工作之一是成为他或她自己身体、情绪、理智、精神上的好管家。高管们需要抽时间做年度体检，职业妈妈们必须有足够的睡眠，政治家必须挤出大量时间反思、应对道德质疑。领导者面临沉重的压力及没完没了的各种诉求，这种环境下，想要追求真正做出不同业绩的个人，必须自己为自己提供食粮。

## 第四十六章
# 新的开端

到 1952 年年中,《我们周围的海洋》一书已经给卡森带来了丰裕的稿酬，足以让她从工作单位鱼类及野生动物管理局离职，现在她可以只靠写作为生了。她开始写另一本关于海洋的书。罗代尔已经跟霍顿米夫林出版社谈好了出版合同，卡森承诺 1953 年年初交稿。

这位作家很忙，要应付她写的畅销书的宣传工作、要为新项目指导实地调查，还得一如既往地照顾家里年迈的老母、外甥女马乔里及侄孙罗杰。即使如此，她发现将时间和精力还给自己简直是收到一份巨大馈赠。她用《我们周围的海洋》所得版税的一部分在南方缅因州的南港岛买了一块地，考虑在那儿建一所房子。她曾有机会去过那儿两次，被那里的美丽风光迷住了。在 1952 年，她要实现自己的梦想，在那儿建立自己的第二个家。她在写给莫瑞·罗代尔的信里流露了按捺不住的兴奋之情：

明年 6 月我就要有一个自己亲手建造的温馨小家了，打算搬过去住！那个地方俯瞰席普斯科特河口，那条河水很深，因此有时候——你绝对猜不到——鲸鱼会游到这儿来，吹泡泡，打滚，尽显各种雄风！还有很多海豹，退潮的时候岩石缝里会露出一个很长的水池，有时候杜父鱼或者其他鱼会困在里面……看到这儿你是不是会觉得兴奋？

1953 年这所房子建好了，雷切尔带着全家搬到缅因州。搬到那儿她很高兴。“我觉着没有哪个地方能比那片世界更令人兴奋，特别是落潮时分，”卡森在一次奥杜邦协会演讲时对观众说，“早晨很早的时候，海水就开始退潮，空气里充满咸味儿以及海的声音，天地之间的雾变得柔和而迷离。”这个夏季成为卡森走向另外一条路的分水岭。早在 6 个月前，她就收到了一位非常喜欢她的书的粉丝桃乐茜·弗里曼的一封信，弗里曼和她丈夫斯坦多年来也在缅因州南港消夏，很乐于欢迎这位著名作家来本地区游玩。1953 年 7 月，弗里曼跟雷切尔和罗代尔一起共进晚餐。

桃乐茜时年 55 岁，比雷切尔年长 9 岁，她受过良好教育，是学问广博的自然学者，对鸟类和海洋生物特别感兴趣。从那顿晚餐开始，她就跟雷切尔结下了深厚的友谊，她们共同探讨自然、文学及其他共同感兴趣的话题。到那个夏天第二次会面的时候，这两位女士已经一起沿着海滨的潮汐池涉水而行了，她们寻找海葵和其他标本，在雷切尔的书房用显微镜一起研究它们。

这对好友算了算，1953 年那个夏天她们总共在一起待了 6 个半小时，但从那个秋天开始一直保持联络，最终结成感情深厚的情谊，互相尊重，风趣幽默。“就像我已经认识你多年而不是几个星期，”雷切尔在 9 月份写给桃乐茜的信里说，“不过当两个人在很多事情上有相同的思维方式和感情时，时间长短并不重要。我也很期盼明年夏天我们能一起悠闲地共度时光，坐在沙滩上聊个够！”

雷切尔孜孜不倦地写作新书期间，收到桃乐茜的来信会很高兴，她给予了她很多支持。新书暂命名为“海的边缘”，意欲写成第二本书的姊妹篇。写作这部作品的时候，雷切尔一直在探索沿美国东海岸发现的三个独特的生态系统：科德角以北的礁石海滨区、大西洋中部地区的沙滩海滨区、美国南部的珊瑚和红树林海滨区。雷切尔已经展望出这本书的结构框架，以及她脑子里盘旋的写作内容，但写作进度比她预期的要慢。1953 年秋天她写信给桃乐茜说，“我的书离结尾还早着呢，有时候感觉特别绝望，虽然我的出版商理解我，容忍我拖稿。”直到 1955 年年初卡森才提交终稿，迟交了 18 个月。

前面两本书大获成功，卡森担心这部新书会突然败北。实际情况很快证明她的焦虑纯属多余。霍顿米夫林出版社的编辑保罗·布鲁克斯告诉她，《海的边缘》里面的内容有很多是她所经手过的最好的文字，有些章节甚至超过了《我们周围的海洋》。《纽约客》杂志的威廉·肖恩也同样充满热情，同样在 1955 年 10 月新书发行之前，他们的杂志先行刊登了两篇节选。

1955 年 10 月 26 日，《海的边缘》在各大书店开售，评论家和大众读者给予了高度评价。“卡森小姐的这本书文笔优美，而且学术上正确无误，”《纽约时报》评论道，“那些懒洋洋地躺在沙滩上百无聊赖的人们应该读读此书，作为旅游指南。他们周围的一切，乃至在他们所在的海平面以下，就是一个奇妙莫测的世界。去涉涉水，沿途搜寻点什么，捅一捅，没准儿就能打开新世界的大门。”“卡森小姐的文笔一如既往地充满诗意，”《基督教科学箴言报》评价道，“她所传授的知识也很深刻。”考古学家雅克塔·霍克斯在《新共和国周刊》上评述道：“卡森小姐成功地传达了这么一种感觉，在她描述的各种生命之间存在着丰富而错综复杂的关联，非常令人敬佩。即使珠宝商也创作不出如此精妙、严丝合缝又包装完好的作品。”

新作品的销量没有像前几本那样一鸣惊人，到了 1955 年 11 月，《海的边缘》在《纽约时报》畅销书排行榜上排到第八位，到那年假日旺季，一度跃升至第三位，并在榜上保持了 5 个月。美国全国妇女理事会将《海的边缘》列为“年度优秀图书”；美国大学妇女联合会授予卡森“成就奖”。

随后两年，雷切尔发表的作品很少。她为电视科教节目写稿，为《妇女家庭良友》杂志写题为“如何帮助孩子思考”的通俗文章。基于她带着侄孙罗杰住在缅因州一起生活的丝丝缕缕，她解释说，父母必须培养孩子对大自然的好奇心。她写道，这不仅帮助孩子理解和欣赏更广大的环境，还能帮助孩子开发他或她的好奇心和理想主义：

在孩子的眼里世界是新鲜的、崭新的、美妙的，充满奇迹和刺激。对我们大多数人来说，那种清亮的眼神，那种善于发现美丽、值得敬畏的事物的天性，在我们越接近成年就越退化甚至消失殆尽，这真是成年人的不幸。如果我能够对善良的小仙女——据说所有孩子的洗礼都由她负责——有所影响，我一定会向她要一份礼物给全世界每一个孩子，让他拥有一份牢不可破的、持续终生的好奇心，就像一份永不失效的解药，足以对抗他老年的无聊和幻灭，也对抗人为的乏味成见，以及对我们内在力量之源的疏远。

20 世纪 50 年代中期，雷切尔连续几年都在缅因州她的小别墅里消夏。她发现在那儿度过的时光让她精神焕发、恢复元气。她投入了大量时间去探索附近的潮汐池，以及躺在露台上仰望头顶的飞鸟。1956 年 8 月，她写信给桃乐茜，描述她深夜跟外甥女马乔里在海滨散步的情景，“那里白天巨浪不断，到了午夜时分，海水退了，所有的岩石上都挂着泡沫，形成一道长长的白色冠饰从沙滩上一路退过去……令人非常兴奋。为了体验彻底的原始夜色，我们关掉手电筒——然后真正的乐趣才开始上演”。卡森描述海面上闪闪烁烁的波光，“所有的海浪上都闪烁着无数钻石和翡翠，将它们一堆堆地抛在湿漉漉的沙滩上”。

1956 年秋天，卡森的家庭责任再次摆到舞台中央。她母亲玛丽亚那年已经 87 岁了，因为关节炎备受折磨，需要家人多多照料。罗杰 4 岁了，是个精力旺盛、活泼好动的男孩子，也需要特别关注。他妈妈也就是雷切尔的外甥女马乔里，被诊断患有糖尿病，她也深受其苦。当这一年终于过去的时候，更多疾病又压倒了卡森。那年 11 月，玛丽亚感染了肺炎。又过一个月，雷切尔和罗杰染上了严重的流感症状。

然后，1957 年 1 月，马乔里因贫血住进医院。月末，她出院回家休养。情况乐观的话，她外甥女养一个月就能康复，雷切尔请了个保姆照顾她。但 1 月 30 日，马乔里的病情突然急转直下，几小时内就死去了，时年 31 岁。

雷切尔悲痛不已。不仅仅因为年轻的外甥女死得太突然，还因为她身后留下了一个 5 岁大的孩子。要给罗杰实际上当妈并不容易，但雷切尔没有选择。其他亲戚都不能或者不愿意抚养他，她开始为这个男孩跑收养程序，她形容他“活蹦乱跳得赛过 17 只蛐蛐在一起”。

雷切尔很畏惧这个新责任。她实际上毫无经验去做一个孩子的主要看护人，也很焦虑自己有无足够能力去爱他、教育他、管教他，以及代表他做出对他更好的选择。一时间，焦虑令她坠入绝望之中。“不知何故我感觉压力巨大，孤单得无以复加，”她给桃乐茜写信时说,“我想事情临到头上我无法避免。有时候我甚至惶恐不安，感觉自己根本应付不了这一切，然后我再一次看到逃避无门，根本没得选。然后一想到‘如果我遇上什么事儿，罗杰该怎么办’就非常担忧——这个问题跟上面的想法一样找不到答案，令我非常害怕。”（卡森晚年的时候，她加了一条遗嘱，指定她的编辑保罗·布鲁克斯和他的妻子苏西作为罗杰的监护人。）

1957 年年初，雷切尔快要过 50 岁生日了，她盘点了一下自己的生活，一如既往，她还是想写作，致力于研究几个项目。但她已经没有能力产生真正的冲劲。那感觉就像没有充足的时间和精力，文学创作就停滞了一样。“我刚找到一点时间去工作，紧跟着就准有事情打断!”雷切尔写信给桃乐茜说,“每当我想‘今晚也许我可以干个通宵’。当我做完所有的家务，甚至还没干完的时候，我就进入了筋疲力尽的状态，无法工作了。”卡森没有能力推进工作的一些原因远不止白天没有时间或是日积月累的劳累。她根本没有空间做她最喜欢的思考和写作。“我的行动自由现在完全被剥夺了,”卡森写信给她在霍顿米夫林出版社的编辑时说,“悲哀的事实是我的工作已经好几个月没有新进展了。”这一年过下去，她挺直双肩，努力扛起她那复杂的家庭重任，希望自己能够沉浸在感兴趣的项目中。

# 第四十七章
# 死神的特效药

1939年，瑞士科学家保罗·穆勒发明了化学合成药物DDT(双对氯苯基三氯乙烷)，能杀死大量的昆虫，似乎对植物或恒温动物没有伤害。试验显示DDT能有效消灭危害庄稼的害虫，如马铃薯甲虫、毒蛾，对传播疟疾、斑疹伤寒等疾病的昆虫有特效。二战期间，盟军部队使用DDT消灭了虱子和蚊子；这种化合物很有效，死亡士兵的数目头一次发生逆转，死于敌军战火的战士数量超过了死于昆虫传播的疾病的战士。美国化学药品生产商迅速响应战时需求，1944年年末到1945年，战争趋于结束，厂商将目光聚焦在和平时期对DDT的潜在需求上。

战后时期，生产商将DDT及其类似杀虫剂投放到市场。1947年至1960年，这种杀虫剂的产量增加了4倍多，从大约1.24亿磅增加到6.37亿磅。包括陶氏化学公司、杜邦公司、孟山都公司在内的厂商生产了超过200多种除草剂、杀虫剂、灭虫药，这些产品大部分冠以不同品牌的名称销售；其中一些以家庭和商业用户为目标市场，其他的专供给政府代理机构。20世纪50年代末期，杂货店、五金店的备货中都有粉剂、喷雾剂甚至杀虫墙纸，据说这种墙纸能除掉家里或花园里的各种害虫。

全国有数以百计的小飞机在对广大农田洒药，数以千计的卡车驶过郊区街道喷洒有毒药物。

1957 年爆发了一场针对合成杀虫剂的争论。其中一方是美国农业部，他们提出要消灭火蚁，得到化学生产厂家的大力支持。这个项目提出要在南方 9 个州超过 2000 万英亩的土地上喷洒两种新杀虫剂：狄氏剂和七氯。这两种化合物比 DDT 药效更大，在消灭蝗虫、蚊子及其他对农作物有害的昆虫方面已经证实效果很好。许多科学家对这个提议表示不满，争论说尽管火蚁是一种讨厌的东西，但它们并没有严重威胁到农作物、牲畜以及人类。批评者还声称，这两种新型化学药物对环境的长期影响大部分还未知，在实施大剂量喷洒前还需要做更多研究。

尽管该提议引起众多关注，美国农业部还是开始了空中喷洒。几周内，这次行动产生了破坏效果，大量报告如雪片般飞向政府部门及新闻媒体。举例来说，在得克萨斯州，人们发现了成千上万只死鸟和动物，包括浣熊、负鼠和犰狳。在亚拉巴马州，黄莺大批大批地死亡。令农民们气愤不已的是家畜、家禽和家养宠物在洒药之后纷纷倒地而亡。很多照片和电影胶片捕捉到了松鼠、鸟、狗痛苦地打着滚儿死掉。这次杀虫剂应用还间接造成了其他动物的死亡。一个农民报告 19 头牛和几头牛犊因为饮了杀虫剂污染过的奶后全部死亡。

一群长岛居民当时就发起了针对美国农业部的诉讼，要求纽约州去制止政府部门在他们的私有产权土地上喷洒 DDT。在这群起诉人中间，有美国自然历史博物馆退休馆长罗伯特·库什曼·墨菲，著名儿科医生本杰明·斯波克的妹妹马乔·斯波克，银行家 J. P. 摩根的女儿简·尼科尔斯，美国前总统西奥多·罗斯福的儿子阿奇·罗斯福。

这些名人和其他人提出，政府喷洒杀虫剂的行为破坏了植物、昆虫、动物，而且将人类健康也置于危险境地。他们还声称，联邦及州政府“剥夺了他们的财产甚至有可能连同他们的生命……却没有给予补偿”，侵犯了宪法赋予他们的正当程序上的权利。1958年年初，此案进入庭审环节，法庭听从了科学家和医学专家的意见，DDT及其他类似杀虫剂对环境的积累效应很有可能导致白血病、淋巴瘤及其他人类疾病。

卡森紧密跟踪了围绕合成杀虫剂的辩论。举例来说，1958年1月末，她收到了一封信，信是《波士顿环球报》前任文学编辑奥加·哈金斯写来的。她想让卡森知道当时政府也在她家乡马萨诸塞州达克斯伯里镇喷洒了杀虫剂。哈金斯对这种“从天而降”闯入她家的洒药行为很愤怒。DDT的这次应用造成严重后果：

……杀死了我家的全部七只黄莺。第二天早晨我们就在门边上捡到了三只死鸟，这些鸟跟我们生活在一起很亲密，它们信任我们，一年又一年在我们家树上筑巢。第三天，三只黄莺散落在鸟池旁边（我把它倒空并擦得干干净净，但你根本不可能将DDT完全洗掉）。再过一天，一只知更鸟突然从我们家树林的枝头上掉下来。我们心痛地发现了更多尸体。所有这些鸟都以同样的方式死得非常可怕。它们的嘴张得大大的，展开的脚爪靠拢在胸腔，一副痛苦不堪的模样。

卡森长期关注DDT及同类化合物日益增长的应用，当时就决定尽己所能好好研究一下飞机喷洒杀虫剂的项目。她开始接洽相关科学家、政府官员以及相关市民，这当中大部分是她在鱼类及野生动物管理局工作时认识的人。接到哈金斯来信一个月内，卡森找到一些人做了访谈，包括卫生、教育和福利部一位负责地表水污染检测的官员，食品与药物管理局一位职员，他同意给她发送一些可能受到杀虫剂污染的婴儿食品的资料。很快她从长岛法庭调取了案件证言，以及之前众议院特别委员会对化学制品在食品、化妆品中的应用的调查听证会的证言。卡森回忆说："关于杀虫剂应用我了解得越多，就越心惊胆战。"

最初她想写一篇关于这一主题的专题文章，莫瑞·罗代尔将她的构思跟主流杂志如《妇女家庭杂志》《好管家》杂志进行了沟通，但没有人感兴趣。卡森决定投向《读者文摘》杂志，但这家杂志拒绝了，因为他们已经出了一篇支持空洒杀虫剂项目的文章。于是她联系了 E. B. 怀特，他是《纽约客》特约撰稿人，也是一名环保人士，邀请他考虑写一篇关于 DDT 的危害的文章。怀特已经公开批评过杀虫剂的广泛使用。然而，他还是对卡森说不，还劝她考虑自己写一篇。

卡森对怀特的决定很失望，但并不惊讶。批评杀虫剂意味着得罪各大化学制品公司以及批准杀虫剂大范围使用的政府官员。像任何打算公开日益增多的杀虫剂危害的证据的人一样，她必须准备打一场恶仗。卡森也意识到进行这样一场曝光，跟那些使她成名的工作完全背道而驰。世人认识她，是因为她写的书，她在书中颂扬大自然之美、充满力量、惠泽人类，并启发所有年龄层次的读者去探索那些奇观。现在她居然提出要对合成杀虫剂的破坏性乃至致命性进行检测。为此做出的努力很可能产生一个黑暗、压抑、具有争议性的新闻报道出来。

不管这些障碍如何，1958 年年初卡森决定进行下一步工作。她联系了她在霍顿米夫林出版社的编辑保罗·布鲁克斯，探讨有没有可能出一本关于杀虫剂的篇幅短的书，两人一拍即合。她也把提案发给了《纽约客》的威廉·肖恩，她在写给他的信上一开头就附上了艾伯特·史怀哲近期的声明："现代人不懂得怎么预见未来或者说领先一步。"这位法国神学家写道，"他们正在毁灭地球，人和其他生物赖以为生的地球，他们终将消亡"。肖恩立刻表示出浓厚兴趣，向她要一篇关于杀虫剂的文章。

卡森对《纽约客》将刊登自己的研究内容及其可能产生的影响力很兴奋，这对作家来说是一种有形的动力去开展自己的项目并投入精力钻研它。"知道自己要做什么，"她给桃乐茜写信说，"如果我此时保持沉默，将来内心就不可能安宁……希望你能明白这种感受，从深层次来讲，特权也意味着责任，有机会发声的人在重要事件上就应该向成千上万的人表达自己的意见。"

到了1958年夏天，卡森认识到需要她领导力的时刻到了，她认真地投入工作。接下来几个月，她取得了很大进展。但家里的情况发生重大逆转，11月末，雷切尔的母亲中风严重，又患有肺炎；12月2日，玛丽亚·卡森死在家中，享年89岁。"在那个悲痛万分的最后一夜，"雷切尔写信给桃乐茜说，"我坐在床边将手滑进氧气罩里一直握着妈妈的手……偶尔离开一会儿走到黑暗的客厅，看着大型落地窗窗外的树木和天空。在早上5：30—6：00有一会儿我就这么看着……然后我回到屋里握着她的手，6：05她走了。"

这位作家在同一天的另一份笔记中提到了她母亲给她的影响："她最优秀的品质在于热爱生命，热爱所有的生物。"雷切尔回忆道，玛丽亚的精神对她而言本身就是对她新项目的一种精神鼓舞："了解我母亲对于杀虫剂的危害是怎样一种感受，有助于我尽快转向那个项目并完成它。"

卡森是个非常低调的人，她极少跟外人说起母亲的死。但显然这是一个巨大损失。玛丽亚·卡森始终相信女儿有写作天赋以及当科学家的天分。这位老人做了她所能提升女儿的一切——实践上、智力上、情感上——培养女儿的天赋并推动她的职业生涯向前发展。每当她工作中感到苦闷的时候，玛丽亚也从中看到每位严肃作家与生俱来的孤独和疑惑，一直给予支持和鼓励。

随着 1958 年渐近尾声，玛丽亚走了，只剩下雷切尔一个人来照料那个 6 岁大的侄孙罗杰。但她感觉到她已经步入此生最重要的阶段。她知道杀虫剂项目要求她全力以赴，投入所有才华、经验及情感的力量。该项目可能会造成巨大影响，除了勇往直前，她别无选择，她感觉从未如此孤独。

# 第四十八章
# 迎接挑战

1959年2月，卡森回到稳定工作状态。她为看到了自己研究的不同方面之间的联系而备感兴奋。"我感到很欣慰，"她写信给布鲁克斯说，"现在我能够从广泛分布的事实中综合得出一个结论来，迄今为止从未有人考虑过将这些事实互相联系起来。"她补充道："现在我有可能将它们一步一步地组织起来，整理出一个完整揭露眼下正在侵害我们的这些化学品的定罪案例。"

卡森一直是个兢兢业业的调查者。现在她把她的侦探技能应用到合成杀虫剂是怎么起作用的、昆虫对这些化学药物是怎么反应的（或者说耐受的）、它对人类健康的效果是怎么样的，以及这些药物的扩散对野生动植物、鸟类、更大的生态环境会有什么影响上。她归纳分析，将能找到的所有相关事实集中起来，系统提出研究假设，不断思考和验证她的理论，再修正她的想法。为了收集数据，她还请了一名调查助手贝蒂·哈尼。就这样，两个女子在华盛顿特区图书馆里一起工作了好几周。

卡森与科学家、医生、图书管理员、环保主义者、农民、政府官员等接触，这些人员组成的网络不断扩大。比如哈佛的昆虫学家爱德华·威尔逊，向她提供了火蚁害虫防治效果的一些研究成果。

国家癌症研究所的威廉·休珀跟卡森分享了他的一些发现成果。康涅狄格州的医生莫顿·毕斯金，也将杀虫剂对人体细胞的影响数据提供给她帮助证实她的想法。

密歇根州立大学的鸟类学家乔治·J. 华莱士在目睹校园知更鸟整体衰亡后开始关注杀虫剂对鸟类的影响，他分享了自己的观点。美国奥杜邦协会的野外生物学家哈罗德·彼得斯，也同样提供了帮助。卡森找到了荷兰的科学家，他们给她发送了美国地下水研究及化学毒理学的报告副本。爱德华·F. 尼普林，美国农业部昆虫研究分部的主任，给这位作家写信描述了一些使雄性昆虫失去生殖能力从而达到有效、无毒害虫防治的试验。生物学家克拉伦斯·科塔姆，雷切尔在鱼类和野生动物保护局的前任同事，也提供了杀虫剂对野生动物种群影响的相关数据。在卡森研究和写作的整个过程中，他一直和她保持着通信。

有些人知道这位作家在政府部门工作了很多年，有些人通过她在文学界的声望了解她，还有些人通过她的科学贡献了解她，还有的人因为是信得过的同事的推荐。事实上所有这些人都推动着卡森的工作进展，他们或打电话或发邮件与她保持联系，提供相关信息或者建议跟踪哪条线索。正如林达·李尔写道，这些人不只给作家提供机密信息帮助她，往往还冒着工作和声誉受损的风险。

人类暴露在杀虫剂下与癌症发生概率是否可能存在联系，这是卡森尤为关注的问题。1959 年年末，项目刚启动的时候，她写信给布鲁克斯说："我过去认为人类患癌跟杀虫剂之间的联系甚微而且纯属偶然，现在我认为这二者之间有非常必然的联系。一部分是因为我感觉到我能推导出这些东西能将一个正常细胞转化为癌细胞的真实机理。"她继续规划她的研究方法："这得深入挖掘生理学、生物化学、遗传学，更不用说化学领域了。但现在我感觉许多孤立的片段就像拼图碎片一样，我正在逐渐把它们理出头绪拼成完整的画面。”（卡森在她的书《寂静的春天》里花了三章阐述杀虫剂和癌症的联系，最后结论是“证明问题极其严重”。）

拼图不断延展。她不断打电话、写信给各领域专家，对自己的理论检查了再检查，写初稿的同时将部分章节邮寄给相关人员征求反馈意见。这是一个缓慢又艰苦的过程，贝蒂·哈尼描述雇主的工作节奏：“跟雷切尔一起工作就好像看到了龟兔赛跑的寓言。我真心以为那本书她永远也写不完，不是因为存在显而易见的困难，比如她的病痛、她母亲的死、照料罗杰，而更因为她工作进展……似乎太慢了。在我从小受到的教育中，我还真没见过那种进度、那种效率……那时我不知道她下了多大的决心、那种决心能产生多大的力量。她真的给我上了一堂很有价值的课。”

到 1959 年年末，卡森知道要完成这本书会比她最初计划的时间要更久一些。但她坚守承诺，在写给布鲁克斯的信中说，她的工作会建立在“不可动摇的基础上”。这一点至关重要，因为“太多人可能怀着各种动机，在无充分支持的情况下，匆匆发表言论，为反对派提供了极可能受攻击的把柄。我们无须担心这些”。

卡森为写这本书进行调查的经验提醒我们一个人做好功课的重要性。这意味着仔细寻找可靠的信息源，吸收、分析一切信息，来证实我们研究的目标，相应地修订我们工作的内容。她的研究过程也阐明了领导者需要超越数据和事实采取行动。就像卡森清楚地了解这些数据和事实，但仅此还不够。领导者——无论是书面文件，在会议室开会还是面对着镜头——都有责任把信息转化成知识，利用这种知识，在用的过程中发展成认知，如果可能，再将认知转化为智慧。

时间进入 1960 年，雷切尔对她的书感到乐观。她又雇了一名助手，精通科技文献的珍妮·戴维斯帮忙。雷切尔已经写完了杀虫剂对鸟类、野生动物、土壤和地下水的影响。她围绕昆虫的耐药性起草了另一章节，即将展开两个章节讨论杀虫剂和癌症。写作进程已经进入这本书中最艰难的一个主题：杀虫剂与基因突变的关联，进展到这儿令她备受鼓舞。这项工作要求对细胞学有着深入的研究，研究的结果既深深吸引着她，也令她莫名担忧。

然后，一场疾病压垮了她。1960 年刚入春，卡森不得不全力以赴应对一系列健康状况，最危险的是癌细胞转移。1961 年早期放疗期间，她又迎来了一场艰难、痛苦、极消耗能量的大病，类风湿性关节炎和暂时性的失明。她一个人默默地跟疾病做斗争，只告诉了几个亲密知己。卡森担心将自己得了癌症的消息公之于众，她害怕那些批评者一旦获悉她得了病，会质疑她的客观性进而怀疑她的研究成果的正确性。这位作家知道这本书在是非曲直上很有争议，她不想给反对者平添攻击的把柄。"无论如何我不想在报纸上看到我得病的八卦消息，"她在写给朋友的信中说，"那些化工企业会觉得太惬意了。"

原定几周的住院治疗变成几个月，缺乏足够的精神支撑，卡森备感吃力。她身边不乏人手帮她照顾罗杰、打理家务，也有人辅助她开展研究工作和写作；她和桃乐茜·弗里曼、保罗·布鲁克斯、莫瑞·罗代尔联系也很频繁。尽管如此，在写作《寂静的春天》最后的两年里，她依然有很多时刻感觉到特别孤立无援。身为作家，她当然知道创作的过程总是伴随着孤独感。但这种孤立不同，它是寒彻骨、如刀割般的苦意，有时候孤独得令人心悸。她不得不跟致命的疾病做斗争，感觉自己完全跟其他人隔离开了。她知道自己这一生辛勤工作、成就斐然，坚守自己热爱的志趣、始终保持善良，属于她的时日不多了，生存在死亡的阴影下，这使她孤独无比。

夜深人静难以入眠的时候，卡森如何看待自己的处境？她只留下了很少的线索。举例来说，1961 年年初，她写信给桃乐茜说到想带着罗杰一起去加州发表演讲，“要知道我能看到许多理由保持乐观态度，”雷切尔解释道，“但你也知道我面临各种可能性。鉴于我身体出现的状况，我认为我已经深深意识到无论怎样我剩下的时间弥足珍贵，无论留给我的时间是长还是短，只要上天给我一日我就要好好把握机会，一天都不浪费。”

卡森尽其所能将每天的生活都过得富有诗意。她若有体力能到外面散散步，或是叫上罗杰走到大落地窗前看一群天鹅飞过头顶，就能发现一些小快乐。她溺爱她那两只猫杰菲和崽崽。她很享受跟助手珍妮·戴维斯在一起的时光，喜欢她们俩在书房一起研究项目时那种友善的沉默。亲密的朋友来电话或者来访时，这位作家会由衷高兴；但最大的快乐，还是当她能够安心写作《寂静的春天》这本书的时候。她的助手戴维斯回忆这段时期，她知道她的雇主卡森在过去五年中从没出去听过音乐会或是看过电影。

林达·李尔说卡森长期抗癌的经历对她写作《寂静的春天》可能也有帮助。这段时期她不得不辍笔养病，得以有时间重新思考这本书的各个方面。这段休整期也迫使她直面健康状况的严重性。两相比较之下使她对收集到的材料有了新视角和清晰度，也使她更勇敢、更果决地将整本书处理好。

书中有些篇章涉及合成杀虫剂对人类健康的影响，经过部分调查，卡森知道大量接触 DDT 和其他类似化合物很可能会对人类主要器官造成致命损伤。但她也研习了长期暴露于含量较低的杀虫剂下的影响。在她推进调查时，找到很多证据证明这些化学制品能改变基因物质，她推断这可能跟癌症发病率有关。

到了21世纪初，我们理所当然地认为基因突变跟疾病有很大关系，但在卡森生活的时代，这还是一种新观念，二者间的联系大部分未经验证。20世纪50年代末，她和其他科学家确实知道核裂变产生的放射性副产品锶-90，被证明是一种致癌物质。这一发现给卡森提供了展现合成杀虫剂所造成类似威胁的大致结构。她在《寂静的春天》一书开篇写道：

伴随着核战争造成人类大灭绝的可能性，我们当今时代的重点已经转为人类整体环境被化学物质污染的问题，下文提到的物质有着令人难以置信的潜在危险——这些物质沉积在动植物组织里，甚至渗透到生殖细胞里，破坏和改变后代传承的遗传物质……这么一想很具讽刺意味，人类自己的未来可能取决于貌似并不重要的某种杀虫剂。

卡森认识到要精确地描绘出杀虫剂和疾病的关系须耗时数年。但是到那个时候可能就太迟了，她发出警示，即使人类能够用什么办法改进现存的化学物质，“也徒劳无功，因为我们的实验室会创造出新的化学物质，永无止境；仅美国一年就几乎有500种化合物投入实际应用”。她说，这些新物质“完全超出生物体验的极限”，人类和动物的身体年复一年无论如何都必须去适应。她断言，对人类来说这是在“密集地向地表投放毒药”，绝不是可持续发展的办法。

更复杂的问题在于当昆虫适应了当前的毒药后，为了实现最初减少病虫害的目标，就需要更多效力更强的有毒物质。卡森解释道：“这都变成了事实，因为昆虫界成功地验证了达尔文的适者生存原则，它们演变成了能对已用杀虫剂免疫的超级种群。”因此，

“打化学战人类永远赢不了，在杀虫剂这种猛烈炮火下，所有生命都没有赢家”。

但卡森并没有呼吁完全终止使用合成杀虫剂，她指出，在美国有3万种昆虫引发的病虫害导致每年140亿美元的损失，对昆虫进行控制能有效降低经济损失。但那种控制“必须结合实际，不要创造神话……采取的措施绝不能在杀死昆虫的同时还毁灭了人类”。

必须找到办法取代大规模、不加选择地喷洒合成杀虫剂，卡森呼吁，“推广使用已知的替代措施”，开发其他安全、有效的害虫控制手段。在《寂静的春天》最后几章里，她探索了生物学解决方案的有效性，包括少用有毒物质、多用捕食害虫的微生物和猎食性昆虫、物种不育化等。比如以吮食活人和牲畜肉体为生的旋蝇，可以成功使其幼虫失去繁殖能力。到1959年，不育化项目几乎将美国东南部的这种昆虫灭光了。(这些项目持续了几十年，使用这个办法，美国于1982年官方宣布灭绝了旋蝇)。关于害虫防治的替代方法，卡森在结束讨论时表示，通过后退一步从大局层面整体观察的方法，即我们今天所说的环境可持续发展：

将化学武器投向生物组织，粗鲁得如同穴居人时代的棍棒，生物体一方面脆弱易损，另一方面又神奇地坚韧而富于弹性，有能力用意想不到的方式还击……

控制大自然是一种妄想，出自生物学和哲学的蒙昧时代，那时候人们以为大自然之所以存在就是为了供人类利用。应用昆虫学的概念和实践大半可以追溯到石器时代的科学。这是一种值得我们警醒的不幸，是在用最现代的可怕武器武装如此原始的科学观念，用它们来消灭昆虫，无异于消灭地球。

卡森认为人类与地球的关系已经到了紧要关头。“我们现在站在两条岔道上，”她特意引用了罗伯特·弗罗斯特那首耳熟能详的诗《未选择的路》，写道，“我们长期以来走的路貌似是一条平坦好走的阳关大道，我们走在上面高速发展，但沿着这条路一直走到黑将会是一场灾难。这条路的另一个岔道是一条‘少有人经过的路’——最后向我们提出，唯一能保证人类驶向终点的机会，是保护我们生存的地球。”

50多年之后，在全球气候变化、自然资源枯竭、物种灭绝加剧所造成的影响日益突出的年代，这些词呈现出新的相关性。我们都可以从《寂静的春天》中生动描绘的所有研究和预见中得知，这本书包含了一场生态悲剧的所有要素。（甚至连书名都暗示了未来，鸟儿被喷洒的杀虫剂所毒杀，从此集体失声——厄运降临的弦外之意。）这本书在1962年首次出版，一时间所有的批评家都指向卡森，指责她对未工业化的农业怀有不切实际的怀旧之情，盲目卫护“自然生态平衡教旨”，过度敏感，杞人忧天。

我们可以理解她的反对者从哪里找到攻击她的理由。但雷切尔·卡森作为领袖人物的影响力从中可窥一斑，《寂静的春天》很显然不是末日决战的预言，也不是对单纯的旧日世界的悲歌。相反，书的作者意在综合分析杀虫剂对人类乃至更广袤的地球造成的影响，显然是想呼吁公众意识并采取行动。为了产生更有力、更积极的变化，卡森想要在“不可动摇的基础”之上扰乱和瓦解这一现状。

《寂静的春天》至少从三个方面向主流意识发起了挑战。首先，正如传记作家林达·李尔和威廉·苏德所记录的，这本书强有力地质疑了战后美国的科学进步范式。卡森写作的时候正值冷战高峰期，人们普遍认为科学发展不仅帮助美国打赢了二战，而且通过核武器从军事上保证了国家安全，同时借由化学和技术创新促进了经济繁荣。李尔写道，在当时，“公众对在遥远的实验室里工作时穿着笔挺白大褂的化学家，赋予了无上的智慧。结果导致他们的劳动都被镀了金，被视为善行。战后的美国，科学就是上帝，科学孔武有力”。

在《寂静的春天》里，卡森一次次对这种观念发起挑战，无止境的科学进步必然导致越来越好的结局？她表示，科学的目标大都是控制自然，却错误地将其他生命形态，包括其他有意识的存在——视为受人类支配的附属。卡森坚持认为，这看法是站不住脚的，最终会产生破坏性的后果。人类不可能掌控大自然。相反，在这个错综复杂、相互关联的地球生态系统组成的网络中，人类只是其中的一个元素，这张大网维系着所有生命，因而要对它善加利用、在与它交互作用的时候需要维持精妙的平衡。她断言，要改变这个精致的连锁系统中任何一个部分，其他幸存部分，甚至可能是整个系统本身都会陷入麻烦。“谁来决定——谁有权决定，”卡森问道，“对人类数不尽的千军万马来说，有谁发出过天问：难道消灭昆虫的世界才具有至高无上的价值？即使天空中没有飞鸟翅膀划过的世界是何等的贫瘠乏味？”

《寂静的春天》挑战的第二个主流意识是卡森唤醒了民众的公益责任。在还没有广泛开展的环境运动之前她已经写出来了，她坚持认为美国人有义务对生存环境、对工业和政府当局的所作所为对环境产生的影响保持戒心和警惕，并有所行动。她问道：“难道我们已经陷入了迷惑状态，仿佛失去了意志和眼力，想当然地视某个物种是低级或有害的，判断不出哪一种才是对的？”她主张，每一个独立个体无论男人或女人，都有力量、都可以发声去推进正向改变，挑战现存权威。但要做到这一步，他们必须得到可靠信息。她解释说：

公众抗议的时候，面对显而易见的因使用杀虫剂造成损失的证据，他们就给我们一些半真半假的事实当作平复公众情绪的药丸。我们当务之急需要结束这些对裹着糖衣的苦涩现实的虚假保证。病虫害防治者们算计的结果是风险由广大民众承担。民众必须决定是否愿意继续在现在这条道上走到黑，只有全面掌握事实才能做出正确判断。以法国生物学家让·罗斯丹的话来说，“让我们履行忍耐的义务就必须给我们了解内情的权利”。

卡森出版的《寂静的春天》呼吁唤起民众的公民权，启发人们相信普通人行动起来能够对世界有所改变，这些对今日世界有重大意义。在政治行动委员会、游说团体、日益加剧的收入不均的时代，她的生活和消息告诉我们，个人通过努力，比如解决问题、掌握知识、勤奋工作等能够做出巨大改变。

卡森攻克的第三个顽疾是瓦解了道貌岸然的道德说教。她坚称，每一个美国人都有不经许可不得在他们家中投毒的权利。“我们数量庞大的民众跟这些有毒物质接触，这事儿并未征得他们同意，他们对此往往也并不知情，”她写道，“如果《人权法案》没有明确担保公民有免受致命有毒物质（无论独立个体或公职人员散布）侵害的权利，那绝对只是因为我们那些已经具备相当智慧和远见的先辈们没有预料到后世会出现这样的问题。”

杀虫剂的广泛应用殃及其他众生，这涉及道德犯罪。卡森有一章阐述了她对此做过的详细调查，她详尽记录了 DDT 和同类化合物对野生动植物和家养动物的影响。她写道，合成杀虫剂，毒杀了“所有接触到它的生命：有些家庭喜爱的猫、农民养的牲畜、田野里的兔子、天上飞的角百灵。这些生物是无辜的，人畜无害。实际上有它们的存在和陪伴反而愉悦了人类生活。人却将它们置于死地，这种死亡不仅过程漫长而且非常痛苦”。她指出，“动物尸体的形态能够说明其死前最后一刻的状态”。卡森引用了一份关于狄氏剂应用情况的报告，描述了地松鼠的死亡情况：“弓着背，前爪脚趾紧握，拢在胸前……头颈向外伸展，嘴里往往有污迹，说明这只动物临死前咬着地面。”她用一个问题结束讨论：“一项法案的默许，足以使一个活生生的生物经历如许痛楚，作为人类的我们之中有谁能担保我们自己能幸免于难、不被这样灭掉？”卡森称，另一个违背道德的事情是对后代不利。对地下水的污染，跟空气中有毒物质的积累一样会造成细胞遗传物质的改变，会践踏我们后代子孙拥有洁净、安全、可持续发展的生存环境的权利。我们不能放弃对后代子孙的责任。她写道，允许“这些化学物质投入使用，而对其对土壤、水源、野生动植物及人类自身会产生的影响不做调查或者说不做进一步调查，我们的后代可能不会宽恕今日之我们，竟对滋养所有生命的整个自然界如此缺乏审慎的态度和人文关怀”。

# 第四十九章
# 寂静的春天，喧闹的夏天

1962年伊始，卡森的书完工在即。1月末，她把大部分手稿发给出版商和《纽约客》杂志后，得到保罗·布鲁克斯和威廉·肖恩二人的热情对待。最后修订这本书的时候，她对写作初衷考虑了又考虑。她的原始动机并非想和大化学公司作对。“我本人从没想过要引发难堪的局面，”她在写给友人的信里说，“希望他们也不要那么想。我只是在试图挽回我这个世界的美丽，在我脑海里这是第一位的。”话虽如此，她内心里的科学家身份对她所认定的那些对生存环境“愚蠢、野蛮的伤害行为”深感愤怒。

当《寂静的春天》一书的工作告一段落后，卡森去拜会了乔治·克莱尔医生。他做的活检证实癌细胞已经扩散到她右侧的整个乳腺系统。1962年3月，她开始接受新一轮化疗，这次化疗再一次让她深受打击。卡森写信给桃乐茜说：“我知道在这场会战中，200万伏的怪兽是我的盟友，但它是个可怕又糟糕的盟友，我知道它在杀死癌细胞，但同时也在谋杀我。因此每天都屈从于它令我很难过。”

即使如此，卡森仍在坚持工作。她完成了手稿，还给《纽约客》写了摘要。她戴上假发，因为只要她的健康情况允许，她计划择时公开露面，遮住她那化疗导致的脱发。5月末，她参加了内政部长斯图尔特·尤德尔主持的白宫环保会议。参加会议的有很多人，包括塞拉俱乐部的会长大卫·布劳尔，他们都收到了《寂静的春天》样书，在座的各位都表达了对这本书的热切关注之情。

1962年7月16日开始，《纽约客》发表了从《寂静的春天》一书中摘取的三篇节选。这激起了读者的强烈反应——支持者迅速表示赞赏，批评者叫嚷不相信这本书的内容及其作者。双方阵营的成员意识到，卡森向全体美国人民发出了巨大挑战：重新考虑科学技术的飞速发展带来的后果。她在作品开端发问："人类身为智能生物，岂能不惜污染整个生态环境，来控制一些不想要的物种，甚至不惜给自己的物种带来疾病和死亡的威胁？"

支持者迅速认识到这本书的潜在影响。比如，最高法院大法官也是自然主义作家威廉·O. 道格拉斯宣称，《寂静的春天》是"本世纪人类最重要的编年史"以及"《汤姆叔叔的小屋》以来最具有革命性的书籍"。人类学家劳伦·艾利斯在《星期六评论》周刊里评价这本书是"一本颠覆性的、信息量巨大的记录，无情地抨击了人类的粗心大意、贪婪和不负责任"。卡森"站在她力所能及的高度，勇敢地选择了一个悲伤的、不讨喜且无甚美感的主题，也是我们自己造下的恶果来教育我们"。《基督教世纪》称这本书是一本惊世骇俗的重要作品。其编者说，"每一个社区领导、热爱大自然的人、珍爱我们国家伟大自然资源的公民，都应将这本书列入必读书目"。

那年夏天，化学界又展开了一场关于安眠药萨力多胺的争论，一下子吸引了公众注意，也引起的卡森工作的兴趣。萨力多胺，是一种在欧洲广泛应用的治疗失眠症和早孕呕吐的处方药，当时被发现和严重的出生缺陷如婴儿失明和四肢发育不良有关系。美国一家制药厂威廉·S. 梅里尔公司从1960年秋天开始连续18个月申请投放美国市场。但美国食品及药品管理局的科学家弗朗西斯·凯尔西注意到这种药物具有危险的副作用，阻止政府予以批准。

1962年7月，《华盛顿邮报》报道了此事。美国人群情激愤。凯尔西被视为英雄，阻止萨力多按的生产商在美销售此药，进而防止了成千上万个家庭悲剧。(8月份，约翰·F. 肯尼迪总统授予她杰出联邦公民总统奖章。国会通过了《基福弗-哈里斯药品修正案》，要求制药厂在申请食品及药品管理局的许可证时，事先提供药品安全可靠证据的材料。)《纽约邮报》采访卡森时问及关于萨力多胺的论战，她说，“萨力多胺跟杀虫剂性质上都是一样的，代表我们在应用新产品时大步向前却不顾其会带来什么后果那一厢情愿的心态”。美国大众都对此表示赞同，一时间国会、食品及药品管理局及美国农业部都收到了大量抗议萨力多胺、抗议飞机喷洒杀虫剂的书信。

事件沸沸扬扬的时候，一名记者在8月记者招待会上问肯尼迪总统是否会召集农业部以及公共卫生署更仔细地监察杀虫剂。总统回答，“是的，我知道他们已经在监管了，我认为，特别是在卡森小姐的书出版后，他们就已经在这么做了”。一天后，总统宣布，联邦科技委员会及总统科学顾问委员会的专门小组已经就政府的杀虫剂项目重新进行审核了。1963年5月，总统科学顾问委员会发布报告对杀虫剂使用要求加强联邦监管，外加调查这些化学药物的使用后果，“慢慢减少残留性杀虫剂的使用”。报告的结尾提到“在雷切尔·卡森写的书《寂静的春天》出版之前，人们普遍未意识到杀虫剂的毒性”。委员会成员建议联邦政府对这些合成药物的使用和毒性提供公共教育。

1962年夏天，卡森的反对者化工行业带头发起了一系列反击。DDT生产的领军企业蒙特罗斯化学公司的老总说卡森的写作“不是站在科学家立场，而是像一个生态平衡的狂热信徒”。威斯考化学公司的总顾问路易斯·麦克林援引冷战语言，认为畅销书作家是共产主义影响的前锋，旨在限制“这个国家使用农用化学品……为了使我们的食物供应降低到（铁幕政策时期）同等水平”。“……《寂静的春天》中的主要论述跟当前实际相比严重失实。”来自化工企业美国氰胺公司的一位科学家申明。他还说，这些争论“完全没有科学试验证据和实地通用实践经验支持……如果人类忠实地跟从卡森小姐的教义，我们会倒退回黑暗的中世纪，昆虫、疾病和害虫会再次称霸地球”。

读者和记者立刻投入争论。一些记者与化工公司沆瀣一气。举个例子，《经济学人》的一名作者把《寂静的春天》称作“哗众取宠的高调专论”，是在“白热化的愤怒情绪下由写满书页的歪七扭八的文字”组成的宣传内容。《时代》杂志的评论员谴责卡森“运用文学技巧专门恐吓和煽动读者”。他还说，“很多科学家同情卡森小姐对野生动植物的热爱，甚至同情她对自然界生态平衡的神秘依恋感。但是他们都很担心她在《寂静的春天》那不恰当的情绪爆发对不懂技术的大众有害，这反而对她所热爱的那些事情没好处”。一名读者给《纽约客》杂志写信谴责卡森是共产主义傀儡：

雷切尔·卡森小姐说杀虫剂制造商只顾谋私利，可能反映了她那共产主义式的同情，跟目前我们大多数作家没什么两样。没有鸟和动物我们照样能生存，但是，正如当前市场暴跌显示，没有了生意我们活不下去。

至于那些昆虫，不就如同女人害怕几个小臭虫的死嘛！只要我们有氢弹在手，所有一切都平安无事。

卡森的一些对手甚至对她发起了攻击。比如，新泽西农业部的主任公然宣称卡森将自己混同为“不懂得农用化学品在我们化学领域里的重要地位，鼓吹生态平衡、有机园艺、爱护鸟类等错误信息，纯属不可理喻的市民”。还有一些评论家给这位作家打上“自然界女祭司”“爱鸟人士”“歇斯底里的女人”“神秘主义信徒”等标签。保罗·布鲁克斯记得，最刻毒的是农业部前部长艾兹拉·塔夫特·本森，据说本森在写给前总统德怀特·戴维·艾森豪威尔的信中如此表示怀疑：“她一个老处女，不是吗？为什么如此担心基因？”

几家化学公司威胁要提起法律诉讼。强力杀虫剂氯丹和七氯的生产厂商威斯考化学公司曾试图阻止《纽约客》发表《寂静的春天》第三篇节选，声称这家杂志一意孤行的话就发起诉讼。《纽约客》的法律顾问米尔顿·格林斯坦告诉他在威斯考的同行说，“那些文章的每一部分都经得起检查，没有问题。你们尽管去告吧”。这家厂商同样也威胁了卡森的出版人霍顿米夫林，出版社发函给厂商为卡森的原材料做出辩护，并决定出版该书，威斯考撤销了警告。《寂静的春天》出版之前及之后未收到任何指控。

1962年9月27日，《寂静的春天》出版，一进入书店就迅速一抢而空。两周内，该书登上《纽约时报》畅销书榜，当年秋天的大部分时候它都持续位居第一。该书还入选每月一书俱乐部的10月图书，当年底，这本书卖出了10万多册。在平装本上市之前，精装本持续卖出了50万册。至1964年中期，总销量为100万册。

随着该书销售越来越火爆，新闻记者、电影制片人、政要等强烈要求雷切尔·卡森，这位喜欢在缅因州的海边散步的低调、端庄的女士走到权力中心露面。她从没想过会如此出名，她收到成千上万封信，接到几百个电话（即使卡森换了电话号码不登记在公共号码簿上也挡不住这份热情）。莫瑞·罗代尔帮助她滤掉了很多电话和信件。其中绝大部分人是想邀请卡森去演讲、参加社团或是领导某些运动。

卡森几乎谢绝了一切。她的健康状况岌岌可危，她下定决心不向公众透露自己的病情。她也知道必须保存体力，因此仅接受了她认为有重大影响的邀请。比如，1963 年 1 月，她在总统科学顾问委员会证实了自己的论据；她关于杀虫剂的研究被政府机构审议证明具有至关重要的意义。她同意接受哥伦比亚广播公司（CBS）的邀请，上了 CBS 报道访谈节目。这段访谈节目在 1963 年 4 月 3 日播出，她将自己的看法直接带到了美国每家每户的电视屏幕前。CBS 估算有 1000 万到 1500 万名观众观看了这个节目；一小时之内，卡森成了备受瞩目的市民，全国人民都记住了她的音容笑貌。

这个节目将 CBS 记者艾利克·萨法瑞采访卡森的节目同第二场萨法瑞采访美国氰胺公司的罗伯特·怀特-史蒂文斯博士的访谈节目放在一起播出。"卡森小姐主张，在人类存续过程中，生态平衡占据主导力量，"怀特-史蒂文斯声称，"然而现代化学家、现代生物学家、现代科学家都相信人类正在稳步控制大自然。"卡森坐在她起居室的扶手椅上，温和而自信地发话了，她争论道，就征服而言人类应该首先考虑他同大自然的关系：

在当今时代，人类对大自然的态度极其重要，因为我们现在已经掌握了强大的力量，能够改变甚至破坏大自然。

但人类是大自然的一部分，人类与自然界相抗衡的战争不可避免地也是在与自己抗衡……现在，我真的相信我们这一代人必须跟大自然和解，而且我认为我们作为人类现在受到了前所未有的挑战，人类是否已经成熟到足以征服大自然？这份挑战不是针对大自然，而是挑战我们自身。

林达·李尔描写了这期电视节目："无异于《寂静的春天》的一场专场推介会。"事实上，这期节目将这本书推送给了一些此前没有看过本书、范围更广的新观众。老百姓呼吁采取行动的呼声一时淹没了联邦政府机构。节目播出的第二天，康涅狄格州参议员、民主党人亚伯拉罕·里比科夫召集议会对合成杀虫剂及其他有潜在危险的工商业产品进行评审。他还宣布要亲自组成参议院下属委员会就此事进行调查，召集目击者。里比科夫回忆说："如果不是雷切尔·卡森，我可能不会召集这场听证会，也永远不会了解她提出的问题竟到了如此程度、如此重要的地步。"对这位参议员来说，很显然联邦政府有责任和义务对此进行干预。

1963年6月4日，卡森出现在里比科夫参议员的下属委员会面前，提交了她对DDT及其他杀虫剂使用效果的研究材料。她详细描述了有毒化学药物如何残留在地球上的土壤、水源、活着的生物体内，然后推荐了几种减小杀虫剂危险的办法。两天后，卡森再次在参议院商业委员会面前作证。她在此提议设立一个杀虫剂委员会，会员由生物、基因、资源保护领域的独立专家组成，帮助解决围绕这些化学药品的使用引发的争端以及在公共利益上做出决定。

随着总统科学顾问委员会近期发布的报告，这些国会听证会推动了政府部门开始采取行动。接下来的几年联邦和各州政府在对杀虫剂及其他有毒物质的生产和使用的监管上起到了重要作用。同时，民众对环境问题也越发关注。这些都为当代环境保护运动奠定了基础，雷切尔·卡森也做了大量工作将环境问题摆到重要位置。

尽管卡森在公众面前表现得坚毅平静，实际上她病得很重。到1963年年初，她知道自己时日无多了。"我仍然相信老派的丘吉尔作风，果断迎接每一场战斗（'我们会在海滩上战斗——等等'），"

当年2月她写信给乔治·克莱尔说，“我认为必胜的决心能更好地推迟人与自然终极对决的到来。但现实因素也仍然起着相当大的作用。”7个月后，她写信给桃乐茜·弗里曼郑重告别，信中提到她们俩顺着布斯贝港漫步的情景，卡森写道：

此时正值我最喜欢的夏季时分，过往的一切细节都历历在目：9月间蔚蓝的天空、风声穿过云杉、海浪拍打岩石、海鸥忙碌觅食，那份从容和优雅，格里菲思白头鹰及托德角的远景，今天如雕刻般格外清晰，尽管一时迷雾缭绕半隐半现。但记忆中印象最深刻的是帝王蝶，一只接一只的蝴蝶扇动着小小的翅膀从容不迫地向西飞去，每一只都仿佛被无形的力量吸引着飞去。我们谈到了它们的迁徙、它们的生命历程。它们会回来吗？我们认为不会，至少大部分回不来，这是它们生命中的一场终结旅行。

今天下午这些情景再次闯入我的思绪，我回忆，那真是一派欢乐场面，我们说起了帝王蝶有去无回的事实，没有感到一点悲伤。很公道，任何有生命的事物都会走到它生命周期的终点，我们像大自然一样接受这种终结。

对帝王蝶来说，它的生命周期是以几个月的时间跨度来衡量的。对我们而言，另有其他跨度来衡量，这个时间我们谁都不知道。但道理是一样的：当那个无法预知的周期走完它的历程，这是一件很自然的并且不甚快乐的事情，一个生命走到了尽头。

这就是今天早上那些振翅飞舞的明艳生命教给我的意义，我从中发现了内心深处的快乐——因此，我希望你也快乐。谢谢你，谢谢这个早晨。

1964年4月14日，雷切尔在银泉市家中去世，享年56岁。

# 第五十章
# 雷切尔·卡森之后的世界

《寂静的春天》出版后带来的最直接的后果是，民众和决策者都呼吁加强杀虫剂及其他合成化学药物的监管。接下来的几个月，40 个州通过立法对这些化合物的使用和分销加以限制。

1960 年年末开始，一系列生态灾难证实了卡森发出的警告：强行干涉大自然危及人类和其他物种生存。举例来说，1969 年年初，在加利福尼亚州圣巴巴拉海岸，约有 8000 桶原油泄漏在海面上，造成海岸线严重污染，数千只海鸟、海豚、海豹、海狮死亡，广大民众义愤填膺（这是美国历史上第三大原油泄漏事件，前两名分别是 2010 年深水地平线钻井平台爆炸、1989 年“埃克森·瓦尔迪兹号”油轮漏油事故）。也是在 1969 年，克利夫兰市凯霍加河上发生了一场化学火灾，加重了民众对工业活动对环境造成影响的集体焦虑感。美国人民抗议越南战场上使用凝固汽油弹和橙剂*，强调了卡森从事的工作关于某些化学物质的危险性的重要性。1970 年 4 月

---

* 橙剂（Agent Orange），是一种高效的树木杀伤剂，因其容器的标志条纹为橙色，故名“橙剂”，又称橘剂、落叶剂、枯叶剂、落叶橘。越南战争期间美军用低空慢速飞行的飞机将其喷洒于被判断为共产党武装人员藏身之地的森林、丛林和其他植被上，使树木等植物落叶。——译者注

22日是第一个世界地球日，这个节日的设立体现了公众对环境问题日益增加的关注度和参与度。

1970年1月1日，美国国会颁布了《国家环境政策法案》。这项立法建立了一个保护环境的大框架，创立了总统环境质量委员会。

11个月后，又成立了环境保护署。1972年，国会通过了《清洁水法案》，禁止了DDT的销售和使用。又过一年，《清洁空气和濒危物种法案》通过了立法。

过去40年间，联邦和州政府一手立法一手管制，处理环境危机以及长期的环境问题。很多这样的举措激起了激进人士的更大争议，广大民众和业界利益之间的争议，使我们持续投入了大量时间围绕全球气候变暖和其他重要的生态问题进行辩论。今天，我们对集体责任——不仅是指平衡公众利益和个人利益，而且要确保公众能够获得准确、公正的环境资源信息——的理解，早已经深深植根于雷切尔·卡森的工作中，号召我们考虑成熟后有所作为。

这位科学家兼作家发出的声音，看待自然界的生态观，为我们考虑人类与地球的关系，以及50多年来的相关研究奠定了基础。如同一个半世纪之前亨利·大卫·梭罗所著的《瓦尔登湖》，卡森唤起了民众的注意，人人都有参与保护大自然的权利以及承担这一特权的义务。这两个强大的观念——地球上所有的生命是相互依赖的，人类对维系所有生物的生存负有管理责任——在威胁全球环境的因素越来越多、越来越严重的当下越来越意义重大。

卡森的著作一直鼓舞着一些最有影响力的环境领袖。“《寂静的春天》对我个人而言有深远的影响，”前副总统阿尔·戈尔写道，“看这本书是在我家里，在我母亲一再推荐下看完的，然后我们在晚餐桌上就展开了讨论……事实上，因为雷切尔·卡森，我才越来越意识到环境问题的重要性，并主动参与其中……我把她的肖像跟那些政治领袖、总统和首相的肖像一起挂在我办公室的墙上，已经有好几年了。她做出的贡献值得跟这些政治人物比肩而立。卡森对我的影响不亚于或者说更甚于这些政要，没准儿是他们对我的影响之和。”2002 年，《寂静的春天》出版 40 周年，生物学家爱德华·O. 威尔逊动情地说道：“谁都不能否认雷切尔·卡森的著作所发挥的并且一直在发挥的重要影响，那些污染在今天几乎普遍存在，而这本书如果不能说是在行动上，至少是在文字上促进了人们对化学污染的抵制。”

2012 年《寂静的春天》出版 50 周年，人们从卡森的著作中依然能发现它不断释放的另外一个益处，包括全世界范围内广泛禁止使用 DDT 的争议。这本书不断激发了人们的参与度，达到了大众参与、科学参与、政府参与的水平，证明作者提出问题以及如何围绕这些问题进行写作的深度和中肯性。《寂静的春天》对当代经久不衰的重要性，也说明一个人致力于有价值的使命，可以形成多么巨大的积极影响力。这种影响力连同雷切尔·卡森在保护生物学领域的贡献，是她留给人类的宝贵遗产。

卡森跟这本书中的其他领军人物不一样，她是默默地引领社会导向。她的工作大部分都是一个人私下里进行的，反复实践、任劳任怨，全身心投入到后人称道的事业中去。日常研究中她在想着这项工作；跟侄孙罗杰一起在缅因州的海边漫步时也在想着自己的工作；看海鸟在头顶盘旋，检测生活在潮汐池边的生物时也是如此。有时怀疑和绝望快要压倒她的时候，她向好友伸手求助努力调整方向，此时她依然没忘记工作。所有这些情况下，雷切尔·卡森向我们示范了稳定情绪、勤奋工作以及下定决心激励自己完成这些工作是多么重要。她是一个古典派的内向人，展现出来的特质几乎很少能使我们跟领导力联系在一起，诸如个人魅力和进取精神。但是人们认为，正如《安静：内向性格的竞争力》一书的作者苏珊·凯恩指出的那样，领导力有多种多样的方式。

在卡森生活的时代，她是一名开拓者，在那个年代，科学领域男人占据主导地位，而她身为科学家在这些领域工作。在她生命的最后十年，她脱离体制自行工作，她清醒地决定发声呐喊，向那些强大的既得利益群体发出挑战。她温和而坚定地发出了自己的声音，即使反对者发动了声势浩大的全国性活动，对她本人以及她做出的研究提出质疑也不曾放弃。时至今日，卡森的勇气、尊严和持久的影响力得到了成千上万人的认可。正如灵长类动物学家珍·古德所说，她已经成为今天许多女性学习的典范。

《寂静的春天》出版后的那一年，卡森为旧金山的恺撒基金会医院及医师集团发表演讲，这是她作为生态学者第一次公开露面，她利用这一时机强调了各生物种群、整个大生态环境以及制衡这个星球的动态机制之间的联系。她也指出了人类无条件地信奉技术革新所带来的风险："我料想我所说的这一切可能是一个相当令人羞愧的新观念，出生在原子时代的人，竟可能做出不利于人类自身的事情。"她还说："我们关于科技进步、关于文明进程的小聪明，无论人类如何自夸，我认为这都值得我们进一步怀疑，事实上也许应该对这种必然感到不安——我们有时候在对自己有好处的方面过于急功近利了。"她在那个年代已经预测到了今天的我们对全球气候变暖方面的争议，她是这样评论的："我们开始怀疑人类改变大自然的力量是否应该跟为人类谋福利的智慧联系在一起，跟为了子孙后代的福祉应具备的强烈责任感联系在一起。"

这是卡森所做的最后一次演讲。正如她艰辛的领导之旅一样，她所做的不仅仅是确定关键问题，给出可能的解决方案，她还号召其他人自强，谦逊、睿智地向他们指明了一条公民意识觉醒并随之采取行动的道路。她饱含关爱、勇气、奉献和慈悲，完成了这一切。毋庸置疑，她这一生做出的成就证明，生而为人，能够产生何等巨大的影响力，积极地改变世界。

# 结　语

# 大无畏领导精神的力量

乍一看，本书讲述的五位领导人的故事截然不同。他们性格不同，一生的经历不同，亲和力也不一样。除亚伯拉罕·林肯和弗雷德里克·道格拉斯以外，他们都生活在不同的时代。他们分别出自三个不同的国家，成长的环境各异，而且作为领导者，他们在人生旅途中各自面对着很多特定的挑战。比如，只有迪特里希·潘霍华被监禁并剥夺了他在宽广世界中的决定权，雷切尔·卡森则是五人之中唯一一位受严重健康问题困扰的人。

也许最重要的是，五位领导者中的每一位都接受了自己特有的使命。沙克尔顿要竭尽全力把手下安全送回故乡；林肯设法挽救联邦政府；道格拉斯想解放备受奴役的美国黑人；潘霍华奋力抵制邪恶的纳粹；卡森为环境可持续发展的重要意义发声呼吁。在1865年，林肯和道格拉斯虽然曾为同一目的努力，但并没有改变这两个人作为公职领导者，向着不同目标奋进的不争事实。

尽管五位领导者情况迥异，他们之间的相同点要重要得多。最突出的一点是，这几位领导者都是后天锻炼习得的，而不是与生俱来的。当然，来到这个世界时每一位都有着特定的天资和不同的家人支持程度。比如每位领导者都有过人的精力，这似乎是他们与生俱来的一笔财富。从沙克尔顿到卡森，这几位尽管洞察力和精神敏锐程度不一，但都是智慧过人。知识分子家庭出身的潘霍华成人之前一直被誉为神童。林肯虽然农民家庭出身，但他塑造的世界观既受到儿童时代拓荒的锻炼，也和他读过的几本书有重要关系。不管是对他们还是对我们每个人来说，人的天分和在这个世界上接触的环境都很重要，但偏又不受我们所控制。

这些都不是他们成为传奇领导，做出非凡成就或产生重大影响力的决定性要素。比如，弗雷德里克·道格拉斯生性好奇，卡森天生敏感细腻。但在 1834 年或 1928 年，这并不能保证两人靠各自的品性就能出人头地。这两位和沙克尔顿、林肯和潘霍华一样，在步入各自的人生旅途，发现身边的问题以及遭遇失败和失望时，将自己锻炼成高效的领导者。他们的部分成就是在雄心壮志的激励下，在各自征程的早期和中期就实现了。比如，沙克尔顿无比热切地想成为第一个抵达南极的人。(确实，“坚忍号”的探险最初设想是帮他争做第一个到达南极点的人，但未能如愿；要是不把他的探险之旅理解成个人赎罪或救赎也不容易理解。) 道格拉斯获得自由后喜欢出现在公众视野，在 19 世纪 50 年代也像林肯一样热切地寻求公众认可。卡森渴望成为畅销书作家。

这种出人头地的动力，对于锻炼塑造他们来说非常重要。这种动力支持着他们向前进。但有趣的是，随后的日子这种雄心壮志不再像从前那样激励并影响着他们。当他们发现了更大的目标并接受挑战后，都在各自的任务中找到动力、力量和使命感。比如 1914 年“坚忍号”被困在浮冰上之后，沙克尔顿争做跨越南极洲的第一人的野心就暂搁一边，被更大的挽救手下的责任感所替代。林肯拒绝接受以承认奴隶制在南方的合法性为代价的和谈，并不是因为他对自己的声誉心存忧虑。他选择继续战斗下去，因为只有南部邦联投降才能恢复联邦，结束奴隶制。雷切尔·卡森决意写完《寂静的春天》并不是着眼于版税或赢得什么文学奖项，写完这本书的意愿在于她认为自己有义务为一个至关重要的课题而发声呼吁。所有这五位领导者，他们的领导力某种程度上都是放下小我，为大局奋斗，为服务他人而不屈不挠地奋斗。用哲学家马丁·布伯的话说，这些领导者的“我”都变成了“你”，他们的行动和影响力都因这种转变而大为改观。

所有这五位领导者都愿意独立承担任务。沙克尔顿服兵役时观摩着其他海军指挥官的言行，并在探险时将自己的这段经历切实做到学有所用。林肯和道格拉斯在自学的时候表现出卓越的聪明才智：林肯在新塞勒姆送信的时候研究法律判例；而道格拉斯在街上收买小伙伴教他读书认字。潘霍华读书时如饥似渴，起初主要读宗教图书，之后涉猎的主题宽广得多。卡森出生在贫困潦倒的家庭，家里都没有室内卫生设施，但她学着向热门市场写作投稿，成为全国有名的作家；1963 年，她甚至走到了最高层的国家政府机构为全新的环境法规献计献策。这种改善自我的动力是一种敏锐的，几乎是创业者一般的洞察力，这五位领导者靠这种洞察力在各种不同的情势下，特别是在困境中寻求机会，然后用自己的知识实现价值。

这五位主角一生都在坚持这个思路，而这个思路也为他们作为领导者所取得的成就发挥了重要作用。但他们为自己所做的最重要的工作并不太明显，而是来自更深层的地方。他们都努力培养自己的情感意识，利用这种意识充实自己，发掘更强大的自己。远在“情商”二字被发明之前，这五位领导者就意识到他们最大的力量来源是内心——来自他们从自己的感受中汲取的真知灼见，以及如何利用这种真知灼见在世界大舞台上有所建树。欧内斯特·沙克尔顿在沉船后寻求勇气带手下回家时，我们在他的日记中并见不到现代心理学词汇。1862年，当林肯告诉几名选民他对联邦军队的失利根本没有公开表达自己有多失望的奢侈，此时谈论真正领导力的话，想必他会很惶惑狼狈。

说法不同，但目标是一样的。就像现代教练、治疗师和精神导师一样，他们都专注于帮助个人培养更好的自我，本书的五位领导者都欣然接受了这种挑战。他们并不是单独训练这种能力，而是当成一生的功课锲而不舍地千锤百炼，汲取经验教训，锤炼得坚忍不拔，利用这种内在资源实现更有效的领导。

其中一些见解，诸如独处和反思的重要性，他们很早就体验到了，并充分利用以帮助自己砥砺前行。再有一些品质，比如退后一步超然看待问题以及从不同视角看待形势等，他们是在各自的征途中偶尔发现的。还有一些经验，比如集中精力解决一个大问题而不被边边角角的琐碎问题分心的能力，他们是从经验中，从人生阅历中习得的。比如潘霍华学会把主要精力放到反抗纳粹真正需要做什么的大局上，部分原因是他多年来受到纳粹的监视。再比如，30多年来卡森在照顾家人和职业责任上忙得捉襟见肘，但她练就了充分利用每一分钟的本领，在深夜伏案写作时能熟练高效地工作。

阅历、偶然事件和早期习惯对这五位领导者的养成发挥了重要作用，而这些见解也有助于成就这五位领导者。但他们所遇到的失败、疑惑和绝望对他们的发展更为重要。在这些时刻，特别是当每个人面临的问题达到危机的程度，真正的历练就开始了。想一想沙克尔顿在他的手下睡觉时在冰上踱步或1862年6月林肯背靠墙思考的时候吧。想一想1834年道格拉斯在炎热的夏日里藏在树林里躲避奴隶调教者爱德华·柯维的样子，或者1939年中期潘霍华在纽约踌躇不定的样子，想一想他在战争即将来临、远离德国时差点精神错乱的样子。想一想1960年年末卡森得知自己患有恶性乳腺癌的样子吧。

书中的这五个人都不止一次地发现自己身陷囹圄。这些危急时刻不是他们自己设计的；除了一个特例，他们都没遇见灾难的来临；没人怀疑他们要面对的困难会让他们备感绝望。但他们每个人一旦发现自己身处危境（潘霍华称之为“边缘状态”），他们都明白自己要奋力渡过难关。他们并没有宏伟大计，而是一步一步个个突破，每个人在激流中都是循序渐进稳扎稳打，一步一个脚印。

这是一种混乱艰苦、令人筋疲力尽的磨难。每个人都有身处个人危机中的时候，而这五个人的情况最为凶险。因为他们此时确实不堪一击——被疑虑、恐惧以及个别时候的绝望重重包围——他们四面楚歌，因各自的情况深深震惊，惊惧不已。在这种危机四伏，充斥着各种可能性的空间里他们该何去何从？不知何故，这四男一女纷纷意识到他们的情感渗透能力以及这重重危机也为他们打开了一扇新见解的大门，可以深入挖掘自己，感悟人生在世的新体验。

他们每个人都决定穿过这扇大门，利用每场危机中孕育的微妙而强大的机会促成个人成长。在沙克尔顿向手下尽力隐瞒自己忧虑的背后，在林肯于总统任职最黑暗的时期同忧郁症做斗争的时刻，在潘霍华被监禁于特格尔监狱孤立无助的时候，他们选择了不向逆境屈服，拒绝受制于现状而裹足不前。相反，他们五位领导者都挺起胸膛铆足干劲，决定从危机风暴的旋涡中尽力学一些经验教训，包括他们该如何提升自己。

从几个方面来看，这种选择对于他们作为高效领导者的成长至关重要。在决定从灾难中学习进步的时候，他们每个人都得到了重要的经验教训。比如在沙克尔顿的船沉没后漫长的几个月中，他尽力保持高涨的士气，充满自信。这种努力帮助他提高手下的士气，他利用自己的情感意识鼓舞个体和集体的精神，而且必要时会采取各种措施尽全力改善大家的精神面貌。卡森对夺命顽疾的慎重处理同样也对这位作家和科学家来说是一个严酷的考验，她清楚《寂静的春天》中要写的内容的重要性，推动着她一定要大胆揭露杀虫剂的可怕真相。

潘霍华也担忧死亡的阴影——不是死于疾病折磨，而是在盖世太保的魔爪下死于非命。当 1943 年首次被监禁时，他考虑过放手不干。在他被关押时他至少还有一次对自己的未来感到绝望。但这些都是个别情况。事后，我们能从他被关押的两年中看到他在情感上和精神上的成长。我们可以看到他收获了坚毅的精神，可以勇敢面对警察的审讯；看到他在空袭中安慰狱友时的同情心，还有努力避免让父母和未婚妻担心的关爱，以及从所有这一切中汲取力量，能集中精力完整勾画生命中新型基督教的前景。

五位领导者在他们面临的危机中获得了三个额外的见解。其一就是放慢速度，在特定时刻要忍耐一下，不要立即做出反应。“遇到麻烦时莫要急于求成。”钦定本《圣经》的《圣经外传》向世人建议道。无论他们是否读过《圣经》——起码没有迹象表明卡森读过——这几位主角开始明白：情况越不利，利害关系就越大，他们在回应之前花大量时间研究就显得尤为重要，这样在应对突然出现的障碍或失望时，方能显得从容。

有时候什么都不做便是这些领导者能采取的最佳措施。林肯天生性子冷淡——或许在这方面有一定优势——所以在三思而后行这个优点上很有建树。作为总统，他一次又一次地拒绝被自己的情感或周围的人所左右，拒绝去做可能会对远大目标不利的草率行动。即使在他最沮丧的时候，他也会以某种方式承认自己的感受，但不会采取对大格局有破坏性的行动。

这典型的一例便是 1863 年 7 月林肯给乔治·米德将军写了一

封信，信中表达了他对这位联邦指挥官的失望之情，他居然在葛底斯堡战役之后没有继续追赶南部邦联指挥官罗伯特·E. 李和他的残兵剩勇南逃。在对米德倾诉完他巨大的苦恼之后，林肯思量着是否要寄出这封信。他后退一步，或许还深吸一口气，然后意识到在关键时刻不能疏远这位联邦官员。(在 1863 年中期，总统手下能指挥作战的将军屈指可数。) 林肯将这封信折起来，放在一个信封里，然后在上面写道："收件人：米德将军，从未寄出或签发。"

林肯并不是本书中唯一一个明白"克制忍耐"的好处，能在采取行动前花时间深思熟虑的领导者。沙克尔顿、道格拉斯、潘霍华和卡森都知道从特定时刻退后一步，审视整个大格局，衡量一下自己的情绪，然后才决定是否该做，该怎么做。

这种品质，连同五位领导者在危机中习得并倚重的其他经验，对现今领导人都很有价值。领导者每天经历的大部分事情都是情感上难以接受的。当今的随时沟通和即时交流，包括电子邮件和社交媒体，往往会激起人们内心更多的动荡。政治家、高管、家长、外科医生、青少年和其他人都面临着如何依靠深思熟虑来走出自己和他人情感旋涡的挑战。正如林肯所意识到的那样，首先想到的行动并不总是最明智的选择。

五位领导者中每个人在巨大的动荡中学到的第二件事就是努力实现一个有价值的目标的重大意义。沙克尔顿决心将他的手下活着带回家乡。林肯发誓拯救联邦政府并进行大刀阔斧的改革。道格拉斯为了废除奴隶制可以付出自己的一切。潘霍华顶着极大的风险去阻止希特勒及第三帝国的暴行。卡森不停地激励自己的斗志写成《寂静的春天》，并在有生之年增强这本书的影响力。

当这些领导者承担起重大任务的时候，他们也发现在实现目标的过程中，方式是多种多样的。为拯救手下，沙克尔顿使用了他可以想到的每一种方法拯救自己的部下：额外的口粮、轮班值勤、步行穿越冰面，以及乘小型救生艇从象岛航行到南乔治亚岛等。道格拉斯在 19 世纪 50 年代早期跟威廉·劳埃德·加里森分道扬镳后，尝试了很多彻底消灭奴隶制的方法，包括政治改革和内战等。坚定不移地致力于远大目标，采用灵活多样的方法，这二者结合起来对于我们这一动荡时期的领导者来说越来越重要。

本书的五位领导者在危机中学到的第三点经验就是坚忍不拔的价值。当他们每个人发现自己被麻烦重重包围时，都决定不退缩、不动摇。在焦头烂额之时，他们未必能看到出路，但他们发誓要开辟一条道路，跨过眼下的障碍。无论如何都要一试——在某些时候，可谓凶险万分——但他们五位领导者都做到了。他们都经受住了考验。他们从风暴的另一端昂首阔步走了出来，没有深陷疑虑的泥沼，没有放弃自己的使命，没有放弃自己。因为他们幸存了下来，他们的使命和致力于这个使命的其他人也幸存了下来——不仅仅是生活在那个特定时期的人，那些受到这些领导人成就所感染的砥砺前行的人也都幸存了下来。这一点，从某种基本层面上看，便是一切。

除了灾难和这些领导者围绕灾难取得的成就之外，这五个故事还有其他让我们学习的地方。其中一个便是写作和写出好作品的力量。每位领导者都靠写作来实现他或她的目标。沙克尔顿在带领手下逃离绝境的时候靠写日记分析自己的情感，梳理清楚下一步要做什么。林肯一生都非常依赖书面写作来实现自己的追求——打赢官司、提升政治地位、指挥手下的将军或解释内战的意义所在等。他非常注重书面文字的运用，因为他知道这种沟通方式是一种至关重要的领导工具。（他的全集作品多达十卷，足以证明他对写作的重视程度。）

在写作的技术、艺术及写作的力量上，弗雷德里克·道格拉斯的重视程度也毫不逊色。他的三部自传、几十篇演讲和其他文件不仅揭示了他善于以自己的经历和观点为武器，为人类自由而斗争，而且还表明他明白深入的强劲有力的沟通来自精心阐述，而不是仓促、潦草或即兴的所感所思。

潘霍华热爱教学，是一位有天赋的导师。但是他像本书中的其他四位领导者一样，把自己最重要的思想和感受都勤勉地、一丝不苟地落实到纸上。到达特格尔监狱后他并没有要笔记本纸，因为他想成为伟大的作家，想利用他的铁窗生涯完成这个目标。他要了书写纸，因为他相信手头的任务越重，一个人就越应该投入更多的时间和精力阐明自己对某个课题的想法。他知道没什么比写作更能激励人，更能让人围绕一个特定问题进行深入敏锐的思考了。

卡森对写作的依赖倒没有像沙克尔顿、道格拉斯和潘霍华那样，显得有些许功能主义。从年轻时起，她就发现写作很有诱惑力。有时候这种诱惑纯粹在于讲好一个故事的难度；有时候她试图将自己内心深处的文雅和诗意赋予要讲述的故事；她后来发现自己的作品能对广大读者形成巨大的影响力，这也是这种吸引力的源泉之一。当她写《寂静的春天》时，她明白了笔（或打字机）能产生多大的力量。她从此处着眼，在如何落笔、写什么内容这两个问题上投入了大量时间和精力。她努力的结果便是完成了一本 20 世纪最重要的图书—— 一本推动现代环保运动蓬勃发展，积极改善和变革我们整个世界的著作。今天的领导者需要考虑这五位人物的写作的方式。也许仅靠电子邮件、短信和微博帖子是不够的。

能看到大局和预见潜在影响的能力也是这五位领导者及他们的故事所能体现出来的。每个人都在努力观察他们身边的重要时刻，无论是在南极被发现后沙克尔顿要决定他的下一步行动，还是卡森考虑核武器和合成杀虫剂之间可能产生的联系皆是如此。他们都能退后一步，仔细观察，试着弄明白他们所见到的这些似乎没有关联的千丝万缕，然后，他们经常会进一步思考这跟他们的工作和使命有什么关系。

有时候他们会感到沮丧，因为尽管有这样的远见，他们却无法采取行动。比如19世纪50年代中期，在林肯或其他政治家和改革者之前的一段时间，道格拉斯已经看到奴隶制在美国是如此根深蒂固，不靠武装冲突根本无法废除。还有一个类似的例子，在20世纪30年代中期，潘霍华发现墙上有纳粹野心的一句话。但他的同事很少有人赞同这种观点，他通过认信教会来打击第三帝国政府的努力几乎没有任何作用。

尽管失望透顶，但这些人在重要时刻都没有放弃他们的观点，也没有放弃他们可能改变现状的可能性。他们关注着，通过自己的所见形成更重要的思想。导演泰伦·格思里曾说过："我们在寻找能让人再吓一大跳的宏伟设想。"这些领导者培养的大格局着实让人敬畏——从拯救联邦到激励美国公民为环境保护负起责任皆是如此。这五位领导者也经常花很多时间等待时机——等待一个问题、一个事件或者有更大影响力的巧合——可以让他们步入更大的历史舞台，能让他们所看所学的知识更有用武之地的重要时机。等时机来临，他们知道这就是一个需要发挥他们领导力的时刻，便顺势而入。他们会接受挑战，进入这场博弈。

这些领导者及其故事告诉我们的最后一个重要道理便是沙克尔顿、林肯、道格拉斯、潘霍华和卡森都是以人性为出发点。这听上去有点陈词滥调。但是当我们退后一步再思考这些故事时，我们看不到围绕主人公人性的老生常谈的大道理。像其他任何人一样，有时这几位传奇领导者压力很大：他们一度抑郁沮丧，他们体验过满心欢喜，他们有时候甚至在与爱人的关系上挣扎过，他们还从朋友、家人和陌生人的友善中获取重要支持。

本书中的这五位领导者经历过日常生活中的五味杂陈和浪漫诗意。沙克尔顿因探险开支卷入债务，备感沮丧。年轻时林肯在穿着讲究的女性面前感到尴尬为难。道格拉斯喜欢和上流社会的人混在一起。潘霍华喜欢父母探监时在包裹中留给他的西红柿。卡森看到马里兰州窗外的大雁赞叹不已。

这几位领导者还利用小小的精神支撑、行为和策略继续奋斗不息。比如在睡不着的时候，林肯会唱粗俗的歌或讲一些荤段子。潘霍华有运动员好胜的品性，喜欢在乒乓球桌和其他运动项目上击败自己的同事或兄弟姐妹。卡森十分溺爱她的宠物，特别是她的猫杰菲和崽崽。这两只猫是她坚持下去的极大安慰，特别是在她写《寂静的春天》的那段苦涩时光。在诸多方面，本书记载的这些伟人像我们凡人一样。

而这五位“平凡人”能做出非凡成就的部分原因就在于他们能以人性为出发点担当领导大任。他们利用个人的经历，特别是自己的同理心来激励他人，为他们提供精神支撑。比如 1916 年 4 月和 5 月初时，当沙克尔顿一行乘救生艇前往南乔治亚岛，看到有个船员疲劳时给船上的每一名手下提供热奶喝。为什么给所有人都提供饮料？因为沙克尔顿不想只递给体力不支的人热饮，这样会让他感到尴尬。1862 年年末，林肯在伊利诺伊州的一个朋友在战斗中牺牲，他给朋友的女儿写了一份简短的吊唁信。总统在信中给这个 11 岁的女孩范妮·麦卡洛写道：“在得知你善良勇敢的爸爸的死讯时，我非常悲痛，我知道这么年轻就让你承受丧父之痛是不公平的……我非常希望能减轻你现在的悲痛。”两年半后林肯对所有在内战中遭受苦难的美国人给予了一样的同情：“我们对任何人都不怀恶意，我们对所有的人都宽大为怀，坚持正义；上帝让我们认识正义，让我们继续努力向前，完成我们正在进行的事业；包扎起国家的创伤，关心那些为战争做出牺牲的人，关心他们的遗孀和孤儿。”

这种同情心，这种对小细节给予的关注，这种忍受危机及从危机中学到的谦卑所产生的影响力，与他们个人的远大目标和政治警觉产生的影响力同样重要。因此，我们只有通过思考他们每个人是如何获得这样的能力和力量，才能充分理解他们的领导力。他们各自的奋斗不是一帆风顺的。这漫长的征程往往是前进两步，后退一步，在非常困难的情况下尤为如此。但这些伟人并没有放弃。他们凭借着诚信、体贴和使命感走下去。从这个意义上讲，他们每个人的生活方式都是对自己的一种领导行为，他们的影响力在21世纪初同我们产生共鸣——召唤着我们奋勇前进。

# 鸣 谢

写完这本书用了我十余年时间。耗费这么久时间的创作势必会有很多人要感激。本书也不例外。能借此机会感谢那些帮助过我和拙著出版的人，是我极大的荣幸。

要讲述本书中五位伟人的故事，需要仰仗很多专家学者、传记作家和机构的帮助。我特别想借此感谢罗兰·亨特福德、阿尔弗雷德·兰辛、卡罗琳·亚历山大、弗兰克·沃斯利、马哲里·费希尔和詹姆斯·费希尔。他们对沙克尔顿的细致研究对我描写这位探险家发挥着不可或缺的作用。我还想感谢皇家地理学会，感谢他们为我提供了一些“坚忍号”探险队的珍贵照片。

我对林肯的兴趣始于他的作品，为此，我非常感谢罗伊·巴斯勒及其团队编写的《林肯文选》。我还要感谢美国国会图书馆，这里收藏了林肯书信的大量电子资料以及林肯和内战时期大量的照片。我还要感谢亚伯拉罕·林肯总统图书馆和伊利诺伊州的斯普林菲尔德博物馆。那里的历史学家和馆里的工作人员对我帮助很大，他们不仅在我早期研究阶段去拜访时提供帮助，还在随后的调查中积极回应我的诉求。斯普林菲尔德的旧首府大楼、林肯–赫恩登律师事务所历史遗址以及林肯住宅国家历史遗址的专家们，都毫无保留地与我分享了他们的知识。同样，林肯新塞勒姆国家历史遗址的所有人、宾夕法尼亚葛底斯堡国家军事公园的历史学家和骑警也给予我很大的帮助。很多年前我就找到了亚伯拉罕·林肯协会，从那时起，协会的成员和他们出版的作品都推动着我的研究工作。我对这些热心人也充满了感激之情。

许多优秀的传记作家和学者都围绕林肯写过很多书籍，我从他们的努力中也获益匪浅。我特别想感激威廉·赫恩登和杰西·魏克的合著，约翰·尼古拉和约翰·海伊的合著，唐·费伦巴赫尔和维伊尼娅·费伦巴赫尔的合著，以及卡尔·桑德伯格、伊曼纽尔·赫芝、本杰明·托马斯、理查德·霍夫施塔特、艾伦·古尔佐、斯蒂芬·奥茨、道格拉斯·威尔逊、罗德尼·戴维斯、迈克尔·伯林盖姆、大卫·唐纳德、埃里克·福纳、威廉·金耐普、哈罗德·霍尔泽、詹姆斯·麦克弗森、罗纳德·怀特、多丽斯·卡恩斯·古德温、理查德·卡沃丁、加里·威尔斯、约书亚·沃尔夫·申克和威廉·李·米勒等人的大作。

直到近期，人们对弗雷德里克·道格拉斯的学术研究并不多。但研究这位 19 世纪废奴主义者的历史学家和传记作家对我的作品给予了巨大的帮助。我在此想感谢菲利普·福纳，他编写的五卷道格拉斯的作品集是我研究道格拉斯的重要资源；还有约翰·布拉森葛姆，他近期围绕道格拉斯的文章对我的研究不可或缺；还有大卫·布莱特，他对美国奴隶制、内战和道格拉斯本人的研究赋予了我灵感，增加了我的见识；还有亨利·路易斯·盖茨，他编写的三本道格拉斯的传记收录在美国图书馆，成为我写作素材的必要来源；还要感谢威廉·麦克菲利和约翰·斯托弗，他们对这位废奴活动家的传记研究对我帮助很大；还有马尼沙·辛哈，他对废奴运动历史的热心研究拓宽了我对这一重要历史运动的理解；再就是南森·哈金斯，他远在我成为专业历史学家之前就让我体会到了我们过去历史的丰富感，特别是非洲裔美国人的历程。我还要感谢史密森学会的国家肖像画廊、密西西比州维克斯堡的旧法院博物馆、费城图书馆公司和弗吉尼亚历史学会等，感谢他们允许我复印一些道格拉斯生平和奴隶制历史的珍贵照片。

在美国读者中，迪特里希·潘霍华是这五位领导者中最不为人知的伟人。若不是我 2005 年偶然发现埃伯哈德·贝特格对这位德国牧师所写的权威传记，恐怕我都不认识这位伟人。贝特格对潘霍华的其他著作，包括他围绕这位牧师在狱中的信件和文章编写的作品，也对我有很大启发。不久之后，我便迷上了这位可敬而善思多虑的神职人员。我找到了堡垒出版社发行的多卷版的潘霍华作品集，这俨然成了我研究潘霍华的生命线。我非常感谢许多学者、翻译家和其他专家能与堡垒出版社一起巧妙地将潘霍华的信件、文章、布道和其他作品再现给世人。我还想感谢弗里茨·斯特恩和伊丽莎白·西夫顿，他们对汉斯·冯·多纳尼和迪特里希·潘霍华两人关系的描写不断激励着我对领导力开展研究，也加深了我对这两位勇敢的伟人的理解。维多利亚·巴内特对德国第三帝国时期教会历史的细致研究对任何想要了解潘霍华工作背景的人来说，都是必读的内容。我从查尔斯·马什著述的这位反纳粹英雄的传记中也受益匪浅。美国大屠杀纪念馆的专家围绕第三帝国对犹太人和其他被视为帝国敌人的人民的大屠杀进行过深入研究，在此我也要表达自己的谢意。我还想感谢玛丽亚·冯·魏德迈和她姊妹鲁思-艾丽斯·冯·俾斯麦，她俩肯将潘霍华和他未婚妻的通信拿出来出版对我的帮助很大。我也要感谢潘霍华故居、纪念馆和柏林邂逅之地，感谢他们允许我翻印一张照片。

关于雷切尔·卡森的生平，研究的人很少。但任何研究这位领导者的人，包括我自己，都要深深感激林达·李尔，她在1997年出版的这位生物学家兼作家的传记成了后续研究的开山之作。我对李尔小姐围绕卡森著述的其他作品也非常感激。我从保罗·布鲁克斯对这位科学家工作时那优雅的陈述中，从玛莎·弗里曼编写的卡森与密友桃乐茜·弗里曼的通信中，以及从威廉·索德写的传记中都学到了很多。前副总统阿尔·戈尔、生物学家E. O. 威尔逊以及其他环保人士和科学家的作品，将卡森的贡献带到了我们这个时代，同时也帮我了解了卡森的持久影响力。对个性内向者的力量，我也很感激苏珊·凯恩的真知灼见。我想感谢美国渔业与野生动物局、雷切尔·卡森委员会以及位于佛蒙特州本宁顿学院的克罗塞特图书馆，感谢他们允许我复印卡森生平的照片。

还有其他人和机构推动着我完成这项工作。我非常感谢之前在《纽约时报》工作的菲利斯·科尔克，2011年和2013年我给《纽约时报》撰写过三篇文章，是她帮我厘清思路，弄明白沙克尔顿、林肯和卡森的领导力对现代世界的影响。我对《纽约时报》充满感激，感谢他们允许我用这些材料充实我的书。

作为哈佛商学院的一名教师，在撰写一本为当今世界提供真实经验教训的通俗历史读物时，我也受益匪浅，因为哈佛商学院在"以历史为镜"方面有着深厚的历史沉淀。我要感谢学院的科研部为我的项目提供了资助。这项资助在我从沙克尔顿入手撰写哈佛商学院案例时就开始了，然后是2005年撰写亚伯拉罕·林肯的案例，最终一直资助到本书涉及的每个阶段的研究工作。我同样也要感谢哈佛商学院出版社，感谢他们允许我使用这些案例的素材充实我这本书。

2008年我同学校的媒介代理团体合作制作了亚伯拉罕·林肯一生的领导力的短片，这个项目帮我形成了本书中的几个重要观点。

我想向大卫·哈比波和伊凡·奥杜安致谢，感谢他们在这项事业中提供的专业知识、创造力和忠实的陪伴。我也很感激安·穆尔、A. G.雷富礼、阿尔卡季·库尔曼和珍妮特·瓦格纳，他们都肯为短片接受采访，就林肯为当今坐在大办公室里的领导者带来了什么影响发表了自己的真知灼见。珍妮特，还要谢谢你，感谢这么多年来你不离不弃的支持和友谊。

我想对数百名 MBA 和哈佛大学肯尼迪学院的学生表示感谢，在部分课程作业中，他们阅读并讨论了我围绕这几位领导者撰写的所有初稿。他们对这些故事的意见、疑问和参与，对帮助我验证自己的观点非常重要。

没有哈佛大学图书馆杰出的工作人员和非凡的典藏资料，我绝不可能完成历史资料涵盖这么广的一本书。三十多年来，我作为一名专业历史学家的成长受到了大学图书馆资源的巨大影响，这些资源不仅能够促使和激励这个研究历史的好奇的学生提出广泛的问题，而且还会鼓励我尝试着回答这些问题，能给出严格的、有深度的、有据可循的答案。我尤其想感谢威德纳图书馆和贝克图书馆的工作人员：他们帮助我找到我想读的图书、日记、信件、报纸、杂志、照片、政府文件以及不少 19 世纪的统计资料。

我想感谢埃里卡·海尔姆斯、凯蒂·米勒和菲利普·米德，他们在沙克尔顿和林肯的案例研究中帮了我很多忙。他们帮我找出图书、日记和其他资料中的有关信息，在这个过程中提出了过人的见解和有价值的研究思路。

许多同事和朋友也为这本书的完成和出版帮了很大忙。二十多年来，汤姆·沃森、珍妮特·里乔、布赖恩·厄姆赛尔、丹·奥布莱恩、丹·马厄以及莎伦·戈登就创建并经营着一个世界级的课程：帮助广告业繁忙而好奇的主管人员提升自我。在我开始教授这个课程后不久，这些同事就建议我研究沙克尔顿——然后是林肯，后来是星巴克的霍华德·舒尔茨——希望能把这些名人纳入课程，因此我们就围绕着案例教学法开展了大量难忘的对话，讨论如何将这三个人（两个是过去的历史人物，一个是现代人物）带入课堂，启迪当今的领导者和管理者。在我们的合作过程中探讨的深度、人性和令人震惊的见解对本书产生了深远的影响。我对他们六人的一贯支持、友谊和幽默感激不尽。

随着这本书慢慢开始成型，我也与好朋友和老师分享了我的想法。他们毫不吝惜自己的时间和专业知识帮我答疑解惑。在哈佛商学院，列恩·施莱辛格、吉姆·赫斯克特、弗朗西斯·弗赖、汤姆·德朗和杨密·莫恩都鼓励我，给了我灵感。哈佛退休进修学院的特斯·奥图尔力劝我创建领导力课程史，在我想验证这本书的新想法时，可以当作一个活的实验室。在哈佛大学肯尼迪学院，格雷厄姆·阿利森欢迎我加入应用历史研究组，在那里我从政策制定者及其他喜欢“以史为鉴”的学者的观点中受益匪浅。六年来，大卫·格根同我分享了他渊博的历史知识，以及这些知识对当今领导艺术的重要性。我非常感谢他的慷慨、智慧和持久的友谊。

波士顿公共电台的团队，特别是吉姆·布劳德、马哲里·伊根和切尔西·默茨给了我很多机会去探讨我对五位领导者的看法。不管是广播还是停播时，他们的问题、评论和充满智慧的推测，都帮我提炼了这些故事的经验教训，让这些故事更容易被大家接受。在近四年的合作中，有他们陪伴给我带来了很多快乐，感谢他们。

一个需要十多年才能竣工的项目需要耐力和信心——这已超过了我自己的能力所及。我要感谢很多人，是他们在我动摇或者发现自己找不到方向的时候能让我继续走下去。莫利·麦克唐纳在我怀疑自己是否能完成这样一本大部头的书时，给了我飞翔的动力。迈克尔·卡普兰经常提醒我，无畏领导精神的故事在这个日益动荡的世界变得愈发重要。几年前，莱昂纳德·米勒向我毫无保留地伸出了他充满正能量的友谊之手；对此我深怀感激，感谢这段友谊为我输出了源源不断的鼓励。在我需要实际帮助和情感支持的各种时刻，菲利普·麦克劳林站了出来，坚称我是在写一本有趣的书，在写作过程会用我的爱尔兰智慧给读者提供极大的帮助。七年多来，史蒂夫·坎宁安一直支持我和我的书，从不让我忘记善良经常以神秘的方式向前推进。我也要深深感激箭头农场的人和那里的动物，他们都一次又一次地帮我理解写就一本有意义的书，就像练习骑马和下马一样，需要毅力、宽恕和阵阵笑声。

凯利·麦克纳马拉从她第一次接触本书的故事开始，就相信沙克尔顿、林肯、道格拉斯、潘霍华和卡森的力量能感染当今所有的人。她也同样相信我能够保质保量地完成这本书。她一次又一次地向我输出灵感，向我保证这本书值得我付出一切，而我拥有的所有资源足以完成眼下的工作。凯利的研究、编辑和组织工作也同样功不可没。她帮我了解然后重构了弗雷德里克·道格拉斯的人生。她阅读了大量的章节草稿，编辑了至少 15 章，并提出各种各样大大小小的建议，对书的终稿做了很大的改进。有几次，当我讲述这些故事发现自己陷入僵局时，凯利对书中这五位伟人的知识和他们相似之处的深刻理解帮助我爬出泥沼，重新上岸。她还帮我编辑和校对注释、为出版商准备手稿，记录成百上千的资料出处；她宝贵的帮助让我十分感激。而且她的友谊、她的幽默对我都是宝贵的礼物。愿上帝保佑你，凯利。

一支由才华横溢、专注敬业的精英组建的小团队帮我出版了这本书。在哈佛大学，亚历山德拉·凯西克运用她惊人的智慧、组织能力和创造力确保手稿落实完成。她帮我调整格式、确保发布的照片能获得许可、思考如何设计封面，并策划我在宣传本书时该发挥的作用等。

2015年年末，我受到上天眷顾，让我与莫理斯奋进娱乐公司结缘，认识了攻无不克的蒂娜·贝内特。作为我的文稿代理人，蒂娜将她敏锐的智慧、谨慎的眼光和极大的灵活性渗透到工作的各方各面，把这本书出版出来。还有她的体贴，她招牌式的高雅端庄……当真，我能同她和她了不起的同事斯维特拉娜·卡茨共事太幸运了。

俗话说善有善果，这话用于这本书很贴切。蒂娜把我和拙著介绍给斯克里布纳出版社，在那里我有幸与一群非常有才华的人一起工作。执行编辑瑞克·霍根从他第一次阅读手稿开始，就明白这本书的主旨和大体内容。他将这种理解和自己的极高天赋充分运用到编辑和图书制作的方方面面——从引言的内容到章节布局，一直到宣传策略等都给予了诸多帮助。我也非常感谢南·格雷厄姆，他致力于图书出版，对公众交流以及我们的集体文明意识有很大的提升，也对这本书的顺利出版帮了我很多忙。罗兹·力普尔、科林·哈里森和布赖恩·贝尔菲利奥在诸多事宜上分享了他们的专业知识和经验，在此我也要表达对他们的谢意。我也非常感谢劳伦·拉韦尔，感谢她在宣传这本书时的专业技能和关照。最后我要感谢贾亚·米切利和她那高雅的封面设计，感谢艾米丽·格林沃尔德在各种后勤和行政支持上给予的保障。

能完成这本书我最想感激的是几位亲密的朋友和同事，感谢他们多年来一直鼓励和支持我。就这本书的内容和我要扮演的角色，简·林奇帮我厘清各种思路，鼓励我在写作过程中以历史学家和人文旅行者的身份去讲述。这点篇幅远不足以表达我对她的感激之情。远在二十多年前我第一次为哈佛商学院写星巴克案例时，这家公司的变革，公司的最重要领导者——霍华德·舒尔茨，深深吸引着我。我有幸在各种不同的背景下观察霍华德的影响力和人性，而且这二者教会了我很多，教会我在一个动荡不安的世界中无畏领导精神会带来很多机遇。我想在此感激霍华德，特别是他对历史的浓厚兴趣及其教会我的道理。霍华德不止一次邀请我向星巴克的合作伙伴和其他利益相关者介绍我对本书中领导者们的研究成果，我也从这些经历中学到了很多。霍华德建议我将本书的主旨定为领导能力的特征和完善，这份建议和他在其他很多事宜上的意见一样弥足珍贵。谢谢您，霍华德。

在我写不下去准备放弃这本书的时候（不止一次），夏伦·亚历山大接住了沉沦下去的我，掸掉我身上的灰尘，给了我继续写下去的勇气。她一直都知道这本书背后的使命是什么，也在写作过程中确保我不会迷失方向。此外，她的支持和充满智慧的建议在无数方面充实了我的生活和工作。

这本书是在我马萨诸塞州康科德的书房中写完的，我有幸养了两只威尔士跳猎犬，它们在清晨和深夜能陪伴着我。它们的陪伴、忠诚和带来的纯粹的愉悦一次又一次支撑着我写下去。我人生中能拥有博诺和加文真的很幸运。

这本书我要献给亲爱的朋友凯利·克洛塞，她对我和我这本书的坚定信念改变了一切。二十多年来，凯利一直激励着我，连哄带骗地敦促我走下去；有时候，几乎是推着我不断前行，让我做更好的自己。她的引导是靠以身作则：她创建和管理着一家公司，还有一个致力于阻止糖尿病和肥胖症泛滥的基金会。她的精力、智慧和对有意义使命的投入一直是我灵感的源泉。同样重要的是，她不厌其烦地阅读我的作品，阐明这些故事与当今世界的相关性，然后就一直盯着我进行整改，毫不手软。她慷慨地送了我很多礼物，包括适时送来鲜花和针对性地分享时尚建议等。近十年来我在很多时候都停下来问自己，我积了什么德居然能遇到这样的好友和同事。至今我仍然得不到答案。但从一开始她就满怀热情、智慧、意志和友善，陪着我，陪着我写书。我不胜感激。

# 注　释

## 前言：历史的呼唤

1 "opposite of boring"：David Foster Wallace，"Up，Simba，" in *Consider the Lobster and Other Essays*（Boston：Little，Brown，2006），224.

2 "on our own"：Ibid.，225.

3 "wanted to please"：Ibid.

4 "in the game"：A. G. Lafley，interviewed on camera for video *Lincoln's Journey*：*Lessons for Leadership*（President and Fellows of Harvard College，2011），3:30-4:30.

## 第一部分：把队员们活着带回家——欧内斯特·沙克尔顿的挑战

5 north and west：Caroline Alexander，*The Endurance*：*Shackleton's Legendary Antarctic Expedition*（New York：Knopf，1999），71.

6 "for the ship"：F. A. Worsley，26 October 1915，in Roland Huntford，*Shackleton*（New York：Carroll & Graf，1998），446.

7 "witness her torture"：A. H. Macklin，28 October 1915，ibid.，

447.

8 the dying ship: "After long months of ceaseless anxiety and strain," Shackleton wrote in his diary that evening, "after times when hope beat high and times when the outlook was black indeed, the end of the *Endurance* has come. But though we have been compelled to abandon ship, which is crushed beyond all hope of ever being righted, we are alive and well, and we have stores and equipment for the task that lies before us. It is hard to write what I feel. To a sailor his ship is more than a floating home, and in the *Endurance* I had centred [*sic*] ambitions, hopes, and desires. Now, straining and groaning, her timbers cracking and her wounds gaping, she is slowly giving up her sentient life at the very outset of her career." Ernest Shackleton, *South: A Memoir of the Endurance Voyage* (New York: Carroll & Graf, 1998), 75.

9 "loss of life": Ibid., 77.

10 "to the future": A. H. Macklin, "Shackleton as I Knew Him," unpublished manuscript, in Huntford, *Shackleton*, 455.

11 "party to civilization": E. H. Shackleton, 29 October 1915, ibid., 456.

12 "waste of ice": Shackleton, *South*, 82.

13 "her forever": Ibid., 99.

14 "desolation more complete": Ibid.

15 "write about it": E. H. Shackleton, 21 November 1915, in Huntford, *Shackleton*, 464.

16 man mastering nature: Ibid., 10.

17 "with his books": O. T. Burne to H. R. Mill, 10 May 1922, ibid., 16.

18 "ever come across": H. R. Mill, *The Life of Sir Ernest Shackleton* (Boston: Little, Brown, 1923), 33.

19 the merchant marine: Ibid., 31. The term *merchant marine* refers to a nation's ships and crew used for commercial, rather than military, purposes.

20 "very good fellow": A. B. Armitage, memorandum for H. R. Mill, in Huntford, *Shackleton*, 29.

21 "as sailors do": J. A. Hussey to H. R. Mill, 19 June 1922, ibid., 21–22.

22 "increase of vitality": Ibid., 22.

23 "human, very sensitive": Ibid.

24 "strangle his individuality": J. A. Hussey to Hugh Robert Mill, 27 July 1922, ibid., 25.

25 vitamin C deficiency: *Encyclopaedia Britannica Online*, s. v. "Scurvy," https://www.britannica.com/science/scurvy.

26 belongs to Antarctica: Cool Antarctica, http://www.coolantarctica.com/Antarctica%20fact%20file/antarctica%20fact%20file%20index.htm.

27 pushed him on: Huntford, *Shackleton*, 109.

28 "a dead lion": Margot Morrell and Stephanie Capparell, *Shackleton's Way: Leadership Lessons from the Great Antarctic Explorer* (New York: Viking, 2001), 6.

29 "in 1906]. Amen": E. H. Shackleton, 9 January 1909, in Huntford, *Shackleton*, 273.

30 "that one biscuit": F. R. Wild, 31 January 1909, ibid., 280.

31 "energycan accomplish": Roald Amundsen, "The South Pole:

An Account of the Norwegian Antarctica Expedition in the Fram," 1910–1912, in Huntford, *Shackleton*, 350.

32 fifteen years combined: Ibid., 353.

33 a national hero: Ibid.

34 "sea to sea": Ibid., 350.

35 "the frozen waste": Margery Fisher and James Fisher, *Shackleton* (London: Barrie, 1957), 302.

36 "me young again": E. H. Shackleton to Elspeth Beardmore, 13 January 1914, in Huntford, *Shackleton*, 363.

37 of the time: Ibid., 367.

38 much as £80,000 ($10.6 million): Fisher and Fisher, *Shackleton*, 306.

39 London–based *Daily Chronicle*: Alexander, *Endurance*, 10.

40 a lifelong friend: Huntford, *Shackleton*, 375.

41 the "composition cake": Fisher and Fisher, *Shackleton*, 319.

42 need per day: Ibid.

43 "case of success": Huntford, *Shackleton*, 365.

44 money on advertising: Ibid.

45 at five thousand: Fisher and Fisher, *Shackleton*, 308.

46 "chaps they were": Bridges Adams to James Fisher, 31 July 1955, in Huntford, *Shackleton*, 386.

47 "Mad," "Hopeless," and Possible": Mill, *Life of Sir Ernest Shackleton*, 195.

48 "I'll take you": R. W. James to M. F. Fisher, October 1955, in Fisher and Fisher, *Shackleton*, 312.

49 want to interfere: Mill, *Life of Sir Ernest Shackleton*, 202; Fisher

and Fisher, *Shackleton*, 324.

50 "and deceptively friendly": Huntford, *Shackleton*, 403.

51 "than Shackleton ashore": R. W. James to H. R. Mill, 12 May 1922, ibid., 386.

52 "rightness with him": A. H. Macklin, recorded conversation with James Fisher, 12 – 13 March 1956, in Fisher and Fisher, *Shackleton*, 336.

53 "ever read Browning": Ibid., 336–337.

54 "went to Wild": A. H. Macklin, interview with James Fisher, in Huntford, *Shackleton*, 422.

55 tensions had arisen: Alexander, *Endurance*, 57.

56 herring and rabbit: Alfred Lansing, *Endurance: Shackleton's Incredible Voyage* (London: Weidenfeld & Nicolson, 1999), 27.

57 a clear run: Huntford, *Shackleton*, 409.

58 *Endurance* was trapped: Ibid., 410.

59 "a perfect juggler": Alexander, *Endurance*, 64.

60 the overland party: Ibid., 64–65.

61 "running the expedition": Huntford, *Shackleton*, 417.

62 "of false pride": T. H. Orde–Lees, 16 December 1914, ibid., 425.

63 and moral collapse: Ibid., 422–423.

64 make meteorological observations: Fisher and Fisher, *Shackleton*, 339.

65 was still ahead: Huntford, *Shackleton*, 428.

66 "greatest optimists living": Alexander, *Endurance*, 68.

67 meat and blubber: Lansing, *Endurance*, 37.

68 from the ceiling: Ibid., 43.

69 "our personal appearance": Frank Worsley, "Diary of *Endurance* Expedition," unpublished manuscript, in Fisher and Fisher, *Shackleton*, 343–344.

70 "the ice keeps": F. A. Worsley, *Endurance: An Epic of Polar Adventure* (New York: W. W. Norton, 1931), 4.

71 "was an agony": A. H. Macklin, 28 October 1915, in Huntford, *Shackleton*, 446.

72 "of the sea": Alexander, *Endurance*, 89.

73 "annihilating the ship": Shackleton, *South*, 76.

74 "vital mental medicine": L. D. A. Hurley, *South with Shackleton*, (London: Sampson Low, 1949), 65.

75 "end of everything": Lionel Greenstreet, recorded conversation with James Fisher, 11 October 1955, in Fisher and Fisher, *Shackleton*, 350.

76 "penalty of leadership": Frank Hurley, "Shackleton's Argonauts," in Charles F. Laseron and Frank Hurley, *Antarctic Eyewitness* (Sydney: Angus & Robertson, 1999), 231.

77 "than anything else": L. Greenstreet, interview with James Fisher, in Huntford, *Shackleton*, 456.

78 slide into arrogance: Ibid., 436–437. Greenstreet described Shackleton's tent assignments: "He collected with him the ones he thought wouldn't mix with the others… they were not so easy to get on with, the ones he had in his tent with him—they were quite a mixed bag." Alexander, *Endurance*, 103. See also Lansing, *Endurance*, 73–74.

79 had rigged up: Lansing, *Endurance*, 80–82.

80 watery hot cocoa: Ibid., 81.

81 bags before dark: Ibid., 82.

82 made his rounds: Ibid.

83 vegetables, and jam: Ibid., 71.

84 "onto the ice": Hurley, "Shackleton's Argonauts," in Laseron and Hurley, *Antarctic Eyewitness*, 235–236.

85 changing his mind: Ibid., 236.

86 "his last shot": Alexander, *Endurance*, 44.

87 "Patience Patience Patience": Fisher and Fisher, *Shackleton*, 357.

88 "it at once": Alexander, *Endurance*, 110.

89 *away* from land: Ibid., 110.

90 to the west: Lansing, *Endurance*, 90.

91 "as a tick": Ibid., 91.

92 the *Endurance* sank: Alexander, *Endurance*, 112.

93 they reached port: Ibid., 112–113.

94 "cause of discontent": Huntford, *Shackleton*, 476.

95 "attempt to escape": Shackleton, *South*, 107.

96 "fearless, faithful & diligent": Alexander, *Endurance*, 115.

97 "I ever had": R. W. James, 2 February 1916, in Huntford, *Shackleton*, 491.

98 "how it goes": F. A. Worsley, 2 March 1916, in ibid., 492.

99 "fed & happy tonight": Alexander, *Endurance*, 117.

100 "emotion and judgment": Huntford, *Shackleton*, 497.

101 "neighbour, Elephant Island": Shackleton, *South*, 119.

102 the *Stancomb Wills*: Huntford, *Shackleton*, 506.

103 "would come together": Alexander, *Endurance*, 119.

104 "a tremendous force": Shackleton, *South*, 126.

105 in the ice: Ibid.

106 to −7° Fahrenheit: Alexander, *Endurance*, 124

107 "a terrible disappointment": Ibid., 123.

108 "hopes and thoughts": Shackleton, *South*, 135.

109 "their salt-encrusted faces": Ibid.

110 "rather severely frostbitten": T. H. Orde-Lees, 14 April 1916, in Huntford, *Shackleton*, 511.

111 "land since December 5, 1914": Fisher and Fisher, *Shackleton*, 370.

112 "reached the land": Lansing, *Endurance*, 179.

113 "and tattered tents": Shackleton, *South*, 155.

114 "be our objective": Ibid., 158-59.

115 from glacial ice: Ibid., 164-165.

116 "of the blizzard": Frank Hurley, 8 May 1916, in Huntford, *Shackleton*, 532.

117 "tried my best": Ernest Shackleton to Frank Wild, 23 April 1916, in Lansing, *Endurance*, 191.

118 traveled forty-five miles: Alexander, *Endurance* 144.

119 "surged around us": Shackleton, *South*, 168.

120 "or handling sails": Alexander, *Endurance*, 144.

121 change places frequently: Lansing, *Endurance*, 223.

122 "was buried alive": Worsley, *Endurance*, 108

123 of open sea: Ibid., 126.

124 from the masthead: Ibid., 110.

125 bailed the vessel：Ibid.，113.

126 "the greatest advantage"：Ibid.，106.

127 "was going overboard"：Ibid.，119.

128 "life beneath us"：Shackleton，*South*，176-177.

129 "a splendid moment"：Ibid.，183.

130 "journeys ever accomplished"：Alexander，*Endurance*，153.

131 from boat screws：Worsley，*Endurance*，143.

132 together with rope：Alexander，*Endurance*，159.

133 "it. We'll slide"：Worsley，*Endurance*，155.

134 solemnly shook hands：Ibid.，156.

135 "merges into death"：Shackleton，*South*，203.

136 arrived at civilization：Worsley，*Endurance*，162.

137 "that hot bath"：Ibid.，163.

138 "world is mad"：Shackleton，*South*，208.

139 "the waiting men"：Worsley，*Endurance*，169.

140 named the *Emma*：Huntford，*Shackleton*，612.

141 "he was grey-headed"：Worsley，*Endurance*，172-173.

142 called the *Yelcho*：Lansing，*Endurance*，277.

143 the Antarctic Peninsula：Alexander，*Endurance*，182.

144 "semi hysterical… inmates"：Frank Hurley，30 August 1916，in Huntford，*Shackleton*，620.

145 "stood before us"：Worsley，*Endurance*，179.

146 "and talk[ed] of"：Shackleton，*South*，221.

147 "been through Hell"：E. H. Shackleton to Emily Shackleton，3 September 1916，in Huntford，*Shackleton*，625.

148 "do our bit"：T. H. Orde-Lees，30 August 1916，ibid.，623-

624.

149 officer Alfred Cheetham: Alexander, *Endurance*, 195.

150 in the war: Ibid., 190.

151 off Shackleton's creditors: Ibid., 190–191.

152 with their leader: Ibid., 191–192.

153 "on his order": Worsley, *Endurance*, 295–298. Since the late 1990s, the tremendous resurgence of interest in Ernest Shackleton and the *Endurance* story has resulted in a host of books and films, the formation of Shackleton societies in numerous countries, and even the establishment of an American charter school dedicated to the ideals of the Antarctic explorer. Recent media productions include an A&E movie, a PBS/NOVA movie, a giant-screen film, and an exhibit at the American Museum of Natural History. Other publications include two business volumes focused on the explorer's leadership strategies, at least fifteen children's titles, and dozens of historical books about the expedition.

## 第二部分:改革,挽大厦之将倾——亚伯拉罕·林肯的挑战

154 wounded, or captured: James M. McPherson, *Tried by War: Abraham Lincoln as Commander in Chief* (New York: Penguin, 2008), 98.

155 "and of money": Adam Gurowski, September 1862, *Diary from March 4, 1861 to November 12, 1862* (Boston: Lee & Shepard, 1862), 235.

156 "must die sometime": Orville Hickman Browning, *The Diary of Orville Hickman Browning*, ed. Theodore Calvin Pease and James G. Randall, 2 vols. (Springfield: Illinois State Historical Society, 1925), 1:

559–560.

157 "not surprise me": Carl Sandburg, *Abraham Lincoln: The Prairie and the War Years*, 3 vols. (New York: Dell Publishing, 1954), 2:217.

158 could have imagined: Public Broadcasting System, "Timeline: Significant Civil War Battles," http://www.pbs.org/wgbh/americanexperience/features/timeline/death/.

159 "touching the ground": Geoffrey C. Ward with Ric Burns and Ken Burns, *The Civil War: An Illustrated History* (New York: Alfred A. Knopf, 1991), 121.

160 "be and live": Henry C. Deming, *Eulogy of Abraham Lincoln* (Hartford, CT: A. N. Clark, 1865), 40.

161 "defeat is inevitable": Michael Burlingame, *Abraham Lincoln: A Life*, 2 vols. (Baltimore: Johns Hopkins University Press, 2008), 2:324.

162 "lose the game!": Francis Carpenter, *Six Months at the White House: The Story of a Picture* (New York: Hurd & Houghton, 1866; repr., 1999), 20–21.

163 "proclamation before them": Ibid., 21.

164 "make no difference": Eric Foner, *The Fiery Trial: Abraham Lincoln and American Slavery* (New York: W. W. Norton, 2010), 218.

165 "cry for help": Carpenter, *Six Months*, 21–22.

166 "had entirely overlooked": Ibid.

167 "any larger game": Abraham Lincoln, "Autobiography Written for John L. Scripps," in *The Collected Works of Abraham Lincoln*, ed. Roy Basler, Marion Dolores Pratt, and Lloyd A. Dunlap, 9 vols. (New Bruns-

wick, NJ: Rutgers University Press, 1953), 4:62.

168 "to the world": Dennis Hanks to William H. Herndon, 13 June 1865, in *Herndon's Informants: Letters, Interviews, and Statements about Abraham Lincoln*, ed. Douglas L. Wilson and Rodney O. Davis (Urbana: University of Illinois Press, 1998), 40.

169 about his mother: For one of Lincoln's infrequent references to his mother, see Henry B. Rankin, *Personal Recollections of Abraham Lincoln* (New York: G. Putnam's Sons, 1916), 320.

170 "what I say": Abraham Lincoln to Fanny McCullough, 23 December 1862, in *Collected Works of Abraham Lincoln*, 6:16-17.

171 into dispirited gloom: Michael Burlingame, *The Inner World of Abraham Lincoln* (Urbana: University of Illinois Press, 1994), 93.

172 "as he walked": William H. Herndon, "Analysis of the Character of Abraham Lincoln," *Abraham Lincoln Quarterly* 1 (September 1941): 359.

173 "and without jealousy": David Herbert Donald, *Lincoln* (New York: Simon & Schuster, 1995), 28.

174 "I requested him": Sarah Bush Lincoln to William H. Herndon, 8 September 1865, in *Herndon's Informants*, 107.

175 "go on again": Ibid.

176 than a year: Lincoln, "Autobiography Written for John L. Scripps," 4:62.

177 "and the like": Elizabeth Crawford, "Public statement at Lincoln City, Indiana," 4 July 1881, in Francis Marion Van Natter, *Lincoln's Boyhood: A Chronicle of His Indiana Years* (Washington, DC: Public Affairs Press, 1963), 36.

178 to his peers: See, for example, Elizabeth Crawford to William H. Herndon, 16 September 1865, in *Herndon's Informants*, 126–127.

179 "in the world": Burlingame, *Inner World of Abraham Lincoln*, 95.

180 "painful than pleasant": Abraham Lincoln to John D. Johnston, 12 January 1851, in *Collected Works of Abraham Lincoln*, 2:97.

181 nickname Honest Abe: Burlingame, *Abraham Lincoln*, 1:60.

182 "to take part": Robert L. Wilson to William H. Herndon, 10 February 1866, in *Herndon's Informants*, 202.

183 "not forget again": Thomas Reep, *Lincoln at New Salem* (Petersburg, IL: Old Salem Lincoln League, 1927), 55.

184 of manual labor: Herndon, "Analysis of the Character of Abraham Lincoln," 356.

185 four hundred pounds: Ibid., 357.

186 over his head: Kenneth J. Winkle, *The Young Eagle: The Rise of Abraham Lincoln* (Dallas: Taylor Trade, 2001), 64.

187 "all were amazed": Robert B. Rutledge to William H. Herndon, 1 November 1866, in *Herndon's Informants*, 384.

188 "labors to compensate": Abraham Lincoln, "Communication to the People of Sangamo[n] County," 9 March 1832, in *Collected Works of Abraham Lincoln*, 1:8–9.

189 "he ever met": Donald, *Lincoln*, 42.

190 the "national debt": Ibid., 54.

191 the job himself: Robert B. Rutledge to William H. Herndon, 1 November 1866, in *Herndon's Informants*, 385.

192 "Lincoln man then": Burlingame, *Abraham Lincoln*, 1:80.

193 "of your votes": J. Rowan Herndon to William H. Herndon, 28 May 1865, in *Herndon's Informants*, 8.

194 "as a brother": Charles Maltby, *The Life and Public Services of Abraham Lincoln* (Stockton, CA: Daily Independent Steam Power Print, 1884), 44.

195 "of them nonetheless": Burlingame, *Abraham Lincoln* 1:82–83.

196 "of floating driftwood": William H. Herndon and Jesse William Weik, *Herndon's Lincoln: The True Story of a Great Life*, 3 vols (Chicago: Belford, Clarke, 1889), 1:79.

197 "devoured [the *Commentaries*]": Alban Jasper Conant, *My Acquaintance with Abraham Lincoln* (New York: De Vinne Press, 1893), 172.

198 "he met them": Burlingame, *Abraham Lincoln*, 1:91.

199 "other one thing": Abraham Lincoln to Isham Reavis, 5 November 1855, in *Collected Works of Abraham Lincoln*, 2:327.

200 "scourging [the opposition]": Burlingame, *Abraham Lincoln*, 1:122.

201 "wear this one?": Harold Holzer, "If I Had Another Face, Do You Think I'd Wear This One?," *American Heritage* 34, no. 2 (February–March 1983): 56.

202 known to exist: Donald, *Lincoln*, 57.

203 after his death: For a summary of the larger scholarly debate about Lincoln's relationship with Ann Rutledge, see David Herbert Donald, *We Are Lincoln Men: Abraham Lincoln and His Friends* (New York: Simon & Schuster, 2003), 20–24.

204 both were crying: Burlingame, *Abraham Lincoln*, 1:100.

205 a deep depression: For an incisive analysis of Lincoln's depression after Ann Rutledge's death, see Douglas L. Wilson, *Honor's Voice: The Transformation of Abraham Lincoln* (New York: Alfred A. Knopf, 1998), 119–125.

206 "somewhat temporarily deranged": William G. Greene to William H. Herndon, 30 May 1865, in *Herndon's Informants*, 21.

207 have considered suicide: Burlingame, *Abraham Lincoln*, 1:100.

208 labeled "the hypo": James M. McPherson, *Abraham Lincoln* (New York: Oxford University Press, 2009), 6.

209 during his presidency: See, for example, Joshua Wolf Shenk, *Lincoln's Melancholy: How Depression Challenged a President and Fueled His Greatness* (New York: Houghton Mifflin, 2005), 191–210.

210 "in his pocket": Robert L. Wilson to William H. Herndon, 10 February 1866, in *Herndon's Informants*, 205.

211 of his generation: Joshua Wolf Shenk, "Lincoln's Great Depression," *Atlantic* 296, no. 3 (October 2005): 54.

212 "Speed, I'm moved": Joshua F. Speed, statement for William H. Herndon, c. 1882, in *Herndon's Informants*, 590.

213 "talking, to himself": Burlingame, *Abraham Lincoln*, 1:91.

214 "of the mind": Herndon, "Analysis of the Character of Abraham Lincoln," 431.

215 "look in this": Herndon and Weik, *Herndon's Lincoln*, 2:315.

216 $5,000 a year: Burlingame, *Abraham Lincoln*, 1:333.

217 the 1860 census: Ibid.

218 charging him $2: Ibid.

219 his good character: Ibid. 108 "of a horse": Ibid., 326.

220 "evoke order from": Henry C. Whitney, *Life on the Circuit with Lincoln: With Sketches of Grant, Sherman and McClellan, Judge Davis, Leonard Swett, and Other Contemporaries* (Union, NJ: Lawbook Exchange, 2001), 42.

221 "in a ditch": Herndon and Weik, *Herndon's Lincoln*, 2:334.

222 and carefully written pleadings: Brian Dirck, "Abraham Lincoln: American Lawyer-President," *Social Education* 73, no. 1 (January/February 2009): 24.

223 made as president: Brian Dirck, *Lincoln the Lawyer* (Urbana: University of Illinois Press, 2007), 165-172.

224 opinion could change: Geoffrey C. Ward, "Before He Became a Saint," *New York Times*, October 22, 1995, http://www.nytimes.com/1995/10/22/books/before-he-became-a-saint.html?pagewanted=1.

225 "be business enough": Abraham Lincoln, "Notes for a Law Lecture," c. July 1850, in *Collected Works of Abraham Lincoln*, 2:81.

226 "a merry dance": Herndon and Weik, *Herndon's Lincoln*, 2:208.

227 "creature of excitement": Ronald C. White, *A. Lincoln: A Biography* (New York: Random House, 2010), 108.

228 "forget his prayers": Katherine Helm, *The True Story of Mary, Wife of Lincoln: Containing the Recollections of Mary Lincoln's Sister Emilie (Mrs. Ben Hardin Helm), Extracts from the War-Time Diaries, Numerous Letters and Other Documents now First Published* (New York: Harper and Brothers, 1928), 81.

229 “nature—and culture”: Donald, *Lincoln*, 85.

230 “her social set”: Helm, *True Story of Mary*, 84.

231 the engagement ended: On the scholarly controversy about the breakup, see Douglas L. Wilson, “Abraham Lincoln and ‘That Fatal First of January,’” *Civil War History* 38, no. 2 (June 1992): 101–130.

232 got cold feet: Donald, *Lincoln*, 86.

233 would hurt himself: Not all of Lincoln's friends at the time were as worried as Speed about Lincoln's emotional health. “He was very sad and melancholy,” a fellow legislator recalled, “but being subject to these spells, nothing serious was apprehended.” Ibid., 87.

234 “appears to me”: Abraham Lincoln to John T. Stuart, 23 January 1841, in *Collected Works of Abraham Lincoln*, 1: 229.

235 “of Jany, '41”: Abraham Lincoln to Joshua F. Speed, 27 March 1842, ibid., 1: 282.

236 “as you are?”: Abraham Lincoln to Joshua F. Speed, 5 October 1842, ibid., 1: 303. 115 with Mary Todd: Burlingame, *Abraham Lincoln*, 1: 195.

237 “Eyes & Ears”: Elizabeth Todd Edwards, interview with William H. Herndon, c. 1865–1866, in *Herndon's Informants*, 444.

238 “of profound wonder”: Abraham Lincoln to Samuel D. Marshall, 11 November 1842, in *Collected Works of Abraham Lincoln*, 1: 305.

239 “trotting harness on”: Herndon and Weik, *Herndon's Lincoln*, 3: 477.

240 to each other: Donald, *Lincoln*, 107–109; Jean Harvey Baker,

*Mary Todd Lincoln*: *A Biography* (New York: W. W. Norton, 2008), 99-129.

241 children as "brats": Helm, *True Story of Mary*, 102.

242 "to its parents": Donald, *Lincoln*, 109.

243 "knew no rest": Herndon and Weik, *Herndon's Lincoln*, 2: 375.

244 "law office entirely": Ibid., 2: 272.

245 "mass of names": Abraham Lincoln to C. U. Schlater, 5 January 1849, in *Collected Works of Abraham Lincoln*, 2 19.

246 "own [burning] effigies": Stephen Douglas, "Speech of Senator Douglas: Delivered July 17, 1858, at Springfield, Illinois," in Abraham Lincoln and Stephen A. Douglas, *Political Speeches and Debates*, *1854-1861* (Chicago: Scott, Foresman, 1896), 124.

247 "neverbeen before": Lincoln, "Autobiography Written for John L. Scripps," 4: 67.

248 speech on slavery: On October 4, 1854, Lincoln delivered a speech at Springfield that contained the major arguments he made in the Peoria speech twelve days later. But only press reports of his earlier speech have come down to us. The Peoria speech, which Lincoln prepared for publication after he delivered it, survives in its entirety. So it is usually cited as his first major address on slavery.

249 "ONLY BY NECESSITY": Abraham Lincoln, "Speech at Peoria, Illinois," in *Collected Works of Abraham Lincoln*, 2: 275.

250 "action but *self-interest*": Ibid., 2: 255.

251 pursuit of happiness: Ibid., 2: 265-266.

252 to be upheld: Foner, *Fiery Trial*, 68.

253 “disregard the constitution”: Lincoln, “Speech at Peoria, Illinois,” 2: 269.

254 “of the saving”: Ibid., 2: 276.

255 “expansion of slavery”: Foner, *Fiery Trial*, 69.

256 “for office again”: Donald, *Lincoln*, 184.

257 “alloy of hypocracy [*sic*]”: Abraham Lincoln to Joshua Speed, 24 August 1855, in *Collected Works of Abraham Lincoln*, 2: 323.

258 “reckon it's him”: Whitney, *Life on the Circuit*, 80.

259 or false modesty: Donald, *Lincoln*, 193.

260 “bound to respect”: *Scott v. Sanford*, 6 March 1857, 60 US 393, Taney, C. J., Opinion of the Court, 407.

261 “wicked” and “abominable”: Don E. Fehrenbacher, *The Dred Scott Case: Its Significance in American Law and Politics* (Oxford: Oxford University Press, 1978), 417.

262 open-air slave markets: Donald, *Lincoln*, 200.

263 “infamous and tyrannical”: “The Decision of the Supreme Court,” *Liberator* 11 (March 13, 1857): 42.

264 even more oppressed: Donald, *Lincoln*, 201.

265 “than it is”: Abraham Lincoln, “Speech at Springfield, Illinois,” 26 June 1857, in *Collected Works of Abraham Lincoln*, 2: 404.

266 “not be notified”: Abraham Lincoln to B. Clarke Lundy, 5 August 1857, ibid., 2: 413.

267 “the latter condition”: Abraham Lincoln, “‘A House Divided’: Speech at Springfield, Illinois,” 16 June 1858, ibid., 2: 461-462.

268 "a different image": Donald, *Lincoln*, 215.

269 "grotesque, as Lincoln's": Carl Schurz, "The Lincoln-Douglas Debate at Quincy, Illinois," *McClure's Magazine* 28 (January 1907): 253.

270 "in the world": Fergus M. Bordewich, "How Lincoln Bested Douglas in Their Famous Debates," *Smithsonian* 39, no. 6 (September 2008).

271 "invent the others": Stephen Douglas, "Second Debate with Stephen A. Douglas at Freeport, Illinois," 27 August 1858, in *Collected Works of Abraham Lincoln*, 3: 55.

272 "starved to death": Abraham Lincoln, "Sixth Debate with Stephen A. Douglas at Quincy, Illinois," 13 October 1858, ibid., 3: 279.

273 "the white race": Abraham Lincoln, "Fourth Debate with Stephen A. Douglas at Charleston, Illinois," 18 September 1858, ibid., 3: 145-146.

274 "let her alone": Ibid., 3: 146.

275 "gone through college": White, *A. Lincoln*, 280.

276 "to an end": Abraham Lincoln, "Fifth Debate with Stephen A. Douglas at Galesburg, Illinois," 7 October 1858, in *Collected Works of Abraham Lincoln*, 3: 225-226.

277 "same tyrannical principle": Abraham Lincoln, "Seventh and Last Debate with Stephen A. Douglas at Alton, Illinois," 15 October 1858, ibid., 3: 315.

278 their collective will: Michael Sandel, "Political Liberalism," in *Justice: A Reader*, ed. Michael Sandel (New York: Oxford University Press, 2007), 368 - 369. See also Allen C. Guelzo, *Lincoln and*

*Douglas*: *The Debates That Defined America* (New York: Simon & Schuster, 2008), xix–xxi.

279 of the seats: Historical sources differ on the final voting percentages for the general assembly. David Donald puts the Democratic seats at 53 percent: Donald, *Lincoln*, 227–28; Michael Burlingame puts the final percentage at 54 percent: Burlingame, *Abraham Lincoln*, 1: 547.

280 "of hopeless despair": Whitney, *Life on the Circuit*, 27.

281 "except Billy [Herndon]": Henry C. Whitney to William H. Herndon, 18 July 1887, in *Herndon's Informants*, 622.

282 "I am gone": Abraham Lincoln to Anson G. Henry, 19 November 1858, in *Collected Works of Abraham Lincoln*, 3: 339.

283 "for the Presidency": Abraham Lincoln to Samuel Galloway, 28 July 1859, ibid., 3: 395.

284 "very great many": Abraham Lincoln to Samuel Galloway, 24 March 1860, ibid., 4: 34.

285 "their first love": Ibid.

286 "much of me": Abraham Lincoln to Jesse W. Fell, "Enclosing Autobiography," 20 December 1859, in *Collected Works of Abraham Lincoln*, 3: 511.

287 "a finished statesman": Rufus Rockwell Wilson, *Intimate Memories of Lincoln* (Elmira, NY: Primavera Press, 1945), 258.

288 "to his arguments": Henry Villard, *Memoirs of Henry Villard: Journalist and Financier, 1835 – 1900*, 2 vols. (Boston: Houghton Mifflin, 1904), 1: 93.

289 "of human slavery": Harold Holzer, *Lincoln at Cooper Union: The Speech That Made Abraham Lincoln President* (New York: Simon &

Schuster, 2004), 115.

290 "WE UNDERSTAND IT": Abraham Lincoln, "Address at Cooper Institute, New York City," 27 February 1860, in *Collected Works of Abraham Lincoln*, 3: 550.

291 "electrify as well": Theodore Stanton, "Abraham Lincoln," *Westminster Review* 135 (January-June 1891): 640.

292 "worthy of it": James A. Briggs to Abraham Lincoln, 29 February 1860, in *The Lincoln Papers*, ed. David C. Mearns, 2 vols. (Garden City, NY: Doubleday, 1948), 1: 231.

293 "no trouble whatever": Abraham Lincoln to Mary Todd Lincoln, 4 March 1860, in *The Collected Works of Abraham Lincoln: Supplement, 1832-1865*, ed. Roy Basler (Westport, CT: Greenwood Press, 1974), 49.

294 "mouth a little": Abraham Lincoln to Lyman Trumbull, 29 April 1860, in *Collected Works of Abraham Lincoln*, 4: 45.

295 "it to her": Charles Zane, "Lincoln as I Knew Him," *Illinois State Historical Journal* 14, no. 1-2 (April-June 1921): 83.

296 "was upon me": Gideon Welles, *Diary of Gideon Welles: Secretary of the Navy under Lincoln and Johnson*, 2 vols. (Boston: Houghton Mifflin, 1911), 1: 82.

297 Lincoln now held: Doris Kearns Goodwin, *Team of Rivals: The Political Genius of Abraham Lincoln* (New York: Simon & Schuster, 2005), xvi.

298 during his presidency: Ibid., xvi-xvii.

299 was never kept: Harold Holzer, *Lincoln President-Elect: Abraham Lincoln and the Great Secession Crisis, Winter 1860-1861* (New

York: Simon & Schuster, 2008), 249.

300 "each other—again": Augustus H. Chapman to William H. Herndon, 8 October 1865, in *Herndon's Informants*, 137.

301 "had ever happened": Herndon and Weik, *Herndon's Lincoln*, 3: 483-484.

302 "an affectionate farewell": Abraham Lincoln, "Farewell Address at Springfield, Illinois," 11 February 1861, in *Collected Works of Abraham Lincoln*, 4: 190.

303 "a free people": Abraham Lincoln, "First Inaugural Address—Final Text," 4 March 1861, ibid., 4: 268.

304 "to be extended": Ibid., 4: 266-269.

305 "of our nature": Ibid., 4: 271.

306 "its own existence": Abraham Lincoln, "Message to Congress in Special Session," 4 July 1861, ibid., 4: 426.

307 mules and horses: James M. McPherson, *Battle Cry of Freedom: The Civil War Era* (New York: Ballantine Books, 1988), 284.

308 "must have Kentucky": William E. Gienapp, "Abraham Lincoln and the Border States," *Journal of the Abraham Lincoln Association* 13, no. 1 (1992): 13.

309 "engaged in it": McPherson, *Battle Cry of Freedom*, 354.

310 known as "colonization": Eric Foner, "The Emancipation of Abe Lincoln," *New York Times* (January 1, 2013), A19.

311 "for the new": Abraham Lincoln to Nathaniel Banks, 5 August 1863, in *Collected Works of Abraham Lincoln*, 6: 365.

312 "etiquette & personal dignity": John Hay, 13 November 1861,

in John Hay, *Inside Lincoln's White House: The Complete Civil War Diary of John Hay*, ed. Michael Burlingame and John R. Turner Ettlinger (Carbondale: Southern Illinois University Press, 1997), 32.

313 "their neighbor's hurt": John Hay, "Life in the White House in Mr. Lincoln's Time," in Wilson, *Intimate Memories of Lincoln*, 398.

314 "wasted nervous force": Ibid., 397.

315 "plain prairie language": Alan Nevins, *The War for the Union, Volume II: War Becomes Revolution* (New York: Charles Scribner's Sons, 1960), 193.

316 "of the day": Mary Lincoln to Mercy Levering Conkling, 19 November 1864, in *Mary Todd Lincoln: Her Life and Letters*, ed. Justin G. Turner and Linda Levitt Turner (New York: Alfred A. Knopf, 1972), 187.

317 "on his stomach": Ruth Painter Randall, *Lincoln's Sons* (Boston: Little, Brown, 1955), 107.

318 "*power to command*": Edward Bates, 31 December 1861, in Edward Bates, *The Diary of Edward Bates*, ed. Howard K. Beale (Washington, DC: US Government Printing Office, 1933), 220.

319 "long-armed ape": William H. Herndon to Jesse W. Weik, 6 January 1887, in *The Hidden Lincoln: From the Letters and Papers of William H. Herndon*, ed. Emanuel Hertz (New York: Viking Press, 1938), 153.

320 "a while first": Benjamin Thomas and Harold H. Hyman, *Stanton: The Life and Times of Lincoln's Secretary of War* (New York: Alfred A. Knopf, 1962), 151.

321 "have him die!": Elizabeth Keckley, *Behind the Scenes, or*

*Thirty Years a Slave, and Four Years in the White House* (New York: G. W. Carleton, 1868), 103.

322 to his departed son: Burlingame, *Abraham Lincoln*, 2: 300.

323 "send you there": Ibid., 300.

324 "Slave holders rebellion": Joseph Medill to Abraham Lincoln, 9 February 1862, Abraham Lincoln Papers at the Library of Congress, http://memory.loc.gov/cgi-bin/ampage?collId=mal&fileName=mal1/144/1445100/malpage.db&recNum=2&tempFile=./temp/~ammem_ANZS&filecode=mal&next_filecode=mal&prev_filecode=mal&itemnum=10&ndocs=24.

325 "some troublesome creditor": Frederick Douglass, "The President and His Speeches," *Douglass' Monthly*, September 1862, in *The Life and Writings of Frederick Douglass*, ed. Philip S. Foner, 5 vols. (New York: International Publishers, 1952), 3:270.

326 "to hang himself": Edward Bates, "Remonstrance and Notes on Cabinet Meeting," in *The Civil War: The Second Year Told by Those Who Lived It*, ed. Stephen W. Sears (New York: Library of America, 2012), 429.

327 "the contest proceeds": Abraham Lincoln, "Meditation on the Divine Will," 2 September 1862, in *Collected Works of Abraham Lincoln*, 5:403-404.

328 "over to judgment": "War Meeting in Boston," *New York Times*, October 7, 1862, http://www.nytimes.com/1862/10/07/news/war-meeting-boston-speech-hon-charles-summer-faneuil-hall-his-views-emancipation.html.

329 "of rebel power": Frederick Douglass, "Emancipation Pro-

claimed," *Douglass' Monthly*, October 1862, in *Life and Writings of Frederick Douglass*, 3:273–275.

330 "hope of earth": Abraham Lincoln, "Annual Message to Congress," 1 December 1862, in *Collected Works of Abraham Lincoln*, 5: 537.

331 "battles and delays": Zachariah Chandler to Letitia Grace Douglass Chandler, 18 December 1862, in Ward with Burns and Burns, *Civil War*, 174–175.

332 "am in it": Burlingame, *Inner World of Abraham Lincoln*, 105.

333 "this place for?": J. E. Gallaher, *Best Lincoln Stories, Tersely Told* (Chicago: M. A. Donohue, 1898), 84.

334 "of harassing care": Noah Brooks, "How the President Looks," 4 December 1862, in *Lincoln Observed: Civil War Dispatches of Noah Brooks*, ed. Michael Burlingame (Baltimore: John Hopkins University Press, 1998), 13.

335 "signing this paper": Don E. Fehrenbacher and Virginia Fehrenbacher, *Recollected Words of Abraham Lincoln* (Stanford, CA: Stanford University Press, 1996), 397.

336 "bill of lading": Richard Hofstadter, "Abraham Lincoln and the Self-Made Myth," in Richard Hofstadter, *The American Political Tradition* (New York: Vintage, 1989), 169.

337 of freed blacks: Foner, *Fiery Trial*, 245.

338 "of African descent": 37th Cong., 2nd Sess. ch. 201, *US Statutes at Large* 12 (1862): 599.

339 "hold in earnest?": Abraham Lincoln to Andrew Johnson, 26 March 1863, in *Collected Works of Abraham Lincoln*, 6:149–150.

340 "given the Confederacy": Ulysses S. Grant to Abraham Lincoln, 23 August 1863, Abraham Lincoln Papers at the Library of Congress, https://memory. loc. gov/cgi - bin/ampage? collId = mal&fileName = mal1/257/2579900/malpage.db&recNum = 0&tempFile = ./temp/ ~ ammem _l5Ba&fi = mal&next _ filecode = mal&prev _ filecode = mal&itemnum = 9&ndocs = 21.

341 "any other race": Edwin M. Stanton to Abraham Lincoln, 8 February 1864, ibid., http://memory.loc.gov/cgi-bin/ampage? collId = mal&fi./temp/ ~ ammem_04M8&filecode = mal&next_filecode = mal&prev_filecode = mal&itemnum = 15&ndocs = 26.

342 the White House: Foner, *Fiery Trial*, 257-258.

343 "men in America": John Eaton, *Grant, Lincoln, and the Freedmen: Reminiscences of the Civil War: With Special Reference to the Work for the Contrabands and Freedmen of the Mississippi Valley* (London: Longmans, Green, 1907), 176.

344 "in the rear": Charles Sumner to Francis Lieber, 17 January 1863, in Edward L. Pierce, *Memoir and Letters of Charles Sumner*, 4 vols. (Boston: Roberts Brothers, 1893), 4:114.

345 join the Confederacy: John A. McClernand to Abraham Lincoln, 14 February 1863, Abraham Lincoln Papers at the Library of Congress, https://memory. loc. gov/cgi - bin/ampage? collId = mal&fileName = mal1/217/2172700/malpage. db&recNum = 4&tempFile = ./temp/ ~ ammem _ pGgP&filecode = mal&next _ filecode = mal&prev _ filecode = mal&itemnum = 9&ndocs = 27.

346 "active, with impunity": Frank van der Linden, *The Dark Intrigue: The True Story of a Civil War Conspiracy* (Golden, CO: Fulcrum,

2007), 57.

347 "the country say!": Noah Brooks, *Washington in Lincoln's Time* (New York: Century, 1896), 57-58.

348 "moment at least": George Templeton Strong, 6 July 1863, in George Templeton Strong, *Diary of the Civil War: 1860-1865*, ed. Allan Nevins (New York: Macmillan, 1962), 330.

349 "and lick him": Henry Adams to Charles Francis Adams Jr., 23 July 1863, in *Henry Adams, Selected Letters*, ed. Ernest Samuels (Cambridge, MA: Harvard University Press, 1992), 59.

350 "stand firm now": John Hay, 9 August 1863, in Hay, *Inside Lincoln's White House*, 70.

351 exchange of prisoners: Donald, *Lincoln*, 456.

352 at fifty thousand: James C. Conkling to Abraham Lincoln, 4 September 1863, Abraham Lincoln Papers at the Library of Congress, https://memory.loc.gov/cgi-bin/ampage?collId=mal&fileName=mal1/260/2604000/malpage.db&recNum=2&tempFile=./temp/~ammem_y6iy&fi=mal&next_filecode=mal&prev_filecode=mal&itemnum=16&ndocs=29.

353 "of black soldiers": Abraham Lincoln to James C. Conkling, 26 August 1863, in *Collected Works of Abraham Lincoln*, 6:407-409.

354 "pay the cost": Ibid., 6:409-410.

355 "tranquility and Union": Abraham Lincoln, "Proclamation of Thanksgiving," 3 October 1863, ibid., 6:497.

356 "few appropriate remarks": David Willis to Abraham Lincoln, 2 November 1863, John G. Nicolay, "Lincoln's Gettysburg Address," *Monthly Magazine* 47 (February 1894): 596.

357 with the ending: Donald, *Lincoln*, 461.

358 "from the earth": Abraham Lincoln, "Address Delivered at the Dedication of the Cemetery at Gettysburg," Final Text, 19 November 1863, in *Collected Works of Abraham Lincoln*, 7:23.

359 "annals of man": William E. Barton, *Lincoln at Gettysburg: What He Intended to Say; What He Said; What He Was Reported to Have Said; What He Wished He Had Said* (New York: Peter Smith, 1950), 116.

360 "word and comma": Ibid., 117.

361 "in two minutes": Edward Everett to Abraham Lincoln, 20 November 1863, Abraham Lincoln Papers at the Library of Congress, http://memory. loc. gov/cgi - bin/ampage? collId = mal&fileName = mal1/281/2813300/malpage.db&recNum = 2&tempFile = ./temp/ ~ ammem _Dtq3&filecode = mal&next_filecode = mal&prev_filecode = mal&itemnum = 9&ndocs = 22.

362 nothing about equality: Donald, *Lincoln*, 465.

363 "founded the government?": "The President at Gettysburg," *Chicago Times*, November 23, 1863, http://teachingamericanhistory.org/library/document/the-president-at-gettysburg.

364 Declaration of Independence: Garry Wills, *Lincoln at Gettysburg: The Speech That Remade America* (New York: Simon & Schuster, 1992), 100-103.

365 "from the earth": Lincoln, "Address Delivered at the Dedication," 7:23.

366 "give to everybody": Milton H. Shutes, *Lincoln and the Doctors: A Medical Narrative of the Life of Abraham Lincoln* (New York:

Pioneer Press, 1933), 86.

367 "of the melee": Gordon C. Rhea, *The Battles for Spotsylvania Court House and the Road to Yellow Tavern, May 7–12, 1864* (Baton Rouge: Louisiana State University Press, 1997), 293.

368 "hate and murder": Ibid.

369 "ever to end": "Schuyler Colfax," *Reminiscences of Abraham Lincoln: By Distinguished Men of His Time*, ed. Allen Thorndike Rice (New York: North American, 1886), 337.

370 "takes all summer": Ulysses S. Grant to Edwin M. Stanton, 11 May 1864, in *The Papers of Ulysses S. Grant*, ed. John Simon, 31 vols. (Carbondale: Southern Illinois University Press, 1982), 10:422.

371 "relentless, ceaseless warfare": McPherson, *Battle Cry of Freedom*, 733.

372 "cessation of hostilities": "Democratic National Convention," in Edward McPherson, *The Political History of the United States of America during the Great Rebellion* (Washington, DC: Philp & Solomons, 1865), 419.

373 "*by our foes*": Larry E. Nelson, *Bullets, Ballots, and Rhetoric: Confederate Policy for the United States Presidential Contest of 1864* (Tuscaloosa: University of Alabama Press, 1980), 113.

374 "life is dreadful": Isaac N. Arnold, *The Life of Abraham Lincoln* (Chicago: A. C. McClurg, 1909), 375.

375 "of their senses": Walt Whitman to Louisa Van Velsor Whitman, 7 June 1864, in Walt Whitman, *The Wound Dresser: A Series of Letters Written from the Hospitals in Washington During the War of the Rebellion*, ed. Richard Maurice Bucke (Boston: Small, Maynard, 1898),

194.

376 “slavery be abandoned”: Thurlow Weed to William H. Seward, 22 August 1864, Abraham Lincoln Papers at the Library of Congress, https://memory.loc.gov/cgi-bin/ampage? collId = mal&fileName = mal1/354/3549000/malpage.db&recNum = 2&tempFile =./temp/~ammem_vOTM&filecode = mal&next_filecode = mal&prev_filecode = mal&itemnum = 21&ndocs = 26.

377 “all the States”: Henry J. Raymond to Abraham Lincoln, 22 August 1864, ibid., https://memory.loc.gov/cgi-bin/ampage? collId = mal&fi./temp/~ammem_dnRg&filecode = mal&next_filecode = mal&prev_filecode = mal&itemnum = 15&ndocs = 26.

378 “place, *badly beaten*”: J. K. Herbert to General Benjamin F. Butler, 11 August 1864, in Fehrenbacher and Fehrenbacher, *Recollected Words of Abraham Lincoln*, 196.

379 “come what will”: Diary of Joseph T. Millis, 19 August 1864, in *Collected Works of Abraham Lincoln*, 7:507.

380 became “almost irresistible”: McPherson, *Battle Cry of Freedom*, 770.

381 “him try me”: Abraham Lincoln to Charles D. Robinson, 17 August 1864, in *Collected Works of Abraham Lincoln*, 7:501.

382 “you serious damage”: Frederick Douglass to Theodore Tilton, 15 October 1864, in *Life and Writings of Frederick Douglass*, 3:423.

383 “and fairly won”: W. T. Sherman to Major General Dix, 4 September 1864, reprinted in “The Fall of Atlanta: The Official Report of Maj. Gen. Sherman,” *New York Times*, September 5, 1864.

384 urban professional men: Donald, *Lincoln*, 544.

385 “bales of cotton”: Major General William Tecumseh Sherman to President Abraham Lincoln, 22 December 1864, National Archives Catalog, https:// catalog.archives.gov/id/301637.

386 and the president: Foner, *Fiery Trial*, 328.

387 “and felt him”: Thomas Morris Chester, *Black Civil War Correspondent: His Dispatches from the Virginia Front*, ed., with a biographical essay and notes, R. J. M. Blackett (Baton Rouge: Louisiana State University Press, 1989), 297.

388 “to the laws”: *Conversations with Lincoln*, compiled, edited, and annotated by Charles M. Segal (New York: G. Putnam's Sons, 1961), 382.

389 “man in America”: James M. Scovel, “Thaddeus Stevens,” *Lippincott's Monthly Magazine: A Popular Journal of General Literature, Science and Politics* 61 (January–June 1898): 550.

390 “for several minutes”: *Congressional Globe*, 38th Cong., 2nd Sess., January 31, 1865, 531.

391 “cause as soldiers”: Abraham Lincoln, “Last Public Address,” 11 April 1865, in *Collected Works of Abraham Lincoln*, 8:403.

392 supported black suffrage: Foner, *Fiery Trial*, 331.

393 scene with light: Donald, *Lincoln*, 566.

394 “of prosperous peace”: Salmon Chase to Mary Todd Lincoln, 4 March 1865, Abraham Lincoln Papers at the Library of Congress, http://memory. loc. gov/cgi – bin/query/P? mal: 1:./temp/~ ammem _ t3dq.

395 “the war came”: Abraham Lincoln, “Second Inaugural Address,” 4 March 1865, in *Collected Works of Abraham Lincoln*, 8:332.

396 "with the lash": Ibid., 8:333.

397 "with all nations": Ibid.

398 "to tell it": Abraham Lincoln to Thurlow Weed, 15 March 1865, ibid., 8:356.

399 "you liked it": Frederick Douglass, *The Life and Times of Frederick Douglass*, ed. Henry Louis Gates Jr. (New York: Library of America, 1994), 804.

400 "honor from him": "President Lincoln Visits City Point and Petersburg, March 24 - April 8, 1865," National Park Service, http://www.nps.gov/pete/learn/news/upload/Lincoln-at-Pete-and-CPrev2.pdf.

401 "been very miserable": Mary Todd Lincoln to Francis Bicknell Carpenter, 15 November 1865, in *Mary Todd Lincoln*, 284–285.

402 "would have done": Michael Beschloss, "When T.R. Saw Lincoln," *New York Times*, May 21, 2014, https://www.google.com/search? q=When+T.R.+Saw+Lincoln+NYT&oq=When+T.R.+Saw+Lincoln+NYT&aqs=chrome..69i57.8295j0j7&sourceid=chrome&ie=UTF-8.

403 a bloody war: Don E. Fehrenbacher, "The Anti-Lincoln Tradition," *Journal of the Abraham Lincoln Association* 4, no. 1 (1982): 6–28.

404 "father's child has": Abraham Lincoln, "Speech to One Hundred Sixty-Sixth Ohio Regiment," 22 August 1864, in *Collected Works of Abraham Lincoln*, 7:512.

405 "be reckoned with": Fehrenbacher, "The Anti-Lincoln Tradition," 25.

## 第三部分：永远结束奴隶制——弗雷德里克·道格拉斯的挑战

406 "to regain possession": John Stauffer, *Giants: The Parallel Lives of Frederick Douglass and Abraham Lincoln* (New York: Twelve, 2008), 91.

407 "of the slaveholder": Frederick Douglass to William Lloyd Garrison, 1 January 1846, in *The Life and Writings of Frederick Douglass*, ed. Philip S. Foner, 5 vols. (New York: International Publishers, 1950), 1:127.

408 "me an insult": Ibid.

409 "Hold of me": Frederick Douglass, "Letter to William A. White," 30 July 1846, ibid., 1:183.

410 "that oppressed people": Frederick Douglass, "Farewell Speech to the British People," March 1847, ibid., 1:231-232.

411 the Chesapeake Bay: Like most slaves, Frederick Douglass never knew his exact birth date. Slave owners sometimes recorded the dates of the births and deaths of their human property but civil law did not recognize these events as having any status, and thus there was often no legal record. In his first autobiography, Douglass wrote that he believed he had been born in early 1818. Some of his biographers and editors have dated this event a year later. Research by writer Dickson Preston has offered strong evidence that Douglass was born in 1818. Dickson J. Preston, *Young Frederick Douglass: The Maryland Years* (Baltimore: Johns Hopkins University Press, 1980), 8-9.

412 "to disturb me": Frederick Douglass, *My Bondage and My Freedom*, ed. Henry Louis Gates Jr. (New York: Library of America, 1994), 142-143.

413 the kitchen table: Ibid., 168.

414 "in the gashes": Frederick Douglass, *The Life and Times of Frederick Douglass*, ed. Henry Louis Gates Jr. (New York: Library of America, 1994), 520.

415 "disobey my orders": Frederick Douglass, *Narrative of the Life of Frederick Douglass: An American Slave*, ed. Henry Louis Gates Jr. (New York: Library of America, 1994), 19.

416 "be mine next": Douglass, *My Bondage*, 176-177.

417 "magnificence and satiety": Douglass, *Life and Times*, 506-507.

418 "wonder and admiration": Ibid., 522.

419 "will toward you": Douglass, *My Bondage*, 215.

420 "same narrow examination": Douglass, *Narrative of the Life*, 46.

421 "*mystery* of reading": Douglass, *My Bondage*, 216.

422 "her own child": Ibid., 217.

423 "away with himself": Ibid.

424 "slavery to freedom": Ibid., 218.

425 "revealed her apprehension": Douglass, *Narrative of the Life*, 40.

426 "its early happiness": Douglass, *My Bondage*, 222.

427 "me a lesson": Ibid., 224.

428 "lump of chalk": Douglass, *Narrative of the Life*, 44.

429 "the oldest son": Douglass, *My Bondage*, 235.

430 "his officers farewell": William S. McFeely, *Frederick Douglass* (New York: W. W. Norton, 1991), 34-35.

431 "the horrible pit": Douglass, *Narrative of the Life*, 42.

432 "ability to describe": Douglass, *Life and Times*, 534.

433 the city's population: Christopher Phillips, *Freedom's Port: The African American Community of Baltimore, 1790-1860* (Chicago: University of Illinois Press, 1997), 15.

434 operated in Baltimore: Michael Tadman, *Speculators and Slaves: Masters, Traders, and Slaves in the Old South* (Madison: University of Wisconsin Press, 1989), 5-7, 11-46.

435 "the chained gangs": Frederick Douglass, "The Meaning of July Fourth for the Negro," 5 July 1852, in *Life and Writings of Frederick Douglass*, 2:194.

436 "sons thus treated": William J. Anderson, "Life and Narrative of William J. Anderson: Twenty-four Years a Slave; Sold Eight Times! In Jail Sixty Times!! Whipped Three Hundred Times!!! or The Dark Deeds of American Slavery Revealed, 1857," in *The Making of African American Identity, Vol. I, 1500 - 1865* (Durham, NC: National Humanities Center, 2007), 5.

437 "weeping mother now": Josiah Henson, *Truth Stranger than Fiction: Father Henson's Story of His Own Life*, (Boston: John P. Jewett and Company, 1858), 12-13.

438 "my heart panted": Douglass, *My Bondage*, 234.

439 "we did both": Ibid., 246.

440 "best to him": Ibid., 264-265.

441 "into a brute": Douglass, *Narrative of the Life*, 58. 223 "so, I rose": Ibid., 64.

442 "had from him": Ibid., 65.

443 “made a man”: Ibid., 60.

444 “his *own* master”: Douglass, *My Bondage*, 297.

445 “home of man”: Ibid., 310.

446 “of horrid shapes”: Ibid., 311.

447 “be my doom”: Ibid., 324.

448 “your running away”: Ibid., 344.

449 fund his journey: McFeely, *Frederick Douglass*, 70.

450 “I reached Philadelphia”: Frederick Douglass, “My Escape from Slavery,” *Century Illustrated Magazine* 23 (November 1881): 127.

451 “of this conductor”: Douglass, *Life and Times*, 644.

452 “my slave life”: Douglass, “My Escape from Slavery,” 127–128.

453 “me unspeakable joy”: Ibid., 128.

454 “the free States”: Douglass, *Life and Times*, 652.

455 “time and strength”: Douglass, *My Bondage*, 356.

456 “a southern port”: Ibid.

457 “of my race”: Ibid., 362.

458 “of interrupting him”: Philip S. Foner, “Frederick Douglass: From Slavery to Freedom,” in *Life and Writings of Frederick Douglass*, 1: 27.

459 the assembly yelled: McFeely, *Frederick Douglass*, 88–89.

460 “or two longer”: Philip S. Foner, “Anti-Slavery Agent,” in *Life and Writings of Frederick Douglass*, 1:48.

461 “after Frederick Douglass”: Elizabeth Cady Stanton, 21 February 1895, in *Elizabeth Cady Stanton, as Revealed in Her Letters, Diary and Reminiscences*, ed. Theodore Stanton and Harriot Stanton Blatch, 2

vols. (New York: Harper & Brothers, 1922), 2:311-312.

462 "don't know more": Frederick Douglass, "The Church and Prejudice," 3 December 1841, in *Life and Writings of Frederick Douglass*, 1:104.

463 "of the philosophy": Douglass, *Life and Times*, 662.

464 "on this way": Ibid., 663.

465 "speech than not": Ibid.

466 "and needed room": Ibid., 662-663.

467 "dispel all doubt": Ibid., 663.

468 "inspiring and terrible": David W. Blight, "Introduction: A Psalm of Freedom," in Frederick Douglass, *Narrative of the Life of Frederick Douglass, an American Slave, Written by Himself*, ed. David W. Blight (Boston: Bedford/ St. Martin's, 2003), 3.

469 "of the South": Stauffer, *Giants*, 91.

470 "of us all": Frederick Douglass to William Lloyd Garrison, 16 September 1845, in *Life and Writings of Frederick Douglass*, 1:120.

471 "could reshape issues": Nathan Irvin Huggins, *Slave and Citizen: The Life of Frederick Douglass* (Boston: Little, Brown, 1980), 38.

472 chanting, "Douglass. Douglass": McFeely, *Frederick Douglass*, 148.

473 "and elevate mankind": Frederick Douglass, "To Our Oppressed Countrymen," *North Star*, December 3, 1847, in *Life and Writings of Frederick Douglass*, 1:283.

474 "held a chattel": *Frederick Douglass on Slavery and the Civil War: Selections from His Writings*, ed. Philip S. Foner (Mineola, NY: Dover, 2003), 11.

475 for their organization: For a discussion of Garrison and Phillips's response to Douglass's intention to start his own newspaper, see Philip S. Foner, *Frederick Douglass: A Biography* (New York: Citadel, 1964), 78.

476 "a publishing life": William Lloyd Garrison, "Letter from Mr. Douglass," *Liberator* 17, no. 30 (July 23, 1847): 2, http://fair-use.org/the-liberator/1847/07/23/the-liberator-17-30.pdf.

477 "to the heart": Foner, *Frederick Douglass*, 82.

478 "resources appeared inexhaustible": Douglass, *Life and Times*, 706.

479 "of English literature": Huggins, *Slave and Citizen*, 45.

480 "fiercely loyal cohort": David W. Blight, *Frederick Douglass' Civil War: Keeping Faith in Jubilee* (Baton Rouge: Louisiana State University Press, 1989), 20.

481 30,000 and 150,000: Eric Foner, *Gateway to Freedom: The Hidden History of the Underground Railroad* (New York: W. W. Norton, 2015), 4.

482 slaves to freedom: Benjamin Quarles, *Frederick Douglass* (Washington, DC: Associated, 1948), 119.

483 "heart unspeakable joy": Douglass, *Life and Times*, 710.

484 "of tyrannical legislation": Douglass, "Meaning of July Fourth for the Negro," 2:196.

485 "rapacity in check": Frederick Douglass, "The Fugitive Slave Law," 11 August 1852, http://rbscp.lib.rochester.edu/4385.

486 "permanent liberty document": Frederick Douglass to Gerrit Smith, 31 January 1851, in Blight, *Frederick Douglass' Civil War*, 33.

487 "this very hour": Douglass, "Meaning of July Fourth for the Negro," 2:192.

488 "all your hopes": Ibid., 2:201.

489 "proclaimed and denounced": Ibid., 2:192.

490 the Civil War: Manisha Sinha, *The Slave's Cause: A History of Abolition* (New Haven, CT: Yale University Press, 2016), 160–161.

491 "of popular sovereignty": Frederick Douglass, "The Kansas–Nebraska Bill," 30 October 1854, in *Life and Writings of Frederick Douglass*, 2:331.

492 "its quivering heart": Frederick Douglass, "Non–Extension versus Abolition of Slavery," *Douglass' Monthly* 2, no. 5 (October 1859): 151.

493 "of national affairs": Blight, *Frederick Douglass' Civil War*, 38.

494 "upon their pathway": Douglass, *My Bondage*, 398.

495 "incarnation of wolfishness": Frederick Douglass, "The Dred Scott Decision," 11 May 1857, in *Life and Writings of Frederick Douglass*, 2:411.

496 "system of slavery": Ibid., 2:412.

497 "its many waters": Frederick Douglass, "West India Emancipation," 4 August 1857, in *Life and Writings of Frederick Douglass*, 2:437.

498 "get out alive": Douglass, *Life and Times*, 759.

499 "destruction of slavery": Ibid., 764.

500 "was at hand": Frederick Douglass, "John Brown," 30 May 1881, http://www.wvculture.org/history/jbexhibit/bbspr05-0032.html.

501 any slave revolt: Blight, *Frederick Douglass' Civil War*, 95.

502 "any anti-slavery work": Frederick Douglass, "The Late Election," *Douglass' Monthly* 3, no. 7 (December 1860): 370.

503 "this slaveholding rebellion": Frederick Douglass, "The American Apocalypse," 16 June 1861, in *The Frederick Douglass Papers Series One*, ed. John W. Blassingame, 5 vols. (New Haven, CT: Yale University Press, 1985), 3:440, 3:445.

504 "owes his election": Frederick Douglass, "The President and His Speeches," *Douglass' Monthly*, September 1862, in *Life and Writings of Frederick Douglass*, 3:268.

505 "the star-spangled banner": Frederick Douglass, "The Proclamation and a Negro Army," February 1863, ibid., 3:321-322.

506 "chained behind us": Frederick Douglass, "The Reasons for Our Troubles: Speech on the War," 14 January 1862, ibid., 3:204.

507 "rules the hour": Frederick Douglass, "Fighting Rebels with Only One Hand," *Douglass' Monthly*, September 1861, ibid., 3:152.

508 "the United States": Frederick Douglass, "Address for the Promotion of Colored Enlistments," 6 July 1863, ibid., 3:365.

509 attempted to escape: James M. McPherson, *Battle Cry of Freedom: The Civil War Era* (New York: Ballantine, 1988), 565-567.

510 "the n—r through": Frederick Douglass, "Our Work is Not Done," 3-4 December 1863, in *Life and Writings of Frederick Douglass*, 3:384.

511 "of the room": Ibid.

512 "[on] that point": Ibid., 3:385.

513 "of his character": Douglass, *Life and Times*, 786.

514 "my unpopular color": Ibid., 797.

515 "you serious damage": Frederick Douglass to Theodore Tilton, 15 October 1864, in *Life and Writings of Frederick Douglass*, 3:423.

516 "a sacred effort": Douglass, *Life and Times*, 804.

517 "of this event": McFeely, *Frederick Douglass*, 312.

第四部分:抵制纳粹之罪恶——迪特里希·潘霍华的挑战

518 "the present circumstances": Dietrich Bonhoeffer to George Bell, 25 March 1939, in *Dietrich Bonhoeffer Works*, *Volume 15*: *Theological Education Underground*: *1937-1940*, ed. Dirk Schulz (Minneapolis, MN: Fortress Press, 2012), 156.

519 "our ethical concepts?": Dietrich Bonhoeffer, "After Ten Years: A Reckoning Made at New Year, 1943," in Dietrich Bonhoeffer, *Letters and Papers from Prison*, ed. Eberhard Bethge (New York: Touchstone, 1997), 4.

520 ideology, or decisions: Eberhard Bethge, *Dietrich Bonhoeffer*: *A Biography* (Minneapolis, MN: Fortress Press, 2000), 371.

521 "toward the state": Dietrich Bonhoeffer to George Bell, 25 March 1939, in *Dietrich Bonhoeffer Works*, 15:156.

522 "filled with despair": Dietrich Bonhoeffer, "American Diary," 15 June 1939, ibid., 15:222.

523 "hardly be endured": Bonhoeffer, "American Diary," 16 June 1939, ibid., 15:223.

524 "clear to me": Ibid.

525 "brothers in struggle": See, for example, Dietrich Bonhoeffer to Paul Lehmann, 30 June 1939, ibid., 15:209.

526 “is it both”: Bonhoeffer, “American Diary,” 20 June 1939, ibid., 15:227.

527 “is certainly crushing”: Bonhoeffer, “American Diary,” 22 June 1939, ibid., 15:229.

528 “choice in security”: Dietrich Bonhoeffer to Reinhold Niebuhr, late June 1939, ibid., 15:210. The original letter that Bonhoeffer wrote to Niebuhr was lost. In Elisabeth Sifton and Fritz Stern, *No Ordinary Men: Dietrich Bonhoeffer and Hans von Dohnanyi, Resisters Against Hitler in Church and State* (New York: New York Review Books, 2013), Elisabeth Sifton, who is Niebuhr's daughter, and Fritz Stern point out that these words are Niebuhr's recollections and were set down in 1945 (69).

529 “it may appear”: Bonhoeffer, “American Diary,” 20 June 1939, in *Dietrich Bonhoeffer Works*, 15:227.

530 “effect upon me”: Bonhoeffer, “American Diary,” 7 July 1939, ibid., 15:237.

531 “of shedding blood”: Dietrich Bonhoeffer to Erwin Sutz, 28 April 1934, in *Dietrich Bonhoeffer Works, Volume 13: London, 1933–1935*, ed. Keith Clements (Minneapolis, MN: Fortress Press, 2007), 135.

532 “still quite unclear”: Hellmut Traub, “Two Recollections,” in *I Knew Dietrich Bonhoeffer*, ed. Wolf-Dieter Zimmermann and Ronald Gregor Smith (New York: Harper & Row, 1964), 159–160.

533 in Breslau, Germany: In the aftermath of World War II, Breslau was transferred to Poland and renamed Wroclaw. Today, it is the largest city in western Poland.

534 “a happy time”: *Dietrich Bonhoeffer: A Life in Pictures*, ed.

Eberhard Bethge, Renate Bethge, and Christian Gremmels (London: SCM Press, 1986), 29.

535 "their military service": Bethge, *Dietrich Bonhoeffer*, 17.

536 "We loved this": Sabine Leibholz, "Childhood and Home," in *I Knew Dietrich Bonhoeffer*, 20.

537 about eternal life: Ibid., 23-24.

538 "he was happy": Ibid., 22.

539 a huge impact: According to biographer Eberhard Bethge, Karl and Paula Bonhoeffer had a "happy relationship in which each partner adroitly supplemented the strength of the other. At their golden wedding anniversary, it was said that they had not spent a total of one month apart during their fi years of marriage, even counting single days." Bethge, *Dietrich Bonhoeffer*, 17.

540 "existing as church-community": Dietrich Bonhoeffer, *Sanctorum Communio: A Theological Study of the Sociology of the Church* (Minneapolis, MN: Fortress Press, 1998), 211.

541 "means in sacrifice": Dietrich Bonhoeffer, "Sermon on 1 Corinthians 12:27, 26," 29 July 1928, in *Dietrich Bonhoeffer Works, Volume 10: Barcelona, Berlin, New York: 1928-1931*, ed. Clifford J. Green (Minneapolis, MN: Fortress Press, 2008), 509.

542 almost 33 percent: This statistic is for 1931; unemployment for nonfarm workers was 25 percent. US Department of the Census, *Historical Statistics of the United States: Colonial Times to 1970*, 2 vols. (Washington, DC: US Government Printing Office, 1975), 1:126.

543 "was refused service": Dietrich Bonhoeffer to his parents, 1 December 1930, in *Dietrich Bonhoeffer Works*, 10:258.

544 “and so on”: Dietrich Bonhoeffer to Karl Friedrich Bonhoeffer, 2 January 1931, ibid., 10:269.

545 “are repressed here”: Karl Friedrich Bonhoeffer to Dietrich Bonhoeffer, 24 January 1931, ibid., 10:276.

546 “slightest substantive foundation”: Dietrich Bonhoeffer to Max Diestel, 19 December 1930, ibid., 10:265.

547 “others without reservation”: Dietrich Bonhoeffer, “Sermon on I John 4:16,” 9 November 1930, ibid., 10:581.

548 “passion and vividness”: Dietrich Bonhoeffer, “Report on My Year of Study at Union Theological Seminary in New York, 1930/31. Presented to the Church Federation Office by Lecturer Dietrich Bonhoeffer,” ibid., 10:315.

549 to solving problems: Bethge, *Dietrich Bonhoeffer*, 155.

550 to abiding friendship: Ibid., 155.

551 “be socially valued”: Ibid., 160.

552 to daily existence: See, for example, Bonhoeffer's “Report on My Year of Study at Union Theological Seminary,” 10:318-319.

553 “those who suffer”: Bonhoeffer, “After Ten Years,” 17.

554 “expect from us?”: Wolf-Dieter Zimmermann, “Years in Berlin,” in *I Knew Dietrich Bonhoeffer*, 60-61.

555 “were literally perspiring”: Ferenc Lehel, “Seen with the Eyes of a Pupil,” ibid., 68.

556 “its proper place”: Zimmermann, “Years in Berlin,” ibid., 61-62.

557 “omens are strange”: Dietrich Bonhoeffer to Erwin Sutz, 8 October 1931, in *Dietrich Bonhoeffer Works*, *Volume 11*: *Ecumenical*, *Aca-*

*demic, and Pastoral Work: 1931-1932*, ed. Victoria J. Barnett, Mark S. Brocker, and Michael B. Lukens (Minneapolis, MN: Fortress Press, 2012), 50.

558 reached 30 percent: Victoria J. Barnett, Mark S. Brocker, and Michael B. Lukens, "Editor's Introduction to the English Edition," ibid., 2.

559 "his psychopathic symptoms": Bethge, *Dietrich Bonhoeffer*, 258.

560 "hitherto legal limits": Ibid., 263.

561 to government censorship: Dietrich Bonhoeffer to Erwin Sutz, 14 April 1933, in *Dietrich Bonhoeffer's Works, Volume 12: Berlin: 1932-1933*, ed. Larry L. Rasmussen (Minneapolis, MN: Fortress Press, 2009), 102.

562 Nuremberg Race Laws: US Holocaust Memorial Museum, "Anti-Semitic Legislation, 1933-1939," https://www.ushmm.org/wlc/en/article.php? ModuleId=10007901.

563 sources of Christianity: Sifton and Stern, *No Ordinary Men*, 38.

564 "within forty-eight hours": Peter F. Drucker, *Adventures of a Bystander* (New Brunswick, NJ: Transaction, 2007), 161-162. On the wave of faculty dismissals in 1933, see Bethge, *Dietrich Bonhoeffer*, 276.

565 "make up for": Dietrich Bonhoeffer to Gerhard and Sabine Leibholz, 23 November 1933, in *Dietrich Bonhoeffer Works*, 13:42.

566 to their congregations: In 1933, there were about 20 million Catholics in Germany and about 40 million Protestants. US Holocaust Memorial Museum, "The German Churches and the Nazi State," https://www.ushmm.org/wlc/en/article.php? ModuleId=10005206.

567 Protestants were members: Ibid.

568 “of the wilderness”: Victoria Barnett, *For the Soul of the People: Protestant Protest Against Hitler* (New York: Oxford University Press, 1992), 27.

569 “the Christian community”: Dietrich Bonhoeffer, “The Church and the Jewish Question,” June 1933, in *Dietrich Bonhoeffer Works*, 12: 365.

570 stop such abuse: Ibid.

571 “their very existence”: Eberhard Bethge, “Dietrich Bonhoeffer and the Jews,” in *Ethical Responsibility: Bonhoeffer's Legacy to the Churches*, ed. John D. Godsey and Geffrey B. Kelly (Lewiston, NY: Edwin Mellon Press, 1981), 63.

572 under state control: In November 1933, for example, the German Christians held a rally at the Berlin Sportpalast. Swastikas and banners celebrating the unity of Christianity and National Socialism lined the walls of the packed meeting hall, while speakers demanded implementation of the Aryan Paragraph and removal of the Old Testament from the Bible.

573 learned with Bonhoeffer: Sifton and Stern, *No Ordinary Men*, 45–47.

574 “very much closer”: Bethge, *Dietrich Bonhoeffer*, 323.

575 “retreat into silence”: Dietrich Bonhoeffer to Karl Barth, 24 October 1933, in *Dietrich Bonhoeffer Works*, 13:23.

576 “small, quiet congregation”: Bethge, *Dietrich Bonhoeffer*, 327.

577 “difficult for me”: Dietrich Bonhoeffer to Karl Friedrich Bonhoeffer, 13 January 1934, in *Dietrich Bonhoeffer Works*, 13:81.

578 church in Germany: See, for example, Dietrich Bonhoeffer to George Bell, 14 March 1934, ibid., 13:118-119.

579 "to his Master": G. K. A. Bell, "Foreword," in Dietrich Bonhoeffer, *The Cost of Discipleship* (New York: Simon & Schuster, 1995), 11.

580 of parish governance: Barnett, *For the Soul of the People*, 65.

581 called the *Kirchenkampf*: US Holocaust Memorial Museum, "The German Churches and the Nazi State," https //www. ushmm. org/wlc/en/article.php? ModuleId = 10005206.

582 "times as these?": Dietrich Bonhoeffer to Erwin Sutz, 11 September 1934, in *Dietrich Bonhoeffer Works*, 13:217.

583 "through in faith": Dietrich Bonhoeffer to Erwin Sutz, 28 April 1934, ibid., 13:135.

584 socially deviant behavior: US Holocaust Memorial Museum, "Nazi Camps," https://www. ushmm. org/wlc/en/aricle. php? ModuleId = 10005144.

585 "exceed their strengths": "In 1934, the German army," historian John Keegan has written, "was outnumbered by the Polish and Czech armies, greatly outnumbered by the French, even outnumbered by the British and completely outmatched by the Red Army. Within the next three years, however, the balance of military power in Europe would be transformed. By September 1938 the German army, which in 1933 possessed only seven infantry and three cavalry divisions, stood at a strength of forty-six infantry divisions and five panzer (tank) divisions, with a numerical strength of six hundred thousand. By comparison the British army had only six infantry divisions and one notional tank division; many of its

two hundred thousand soldiers were dispersed abroad in colonial garrisons. The Luftwaffe, with three thousand combat aircraft, already outnumbered both the Royal Air Force and the Armée de l'Air. The French army, though large, was hidebound and poorly equipped." John Keegan, *Winston Churchill* (New York: Penguin, 2007), 116–117.

586 "or related blood": US Holocaust Memorial Museum, "The Nuremberg Race Laws," https://www.ushmm.org/outreach/en/article.php? ModuleId=10007695.

587 four Jewish grandparents: Ibid.

588 any real change: See, for example, Bonhoeffer's 1934 letter to a bishop active in the ecumenical movement: "It is precisely here, *in our attitude toward the state*, that we must speak out with absolute sincerity for the sake of Jesus Christ and of the ecumenical cause. It must be made quite clear—terrifying though it is—that we are immediately faced with the decision: National Socialist *or* Christian. We must advance beyond where we stood a year ago." Dietrich Bonhoeffer to Ove Valdemar Ammundsen, 8 August 1934, in *Dietrich Bonhoeffer Works*, 13: 192.

589 happening in Germany: Bethge, *Dietrich Bonhoeffer*, 409.

590 sabbatical in India: He went far enough along this potential path to procure a letter of introduction to Gandhi from his friend George Bell. Gandhi responded directly to Bonhoeffer, writing, "With reference to your desire to share my daily life, I may say that you will be staying with me if I am out of prison and settled in one place when you come. But otherwise, if I am travelling or if I am in prison, you will have to be satisfied with remaining in or near one of the institutions that are being conducted under my supervision. If you can stay in any of the institutions I have in mind

and if you can live on the simple vegetarian food that these institutions can supply you, you will have nothing to pay for your board and lodging." Bethge, *Dietrich Bonhoeffer*: *Life in Pictures*, 137.

591 Nazi-controlled state church: See, for example, Dietrich Bonhoeffer, "From the House of Brethren to Supporters of the Seminary," 22 July 1936, in *Dietrich Bonhoeffer Works*, *Volume 14*: *Theological Education at Finkenwalde*: *1935-1937*, ed. H. Gaylon Barker and Mark S. Brocker (Minneapolis, MN: Fortress Press, 2013), 222.

592 "the outside world": Dietrich Bonhoeffer, "To the Council of the Evangelical Church of the Old Prussian Union, Berlin-Dahlem, Regarding the Establishment of a House of Brethren in the Preachers' Seminary at Finkenwalde," 6 September 1935, in Bethge, *Dietrich Bonhoeffer*: *A Life in Pictures*, 149.

593 "burnt-out shells behind": Dietrich Bonhoeffer to Karl Friedrich Bonhoeffer, 14 January 1935, in *Dietrich Bonhoeffer Works*, 13: 284-285.

594 "Low, Sweet Chariot": Bethge, *Dietrich Bonhoeffer*, 427.

595 "long run monotonous": Wilhelm Rott, "Something Always Occurred to Him," in *I Knew Dietrich Bonhoeffer*, 134.

596 "for good jokes": H. Gaylon Barker, "Editor's Introduction," in *Dietrich Bonhoeffer Works*, 14:26-27.

597 "forget his sickness": Rott, "Something Always Occurred to Him," 134.

598 "the opera house": Ibid., 135.

599 "life in community": Dietrich Bonhoeffer, *Life Together* in *The Bonhoeffer Reader*, ed. Clifford J. Green and Michael DeJonge (Minneapo-

lis, MN: Fortress Press, 2013), 560.

600 "to good works": Ibid., 561.

601 "the moral imagination": Charles Marsh, *Strange Glory: A Life of Dietrich Bonhoeffer* (New York: Vintage, 2014), 232.

602 Confessing Church illegal: Ferdinand Schlingensiepen, *Dietrich Bonhoeffer, 1906–1945: Martyr, Thinker, Man of Resistance* (New York: T&T Clark International, 2010), 193. On the larger context of church politics at this time, see Bethge, *Dietrich Bonhoeffer*, 495–498.

603 "contact with them": Schlingensiepen, *Dietrich Bonhoeffer*, 196.

604 "for us all": Dietrich Bonhoeffer, "To the Finkenwalde Brothers," 20 December 1937, in *Dietrich Bonhoeffer Works*, 15:21.

605 "the anti-Christian forces": Ibid., 15:20–21.

606 "in both respects": Dietrich Bonhoeffer, "To the Brothers of the First Session," 15 November 1935, in *Dietrich Bonhoeffer Works*, 14:119.

607 "and the soldier": Bonhoeffer, *Cost of Discipleship*, 38.

608 on their own: David Foster Wallace, "Up, Simba," in *Consider the Lobster and Other Essays* (Boston: Little, Brown, 2006), 224.

609 "summons of God": Bethge, *Dietrich Bonhoeffer*, 600.

610 allegiance to Hitler: Ibid., 601. See also Barnett, *For the Soul of the People*, 156–158.

611 the clerical directive: Bethge, *Dietrich Bonhoeffer*, 600.

612 of its leadership: See, for example, Dietrich Bonhoeffer to Karl Friedrich Bonhoeffer, 28 January 1939, in *Dietrich Bonhoeffer Works*, 15:

115.

613 labeled "subversive activity": On Nazi prohibition of Bonhoeffer's public speaking, see Bethge, *Dietrich Bonhoeffer*, 698–699.

614 "interrogations, and arrests": Sifton and Stern, *No Ordinary Men*, 65.

615 "to settle down": Bethge, *Dietrich Bonhoeffer*, 594.

616 be "total annihilation": Ibid., 631.

617 "of the children": Sabine Leibholz to Dietrich Bonhoeffer, 26 August 1938, in *Dietrich Bonhoeffer Works*, 15:63.

618 "had become numbed": Barnett, *For the Soul of the People*, 139.

619 and mass extermination: US Holocaust Memorial Museum, "Kristallnacht: A Nationwide Pogrom," https://www.ushmm.org/wlc/en/article.php? ModuleId=10005201.

620 remained largely silent: See Barnett, *For the Soul of the People*, 142–144. A number of church officials, including radical members of the Confessing Church, protested the government's actions and even more worked privately to help the Jews.

621 "sing Gregorian chants": Bethge, *Dietrich Bonhoeffer*, 607.

622 "churches will burn": Mark S. Brocker, "Editor's Introduction," in *Dietrich Bonhoeffer Works, Volume 16: Conspiracy and Imprisonment: 1940–1945*, ed. Mark S. Brocker (Minneapolis, MN: Fortress Press, 2006), 5.

623 for their actions: Bethge, *Dietrich Bonhoeffer*, 625.

624 this emotional turbulence: The photographs taken of Bonhoeffer right after his return from America convey his relief, what his colleague

Helmut Traub would call "realized freedom." See Bethge, *Dietrich Bonhoeffer: A Life in Pictures*, 178.

625 "and police battalions": Sifton and Stern, *No Ordinary Men*, 70.

626 or racial enemies: US Holocaust Memorial Museum, "Einsatzgruppen (Mobile Killing Units)," https://www.ushmm.org/wlc/en/article.php? ModuleId=10005130.

627 Hitler was assassinated: Sifton and Stern, *No Ordinary Men*, 72.

628 "for that salute!": Bethge, *Dietrich Bonhoeffer*, 681.

629 "times moral repugnance": Sifton and Stern, *No Ordinary Men*, 54.

630 "simplicity and straightforwardness": Bonhoeffer, "After Ten Years," 16-17.

631 "sake Christ suffered": Ibid., 14.

632 "this disreputable task": Bethge, *Dietrich Bonhoeffer*, 628.

633 do the same: Nancy F. Koehn, "The Brain—and Soul—of Capitalism," *Harvard Business Review* (November 2013): 44.

634 The Final Solution: In January 1942, representatives of the Nazi government met in the Berlin suburb of Wannsee to coordinate the implementation of the large-scale killing of an estimated 11 million Jews in Europe. The participants in the meeting, known as the Wannsee Conference, did not approve the Final Solution; Hitler had already decided to undertake mass extermination of European Jews. Instead, under the leadership of Reinhard Heydrich, the meeting was devoted to planning various aspects of implementing the program, including the fate of people of mixed blood, the relationship between the evacuation of Jews in different

parts of Europe and military developments, and the population of European Jews by country. Holocaust Research Project, "Minutes from the Wannsee Conference," 20 January 1942, http://www.holocaustresearchproject.org/holoprelude/Wannsee/wanseeminutes.html.

635 in German-occupied Poland: The 1941 deportations were not the first attempts at systematic annihilation of the Jews and other "enemies" of the Third Reich. As early as 1938, Einsatzgruppen, or mobile killing squads, composed of Nazi SS and police personal, had been operating in German-occupied lands to murder Jews, Gypsies, Communists, and other people deemed enemies of the Third Reich. The Einsatzgruppen shot civilians, initially men, and later women and children as well—often in large numbers and at close range. After Germany invaded the Soviet Union in June 1941, the Einsatzgruppen followed the German soldiers through Eastern Europe and far into Soviet territory, killing thousands of Jews, Gypsies, and Soviet Communists. (In one famous incident in Kiev in September 1941, Einsatzgruppen detachment 4a massacred thirty-three thousand Jews in two days.) Although Nazi killing squads continued to operate in the Soviet Union until at least 1943, Himmler, Heydrich, and other Reich officials decided that shooting Jews and other victims was inefficient and psychologically difficult for the killers and the officers overseeing the murders. By 1942, Third Reich leaders had decided to use gas chambers outfitted in concentration camps as the central mechanism in the regime's program to annihilate European Jews. US Holocaust Memorial Museum, "Einsatzgruppen."

636 "already well populated": Dietrich Bonhoeffer to Eberhard Bethge, 25 June 1942, in *Dietrich Bonhoeffer Works*, 16:329-330.

637 “losses for everyone”: Marsh, *Strange Glory*, 335.

638 “now say yes”: Maria von Wedemeyer to Dietrich Bonhoeffer, 13 January 1943, in *Love Letters from Cell 92: The Correspondence between Dietrich Bonhoeffer and Maria von Wedemeyer, 1943-1945*, ed. Ruth-Alice von Bismarck and Ulrich Kabitz (Nashville, TN: Abingdon Press, 1995), 338.

639 about the scheme: Sifton and Stern, *No Ordinary Men*, 103.

640 “staff's vile abuse”: Dietrich Bonhoeffer, “Report on Prison Life after One Year in Tegel,” in *Letters and Papers from Prison*, 248.

641 “the other prisoners”: Ibid., 249.

642 “the plates concerned”: Ibid., 250.

643 “things as tomatoes”: Dietrich Bonhoeffer to Karl and Paula Bonhoeffer, 3 August 1943, ibid., 87.

644 “in July 1939”: Ibid.

645 “than I am”: Dietrich Bonhoeffer to Karl and Paula Bonhoeffer, 14 April 1943, ibid., 21-22.

646 “look forward to”: Bethge, *Dietrich Bonhoeffer*, 831.

647 “all be over”: Ibid.

648 “Overcoming in prayer”: Dietrich Bonhoeffer, “Notes, I and II,” in *Letters and Papers from Prison*, 33-35.

649 of Nazi interrogation: Bethge, *Dietrich Bonhoeffer*, 832.

650 “so ever since”: Dietrich Bonhoeffer to Eberhard Bethge, 18 November 1943, in *Letters and Papers from Prison*, 129.

651 “metaphor for Advent”: Dietrich Bonhoeffer to Maria von Wedemeyer, 21 November 1943, in *Love Letters from Cell 92*, 118.

652 “pass over them”: Dietrich Bonhoeffer, “Outlines of Letters,”

in *Letters and Papers from Prison*, 60–61.

653 "nightmare is over!": Dietrich Bonhoeffer to Karl and Paula Bonhoeffer, 24 June 1943, ibid., 71–72.

654 "on the earth": Dietrich Bonhoeffer to Maria von Wedemeyer, 12 August 1943, ibid., 415.

655 "the locked door?": Dietrich Bonhoeffer to Maria von Wedemeyer, 27 August 1943, in *Love Letters from Cell 92*, 73–74.

656 "the up-and-down uncertainty": Sifton and Stern, *No Ordinary Men*, 115.

657 "and the Bible": Dietrich Bonhoeffer to Eberhard Bethge, 29 November 1943, in *Letters and Papers from Prison*, 149.

658 "asked you to": Dietrich Bonhoeffer to Eberhard Bethge, 18 November 1943, ibid., 130.

659 "him for it": Dietrich Bonhoeffer to Eberhard Bethge, 15 December 1943, ibid., 162.

660 "a clear conscience": Dietrich Bonhoeffer to Eberhard Bethge, 22 December 1943, ibid., 174.

661 "bear the consequences": Ibid., 173–174.

662 "piece of self-deception": Dietrich Bonhoeffer to Eberhard Bethge, 5 December 1943, ibid., 159.

663 "like gracious spirits": Dietrich Bonhoeffer to Karl and Paula Bonhoeffer, 3 July 1943, in ibid., 73.

664 "when peace comes": Dietrich Bonhoeffer to Eberhard Bethge, 11 April 1944, ibid., 272.

665 "for us today": Dietrich Bonhoeffer to Eberhard Bethge, 30 April 1944, ibid., 279.

666 “and more ground”: Dietrich Bonhoeffer to Eberhard Bethge, 8 June 1944, ibid., 325-326.

667 “give an answer”: Ibid., 326.

668 “needs and conflicts”: Dietrich Bonhoeffer to Eberhard Bethge, 30 June 1944, ibid., 341.

669 previously insolvable problems: Dietrich Bonhoeffer to Eberhard Bethge, 30 April 1944, ibid., 281-282.

670 death and guilt: Ibid., 282.

671 “with the world”: John W. de Gruchy, “Editor's Introduction,” in *Dietrich Bonhoeffer Works*, *Volume 8*: *Letters and Papers from Prison*, ed. John W. de Gruchy (Minneapolis, MN: Fortress Press, 2010), 24-25.

672 “of Christian faith”: Ibid., 8:25.

673 “there for others”: Dietrich Bonhoeffer, “Outline for a Book,” ibid., 8:501.

674 those who suffer: Bonhoeffer, “After Ten Years,” 17.

675 “and a Christian”: Dietrich Bonhoeffer to Eberhard Bethge, 21 July 1944, *Letters and Papers from Prison*, 370.

676 Reich since 1938: Sifton and Stern, *No Ordinary Men*, 120.

677 in the 1930s: Ibid., 122.

678 “the whole family”: Dietrich Bonhoeffer to Maria von Wedemeyer, 19 December 1944, in *Love Letters from Cell 92*, 268-269.

679 “each new day”: Ibid., 269-270.

680 “is living for”: Sifton and Stern, *No Ordinary Men*, 132. 362 “owe the dead”: Ibid.

681 “has been consistent”: Karl Bonhoeffer to Professor Jossman, 8

October 1945, in *Dietrich Bonhoeffer: A Life in Pictures*, 234.

## 第五部分:保护地球及其滋养的生物——雷切尔·卡森的挑战

682 tumors sufficiently "suspicious": Rachel Carson to Marjorie Spock and Mary "Polly" Richards, 12 April 1960, in Linda Lear, *Rachel Carson: Witness for Nature* (Boston: Mariner Books, 2009), 367.

683 "bordering on malignancy": Ibid.

684 "curious, hard swelling": Rachel Carson to George Crile, 7 December 1960, ibid., 378.

685 "life in hospitals": Ibid., 379.

686 her lymph nodes: Ibid.

687 "they were different": Rachel Carson to George Crile, 17 December 1960, ibid., 380.

688 "finish this book": Rachel Carson to Dorothy Freeman, 6 January 1962, in *Always, Rachel: The Letters of Rachel Carson and Dorothy Freeman, 1952-1964*, ed. Martha Freeman (Boston: Beacon Press, 1995), 391.

689 no longer walk: Rachel Carson to Marjorie Spock and Mary "Polly" Richards, 6 February 1961, in Paul Brooks, *House of Life: Rachel Carson at Work* (Boston: Houghton Mifflin, 1972), 265.

690 "easily flicker out": Rachel Carson to Dorothy Freeman, 2 February 1961, in Lear, *Rachel Carson*, 337.

691 "and devastating wreckage": Rachel Carson to Dorothy Freeman, 24-25 February 1952, in *Always, Rachel*, 352.

692 "a nice day": Rachel Carson, "Notebooks for *Silent Spring*," in Lear, *Rachel Carson*, 384.

693 "its own [energy]": Rachel Carson to Lois Crisler, 19 August 1961, ibid., 389.

694 "as it should": Rachel Carson to Dorothy Freeman, 26 September 1961, in *Always, Rachel*, 386-387.

695 "it won't go": Rachel Carson to Dorothy Freeman, 6 January 1962, ibid.,390-391.

696 or central heat: For a detailed description of Carson's childhood home, see Lear, *Rachel Carson*, 11.

697 "shared with her": Rachel Carson, "The Real World Around Us," 21 April 1954, in *The Lost Woods: The Discovered Writing of Rachel Carson*, ed. Linda Lear (Boston: Beacon Press, 1998), 148.

698 "up stories, too": Ibid.

699 with flour-and-water paste: Lear, *Rachel Carson*, 16.

700 "tired, gloriously happy!": Rachel Carson, "My Favorite Recreation," *St. Nicholas* 49 (May 1922): 999.

701 offering to share: Lear, *Rachel Carson*, 31.

702 "strange sea world": Rachel Carson, "Memo to Mrs. Eales on *Under the Sea-Wind*," circa 1942, in *Lost Woods*, 54.

703 some months later: Lear, *Rachel Carson*, 72.

704 nearly 9 percent: Bureau of Labor Statistics, Department of Commerce, "Labor Force—Estimating Methods," *Monthly Labor Review* (July 1948): 51.

705 "once doesn't work": Rachel Carson to Dorothy Thompson, 16 October 1930, in Lear, *Rachel Carson*, 70.

706 front of them: William Souder, *On a Farther Shore: The Life and Legacy of Rachel Carson* (New York: Crown, 2012), 48.

707 a larger audience: Lear, *Rachel Carson*, 77.

708 "chance [on you]": Carson, "Real World Around Us," 149.

709 "of material immortality": Rachel Carson, "The World of Waters," in Lear, *Rachel Carson*, 86.

710 "to the *Atlantic*": Carson, "Real World Around Us," 150.

711 "connecting the dots": Steve Jobs, Stanford University Commencement Address, 12 June 2005, http://news.stanford.edu/news/2005/june15/jobs-061505.html.

712 "of the layman": Edward Weeks to Rachel Carson, 8 July 1937, in Lear, *Rachel Carson*, 86-87.

713 "and eternal night": Rachel Carson, "Undersea," *Atlantic Monthly* 160 (September 1937): 322-325, in *Lost Woods*, 4.

714 of manuscript pages: Lear, *Rachel Carson*, 100.

715 "the ocean shores": Ralph Thompson, "Books of the Times," *New York Times*, November 5, 1941, 27.

716 "no false sentimentality": Arlene R. Quaratiello, *Rachel Carson: A Biography* (Westport, CT: Greenwood Press, 2004), 31.

717 "a single error": William Beebe, "Of and About the Sea," *Saturday Review of Literature*, December 27, 1941, 5, 28.

718 "with superb indifference": Carson, "Real World Around Us," 150.

719 royalties totaled $689.17: Lear, *Rachel Carson*, 105.

720 with the technology: Ibid., 113-114.

721 "write natural history": Ibid., 148.

722 "to the Sea": Rachel Carson to William Beebe, 6 September 1948, in Brooks, *House of Life*, 110.

723 “with new pleasure”: Jonathan Norton Leonard, “And His Wonders in the Deep,” *New York Times*, July 1, 1951, 130.

724 “of a poet”: Harvey Breit, “Reader's Choice,” *Atlantic Monthly* 188 (August 1951): 82-83.

725 “work of art”: E. H. Martin, “Brilliant Study of the Sea,” *Evening Sun*, June 30, 1951, 4.

726 “facts I hadn't”: Henry Bigelow to Rachel Carson, 4 May 1951, in Lear, *Rachel Carson*, 203.

727 sold 250,000 copies: Brooks, *House of Life*, 129.

728 thousand advance copies: Lear, *Rachel Carson*, 226.

729 ocean was contagious: Ibid., 203.

730 “upon with… eagerness”: Rachel Carson, “National Book Award Acceptance Speech,” 29 January 1952, ibid., 205.

731 “out the poetry”: Rachel Carson, “National Book Award Acceptance Speech,” 29 January 1952, ibid., http://www.nationalbook.org/nbaacceptspeech_rcarson.html#.VcXhFIuLgqQ.

732 “of the world”: Brooks, *House of Life*, 132.

733 “and forbidding woman”: Ibid.

734 “expertly, but sparingly”: Quaratiello, *Rachel Carson*, 61.

735 “acknowledge the fact”: Rachel Carson, “*New York Herald-Tribune* Book and Author Luncheon Speech,” 16 October 1951, in *Lost Woods*, 77.

736 “is about that”: Rachel Carson to Dorothy Freeman, 1 February 1956, in *Always, Rachel*, 148.

737 “could do it”: Rachel Carson to Marie Rodell, 13 September 1950, in Lear, *Rachel Carson*, 184.

738 signs of malignancy: Lear, *Rachel Carson*, 185

739 accomplish her purpose: I am grateful to Kelly McNamara for her insights about Carson's health.

740 "Are you excited?": Rachel Carson to Marie Rodell, 9 September 1952, in Lear, *Rachel Carson*, 235.

741 "softness of fog": Brooks, *House of Life*, 159.

742 and marine life: Lear, *Rachel Carson*, 246–247.

743 summer of 1953: Ibid., 248.

744 "and just talk!": Rachel Carson to Dorothy Freeman, 28 September 1953, in *Always, Rachel*, 6.

745 the southern states: Brooks, *House of Life*, 159.

746 "publisher's understanding indulgence": Rachel Carson to Dorothy Freeman, 6 November 1953, in *Always, Rachel*, 9.

747 *Sea Around Us*: Lear, *Rachel Carson*, 268.

748 "open their doors": Jonathan N. Leonard, "Between the Mark of High Tide and Low," *New York Times*, October 30, 1955, BR5.

749 "imparts is profound": Quaratiello, *Rachel Carson*, 74.

750 "interlocked and encrusted": Ibid.

751 its Achievement Award: Brooks, *House of Life*, 164.

752 "of our strength": Rachel Carson, "Help Your Child to Wonder," *Women's Home Companion*, July 1956, 46.

753 "by the dozen": Rachel Carson to Dorothy Freeman, 8 August 1956, in *Always, Rachel*, 186–187.

754 "as 17 crickets": Rachel Carson to Dorothy Freeman, 24 January 1957, ibid., 214.

755 "it frightens me": Rachel Carson to Dorothy Freeman, 28

March 1957, ibid., 219.

756 "exhaustion I can't": Rachel Carson to Dorothy Freeman, 11 December 1957, ibid., 238.

757 "very many months": Rachel Carson to Paul Brooks, 4 September 1957, in Lear, *Rachel Carson*, 304.

758 to 637 million: Rachel Carson, *Silent Spring* (New York: Houghton Mifflin, 2002), 17.

759 different brand names: Ibid., 7.

760 opossums, and armadillos: Ibid., 166.

761 sows' contaminated milk: Ibid., 167–168.

762 "without… just compensation": *Murphy v. Benson*, 151 F. Supp. 786 (EDNY, 1957).

763 "breasts in agony": Brooks, *House of Life*, 232.

764 of baby food: Details of Carson's investigations during this period from Lear, *Rachel Carson*, 315–317.

765 "appalled I became": Brooks, *House of Life*, 233.

766 "draw their food": Lear, *Rachel Carson*, 322.

767 "something so important": Rachel Carson to Dorothy Freeman, 28 June 1958, in *Always, Rachel*, 259.

768 "hand in mine": Rachel Carson to Dorothy Freeman, 4 December 1958, ibid., 273.

769 "through to completion": Rachel Carson to Marjorie Spock, 4 December 1958, in Lear, *Rachel Carson*, 338.

770 "inflicted upon us": Rachel Carson to Paul Brooks, 14 February 1959, in Brooks, *House of Life*, 244.

771 jobs and reputations: Lear, *Rachel Carson*, 334.

772 "fallen into place": Rachel Carson to Paul Brooks, 3 December 1959, ibid., 357.

773 "most serious concern": Carson, *Silent Spring*, 237.

774 "a valuable lesson": Mrs. Thomas Duff to Paul Brooks, 24 February 1969, in Brooks, *House of Life*, 259-260.

775 "to worry about": Rachel Carson to Paul Brooks, 3 December 1959, ibid., 258.

776 "the chemical companies": Rachel Carson to Marjorie Spock and Mary "Polly" Richards, 12 April 1960, in Lear, *Rachel Carson*, 367.

777 "for another day": Rachel Carson to Dorothy Freeman, 17 January 1961, in *Always, Rachel*, 332.

778 or a movie: Public Broadcasting Service, "Rachel Carson's *Silent Spring*," *American Experience* (DVD, 2007).

779 "an insect spray": Carson, *Silent Spring*, 8.

780 "of the earth": Ibid., 7-8.

781 "its violent crossfire": Ibid., 8.

782 "with the insects": Ibid., 9.

783 "are now known": Ibid., 138.

784 "against the earth": Ibid., 297.

785 "of our earth": Ibid., 277.

786 "balance of nature": See, for example, Robert White-Stevens, assistant director of the Agricultural Research Division of American Cyanamid, in Lear, *Rachel Carson*, 434. See also Thomas H. Jukes, "People and Pesticides," *American Scientist* 51, no. 3 (September 1963): 355-361.

787 “science was male”: Linda Lear, “Introduction,” in Carson, *Silent Spring*, xi. See also Souder, *On a Farther Shore*, 324-325.

788 “bird in flight?”: Carson, *Silent Spring*, 127.

789 “right to know”: Ibid., 12-13.

790 “no such problem”: Ibid.

791 “sudden but horrible”: Ibid., 99.

792 “a human being?”: Ibid., 99-100.

793 “supports all life”: Ibid., 13.

794 “were being done”: Rachel Carson to Lois Crisler, 8 February 1962, in Lear, *Rachel Carson*, 397.

795 “it each day”: Rachel Carson to Dorothy Freeman, 28 March 1962, in *Always, Rachel*, 399.

796 result of radiation: Public Broadcasting Service, “Rachel Carson's *Silent Spring*.”

797 “their own kind?”: Carson, *Silent Spring*, 8.

798 “*Uncle Tom's Cabin*”: William O. Douglas, *Book-of-the-Month Club News*, September 1962, 2-4, in Lear, *Rachel Carson*, 419.

799 “our own making”: Loren Eiseley, “Using a Plague to Fight a Plague,” *Saturday Review*, September 29, 1962, 18, 34.

800 “of our nation”: Quaratiello, *Rachel Carson*, 109.

801 “going to be”: Lear, *Rachel Carson*, 412.

802 “Miss Carson's book”: Brooks, *House of Life*, 305.

803 “of persistent pesticides”: White House, *Use of Pesticides: A Report of the President's Science Advisory Committee* (Washington, DC: Government Printing Office, May 15, 1963), 19.

804 “toxicity of pesticides”: Ibid., 22.

805 "balance of nature": John M. Lee, "'Silent Spring' Is Now Noisy Summer," *New York Times*, July 22, 1962, 97.

806 "[Iron Curtain] parity": Louis A. McLean to William E. Spaulding, 2 August 1962, in Lear, *Rachel Carson*, 417.

807 "inherit the earth": Robert White-Stevens, in Columbia Broadcasting Service, "The Silent Spring of Rachel Carson," *CBS Reports*, April 3, 1963.

808 "over the page": Quaratiello, *Rachel Carson*, 108.

809 "that she loves": "Pesticides: The Price for Progress," *Time* 80, no. 13 (September 28, 1962): 47.

810 "will be okay": H. Davidson, Letter to the Editor, 29 June 1962, in *New Yorker* 71, no. 2 (February 20 and 27, 1995): 18.

811 "in our economy": F. A. Soraci in *Conservation News* (1962), in Frank Graham Jr., *Since Silent Spring* (New York: Houghton Mifflin, 1970), 56.

812 "a mystical cult": Frank Graham Jr., "Fifty Years After *Silent Spring*, Assault on Science Continues," *Yale Environment 360*, June 21, 2012, http://e360.yale.edu/feature/fifty_years_after_rachel_carsons_silent_spring_assacult_on_science_continues/2544/.

813 "worried about genetics?": Public Broadcasting Service, "Rachel Carson's *Silent Spring*." See also Lear, *Rachel Carson*, 429.

814 "ahead and sue": "Milton Greenstein," *New Yorker* 67, no. 26 (August 19, 1991): 79.

815 hundred thousand copies: Quaratiello, *Rachel Carson*, 106.

816 watched the program: Lear, *Rachel Carson*, 450.

817 "steadily controlling nature": Columbia Broadcasting Service,

"Silent Spring of Rachel Carson."

818 "but of ourselves": Ibid.

819 "of *Silent Spring*": Lear, *Rachel Carson*, 450.

820 "problems she raised": Public Broadcasting Service, "Rachel Carson's *Silent Spring*."

821 "is indicated, too": Rachel Carson to George Crile, February 1963, in *Lost Woods*, 226.

822 "for this morning": Rachel Carson to Dorothy Freeman, 10 September 1963, in *Always, Rachel*, 467–468.

823 "of them together": Al Gore, "Introduction," in Rachel Carson, *Silent Spring* (New York: Houghton Mifflin, 1994), viii.

824 "always in deed": E. O. Wilson, "Afterword," in Carson, *Silent Spring* (2002), 361.

825 in different forms: Susan Cain, *Quiet: The Power of Introverts in a World That Can't Stop Talking* (New York: Broadway Books, 2012), 1–15.

826 govern the planet: Linda Lear, "The Pollution of Our Environment," in *Lost Woods*, 228.

827 "generations to come": Rachel Carson, speech, Kaiser Foundation Hospitals and Permanente Medical Group, San Francisco, 18 October 1963, in *Lost Woods*, 228.

## 结语:大无畏领导精神的力量

828 "time of trouble": Ecclesiasticus 2:2, *The Bible: Authorized King James Version with Apocrypha* (New York: Oxford University Press, 1997), 114.

829 "sent or signed": Abraham Lincoln to George G. Meade, 14 July 1863, in *The Collected Works of Abraham Lincoln*, eds. Roy Basler, Marion Dolores Pratt, and Lloyd A. Dunlap, 10 vols. (New Brunswick, NJ: Rutgers University Press, 1953), 6:328n1.

830 "afraid of again": Ken Burns, "An Interview with Ken Burns," Public Broadcasting System, January 21, 1997, http://www.pbs.org/jefferson/making/KB_01.htm.

831 "your present distress": Abraham Lincoln to Fanny McCullough, 23 December 1862, in *Collected Works of Abraham Lincoln*, 6:16-17.

832 "and his orphan": Abraham Lincoln, Second Inaugural Address, 4 March 1865, ibid., 8:333.

# 译者后记

“爸，卡森奶奶最后怎么了？”

“她……得了治不好的病，然后就去世了。”

“那她的猫咪呢？她那么厉害，全国人都认识她，大家肯定都争着帮她照顾吧……我也想跟她那样，死也值得了。”

这本书翻译到卡森的故事时，几乎每天都是忙到深夜才肯合眼。第二天吃早餐的时候，我会跟全家汇报进度，讲述主人公的故事，这已经成了惯例。女儿尚小，她的世界里还满是彩色，但我想，卡森已经走进她的内心世界了。

能让一个懵懵懂懂的孩子发出这样的感慨，首先要感谢本书的作者南希·科恩。在快餐文化盛行的当今时代，能以十年磨一剑、语不惊人死不休的态度做事的人实在是太少了。是的，这是一本耗费十余年时间和精力的巨著：为了能严谨真实地展现这五位伟人的生平故事，她走访了海内外很多的地方，查阅的资料更是数不胜数。她讲述的五个故事，几乎拿出任何一个都可以当一本引人入胜的故事书去阅读，在她生动的笔下，读者像看电影一样顺着故事的线索，如饥似渴地读下去。在描写沙克尔顿的时候，科恩寥寥几笔就将读者带到了酷寒之地：南极、浮冰、搁浅的船，进退两难的探险家，无尽的绝望。在讲述林肯的故事时，镜头径直穿透白宫的高墙，凝视着一位沧桑、抑郁、在内战的压力下无助的平民总统，让读者真切地感受到了他们面对的危机、他们内心的挣扎和最终的抉择。

但讴歌五位伟人并不是本书的主要目的，作者接下来就从几位伟人的童年开始着手，还是像讲故事那样探讨了究竟是什么成就了他们的伟业：林肯务农、当店员的经历，道格拉斯生而为奴的血泪历程，卡森童年拥抱大自然的美好童年，潘霍华同兄弟姐妹在自家院里支帐篷、玩游戏、饲养小动物的体验等；我们从中没有看到领袖的影子，甚至在他们成人后，我们依然看到了他们平凡或软弱的身影，比如林肯喜欢讲荤段子，看到精致女人会紧张不安，还曾经试图向奴隶制妥协；潘霍华喜欢争强好胜，但作为牧师他怕牵连到自己，不敢给犹太亲戚送葬；还有卡森读大学时性格内向，和母亲聊天时，连一块儿饼干都没分给舍友一起分享等。这些细节让我们看到，他们就像我们身边许多普普通通的人一样，有瑕疵，不完美。

这似乎和我们心目中的英雄形象不相符，然而这也正是南希·科恩耗费十几年心血想传达给我们的信息：领导者不是与生俱来的，而是在危难中磨炼出来的。她笔下的领导者以别样的姿态重现在世人面前。这里提到“别样”二字，并不在于猎奇，捕风捉影地八卦这几位伟人的趣事。她提到的这些并没有影响我们对这几位领导者的喜爱和崇拜，相反，我们更加敬重他们。因为他们能认识到自己的不足，在常人无法承受的困难之下，毅然站了起来，直面惨淡的现实，成就了轰动世界的伟业。沙克尔顿在极端条件下，体力耐力下降到极限的恶劣环境中，带领着全队人安全返回了家乡。林肯在不利的条件下，退后一步着眼大局成功逆袭当选了美国总统，成为从小木屋走到白宫的第一人；在南北战争的胶着局势下，他耐心地等待一个战场获胜的机会，向全国公布了《解放黑人奴隶宣言》，废除了美国的奴隶制，也维护了国家的统一。道格拉斯克服自己的出身劣势，学会读书认字，并将自己的写作和演讲能力发挥到极致，推动了黑人解放事业的发展，也激励了无数黑人活动家前赴后继。潘霍华满怀爱国热情，为了挽救无数无辜的生命，毅然向纳粹和希特勒发起挑战，身为神职人员也不惜以双重间谍身份参与到暗杀希特勒的计划中，同时还给世人留下了《基督论》《伦理学》《团契生活》等重要的作品。卡森在一个男性统治科学领域的时代，成长为优秀的海洋生物学家，并发挥自己的文学特长为世人留下了诸如《寂静的春天》《我们周围的海洋》《海的边缘》《海风之下》等作品。尤其是《寂静的春天》一书，卡森以生动而严肃的笔触，阐述因过度使用化学药品和肥料而导致的环境污染、生态破坏，指出人类用自己制造的毒药来提高农业产量无异于饮鸩止渴。

同时，作者还花了大量的精力比较这几位领导者，发现他们的共同点，他们充沛的精力和过人的智力是一方面，更重要的是他们都能退后一步，超然地观察眼下的大格局，发现使命，认准目标，不遗余力地坚持到底；他们都认识到坚忍不拔的价值，能从人生的旋涡中巍然屹立，百折不挠不放弃，也能从困难或失败中吸取教训，化被动为主动，放下小我着眼大局，为崇高的使命进行英勇无畏的斗争；他们都能够以人为本，以“同理心”提高自己的亲和力，感染身边的人；他们都能够集中精力解决大问题，不为琐碎的问题所牵绊，高效地解决问题；他们都具备很高的写作能力，能以纸笔为武器，实现自己的抱负，同时实现自我提升。这些共同的品质，都是我们人生旅程中可资借鉴的宝贵经验。

以上体会只是本书中精华的冰山一角，作者十年磨一剑的鸿篇巨制实在难以用寥寥几语就表达清楚。本书的翻译工作从开始筹备到交稿，前后用时五个多月，三十多万字，仅术语就有六百多个，时间紧，译者水平有限，翻译不足的地方还祈求读者能够原谅。在此也特别感谢北京译诺文化发展有限公司的信任，在翻译过程中为我提出宝贵的意见，提升译文的质量。也要感谢爱人和孩子对我的支持，在翻译过程中我基本处于“生活不能自理”的状态，谢谢你们的宽容。最后，在这里也想对购得此书的读者说一句：祝贺你，选了对的书。

张玉亮

2018 年 10 月

图字：01-2019-1053 号



**图书在版编目（CIP）数据**

危机铸就领袖 /（美）南希·科恩（Nancy Koehn）著；张玉亮，李蕾 译. —北京：东方出版社，2019. 7
书名原文：Forged in Crisis：the Power of Courageous Leadership in Turbulent Times
ISBN 978-7-5207-1007-7

Ⅰ. ①危… Ⅱ. ①南… ②张… ③李… Ⅲ. ①企业领导学—通俗读物 Ⅳ. ①F272. 91-49

中国版本图书馆 CIP 数据核字（2019）第 079305 号

**危机铸就领袖**
（WEIJI ZHUJIU LINGXIU）

**作　　者**：［美］南希·科恩（Nancy Koehn）
**译　　者**：张玉亮　李　蕾
**责任编辑**：申　浩
**出　　版**：东方出版社
**发　　行**：人民东方出版传媒有限公司
**地　　址**：北京市朝阳区西坝河北里 51 号
**邮　　编**：100028
**印　　刷**：北京联兴盛业印刷股份有限公司
**版　　次**：2019 年 7 月第 1 版
**印　　次**：2019 年 7 月第 1 次印刷
**开　　本**：880 毫米×1230 毫米　1/32
**印　　张**：16. 75
**字　　数**：350 千字
**书　　号**：ISBN 978-7-5207-1007-7
**定　　价**：88. 00 元
**发行电话**：（010）85924663　85924644　85924641